Inhalt

Rīga 104

Inhalt

Inhalt

Vorwort

Seit seinem Beitritt zur EU hat sich Lettland zu einem attraktiven und beliebten Reiseziel entwickelt. Dies sicher nicht zuletzt dank günstiger Flugverbindungen nach Rīga, der einzigen wirklichen Metropole des Baltikums. Rīga hat mit Vororten eine knappe Million Einwohner, viel Kultur und ein lebhaftes Nachtleben. Sehenswürdigkeiten sind die historische Altstadt, die vielen Jugendstilhäuser, die älteste Gartenstadt Europas, die städtische Holzarchitektur der alten Vororte sowie die bäuerliche Architektur im großen Freilichtmuseum. Sowohl die klassische Musik als auch die zeitgenössische Kunst setzen international anerkannte Maßstäbe. Auch die Film- und Theaterszene braucht sich im europäischen Vergleich nicht zu verstecken. Abseits der Hochkultur gibt es eine sehr lebendige Musikszene und viele Clubs. Weil es keine Sperrstunde gibt, ist die Altstadt in den Sommermonaten bis in den frühen Morgen sehr belebt.

In vielerlei Hinsicht gilt Rīga als Paris des Ostens. Hier gibt es viel Kultur, ein tiefes Mißtrauen gegen alle Autoritäten und auch sonst mitunter recht freie Sitten – angereichert mit einer gehörigen Portion Unberechenbarkeit und Sarkasmus. Wie in Frankreich konzentriert sich auch in Lettland das wirtschaftliche und kulturelle Leben sehr stark auf die Hauptstadt.

Lettland ist aber nicht nur Rīga. Auf dem Land gibt es als Kontrastprogramm viel Natur und für europäische Maßstäbe auch sehr viel Platz. Selbst in der Hauptsaison sind, abgesehen vom beliebten Seebad Jūrmala vor den Toren Rīgas, viele Strände

Fassaden in der Tirgoņu iela in Rīga

Radtour am Meer

praktisch menschenleer. Noch leerer sind die ein wenig der Masurischen Seenplatte ähnelnden Landschaften Latgales. Im Landesinneren durchziehen mehrere Flußtäler dichte Laubwälder, an ihren Ufern erheben sich rote Sandsteinfelsen. Im Herbst entfalten die gesunden Mischwälder eine unglaubliche Farbenpracht. Überall im Binnenland gibt es größere und kleinere Seen. Als Relikt aus deutschbaltischen Zeiten stehen auf dem Land zahllose Burgruinen und prächtige, manchmal auch Schlössern ähnelnde Gutshöfe – in manchen kann man sogar übernachten. Kanutouren auf den Flüssen sind eine sehr beliebte Art der Urlaubsgestaltung. Fahrradtouren durch einsame Landschaften auf weißen Schotterpisten sind des unebenen Untergrundes wegen ein bißchen gewöhnungsbedürftig, aber mit einem guten Rad durchaus mit viel Spaß zu meistern. Wer reiten kann, wird sich über die vielen Reiterhöfe freuen. Kulturelles Leben außerhalb Rīgas gibt es unter anderem in der Küstenstadt Liepāja. Ein Teil der kreativen Szene flüchtete aus dem weniger Freiräume als früher bietenden Rīga ans Meer; die Hauptstadt des lettischen Rock ist Liepāja schon seit 30 Jahren. Es gibt dort auch ein international beachtetes Festival der Klaviermusik, ein Festival der Orgelmusik, ein symphonisches Orchester, ein Theater und pittoreske Hinterlassenschaften der zaristischen und sowjetischen Armeen – der alte Militärhafen ist wohl einer der skurrilsten Orte Europas. Auch in manchen Regionalzentren wie in Valmiera oder Ventspils gibt es etwas Kultur und sogar einige gute Restaurants.

Abseits davon findet man viel Ruhe, schöne Landschaften und mitunter auch ein moderates Maß an Abenteuer – gerade so viel, daß man wirklich von einer Entdeckungsreise sprechen kann.

Laimīgu ceļu! – Gute Reise!

Hinweise zur Benutzung

Der vorliegende Reiseführer ist in mehrere große Abschnitte aufgeteilt: Einen Leseteil mit detaillierten Hintergrundinformationen zu Land und Leuten, eine ausführliche Vorstellung der Stadt Rīga, Beschreibungen der Regionen, einen kleinen Sprachführer und die am Ende des Buchs stehenden Reisetips von A bis Z. Idealerweise sollte man vor Antritt der Reise den Leseteil und, auch der besseren Reiseplanung wegen, die Reisetips lesen. Anhand des Sprachführers kann man sich vorab ein paar lettische Worte und Redewendungen einprägen.

Die Sehenswürdigkeiten Rīgas sind entlang von Stadtrundgängen angeordnet. Vor allem der Altstadtrundgang ist nicht an einem einzigen Tag zu machen. Auf der Übersichtskarte im Rückumschlag wurde deshalb eine Legende der Sehenswürdigkeiten mit Seitenzahlen plaziert, damit man den schnellen Wiedereinstieg findet.

Reisen mit Kindern stellen besondere Anforderungen, weshalb für Kinder interessante Orte und Objekte in einem besonderen Kapitel (S. 98) aufgeführt sind.

Während für Rīga die Stadtpläne des Reisführers aller Voraussicht nach völlig ausreichen werden, dienen die Karten und Pläne der Regionen der ersten Orientierung. Allen, die länger in der Provinz unterwegs sind, sei der Straßenatlas des Verlags Jāņa Seta empfohlen, der in guten Buchhandlungen und an manchen Tankstellen zum Preis einer halben Tankfüllung erhältlich ist. So spart man sich nämlich viel Ärger über mangelhafte Ausschilderung und eventuell kryptische Wegbeschreibungen von Passanten.

Erfolgreiche Suche nach einem einsamen Strand

Bootsverleih an einem der zahlreichen Seen

Orte und Sehenswürdigkeiten der lettischen Provinz sind ganz grob entlang der ethnographischen Regionen aufgeteilt und wurden zu Routen zusammengefaßt. Wenn man mit dem Auto über Land fährt, erleichtern die von der staatlichen Tourismusagentur aufgestellten braunen Schilder, die zu den Sehenswürdigkeiten weisen, die Orientierung. Leider ist darauf nur in Lettisch zu lesen, was es zu sehen gibt. Um diesem Mißstand abzuhelfen, gibt es im Sprachführer eine lettisch-deutsche Legende, die bei der Entzifferung der Schilder hilfreich ist (S. 417).

Busbahnhöfe, Unterkunftsmöglichkeiten und viele andere nützliche Adressen finden sich in den Infokästen, die in die Routenbeschreibungen eingestreut sind. Das Finden von Adressen kann auf dem Land zu Problemen führen, denn Bauernhöfe haben beispielsweise Namen statt eindeutigen Adressen. Bei den allermeisten unterwegs auftretenden Problemen bringt ein Anruf im freundlichen Callcenter der Auskunft unter Tel. 11 88 oder 11 77 die Rettung. Meist wird Englisch gesprochen oder zu einem des Deutschen mächtigen Mitarbeiter weiterverbunden. Auch dieser gut funktionierenden Serviceleistung wegen ist es sehr zu empfehlen, sich eine lettische Prepaid-Karte für das mitgebrachte Mobiltelefon zu besorgen. Hinweis: In Lettland gibt es keine Ortsvorwahlen, innerhalb des Landes sind alle Nummern direkt zu erreichen. Die Auslandsvorwahl für Lettland ist 003 71.

Preise werden in der Regel in der Landeswährung Lat (LVL) angegeben, eine Ausnahme bilden die Hotelpreise in Rīga, die, analog zu den örtlichen Gepflogenheiten, in Euro angegeben werden. 2006 entsprach 1 Euro etwa 0,7 Lat, also 1 Lat etwa 1,4 Euro.

Zeichenlegende

 Touristeninformation, Reisebüros

 Taxi

 Bahnhof, Bahnverbindungen

 Busbahnhof, Buslinien

 Fähren, Schiffsverbindungen

 Übernachtungsmöglichkeiten

 Campingplätze

 Restaurants, Bistros

 Bars, Diskotheken

 Museen

 Theater, Konzerthallen, Festivals

 Erlebnisbäder

 Reitmöglichkeiten

 Fahrradverleih

 Bootsverleih, Angeln, Wassersport

 Hafen, Schiffsausflüge

 Windsurfen

 Skilift, Loipen

 Seilbahn

 Flugsport

 Erlebnispark, sonstige Freizeitangebote

 Krankenhäuser, Apotheken

 Tierpark

Rīga ist die lebendigste Stadt des Baltikums – ein Magnet, der alles an sich zieht: Jugend, kulturelles Leben, Kapital und Politik. Das ›andere‹ Lettland versteckt sich in der Idylle der Provinz und konnte den tiefgreifenden Wandel seit der Unabhängigkeit nur bedingt zum eigenen Vorteil gestalten.

Land und Leute

Geographie

Mit einer Fläche von 64589 Quadratkilometern ist Lettland fast so groß wie die drei Benelux-Staaten zusammen. Die größte Ost-West-Entfernung beträgt 410 Kilometer, die größte Nord-Süd-Entfernung 210 Kilometer. Das Land gehört seit Mai 2004 zur EU. Die EU-Außengrenze ist mit 358 Kilometern vergleichsweise kurz. Grenzstaaten sind Rußland als großer und in der Geschichte immer wieder übermächtiger Nachbar sowie Weißrußland, das Land mit der gegenwärtig letzten europäischen Diktatur. Zu Estland und Litauen bestehen enge historische und kulturelle Verbindungen, aber auch identitätsstiftende Unterschiede, auf die durchaus Wert gelegt wird.

Für Mitteleuropäer ungewohnt ist die Weite der Landschaften. 71 Prozent der lettischen Bevölkerung lebt in Städten, und die meisten in der Metropole Riga. Die Landschaftsformen sind vielfältig. Lettland hat eine Küstenlinie von 530 Kilometer Länge. Das Landesinnere ist eine bis zu 312 Meter hohe, von den Gletschern der letzten Eiszeit geformte Moränenlandschaft mit Flüssen, die sich zwischen rote Sandsteinfelsen eingegraben haben. Wer dem breiten Strom der Daugava, dem größten Fluß des Baltikums folgt, kommt in die weiten, abgeschiedenen Seenlandschaften Latgales. In all diesen Landschaften leben Tiere, die anderswo in Europa schon ausgestorben sind. Zu Tieren hat man in Lettland eine besondere Beziehung: In der Tradition der altlettischen, vorchristlichen Religion, deren Ideen teilweise bis ins 19. Jahrhundert hinein im Bauernstand fortlebten, galten diese als von Gott den Menschen gleichgestellte Geschöpfe.

Die Küsten

Die Landschaften Lettlands haben ihre heutige Erscheinungsform vor allem der letzten Eiszeit zu verdanken, die ihren Höhepunkt vor etwa 20000 Jahren hatte. Damals bedeckten bis zu 3000 Meter mächtige Gletscher die Osteuropäische Tiefebene. Die Ostsee, wie wir sie heute kennen, entstand erst vor etwa 8000 Jahren, als sich die Gletscher endgültig zurückgezogen hatten und sich bei Dänemark der Durchfluß des ehemaligen Binnenmeers zur Nordsee hin öffnete. Da der Druck der Eismassen fehlte, hob sich der Meeresboden. Als Folge dieser Erhebung entstanden die flachen Küstengebiete des Landes, die sich bis zu 50 Kilometer weit ins Landesinnere hinein erstrecken.

Im Naturpark Slītere, ganz im Norden Kurzemes, ist in Folge der Erhebung noch ein älterer Küstenverlauf nachvollziehbar: Dort sind einige auf dem Festland stehende, trockengefallene kleine Kliffs bereits zu sehen, bevor man das Meer

erreicht. Zwischen den Dünenketten haben sich im Hinterland des Nationalparks Feuchtsenken und langgestreckte Moore ausgebildet. An der Nordküste des
Nationalparks befinden sich einige sehenswerte, recht einsame Küstenorte. Viele
Küstenabschnitte Kurzemes sind praktisch unberührt geblieben, denn die Küste war,
wo sie nicht touristisch oder traditionell zur Fischerei genutzt wurde, Sperrgebiet
– teils aus militärischen Gründen, teils der Fluchtgefahr wegen. So kam es, daß
oft selbst Bewohner der wenige Kilometer im Hinterland gelegenen Ortschaften
das nahe Meer nicht zu Gesicht bekamen. Wer heute Lust dazu hat, kann an den
Küsten Kurzemes auf dem naturbelassenen, schmalen Küstenstreifen kilometerweit
am Meer entlang wandern, wobei Begegnungen mit anderen Spaziergängern eher
Seltenheitswert haben. Häufiger als auf Menschen trifft man bei einer solchen
Wanderung auf abgezäunte Grundstücke am Meer – Wochenendhäuser reicher
Städter, die teilweise auf Basis fragwürdiger Baugenehmigungen errichtet wurden.
Auch wenn der Zaun bis ans Meer reicht: Ein 20 Meter breiter Streifen von der
Wasserlinie aus gemessen ist per Gesetz öffentlich zugänglich.

An der Ostküste Kurzemes liegt der Naturpark des Engure-Sees. Die größte lettische Lagune ist ein einzigartiges Vogelparadies, und das leicht salzhaltige Gewässer
ist Lebensraum einer einzigartigen Flora und Fauna. Südlich von Liepāja findet sich
am Pape-See nochmal eine ähnliche Landschaft. Um das Zuwachsen seines Ostufers
zu unterbinden, wurden dort Wildpferde ausgewildert. Wenige Kilometer westlich
von Rīga, unmittelbar an das Stadtgebiet des Seebads Jūrmala angrenzend, liegt der
Nationalpark Ķemeri, in dem unterschiedlichste Ökosysteme der Küste auf engem

Am Strand bei Kolka

Raum zu finden sind: Neben den zahlreichen zu beobachtenden Vogelarten, den Dünenlandschaften und ihren wasserreichen Senken gibt es dort auch schwefelhaltige Quellen und ein Hochmoor.

Anders als die Küsten der südlichen Ostsee sind die lettischen Küsten keine Ausgleichsküsten. Es gibt keine Landschaftsformen, die dem deutschen Haff oder der Kurischen Nehrung in Litauen ähneln. An manchen Stränden, wie bei Tūja, finden sich als Relikte der letzten Eiszeit unzählige Findlinge aller Größen. Es gibt auch Bernstein, der als Überbleibsel wärmerer Erdzeitalter nicht nur ein beliebtes Sammlerobjekt, sondern auch eine nicht wegzudenkende Komponente des lokalen Kunsthandwerks ist. Nach und nach haben sich an den ehemals kaum frequentierten Küsten erste touristische Zentren herausgebildet; anderswo kommt man nur mit Einkäufen im Supermarkt und einem Zelt weiter. Die weißen Strände von Jūrmala, das zu den bedeutendsten Seebädern der Sowjetunion gehörte, sind für lettische Verhältnisse recht voll. Gleiches gilt für das nördlich von Rīga gelegene Saulkrasti. Auch die Strände nahe Liepāja, der drittgrößten Stadt des Landes, sind touristisch gut erschlossen.

Seen und Moore

Die Seenplatte von Latgale im Osten Lettlands entstand während der letzten Eiszeit. Die Grund- und Endmoränen erreichen am Gaizinkalns mit 312 Metern ihren höchsten Punkt. Das Landschaftsbild ist abwechslungsreich, mosaikartig durch den Wechsel von Wäldern, Wiesen, Mooren, Seen und kleineren Erhebungen geprägt. Im Frühjahr, zur Zeit der Schneeschmelze, treten Seen und Flüsse über die Ufer. Viele Uferweiden verwandeln sich dann in sumpfartige Landschaften. Diese Veränderung des Wasserstands ist sehr schön an der Größe des Lubāns-Sees nachzuvollziehen: Im Frühjahr ist er 80 Quadratkilometer groß; in trockenen Sommern schrumpft er auf nur noch 33 Quadratkilometer.

Der Drīdzs-See, der in einer der schönsten Landschaften Lettlands nördlich von Krāslava liegt, ist mit 68 Meter der tiefste See des Landes. Sein klares Wasser reicht bis zu den Primärgesteinen hinunter. Nicht weit vom Lubāns-See entfernt liegt das Naturreservat Teiči (Teicu reservāts), das mit 15 000 Hektar größte Hochmoor des Baltikums. Die Torfschicht hat eine Dicke von bis zu neun Metern. Es gibt 18 größere Seen und Bohlenwege, die Wanderern Zugang zu dieser einzigartigen Landschaft bieten. Das von einem Aussichtsturm aus gut zu überblickende Moor ist die Heimat zahlreicher Sumpf- und Wasservögel, aber es gibt auch seltene und bei uns nicht mehr anzutreffende Säugetierarten: Biber, Luchs, Fischotter, vereinzelt sogar Braunbären und Wölfe. Ein weiteres interessantes Moorgebiet befindet sich im Nordwesten Lettlands: Im Biosphärenreservat Ziemeļvidzeme erstreckt sich bei-

Seenlandschaft bei Talsi im Westen des Landes

derseits der lettisch-estnischen Grenze eines der größten unberührten Hochmoore des Baltikums. Es ist geplant, die auf estnischem und lettischem Gebiet liegenden Areale zu einem grenzübergreifenden Großschutzgebiet zusammenzufassen. Dabei leisten die Biber durch spontanes Fällen von Grenzzäunen wertvolle Hilfe.

In den vergangenen Jahrhunderten wurden Sumpf- und Moorgebiete trockengelegt um, abseits des Torfabbaus, eine landwirtschaftliche Nutzung zu ermöglichen. Der Anteil der landwirtschaftlich genutzten Flächen beträgt in Lettland etwa 30 Prozent, wenn man die Holzgewinnung in den Wäldern nicht mitrechnet. Holz ist als Rohstoff und in verarbeiteter Form nach wie vor ein wichtiger Exportartikel.

Flußlandschaften

70 Kilometer von Rīga entfernt erreicht man den Gauja-Nationalpark, die touristisch am besten erschlossene Region außerhalb Rīgas. Der Flußlauf der Gauja hat sich tief in den roten, aus dem Erdzeitalter des Devon stammenden Sandstein eingegraben. Am Flußlauf entlang und durch das umliegende, für lettische Verhältnisse ›gebirgige‹ Land führen zahlreiche Wanderwege. Es gibt naturkundliche Führungen, und ein Erlebnis der besonderen Art sind mehrtägige Kanutouren auf der Gauja, für die an den Ufern ausreichend Übernachtungsplätze in Form von Campingplätzen angelegt wurden. Vor allem wer sich mit dem Boot oder zu Fuß am Flußlauf entlang

Fähre über die Gauja

abseits der Straßen und der touristischen Hauptattraktionen bewegt, wird über die Abwesenheit störender zivilisatorischer Geräusche erstaunt sein. Weniger groß und auch weniger frequentiert ist der Naturpark Abava in Kurzeme. Anders als die Gauja zeichnet sich die Abava durch viele kleinere Stromschnellen und durch Wasserfälle mit bis zu zwei Metern Höhe aus; an einigen Stellen sind rote Sandsteinfelsen mit geheimnisvollen Nischen und kleinen Höhlen zu sehen. Nahe der estnischen Grenze, im Biosphärenreservat Ziemeļvidzeme, fließt die Salaca. Auch hier sind wieder die für Lettland so typischen roten Sandsteinfelsen zu sehen. Der Fluß ist ein beliebtes Laichgebiet für in der Ostsee lebende Wildlachse. Nahe dem Ort Maszalaca führt ein besonderer Wanderweg am Flußtal entlang, an dessen Wegrand Gestalten der lettischen Märchenwelt in Form von Holzskulpturen stehen.

Das lettische Nationalepos mit dem mythischen Helden Lāčplēsis spielt in einer ganz anderern Flußlandschaft – dem Tal der Daugava. Der sehr breite Strom spielt in der lettischen Mythologie eine wichtige Rolle, auf einer Flußinsel entstand aber auch die erste Burg des Deutschen Ordens. In der Sowjetzeit wurde am Mittellauf des Flusses ein Wasserkraftwerk gebaut, das Ortschaften und Kulturobjekte in den Fluten versinken ließ. Die bekanntgewordenen Pläne für den Bau eines zweiten gigantischen Wasserkraftwerks führten Mitte der 80er Jahre zu massiven Protesten von Umweltschützern. Die organisierten Proteste waren der Beginn der nationalen Unabhängigkeitsbewegung, die 1991 zur Lösung Lettlands aus der Sowjetunion führten. Ganz im Osten Lettlands, nahe dem Ort Krāslava, ändert der Fluß in weiten Mäandern neunmal seine Richtung. Dort wurde der Naturpark ›Daugavas loki‹

mit Wanderwegen und einem botanischem Lehrpfad eingerichtet. Zu sehen gibt es dichte, bis an die Daugava reichende Wälder, die aus Devon-Sandstein bestehenden Steilhänge und eines der vielen Freilichtmuseen mit Häusern der traditionellen Holzarchitektur.

Klima und Reisezeit

Seit dem EU-Beitritt ist Lettland wieder ins europäische Bewußtsein gerückt und wird auch nicht mehr so häufig mit Lappland verwechselt. Das lettische Klima ist (ost)mitteleuropäisch mit skandinavischem Einschlag; auch das sich über Rußland entwickelnde Kontinentalklima hat einen deutlichen Einfluß. Die Lage zwischen den Klimazonen macht Wettervorhersagen zu einer Herausforderung, und es kommt oft vor, daß das Wetter in den nicht weit voneinander entfernten Regionen des Landes sehr unterschiedlich ist. Das Frühjahr beginnt etwa einen Monat später als in Deutschland, geht dafür aber schneller in den Sommer über. Der kontinentale Einfluß führt dazu, daß das Klima zur Hauptreisezeit von Ende Mai bis Mitte September bei Tagestemperaturen zwischen 20 und 28 Grad in den meisten Jahren sehr stabil ist. Für Wanderungen und andere Aktivitäten in der Natur ist der Frühsommer die beste Jahreszeit: Im Juni gibt es im langjährigen Durchschnitt ganze drei Regentage. Ein weiterer Vorteil dieser Jahreszeit sind die extrem kurzen Nächte: Zur Zeit der Sommersonnenwende am 21. Juni, der für die Letten der wichtigste nationale Feiertag im Jahr ist, ist es nur zwei Stunden lang wirklich dunkel. Die sehr

Die Ostsee mit einer vom Bademeister gefühlten Temperatur von 20 °C

lange Sonnenscheindauer führt zu angenehm lauen Sommerabenden – was unter anderem zur Folge hat, daß die Rīgaer Altstadt bis in die späte Nacht hinein gut besucht ist. Daß Lettland im Sommer keineswegs so kalt ist wie man meinen könnte, zeigt die Existenz des nördlichsten Weinberg der Welt in Sabile. Die wenigen dort produzierten Flaschen sind ein begehrtes Sammlerobjekt!

Während die Lufttemperaturen die richtigen Voraussetzungen für einen angenehmen Badeurlaub bieten, sind vor allem die Wassertemperaturen der Ostsee mit selten mehr als 18 Grad Geschmackssache. Wo das Wasser flacher ist, ist es natürlich manchmal auch wärmer, was vor allem für viele Seen des Binnenlandes gilt.

Viele halten den lettischen Herbst mit den dann vielfarbigen Laubwäldern des Gauja-Nationalparks für die schönste Jahreszeit. Die Farbenpracht ist etwa ab Anfang oder Mitte September zu bewundern. Das Wetter kann dann jedoch bereits wechselhafter als im Hochsommer sein. Der Herbst ist kurz, und ab Anfang Oktober ist meist Schluß mit verläßlich gutem Wetter.

Der lettische Winter ist vor allem in Küstennähe nicht so kalt, wie man ihn sich des Breitengrades wegen vorstellt, doch da um diese Jahreszeit das Seeklima wetterbestimmend ist, regnet es häufig. Es kann aber auch passieren, daß sich über dem Baltikum ein Rußlandhoch festsetzt, und dann kann es bei Temperaturen um die minus 20 Grad empfindlich kalt werden. Die schönen und schneesicheren lettischen Landschaften sind dann ein Reiseziel für Wintersportler, doch die von Letten gern genutzten Skilifte haben maximal einen Höhenunterschied von 100 Metern. Skilanglauf ist für jeden, der schon einmal die Alpen gesehen hat, die bessere Alternative – jedoch leider weniger weit verbreitet. Für die Wintermonate zwischen Mitte November und April gehören auf jeden Fall ein Schirm, Mütze und Handschuhe ins Reisegepäck. Die ersten vom Wetter her schönen Tage kann es ab Ende April geben, und normalerweise ist Ende Mai der Sommer wieder da.

Lettlands Tierwelt

Die Zahl von rund 8000 auf lettischem Gebiet lebenden Elchen zeigt deutlich, daß das Land nicht allein von der ost- und mitteleuropäischen Fauna geprägt ist. Die bis zu 400 Kilogramm schweren Tiere halten sich gerne in der Nähe von Gewässern auf; sie schwimmen gerne, und badende Elche können an abgelegenen Stellen auch in der Ostsee gesichtet werden. Elche wirken etwas behäbig, aber sie sind durchaus beweglich und schnell. Leider bekommt man die scheuen Tiere selten zu Gesicht, obwohl sie seit der letzten Eiszeit überall in den lettischen Wäldern vertreten sind. Auf den Speisekarten einiger lettischer Restaurants stehen Gerichte mit Elchfleisch.

Das europäische Rotwild lebt seit der letzten Eiszeit in Lettland, jedoch verschwanden die Tiere zu Beginn unserer Zeitrechnung. Die heutige Population wurde im 17. Jahrhundert eingeführt: Der deutschbaltische Adel hielt sich die aus weiter westlich gelegenen Gebieten bekannte Tierart in Gehegen. Man dachte damals sogar, daß Rotwild in freier Wildbahn in Lettland nicht überleben könnte. Im 19. Jahrhundert fanden einige Tiere einen Weg nach draußen. Heute leben etwa 20 000 von ihnen in freier Wildbahn.

Wildschweine müssen, Ausgrabungen zufolge, zu Beginn der letzten Eiszeit zu den beliebtesten Jagdtieren gehört haben. Seit dem 17. Jahrhundert wurde noch mehr gejagt, und zur Jahrhundertwende waren sie ausgestorben. Die heute in den lettischen Wäldern lebenden 18 000 Wildschweine sind vermutlich allesamt Nachkommen einiger weniger Paare, die 1911 aus Polen importiert wurden. Sie verhalten sich nicht anders als deutsche Wildschweine, und vor allem im Frühsommer, wenn die Nachwuchs haben, sollte man langsam, aber bestimmt das Weite suchen, falls man sie zu Gesicht bekommt.

Der Wolf war in Lettland nie ganz ausgestorben, und in der vorchristlichen Religion der Letten wurde er sogar als Gottheit verehrt: Man glaubte, daß das Geheul eines Wolfes sein Gebet zu einer ihm übergeordneten Gottheit ist. Unter den überlieferten lettischen Volksliedern, den ›Dainas‹, gibt es auch Lieder, mit denen man beschwor, daß der Wolf seinen eigenen Weg finden möge. Auch nach der Christianisierung blieb der Wolf ein mythisches Wesen: Es entstand die Legende, daß ein nackter Mann, wenn er in einer Vollmondnacht unter der Wurzel eines Baumes hindurchkriechen würde, zum Zwitterwesen des Werwolfs würde; ein Hindurchkriechen in die umgekehrte Richtung sollte diese Transformation rückgängig machen. Aberglaube, Furcht, die reale oder angebliche Vermehrung der Wölfe in Zeiten von

Bei Pape in der Nähe von Liepāja wurden Wisente ausgewildert

Krieg und Pest sowie das Reißen von Nutztieren führten dazu, daß immer wieder
Versuche unternommen wurden, den Wolf auszurotten. Zur Zeit gibt es ungefähr
1000 Wölfe in Lettland. Die scheuen Tiere lassen sich äußerst selten blicken, aber
man hört sie manchmal.

Früher waren Luchse über ganz Europa verbreitet. Man nimmt an, daß in Lettland heute noch 700 von ihnen leben. Sie wurden in der Vergangenheit sowohl ihrer
Attacken gegen Nutztiere als auch ihres Felles wegen gejagt, dessen Farbspektrum
von aschblau bis rotbraun reicht. Die Jagd auf Luchse ist nach wie vor nicht verboten. Obwohl nur wenige Menschen behaupten können, einen Luchs überhaupt
auch nur gesehen zu haben, werden in Lettland zur Zeit mehr Luchse geschossen
als geboren.

Es gibt wieder einzelne Braunbären, die vor allem in den wenig bewohnten
Landstrichen nahe der estnischen, russischen und weißrussischen Grenze unterwegs
sind. Anders als Wölfe und Luchse sind sie nicht immer scheu, und wer einen von
ihnen sieht, sollte sich zügig und eindeutig entfernen, ohne allzuviel Aufmerksamkeit
auf sich zu ziehen. Bären spielen in der lettischen Volkskultur eine wichtige Rolle:
Der im lettischen Nationalepos verewigte Nationalheld Lāčplēsis ist der Sohn einer
Bärin. Er verteidigte auf einer in der Daugava gelegenen Insel sein Heimatland gegen
ein dreiköpfiges Monster.

Wie fast in ganz Europa war der Biber auch in Lettland gegen Ende des
19. Jahrhunderts ausgerottet: Sein Fell wurde zu Pelzen verarbeitet, Biberfleisch galt
als Delikatesse, und seine Geschlechtsorgane galten als Aphrodisiakum. Nachdem
1925 ein erstes Biberpaar aus Norwegen wiedereingebürgert wurde, dem wenig
später einige russische Biber folgten, hat ihre rasante Vermehrung mittlerweile
zu handfesten Problemen geführt: 80 000 Biber stauen kleinere Flüsse, was im
Flachland immer wieder zu plötzlichen und nicht geplanten Überschwemmungen
führt.

Fischotter sind eine Leittierart, was bedeutet, daß die Natur dort, wo sie einen
angemessenen Lebensraum finden, intakt ist: Ein männlicher Fischotter benötigt
für sein Revier je nach Charakter bis zu 20 Kilometer unberührtes Ufer, und solche
Reviere gibt es in den wasserreichen Landschaften reichlich. In Lettland zählt man,
nachdem die Verschmutzung der Gewässer infolge der Deindustrialisierung seit
Beginn der 1990er Jahre und verbesserter Kläranlagen nachgelassen hat, wieder
etwa 6000 Tiere. Sie sind nachtaktiv und sehr scheu. Zu sehen bekommt man sie
in freier Wildbahn kaum.

Lettland hat die dichteste Population von Weißstörchen in Europa, etwa 10 000,
und Storchennester sind an vielen Höfen zu sehen. Der Storch gilt den Letten als
heiliger Vogel, der das Haus vor Flammen bewahrt sowie Glück und natürlich auch
die Kinder bringt. Es gibt in Lettland auch die selten gewordenen Schwarzstörche.
Diese Vögel mit einem charakteristischen weißen Fleck am Bauch meiden den

Menschen und leben in den Wäldern in der Nähe großer Bäume. Vor allem wenn Jungvögel geschlüpft sind, sollte man es vermeiden, einem Schwarzstorchnest zu nahe zu kommen, denn die Jungen haben Angst vor Menschen und verlassen in Panik ihr Nest, auch wenn sie noch nicht fliegen können.

Lettland ist ein Paradies für Wasservögel aller Art. Vor allem an den lagunenartigen Seen nahe der Ostsee und in den weitläufigen Feuchtgebieten im Osten lassen sich viele einheimische und durchziehende Vogelarten beobachten. An etlichen Stellen gibt es ornithologische Stationen, Aussichtstürme und fachkundige Führungen.

In den Sommernächten auf dem Land wird man öfter mal daran erinnert, wie laut und anhaltend ein Froschkonzert sein kann. Es gibt Unmengen von

Storchennest im Gauja-Nationalpark

Fröschen, Kröten und Molchen. Unter ihnen gibt es auch viele Arten, die bei uns schon ausgestorben sind. Viele Arten sind aber auch in Lettland selten geworden, wie beispielsweise die Rotbauchunke, die vorwiegend in stehenden Gewässern und in Altarmen von Flüssen vorkommt. Man ist stolz auf den Artenreichtum und die Zahl der Amphibien, denn sie meiden verschmutztes Wasser und sind ein lautstarker Beweis für eine intakte Umwelt.

Außer der Kreuzotter, die in aller Regel vor den Menschen das Weite sucht, gibt es keine giftigen Schlangen. In der altlettischen Religion wurden Schlangen, insbesondere die Ringelnatter, verehrt und geachtet. Sie galten als gute Hausgeister, wurden beschützt und gefüttert. Man hatte die Vorstellung, daß Schlangen das Böse von der Erde aus aufnehmen, damit die darüber wohnenden Menschen und Nutztiere ein gutes Leben haben. Die Ringelnatter galt darüber hinaus als Symbol für die weibliche Sexualität und als Begleiterin der Verstorbenen in die jenseitige Welt. In der Folklore wurde sehr genau zwischen guten Schlangen (Ringelnattern) und bösen Schlangen (Kreuzottern) unterschieden. Im Zuge der Christianisierung wurde auch das Bild der ›guten‹ Schlange negativer besetzt, doch der Glaube an die Schöpfungsgeschichte und die Vertreibung aus dem Paradies hat, zumindest in den überlieferten Liedern (Dainas), die alte Vorstellung von der Schlange als einem guten Schutzgeist nie ganz verdrängen können.

Geschichte

Deutsche Kreuzritter bekehrten im 13. Jahrhundert auf dem Gebiet des heutigen Lettland eine der letzten vorchristlichen Kulturen Europas. Von der Zeit der Hanse bis zum Ersten Weltkrieg stellten ihre Nachfahren, die Deutschbalten, die ökonomische Oberschicht. Sie bestimmten auch zu Zeiten der schwedischen Besatzung im 17. Jahrhundert und in der darauffolgenden zaristischen Zeit die gesellschaftlichen Verhältnisse.

Die Landbevölkerung lebte bis Mitte des 19. Jahrhunderts in Leibeigenschaft und behielt lettische kulturelle Traditionen bei, auf die sich kurz vor der Jahrhundertwende das lettische Nationalbewußtsein gründete. Rīga wurde nach der Jahrhundertwende zu einer europäischen Großstadt, in der nicht mehr Deutsche, sondern Letten die Bevölkerungsmehrheit stellten. Infolge des Hitler-Stalin Pakts wurde Lettland 1940 sowjetisch besetzt, 1941 folgte die deutsche Invasion. Die zweite sowjetische Besatzung dauerte von 1944 bis 1991. Aus politisch-strategischen Gründen wurden damals Arbeiter aus anderen Sowjetrepubliken nach Lettland umgesiedelt – sie stellen heute ein gutes Drittel der Bevölkerung. In den ersten Jahren nach der 1991 erreichten Unabhängigkeit wurde die Grundlage des heutigen Lettland gelegt. Die teils mit äußerst fragwürdigen Methoden durchgeführte Umverteilung des ehemaligen Volkseigentums hat Konsquenzen bis heute. Seit Mai 2004 gehört Lettland zur EU. Das Land glänzt heute mit einer niedrigen Steuerquote, einem sehr hohen Wirtschaftswachstum und bietet gesellschaftlich wie kulturell überaschende Kontraste.

Von den ersten Siedlungen bis zum Ordensstaat

In der Zeit zwischen 10 000 und 2000 vor Christus besiedelten europäische und nordeurasische Frühkulturen das Baltikum. Es waren vorwiegend Fischer- und Jägerkulturen. Ab 4500 vor Christus gibt es erste Keramikfunde. Etwa 2300 vor Christus wanderten diejenigen indoeuropäische Stämme ein, die als die eigentlichen Vorfahren der Letten und Litauer gelten. Die neuen Siedler begannen etwa 1000 vor Christus Ackerbau und Viehzucht zu betreiben, und sie assimilierten die ortsansässigen, vorwiegend von Jagd und Fischfang lebenden Kulturen.

In der Blütezeit des Römischen Imperiums etwa zwischen 100 vor Christus und 500 nach Christus gab es einen florierenden Bernsteinhandel mit den Mittelmeerländern.

In der zweiten Hälfte des 1. Jahrtausends begannen sich die baltischen Stämme auszudifferenzieren: Auf dem Gebiet des heutigen Lettland bewohnten Kuren und

Liven die Küsten, Semgallen den Süd-
osten, Lettgallen und Selen den Norden
und Osten. Skandinavische Wikinger
versuchten wiederholt die Kontrolle
über die Handelswege zu erlangen und
drangen in die von Liven und Kuren
bewohnten Gebiete ein; andererseits
erreichten Kuren auf Raubzügen aber
auch skandinavische Küsten. Anfang des
2. Jahrtausends waren die vorchristlichen
lettischen Kulturen auf ihrem kulturellen Höhepunkt: Es hatten sich Gewerbe
wie das von Schmieden, Töpfern, Glas-
bläsern und Schneidern herausgebildet,
es wurde die Dreifelderwirtschaft prak-
tiziert, und der Handel war zu einem
eigenständigen Gewerbe geworden. Das
soziale System war komplex: Die Mehrheit der Bevölkerung hatte den Status
freier Bürger, die Feudalherren unterge-
ordnet waren. Über die Grenzen der zu
Festungen gewordenen Regionalzentren
hinaus begannen sich Anzeichen einer
Staatenbildung zu zeigen.

Das altrussische Reich, insbesondere
die mächtigen russischen Handelsstädte
Novgorod, Pskov und Vitebsk, betrieben im 11. Jahrhundert eine agressive
Machtpolitik und begannen in die östlichen Gebiete des heutigen Lettland vorzudringen. Ende des 12. Jahrhunderts
erschien eine neue Macht im Baltikum
– die Kreuzritter des Deutschen Ordens.
Das 13. Jahrhundert ist der wichtigste
kulturelle Einschnitt in der Geschichte
des Baltikums: Weder die Kuren noch

Kleidung eines lettischen Fischers vor
Ankunft der Kreuzritter

die lettischen Fürsten verfolgten im 13. Jahrhundert eine gemeinsame Politik gegen-
über dem altrussischen Reich und der neu auf den Plan tretenden Großmacht der
Kreuzritter. Diese hatten es es sich zur Aufgabe gemacht, die letzten heidnischen
Völker Europas zu christianisieren.

Der Deutsche Orden und die Hanse

Ab Mitte des 13. Jahrhunderts ankerten die Koggen deutscher Kaufleute in der Mündung der Daugava, nahe der heutigen Hauptstadt Rīga. In der Nähe gab es recht ansehnliche livische Siedlungen, und es wurden rege Handelsbeziehungen unterhalten. 1186 errichtete der Mönch Meinhard von Segeberg auf einer in der Daugava gelegenen Insel, gut 50 Kilometer landeinwärts, die erste Kirche im Baltikum. Die blutige Missionierung begann mit Meinhards Nachfolger, Berthold von Loccum, der 1198 ein etwa 1000 Mann starkes Pilgerheer anführte und im Kampf fiel. Im Jahr 1200 lud Albert von Buxhoeveden, sein Nachfolger, 30 Feudalherren lettischer Stämme zu politischen Verhandlungen ein. Ziel war es, von den Letten Land für eine befestigte Ansiedlung auf dem Gebiet des heutigen Rīga zu erwerben. Im Zuge der ›Verhandlungen‹ wurde den Fürsten damit gedroht, daß sie als Sklaven nach Deutschland verkauft werden. So erreichte man die Überlassung des geforderten Gebietes. 1201 fuhr Bischof Albert, der vom Papst mittlerweile zum Bischof über einen im Baltikum erst noch zu gründenden christlichen Staat mit dem Namen ›Livland‹ ernannt worden war, nach Gotland, um dort ein 500 Mann starkes Heer zusammenzustellen. Diesem gehörten neben Abenteurern und Missionaren auch bedeutende Vertreter des deutschen Osthandels an. Es war die Geburtsstunde des Schwertbrüderordens, der in Rīga noch im gleichen Jahr ein Ordensschloß errichtete. 1201 gilt als Gründungsjahr der lettischen Hauptstadt.

Vom Rīgaer Ordensschloß aus wurde die gewaltsame Christianisierung vorangetrieben. Überall im Baltikum entstanden nun Ordensburgen unterschiedlichster Ausstattung und Größe. Trotz der militärischen Vorherrschaft des Ordens bestand ein labiles Gleichgewicht zwischen den auf funktionierende Handelsbeziehungen angewiesenen Parteien: Hanseatische Kaufleute verkauften Salz, Metalle und Textilien. Einfache Gewerke wie das Be- und Entladen von Schiffen und einige Handwerksberufe waren fest in lettischer Hand. Deutsche und lettische Gewerke waren in Zünften organisiert, und für alle Bürger der Stadt galt bis zum Ende des Nordischen Krieges (1721) das gleiche Stadtrecht, das am Recht der Stadt Visby auf Gotland orientiert war. Schon 1225 mußte der Bischof die Selbstverwaltung des aus Kaufleuten bestehenden Stadtrats anerkennen, und 1282 wurde Rīga Mitglied der Hanse. Der bürgerlichen Gesellschaft standen kirchliche Kräfte gegenüber, die ihre eigenen Interessen verfolgten: So versuchte der Deutsche Orden sich unter anderem ein Monopol auf den Bernsteinhandel zu sichern und den Getreidehandel zu besteuern. Auch die römisch-katholische Kirche und die von ihr eingesetzten Bischöfe verfolgte Machtinteressen, die von ökonomischen Interessen nicht zu trennen waren. Der lettische Bauernstand, der zwar über Vasallen des Ordens politisch kontrolliert wurde, aber den Alltag selbständig in Dorfgemeinschaften organisierte, lieferte Agrarprodukte, vor allem Getreide, Milchprodukte und Honig. Zwischen all diesen

Parteien kam es immer wieder zu mit militärischer Gewalt ausgetragenen Interessenkonflikten. Der etwa 100 Jahre dauernde religiös-kulturell motivierte Konflikt zwischen lettischer Landbevölkerung und Deutschen war dabei der folgenreichste. Neben handfesten wirtschaftlichen Interessen motivierte die Kreuzritter, daß von der römisch-katholischen Kirche seit Beginn der gewaltsamen Missionierung die Teilnahme an einem Kreuzzug im Baltikum als genauso heilsbringend wie die Teilnahme an einem Kreuzzug nach Jerusalem eingestuft wurde.

Innerhalb der engen Stadtmauern Rīgas herrschten 200 Jahre lang bürgerkriegsähnliche Zustände zwischen Stadt, Bischof und Deutschem Orden. Auf dem Land sicherte die in den Burgen des Deutschen Ordens versammelte militärische Macht die Existenz von Klöstern und Landgütern. Handelsrouten, Märkte und Preise wurden von den Deutschen kontrolliert. Angesichts der Stellung der katholischen Kirche in den ersten beiden Jahrhunderten nach Ankunft der Missionare fielen die Ideen der Reformation bei der Stadtbevölkerung und beim eigene Interessen verfolgenden Landadel auf fruchtbaren Boden. Aus Furcht vor gewaltsamen Auseinandersetzungen erhob Ordensmeister Walter von Plettenberg 1554 den Protestantismus zur Staatsreligion.

Der Zerfall der Ordensmacht brachte ein Machtvakuum im Baltikum mit sich, das Ivan den Schrecklichen 1557 dazu veranlaßte, nach Westen vorzudringen. Um der Bedrohung durch Rußland etwas entgegenzusetzen, vereinigten sich Polen und Litauen zu einem bis ans Schwarze Meer reichenden Doppelreich. Gemeinsam mit Schweden und Dänemark zog man in den Krieg. Die nördlichen Gebiete Livlands fielen unter schwedische Vorherrschaft, während der letzte Ordensmeister Gotthard

Die gotischen Kreuzgewölbe der Großen Gilde

Kettler das Schicksal der südlicheren Gebiete in die Hände des litauisch-polnischen Doppelreichs legte. Rīga blieb für einige wenige Jahre freie deutsche Reichsstadt und erkannte nur den deutschen Kaiser als legitime Macht an. Der Livländische Krieg wütete 26 Jahre lang, war von Pestepidemien begleitet und ließ viele in den ersten Jahrhunderten der Christianisierung errichtete Bauten zu Ruinen werden.

Zwischen der Ankunft der Missionare und dem Niedergang des Deutschen Ordens änderten sich die Machtverhältnisse: Im 13. Jahrhundert wurde der unabhängig produzierende lettische Bauernstand vor allem durch die von den Deutschen festgesetzten Produktpreise in seiner Freiheit eingeschränkt. Im Alltag blieben lettische Bauern, kriegerische Auseinandersetzungen ausgenommen, von politischer Fremdherrschaft vorerst weitgehend verschont. Ab dem 14. Jahrhundert bekamen bischöfliche Vasallen, Kreuzritter und einige wenige Fernhändler Ländereien zugesprochen, auf denen sie erste Gutshöfe errichteten. Später, im Zuge der Reformation, wurden auch säkularisierte Klöster zu Gutshöfen umgewandelt. Von dort aus wurde die Abhängigkeit der lettischen bäuerlichen Bevölkerung zunächst über Zinspflicht und Hörigkeit organisiert. Im späten 16. Jahrhundert wurde dann flächendeckend die Leibeigenschaft eingeführt. Bis ins frühe 20. Jahrhundert hinein dominierten die Deutschbalten die wirtschaftliche Entwicklung und die politischen Verhältnisse auf dem Land.

Die schwedische Zeit

Zwischen 1600 und 1629 führten das protestantische Schweden und das katholische Polen-Litauen gegeneinander Krieg. 1621 nahm König Gustav Adolf Rīga ein und erklärte die Stadt zur zweiten Hauptstadt Schwedens. Die Gebiete des heutigen Lettland und Estland wurden, mit Ausnahme des im Osten gelegenen und bei Polen-Litauen verbliebenen Latgale, protestantisch. 1632 gründete Gustav Adolf im estnischen Tartu die Universität Dorpat, deren Besuch ausdrücklich auch Letten und Esten offen stand. Durch die Einrichtung von kirchlichen Schulen wurde die Grundlage eines allgemeinen Bildungswesens, gelegt. Unter schwedischer Vorherrschaft wurden 80 Prozent der Güter des deutschbaltischen Adels der schwedischen Verwaltung unterstellt. In der Praxis behielt der Adel jedoch seine Privilegien, und das System der Leibeigenschaft bleib weiter bestehen.

Das Herzogtum Kurland (Kurzeme) erlebte unter dem schwedischen Herzog Jakob, einem überzeugten Vertreter der merkantilistischen Wirtschaftstheorie, einen rasanten ökonomischen Aufstieg. Mit fachkundiger Unterstützung französischer und schwedischer Industrieller entstanden Manufakturen, die vornehmlich für den Export produzierten: Teppiche, Tapeten, Glas und Rüstungsgüter. Kurland hatte in dieser Zeit sogar zwei Kolonien: die in der Karibik gelegene Insel Tobago und die

Ansicht von Rīga aus dem Jahr 1638

Andreasinsel an der Küste des westafrikanischen Gambia. Über diese beiden Stütz-
punkte mischte Kurland im damals ausgesprochen populären und gewinnträchtigen
transatlantischen Sklavenhandel mit.

Lettland im Zarenreich

Der Nordische Krieg zwischen Rußland und Schweden begann 1700. Bei Kriegsbeginn ging es Zar Peter dem Großen darum, sich Zugang zu den eisfreien Häfen
der Ostsee zu verschaffen. 1710 mußte sich Rīga der Belagerung durch russische
Truppen ergeben. Der Zerstörung folgte eine verheerende Pestepidemie. Im Ange-
sicht der Pest wurden die Kampfhandlungen eingestellt. Bestandteil der Kapitula-
tionsbedingungen war, daß alle Nichtdeutschen, also auch die Letten, ihren Besitz
an die russischen Behörden verkaufen mußten. Rīga und das estnische Tallinn
(dt. Reval) entwickelten sich nach dem Krieg neben Petersburg zu den wichtigsten
kulturellen und ökonomischen Schnittstellen zwischen Rußland und Europa. Unter
der Zarenherrschaft wurde das hanseatische Stadtrecht außer Kraft gesetzt, und
die deutsche Bevölkerung erreichte auf Kosten der in der Stadt lebenden Letten

weitreichendere politische und wirtschaftliche Machtpositionen. Der Nordische Krieg endete 1721 mit der Übergabe Livlands an Peter den Großen. Auch außerhalb Rīgas wütete während und nach dem Krieg die Pest: Ganze Landstriche lagen brach. Die Volksgruppe der in Kurland lebenden Liven reduzierte sich auf wenige Dutzend Menschen.

In den Jahren der Zarenherrschaft entwickelte sich Rīga zu einem international bedeutenden kulturellen Zentrum. Eine wichtige Rolle im kulturellen Leben spielte die Verlegerfamilie Hartknoch, bei der unter anderem fast alle Erstausgaben der Werke des in Königsberg tätigen Immanuel Kant erschienen. Deutschen Aufklärern war die vom deutschbaltischen Adel errichtete Leibeigenschaft ein Dorn im Auge. Vor allem Garlieb Merkel, selbst Deutschbalte, löste mit seiner 1797 erschienenen Streitschrift ›Die Letten‹ heftige Debatten zwischen Befürwortern und Gegnern der

Der Rīgaer Hafen im Jahr 1770

Leibeigenschaft aus. Unter der Zarenherrschaft waren die Privilegien des deutschen Landadels, die unter den Schweden teilweise zurückgenommen worden waren, noch erweitert worden. Eine der Hauptstraßen Rīgas ist nach Garlieb Merkel benannt. Auch Johann Gottfried Herder, der von 1764 bis 1769 an der Domschule zu Rīga lehrte, kritisierte die Zustände auf dem lettischen Land auf das Heftigste. Er begann damals damit, das bis zu diesem Zeitpunkt ausschließlich mündlich überlieferte Liedgut der Letten zu sammeln und inspirierte mit dieser Tätigkeit deutsche Pastoren und Gelehrte der 1801 wiedereröffneten Universität Tartu (dt. Dorpat) im heutigen Estland. Die zweite Hälfte des 19. Jahrhunderts gilt in Lettland als die Periode des ›Nationalen Erwachens‹, in der sich Lettland als Kulturnation und in der Folge auch als politische Nation formierte.

Mitte des 19. Jahrhunderts wurde die Fronpacht durch die Geldpacht ersetzt, und 1861 kam man auch im russischen Zarenreich zu der Überzeugung, daß das System eines in Abhängigkeit gehaltenen Bauernstands offiziell nicht mehr zu halten war. Die Liberalisierung der politschen Rechte des Bauernstandes stand jedoch bis 1920 in krassem Widerspruch zur ökonomischen Realität. Ab 1881, nachdem Alexander III. den Zarenthron bestiegen hatte, wurden verstärkt Versuche unternommen, die Ostseeprovinzen dem russischen Kulturraum einzuverleiben. Russisch ersetzte das Deutsche als Amtssprache, die orthodoxe Kirche erhielt Privilegien, Legislative und Exekutive wurden nach russischem Vorbild organisiert. Das Russische wurde 1887 alleinige Unterrichtssprache in den Schulen. All diese Bestrebungen stießen bei der städtischen und ländlichen lettischen Bevölkerung, die gerade dabei war, ihre eigene kulturelle Identität zu finden, auf wenig Verständnis und Gegenliebe.

Die zweite Hälfte des 19. Jahrhunderts brachte auch die Industrialisierung der Städte. Im bis dahin von deutscher Wirtschaftskraft, Mentalität und Kultur geprägten Rīga stieg die Bevölkerungszahl um ein Vielfaches. Die Stadtmauer wich einem Ring aus Parkanlagen. Damals entstanden die ersten der für die Boulevards typischen mehrstöckigen Häuser, zunächst im Stil des Historismus. Allmählich dominierte die lettische Bevölkerung, in der Masse dem Industrieproletariat zugehörig, das Gesicht der Stadt. Rīga war zur am weitesten industrialisierten Stadt des russischen Zarenreichs geworden. 1901 fand zum 700–jährigen Stadtjubiläum eine mehrmonatige, auch international viel beachtete Leistungsschau der lettischen Industrie und des Handwerks statt. Zur gleichen Zeit führten die populärer werdenden Ideen des Marxismus und soziale Mißstände in den Fabriken dazu, daß sozialistische Bewegungen regen Zulauf erhielten. Sie waren Vorläufer der im Juni 1904 gegründeten Sozialdemokratischen Arbeiterpartei. In der gut organisierten Bewegung wurden verstärkt Stimmen laut, die eine Loslösung von der russischen Vorherrschaft in Politik und Verwaltung sowie von der deutschen Vorherrschaft in Wirtschaft und Landwirtschaft forderten. Mit Nachdruck forderte man nun einen eigenen Staat, der alle von Letten bewohnten Gebiete vereinen sollte.

Die Unruhen von 1905

Rußland begann 1903 mit Zwangsrekrutierungen von Letten für den russischen Krieg gegen Japan, was zum Unmut breiter Bevölkerungskreise führte. 1905 kam es zum Generalstreik. Eine Massendemonstration richtete sich gegen Zwangsrekrutierung und soziale Mißstände, und von 20 000 Menschen wurde ein unabhängiges Lettland gefordert. Die Demonstration in Rīga wurde mit militärischer Gewalt aufgelöst: Am Ufer der Daugava starben 73 Demonstranten, und eine unbekannte Zahl von Menschen ertrank auf auseinanderbrechenden Eisschollen, als sie versuchten, sich über den Fluß in Sicherheit zu bringen.

Die Unruhen griffen von Rīga aus auf die Provinzen über, wo sich Bauern gegen ihre Gutsherren auflehnten – etwa 200 lettische und ebenso viele estnische Gutshöfe gingen dabei in Flammen auf. Auf dem Land führten die russische Armee und deutsche Gutsbesitzer standrechtliche Erschießungen durch, die mehr Opfer als die Unruhen selbst forderten. Während und nach den Unruhen, die bis 1906 andauerten, verließen Tausende von Letten ihre Heimat, um in anderen europäischen Staaten, vor allem aber in Chicago und in den Städten der amerikanischen Ostküste ihr Glück zu suchen.

Eine positive Folgen der Unruhen war die Bildung eines Genossenschaftswesens auf dem Land, während in den Städten die Gewerkschaften regen Zulauf erhielten.

Manöver der Lettischen Schützen

Durch Neugründungen von lettischen Theatern, Museen, Verlagen und Zeitungen, die sich klar von der deutschbaltischen Kultur abgrenzten, festigte sich in den Jahren vor dem Ersten Weltkrieg die kulturelle Identität des Landes.

Erster Weltkrieg und Unabhängigkeit

Am 1. August 1914 begann der Erste Weltkrieg, und im Oktober 1915 war Kurland vollständig von den Deutschen besetzt. Große Teile der kurländischen Bevölkerung flüchteten in die weiter östlich gelegenen Gebiete Lettlands. Bei Kriegsbeginn begann die von Russen betriebene Demontage der Industrieanlagen. Insgesamt wurden 50 000 Güterwagen gefüllt, und nur sehr wenig davon wurde nach dem Krieg wieder zurückgegeben. Die in der Rīgaer Industrie beschäftigten Arbeiter folgten den demontierten Anlagen und wurden gleich mit umgesiedelt. Aus Furcht vor Pogromen emigrierte nahezu die gesamte jüdische Bevölkerung. In die zaristische Armee wurden lettische Einheiten eingezogen, die gegen die deutsche Invasion ins Feld zogen, und die den Namen ›Lettische Schützen‹ trugen. Als im Oktober 1917 die russische Oktoberrevolution das Ende des zaristischen Regimes besiegelte, nahmen die politisch links orientierten Lettischen Schützen die Ideen Lenins begeistert auf. Die als besonders loyal geltende Splittergruppe der Roten Lettischen Schützen stellte zunächst die Leibgarde Lenins, bevor einige ihrer Mitglieder in den ersten Jahren nach der Oktoberrevolution in Moskau wichtige politische Posten bekleideten.

Rīga und die weiter östlich gelegenen Teile Lettlands wurden im September 1917 von den Deutschen erobert; am 3. März 1918 wurde in Brest-Litovsk ein deutsch-russischer Friedensvertrag unterzeichnet. Anschließend fanden in Berlin Gespräche darüber statt, wie das Baltikum zwischen Rußland und Deutschland unter angemessener Beteiligung des deutschbaltischen Adels aufzuteilen sei. Von solchen Ideen hielt die lettische Bevölkerung nicht viel: Bereits im Dezember 1917 hatte sich in Valka, in der nordlettischen Provinz, ein provisorischer lettischer Nationalrat formiert, der für ein unabhängiges Lettland unter sozialistischer Führung eintrat. In Rīga propagierte eine Vereinigung mit dem Namen ›Demokratischer Block‹ die Unabhängigkeit unter bürgerlicheren Vorzeichen. Am 11. November 1918 kapitulierte Deutschland. Die politischen Gruppierungen Lettlands kamen am 17. November zu einer gemeinsamen Sitzung, dem Lettischen Volksrat, zusammen. Am 18. November 1918 wurde vom Balkon des Lettischen Nationaltheaters aus die Unabhängigkeitserklärung verlesen. Regierungschef wurde Kārlis Ulmanis, ein dem politischen Zentrum zugehöriger Politiker, der in den kommenden beiden Jahrzehnten die lettische Politik ganz wesentlich prägen sollte.

Mit der Erklärung der Unabhängigkeit war der Erste Weltkrieg in Lettland nicht vorbei: Das sowjetische Rußland störte die Verwandlung Lettlands in eine

Rīgaer Straßenbahn in den 1920er Jahren

autonome bürgerliche Republik. Bolschewistische Truppen eroberten, unterstützt von Überzeugungstätern aus den Kreisen der Roten Lettischen Schützen, binnen weniger Monate fast ganz Lettland zurück. Auch deutsche Offiziere der Wehrmacht und rechtsextremen Ideologien nachhängende Deutschbalten wollten den neuen Staat nicht akzeptieren: Sie formierten sich im Februar 1919 unter Generalmajor Rüdiger Graf von Goltz zum paramilitärischen Verband der ›Baltischen Landwehr‹ und machten sich für die Idee eines Estland und Lettland umfassenden Staatswesens unter deutschbaltischer Führung stark. Nach Anfangserfolgen wurde die zeitweise knapp 40 000 Mann starke Armee in der Schlacht von Cēsis von lettischen und estnischen Truppen geschlagen. Reichspräsident Friedrich Ebert rief die deutschbaltischen Truppen nach Unterzeichnung der Versailler Verträge am 28. Juni 1919 zur endgültigen Einstellung der Kampfhandlungen und zur Rückkehr oder Umsiedlung nach Deutschland, auf. Die ›Eiserne Division‹ unter General von Goltz weigerte sich, diesem Aufruf nachzukommen. Um den Forderungen der Alliierten und der deutschen Regierung dennoch Genüge zu tun, verfiel von Goltz auf einen Trick: Er unterstellte die deutschbaltischen Kampfverbände formal dem selbsternannten russischen Prinzen Bermondt-Awalow, einem nicht wirklich ernst zu nehmenden Abenteurer, dessen Idee die Wiederherstellung des zaristischen Russland war – die in Lettland beginnen sollte. Die Bermondt-Armee erreichte Anfang Oktober 1919 Rīga, doch die Einwohner Rīgas und die von Liepāja aus heranrückende lettische Armee verhinderten die Eroberung der Stadt. Der offizielle Regierungssitz wurde von Liepāja nach Rīga zurückverlegt. Im Lauf des Jahres 1920 wurden die verbliebenden Gebiete Lettlands befreit. Mitglieder der Bermondt-Armee schufen sich im Deutschland der 1920er Jahre Führungspositionen in SA und SS, und die Eiserne Division wurde zu einer im Nationalsozialismus verklärten Legende. Am 11. August 1920 wurde ein Friedensvertrag zwischen Sowjetrußland und Lettland geschlossen, der auch die Angliederung des östlichen Landesteils Latgale festschrieb. Damit begann die 20jährige Zwischenkriegszeit, in der Lettland als eigenständiger Staat und als Demokratie westeuropäischer Prägung die politische Bühne betrat. In den ersten Jahren der neuen Republik kamen 200 000 Emigranten nach Lettland zurück, vor allem Juden, zwangsumgesiedelte Industriearbeiter und vom Bolschewismus enttäuschte Linke.

Die Erste Lettische Republik

Der Erste Weltkrieg hatte verheerende Auswirkungen: Rīga hatte 250 000 Einwohner, die Hälfte der Bevölkerung, verloren. Auf dem Land lebten große Teile der Bevölkerung in Notunterkünften. Unmittelbar nach Kriegsende wurde eine Landreform umgesetzt, die den deutschbaltischen Adel praktisch enteignete. Viele Deutschbalten verließen Lettland.. Die Industrie war weitgehend kriegsbedingt zerstört oder von den Russen demontiert worden. Seinen wirtschaftlichen Aufschwung verdankte Lettland in den ersten Jahren der Unabhängigkeit dem neu entstehenden bäuerlichen Mittelstand. Über den Eigenbedarf hinaus wurde gezielt für den Export produziert: Vor allem Milchprodukte, Holz und Textilien fanden den Weg nach Westeuropa. Eine Reihe lettischer Großbanken war in deutschen Händen geblieben. Die ersten Jahre der Zwischenkriegszeit waren von Wiederaufbau, rasantem wirtschaftlichen Wachstum, einem für das damalige Europa sehr fortschrittlichen Sozialsystem und einer stabilen Währung geprägt. Ab den späten 1920er Jahren waren Import-Exportgeschäfte durch bilaterale Absprachen geprägt: So durfte beispielsweise Lettland Butter, Schinken und Eier nach England exportieren, mußte aber im Gegenzug neben der benötigten englische Kohle auch englische Heringe importieren – genau davon gab es in Lettland bereits mehr als genug. Die lettische Kultur entwickelte sich in diesen Jahren so gut und schnell, daß von einem Zweiten Nationalen Erwachen gesprochen wurde. Auch deutschen, russische, polnische und jüdische Minderheiten genossen in dieser Zeit sehr weitreichende Freiheiten und lieferten mit eigenen Schulen, Theatern und Zeitungen ihren Beitrag zu einer wirklich multikulturellen Gesellschaft. In der Politik ging es alles andere als ruhig zu: Das Parlament funktionierte nach Weimarer Muster. Die zahlreichen Parteien und ständig wechselnde Koalitionen führten in der Bevölkerung zum Ruf nach eindeutigen Verhältnissen. Die Parteien der bürgerlichen Mitte sahen sich zunehmend der Gefahr eines Staatsstreichs von links oder rechts ausgesetzt;

es entstand auch eine nationalsozialistischen Ideen folgende Bewegung mit dem Namen Pērkonkrusts (Donnerkreuz). Als die Weltwirtschaftskrise ein Übriges zur Destabilisierung der politischen Lage tat, und die Spannungen zwischen den Bevölkerungsgruppen zunahmen, kam es am 15. Mai 1934 kam es zu einem unblutigen Staatsstreich: Kārlis Ulmanis entmachtete das Parlament und errichtete ein autoritäres Regime. Die Rechte der in Lettland lebenden Minoritäten wurden beschnitten. Alles, was als spezifisch lettisch galt wurde vorangetrieben, jedoch kam es zu keinen schwerwiegenden Übergriffen gegenüber der nichtlettischen Bevölkerung. Das Regime Ulmanis fiel in eine Zeit zunehmender außenpolitischer Instabilität: Deutschland und Rußland meldeten diffuse Ansprüche auf die baltischen Gebiete an. So geriet Lettland, das außenpolitisch immer eine neutrale Linie zwischen den Großmächten verfolgt hatte, in die Mühlen des Zweiten Weltkriegs.

Zweiter Weltkrieg und sowjetische Besatzung

Am 23. August 1939 unterzeichneten die Außenminister Deutschlands und der Sowjetunion, Ribbentrop und Molotov, den sogenannten Hitler-Stalin Pakt: Der Nichtangriffspakt ermöglichte Deutschland den Überfall auf Polen vom 1. September 1939, denn in diesem Dokument wurde festgehalten, daß Deutschland nicht mit einer massiven Ostfront seitens der Sowjetunion rechnen mußte. In Nebendokumenten wurden Estland und Lettland, später auch Litauen, der Interessensphäre der Sowjetunion zugesprochen. Die Invasion der bis zu diesem Zeitpunkt souveränen baltischen Staaten nahm ab dem 5. Oktober 1939 ihren Lauf: Lettland wurde gezwungen, im Rahmen einer ›gegenseitigen Hilfeleistung‹ gegen den zu diesem Zeitpunkt nur vorgeblichen Feind Deutschland die Stationierung von 25 000 sowjetischen Soldaten auf lettischem Gebiet zuzulassen.

Hitler erließ am 6. Oktober 1939 einen Aufruf zur Umsiedlung der in Lettland lebenden Deutschbalten. Die Maßnahme betraf 50 000 Menschen; Ziel war der ›Wartegau‹ rund um die westpolnische Stadt Poznan (dt. Posen). Am 16. Juni 1940 stellte Rußland der lettischen Regierung das Ultimatum, binnen sechs Stunden eine unbegrenzte Zahl sowjetischer Truppen ins Land zu lassen. Um ein Blutbad zu verhindern, stimmte Präsident Kārlis Ulmanis zu. Am Mittag des 17. Juni 1940 standen die sowjetischen Panzer in Rīga, und auf lettischem Territorium befanden sich nun mehr als 100 000 Soldaten der Roten Armee. Die Aufmerksamkeit der Weltöffentlichkeit lag jedoch auf dem drei Tage zuvor von Deutschland eroberten Paris.

Am 14. und 15. Juli 1940 fanden in Lettland Einparteien-Wahlen statt, bei denen nur die Lettische Arbeiterpartei zugelassen war. Diese erhielt dann auch 97,6 Prozent der Stimmen. Am 5. August 1940 wurde Lettland zur 15. Republik

Erste von den Sowjets durchgeführte Massendeportationen nach Sibirien im Juni 1941

der Sowjetunion erklärt. Im Vorfeld waren Ulmanis und die alte politische Führung bereits deportiert worden. Unmittelbar nach dem Einmarsch der sowjetischen Truppen begann die Sowjetisierung des Landes: Betriebe wurden verstaatlicht, auf dem Land fand eine Zwangskollektivierung statt, das öffentliche Leben wurde nach den Gesetzen des Kommunismus organisiert, und es wurden Deportationslisten derjenigen erstellt, die eine andere als die sowjetische Linie vertraten. Am 14. Juni 1941 wurde die erste große Massendeportation durchgeführt, bei der etwa 15 500 Letten in Viehwagen gesperrt und nach Sibirien geschickt wurden. Zu ihnen gehörten auch 2400 Kinder. Von dieser ersten Deportationswelle mit dem Ziel Sibirien kamen nur sehr wenige nach Lettland zurück.

Die deutsche Invasion

Als am 21. Juni 1941 Deutschland der Sowjetunion den Krieg erklärte, lagen die sowjetischen Massendeportationen eine Woche zurück. Die zügig das Baltikum erobernden deutschen Truppen wurden zunächst als Befreier begrüßt, erhoffte man sich doch die Wiederherstellung der staatlichen Souveränität. Stattdessen wurde Lettland zum Generalkommissariat im Reichskommissariat Ostland, dem die drei baltischen Länder und Weißrußland angehörten. Unmittelbar nach dem Einmarsch meldeten sich lettische Soldaten freiwillig bei der deutschen Armee. Die deutsche Heeresleitung gab diesen Truppen den Sonderstatus von ›Schutzmannschaften‹. Sie

Rekrutierungskampagne für die Waffen-SS, 1944

wurden in den ersten Kriegsjahren nicht als vollwertige Truppen angesehen, aber mit Spezialaufgaben wie mit Aktionen gegen Partisanen und mit der Bewachung des Rīgaer Ghettos beauftragt.

Darüber, in welchem Umfang Letten bei der Organisation und Durchführung des Holocaust mitgewirkt haben, gibt es widersprüchliche Aussagen. Die aktive Unterstützung kam jedoch nach heutigem Wissensstand lettischer Historiker aus einer radikalisierten Minderheit, die vom ersten Jahr der Besatzung an mit den Nationalsozialisten kollaborierte, und die mit ihrer Ortskenntnis und Auskunftsbereitschaft sowohl bei der Aufstellung von Deportationslisten als auch bei Erschießungen mitwirkte. Während des Krieges hatten sowohl die Sowjetunion als auch Deutschland völkerrechtswidrig lettische Soldaten zwangsrekrutiert, was dazu führte, daß Mitglieder einer Familie häufig auf unterschiedlichen Seiten der Front kämpften. Die Lage verschlimmerte sich, als Deutschland 1943 die Schlacht um Stalingrad verlor: Hitler proklamierte den Totalen Krieg, und in Lettland sollte unter der Führung der Waffen-SS eine Freiwilligenarmee gebildet werden, der alle wehrfähigen lettischen Männer angehören sollten. Durch engagierte freiwillige Meldungen, mehrheitlich jedoch durch Zwangsrekrutierungen, kam es zur Bildung der ›Lettischen Legion‹, des größten nichtdeutschen Regiments der Wehrmacht.

Es ist unstrittig, daß führende lettische Offiziere, die nationalsozialistischen Ideen nahestanden und eine aktive Rolle im Holocaust spielten, von Kriegsbeginn an kollaborierten und die Bildung der Lettischen Legion erst ermöglichten. In Litauen gelang es beispielsweise nicht, einen solchen Verband zu gründen.

In welchem Umfang die Lettische Legion aktiv am Holocaust beteiligt war, ist unter Historikern strittig. Eine von der lettischen Regierung eingesetzte Historikerkommission vertritt die Auffassung, daß die Lettische Legion in erster Linie an kriegsüblichen Kampfhandlungen beteiligt war. Dies mag für die Mehrheit der Zwangsrekrutierten sicherlich richtig sein, es gab jedoch auch Verbrechen gegen die Menschlichkeit, für die radikale Gruppierungen innerhalb der Legion verantwortlich waren. So trat etwa die Hälfte der für Judenverfolgungen und Massenmord verantwortlichen Gruppe um Viktor Arajs, die 1943 noch 1176 Mitglieder hatte, der Legion bei. Hoch gegriffene Schätzungen sprechen von 45 000 Menschen, die während des Zweiten Weltkriegs zu Opfern der Arajs unterstellten Mordkommandos wurden. Arajs, der 1988 in einem Gefängnis in Kassel starb, dürfte einer der prominentesten Fälle, sicherlich aber kein Einzelfall gewesen sein.

Am 13. Oktober 1944 eroberte die sowjetische Armee Rīga. Die Kampfhandlungen verlegten sich nach Kurland, wo reguläre Verbände der Wehrmacht mit Verbänden der Lettischen Legion eingeschlossen wurden. Sie leisteten bis zum Tag der Kapitulation am 8. Mai 1945 Widerstand. Viele Letten taten dies wohl weniger aus aufrechter Überzeugung als vielmehr aus Furcht vor einer erneuten sowjetischen Besatzung und in der Hoffnung auf ein politisch unabhängiges Lettland. In den letzten Kriegsmonaten waren Hunderttausende von Zivilisten in das noch nicht von sowjetischen Truppen besetzte Kurland geflüchtet. Viele von ihnen versuchten in überfüllten Booten das westliche Festland zu erreichen. Lettland wurde in die UdSSR eingegliedert. Völkerrechtlich erkannten die Westmächte die Annexion nicht an, sie nahmen diese jedoch im Vertrag von Jalta stillschweigend hin.

Für die lettische Unabhängigkeit kämpfende Partisanen im März 1944

Der Holocaust in Lettland

Das erklärte politische Ziel Deutschlands war auch in Lettland die Germanisierung der eroberten Gebiete, einschließlich der Umsiedlung der einheimischen Bevölkerung nach Osten und der Vernichtung von Juden, Roma und Sinti, Oppositionellen und Homosexuellen. Während der Kriegsverlauf die großen Umsiedlungspläne verhinderte, wurde der Genozid planmäßig durchgeführt. Bereits 1941 bildeten rund 300 Letten unter der Leitung von Viktor Arajs eine Spezialeinheit des SD.

Obwohl diese Einheiten später weiteren Zulauf erhielten, stand die Mehrheit der Letten der rund 100 000 Menschen umfassenden jüdischen Bevölkerung des Landes entweder liberal oder gleichgültig gegenüber. Präsident Ulmanis hatte in den späten 1930er Jahren sogar lettische Pässe an etwa 1000 nach Lettland einreisende jüdische Emigranten aus dem Deutschen Reich ausgegeben. Jan Lipke, ein einfacher Hafenarbeiter, nahm eine Arbeit bei der deutschen Luftwaffe an und nutzte seine neue Position um bis Kriegsende trickreich mehr als 40 Juden zu verstecken.

Unmittelbar nach dem deutschen Einmarsch begannen im Sommer 1941 willkürliche und nicht organisierte Erschießungen von Juden, wobei häufig lettische Freiwillige die Befehle von Deutschen ausführten – denn in der Öffentlichkeit sollte der Eindruck der deutschen Schuld am Genozid verwischt werden.

Im September 1941 wurde in der Moskauer Vorstadt, einem der östlichen Stadtteile Rīgas, ein Ghetto eingerichtet. Am 30. November 1941 und am 8. Dezember 1941 wurden 25 000 Juden des Ghettos auf einen an Brutalität schwer zu überbietenden Fußmarsch in den nahegelegenen Wald bei Rumbala geschickt. Ihre Erschießung wurde unter der persönlichen Aufsicht von Ernst Jeckeln, dem Führer der SS im Reichskommissariat Ostland, von Deutschen durchgeführt. Lettische Hilfstruppen organisierten den Transport. Eine weitere Massen-erschießung, bei der rund 3000 Menschen getötet wurden, fand nördlich von Liepāja statt.

Vor den Toren Rīgas lag das Konzentrationslager Salaspils (dt. Kurtenhof), das zwischen Oktober 1941 und Oktober 1944 bestand. Das Lager war mit durchschnittlich 10 000 bis 15 000 Insassen belegt. Salaspils war ein Arbeitslager und kein Vernichtungslager. Die genaue Zahl der wahrscheinlich mehr als 100 000 dort zu Tode gekommenen Menschen, die aus ganz Europa stammten und vornehmlich jüdischen Glaubens waren, läßt sich nicht mehr ermitteln. Die 39 835 Kinder, die das Lager durchliefen, mußten Zwangsarbeiten in kriegsnahen Industrien leisten und wurden zu Blutspenden für die deutsche Wehrmacht herangezogen. Die meisten von ihnen starben. Kurz vor dem Einmarsch der Roten Armee

Das Rīgaer Ghetto, Sommer 1941

wurden die Überlebenden gezwungen, die Massengräber zu öffnen und die Leichen zu verbrennen. Es sollten möglichst keine Spuren übrig bleiben. Die recht spärliche Aufarbeitung des Holocaust in der Zeit zwischen 1944 und 1991 erschwert die Ermittlung der historischen Wahrheit ebenso wie die mangelhafte Analyse der Beteiligung lettischer Bevölkerungsgruppen, die vielfach noch unter dem Dogma des ›Wir waren es nicht‹ steht. Von der lettischen Regierung wurde mittlerweile eine Historikerkommission mit einem diesbezüglichen Forschungsauftrag eingesetzt. Zum Thema der lettischen Kollaboration gibt es einen eindrucksvollen Dokumentarfilm von Herz Frank mit dem Titel ›The Jewish Street‹ aus dem Jahr 1992.

Nachkriegszeit und zweite sowjetische Besatzung

In der Hoffnung, daß die westlichen Alliierten Lettland doch noch befreien würden, hatten sich Partisanenverbände in die unübersichtlichen Landschaften der lettischen Wälder zurückgezogen. Sie hatten einen breiten Rückhalt in der Landbevölkerung, denn die Enteignung der Bauern und die Umwandlung der traditionellen Landwirtschaft in nach industriellen Mustern arbeitende Kolchosen war alles andere als gewünscht. Um den Widerstand zu brechen, führten die Sowjets im März 1949 Massendeportationen durch, die dieses Mal vor allem die Landbevölkerung trafen: 42 133 Menschen wurden in der Nacht abgeführt oder von ihren Arbeitsplätzen geholt; Kinder wurden aus dem laufenden Schulunterricht gerissen. Die Deportationen trafen ganze Familien: 73 Prozent der Deportierten waren Frauen und Kinder. Wie schon 1941 gebrauchte man Viehwaggons als Transportmittel. Ziel der Zwangsumsiedlung waren Gebiete in Sibirien und Nordrußland. Der letzte lettische Partisanenverband ergab sich erst 1956.

Ab Ende der 1940er Jahre begannen die Sowjets mit der gezielten Ansiedlung rohstoffverarbeitender Großindustrien, die von Lieferungen aus anderen Teilen der Sowjetunion abhängig waren. Lettland hatte durch Krieg, Emigration und Deportationen ein Drittel der Bevölkerung von 1940 verloren. Um den enormen Personalbedarf zu decken, wurde Menschen aus anderen Sowjetrepubliken nahegelegt, nach Lettland umzusiedeln. Weil Lettland und das gesamte Baltikum als der am weitesten

Die sowjetische Eroberung Rīgas im Oktober 1944

Produkte aus sowjetischer Zeit

entwickelte Teil der Sowjetunion galten, gab es wenig Schwierigkeiten, Menschen aus anderen Sowjetrepubliken zu einer Umsiedlung an die Ostsee zu überreden.

Die Sowjetisierung betraf alle Lebensbereiche: Ende der 50er Jahre war die Zwangskollektivierung der Landwirtschaft abgeschlossen – mit der Folge, daß die Kolchosen um etwa 50 Prozent hinter der zuvor üblichen Produktivität zurückblieben. Handel, produzierendes Gewerbe und der Dienstleistungssektor wurden verstaatlicht. Kirchen und andere Gotteshäuser wurde nach der Säkularisierung anderweitig genutzt, in den besseren Fällen beherbergten sie Museen aller Art. Nicht unüblich waren aber auch Nutzungen als Schulen, Sporthallen und Viehställe. In den Schulen erhielt der obligatorische Russischunterricht immer mehr Bedeutung, während Immigranten aus anderen Teilen der Sowjetunion Lettisch als Landessprache nicht zu lernen brauchten. Der zur Steuerung der Planwirtschaft notwendige bürokratische Apparat wurde zum größten Teil mit Russen besetzt. Die Repression politisch Andersdenkender setzte sich auch jenseits der Deportationswellen fort – Geheimdienst und Polizei strapazierten vor allem in den ersten Jahren der Besatzung gegen Oppositionelle das Argument einer angeblichen Kollaboration mit den Nationalsozialisten. Der russische Staat weigert sich bis heute anzuerkennen, daß die große Mehrheit der im letzten Kriegsjahr in der Waffen-SS zwangsrekrutierten Letten nicht notwendig Kriegsverbrechen solcher Art begangen haben, wie sie in den Nürnberger Prozessen verhandelt wurden.

Die politischen Verhältnisse entschärften sich etwas, nachdem Chruschtschow 1956 die stalinistische Variante des Sozialismus in Teilen öffentlich kritisiert hatte.

Es kam eine aus lettischen Kommunisten zusammengesetzte neue politische Elite an die Macht, deren prominentester Vertreter Eduards Berklavs war. Wichtige politische Ziele waren die Regulierung der Zuwanderung von Industriearbeitern aus anderen Republiken sowie mehr regionale Selbstverwaltung in Landwirtschaft und Industrie. Dieses Zwischenspiel war 1959 wieder vorbei, als uneingeschränkt moskautreue Kommunisten an die Macht gebracht wurden. Die politische Führung um Eduards Berklavs und 2000 nicht auf Linie liegende KP-Mitglieder wurden deportiert. Die Jahre der Breschnew-Ära (1964–1982) werden in Lettland als Jahre der Stagnation gesehen.

Der Weg in die Unabhängigkeit

1985 übernahm Michail Gorbatschow die Macht im Kreml, was den Weg Lettlands in die Unabhängigkkeit erleichterte. Doch die treibenden Kräfte waren andere: Seit den 1960er Jahren war eine von Sarkasmus und Ironie geprägte Kulturszene entstanden, die ein aufmerksames Publikum mit einem phänomenalen Gespür für Zwischentöne hatte, und die sich, wo es ging, an internationalen Strömungen und Ideen orientierte. Künstler, Intellektuelle und oppositionelle Gruppierungen der baltischen Staaten begannen ab Ende der 70er Jahre gemeinsam aufzutreten, um ihren Forderungen nach mehr Souveränität Nachdruck zu verleihen. 1983 wurde diese Bewegung vom KGB zerschlagen, und ihre Führer wurden zu langjährigen Gefängnisstrafen verurteilt. Im Rahmen der 1986 von Gorbatschow verkündeten Glasnost (Öffentlichkeit) gab es dann plötzlich die Möglichkeit, in Medien und Kunst deutlich politische Positionen zu beziehen und eine Gegenöffentlichkeit zu organisieren. Im gleichen Jahr wurde bekannt, daß die Moskauer Zentralregierung plante, ein weiteres großes Wasserkraftwerk im Tal der Daugava zu errichten, dem neben dem einzigartigen naturbelassenen Flußlauf auch lettische Kulturdenkmäler und Ortschaften zum Opfer gefallen wären. In der Kulturzeitschrift Literatūra un Māksla (Literatur und Kunst) erschien ein Artikel, in dem Hintergrund und Folgen des als Willkürakt verstandenen Projekts analysiert wurden. Dieser Artikel wurde von einer breiten Öffentlichkeit wahrgenommen, und von der im Rahmen von Glasnost ermöglichten Diskussionskultur wurde erstmals reger Gebrauch gemacht. Ein weiteres für die Unabhängigkeitsbewegung wichtiges Ereignis fand 1987 statt, als die Menschenrechtsgruppe ›Helsinki 86‹ dazu aufrief, am Jahrestag der Massendeportationen vom 14. Juli 1941 eine öffentliche Gedenkveranstaltung an der Freiheitsstatue in Riga abzuhalten. Die Veranstaltung erhielt regen Zulauf und war im Baltikum die erste Manifestation, die sich offen gegen das sowjetische System stellte. Im Juni 1988 fand ein Schriftstellerkongreß statt, auf dem die Möglichkeit einer Demokratisierung der Gesellschaft öffentlich diskutiert wurden.

Im Zuge der Perestroika (Umbau) plante die Moskauer Zentralregierung, öffentliche und freie Wahlen durchführen zu lassen. Um die verschiedenen oppositionellen Gruppen in einer Partei zu bündeln und sie so gut es eben ging zu kontrollieren, wurde die Lettische Volksfront (Latvijas Tautas Fronte) ins Leben gerufen, deren führende Mitglieder Reformkommunisten und linke Intellektuelle waren. Die Moskauer Zentralregierung nahm an, daß sich so noch am ehesten die Opposition im Lande steuern ließe. In der Praxis war es aber so, daß die Volksfront sich zum offiziell lizensierten Auffangbecken aller Opposistionsbewegungen entwickelte, zeitweise 200 000 Mitglieder hatte und keineswegs so agierte, wie es sich Moskau erhofft hatte: Gemeinsam mit den Volksfronten Estlands und Litauens organisierte Latvijas Tautas Fronte anläßlich des 50. Jahrestages des Hitler-Stalin-Paktes vom 23. August 1939 eine Menschenkette. Sie führte von Tallinn über Rīga nach Vilnius und war über 600 Kilometer lang. Mehr als zwei Millionen Menschen, etwa ein Drittel der Bevölkerung, gaben ihrem Streben nach politischer Unabhängigkeit Ausdruck. An diesem Zeichen kamen weder die Weltöffentlichkeit noch die Moskauer Regierung vorbei: Im März 1990 fanden in Lettland Neuwahlen zum Obersten Sowjet statt, bei denen die für ein politisch souveränes Lettland eintretenden Kräfte die Zweidrittelmehrheit erlangten.

Der neugewählte Oberste Sowjet setzte am 4. Mai 1990 die lettische Verfassung von 1922 wieder in Kraft und erklärte Lettland damit implizit zu einem souveränen Staat. Die Unabhängigkeitserklärung Lettlands sah aber auch ganz offiziell eine Übergangsperiode bis zur vollständigen staatlichen Unabhängigkeit vor: Auf eine

Menschenkette am 23. August 1989, dem 50. Jahrestag des Hitler-Stalin-Paktes

weniger moderate Unabhängigkeitserklärung Litauens hatte Moskau mit einer Wirtschaftsblockade reagiert, die das Land schwer traf und in der litauischen Bevölkerung die Skepsis an einem eigenen Weg wachsen ließ. In Lettland beschränkte man sich zunächst auf an westlichen Demokratien orientierte Gesetze zum Privateigentum und zum Steuerwesen, und man wollte auch den Staatshaushalt selbst verwalten. Mit den eingeforderten Reformen stießen die neuen Parlamentarier auf heftigen Widerstand moskautreuer Kommunisten, die am 15. Mai 1990 Massenkundgebungen vor dem lettischen Parlament organisierten und versuchten das Parlament zu stürmen. Sie scheiterten jedoch am gewaltlosen Widerstand zahlreicher national gesinnter Bürger, die ihre Volksvertretung schützten.

Wie ernst es Gorbatschow mit der Demokratie und der Selbstbestimmung der baltischen Republiken meinte, zeigte sich dann im Januar 1991, als im litauischen Vilnius sowjetische Fallschirmjäger den Fernsehturm besetzten. 14 Menschen wurden von der OMON, einer Spezialeinheit der sowjetischen Armee, ermordet. Auch in Rīga tauchten Mitte Januar sowjetische Panzer in der Stadt auf. Die Bevölkerung hatte nach den Ereignissen in Vilnius Barrikaden errichtet, um das Parlament und andere öffentliche Gebäude zu schützen – und protestierte friedlich gegen den Versuch einer neuerlichen Besatzung. Am 20. Januar 1991 wurden am Rande einer friedlichen Demonstration der Dokumentarfilmregisseur Andris Slapiņš, sein Kameramann Gvido Zvaigzne, zwei Polizisten und ein Schüler von den Spezialeinheiten der sowjetischen Streitkräfte erschossen. Es gab massive internationale Proteste, und die Sowjetunion sah sich gezwungen, ihre Truppen wieder

Barrikaden in der Rīgaer Innenstadt, Sommer 1991

zurückzuziehen. Bei einem Referendum am 3. März 1991 stimmten 73,6 Prozent der Bevölkerung für die Lösung Lettlands aus der Sowjetunion.

Am 19. August 1991 versuchten kommunistische Partei- und Staatsfunktionäre in Moskau das Weiße Haus zu stürmen, der Reformpolitik gewaltsam ein Ende zu setzen und die alte Sowjetunion wieder zu neuem Leben zu erwecken. Der Putschversuch schlug fehl, Boris Jelzin wurde zur Leitfigur des gewaltlosen Widerstands und des neuen russischen Parlamentarismus. Michail Gorbatschow trat nur fünf Tage später als Generalsekretär zurück. Unter dem Eindruck der Ereignisse in Moskau, die den endgültigen Zerfall der Sowjetunion einleiteten, erklärte Lettland am 21. August 1991 die Übergangsphase zur staatlichen Unabhängigkeit für beendet.

In Rīga hat jeder viele Geschichten rund um die Zeit der großen Demonstrationen und Barrikaden. Es war die Zeit der großen Ideale, der konkreten politischen Aktion und der Solidarität – dies alles ist heute in mehrfacher Hinsicht Geschichte.

Die chaotischen ersten Jahre

Nach dem Zusammenbruch der Sowjetunion, zum Zeitpunkt der Erklärung der staatlichen Souveränität, war im Winter 1991/1992 die Stimmung in Lettland geradezu euphorisch: Das totalitäre Regime war verschwunden, und man konnte endlich frei entscheiden, was man tun wollte. Vom Zusammenhalt der Oppositionsbewegung war jedoch nur noch wenig zu spüren, denn es fehlte der gemeinsame Gegner. Stattdessen gab es eine zunehmende Individualisierung, und man stand vor der Herausforderung, in der Mangelwirtschaft eines zusammenbrechenden Wirtschaftssystems seinen Lebensunterhalt bestreiten zu müssen. Fabriken, die Waren für den sowjetischen Markt produzierten, brachen nach und nach zusammen. Rußland seinerseits versuchte vor allem durch zurückgehaltene Lieferungen im Öl- und Gassektor politischen Druck auf die neu entstandenen Staaten des Baltikums auszuüben. Welches Ausmaß die sich verschlechternden Wirschaftsbeziehungen zu Rußland hatten, wird klar, wenn man bedenkt, daß 1990 über 90 Prozent des Import-Export-Geschäfts mit der Sowjetunion abgewickelt wurden.

Stattdessen entwickelte sich nun eine ganz neue Art von Import-Export: Sogenannte ›businessmen‹ fuhren nach Polen und Deutschland, um die dort erworbenen Waren in Lettland zu verkaufen, wo sie schon sehnlichst erwartet wurden. Dank eines extremen Wechselkurses war schnell sehr viel Geld zu verdienen. Eine beliebte Geschäftsidee war in den ersten Jahren eine Kombination aus internationalem Autohandel und Reparaturwerkstatt. Welche Bedeutung die Beschaffung von Devisen hatte, läßt sich daran ersehen, daß noch im Sommer 1993 eine ansehliche Dreizimmerwohnung in Rīga für etwa 3000 D-Mark erhältlich war. Wer Devisen hatte, konnte mit ähnlich wenig Kapital auch ein kleines Unternehmen gründen.

Im Juni 1992 verabschiedete man sich in Lettland aus der Rubelzone und führte eine Übergangswährung ein, die allgemein als Lettischer Rubel bezeichnet wurde. Auf den Monopoly-Geld ähnelnden Geldscheinen und auf Briefmarken gab es noch keine Währungsbezeichnung. Die Inflationsrate war astronomisch hoch, aber die Löhne stiegen nicht in gleichem Maße. Verlierer waren vor allem Rentner, Industriearbeiter und Empfänger staatlicher Leistungen. 1993 wurde eine richtige lettische Währung, der Lat, eingeführt. Sein Wechselkurs wurde an einen von den Schwankungen des US-Dollars dominierten Währungskorb gekoppelt. Was das politische System betrifft, wurde ein klarer Schnitt gegenüber Reformkommunisten und den Führern ehemaliger sowjetischer Unternehmen vermieden: Man glaubte, auf die Erfahrung des bewährten Führungspersonals nicht verzichten zu können. In einer Situation, in der klar war, daß ehemaliges Volkseigentum privatisiert werden würde, engagierten sich viele derjenigen in der Politik, die Führungspositionen behalten oder von der anstehenden Privatisierungswelle profitieren wollten. Sie verdrängten als ausgesprochen machthungrige, strategisch denkende Gruppe mit klaren Visionen überraschend schnell die in ihrer politischen Ausrichtung sehr unterschiedlichen Vertreter der Oppositionsbewegungen aus der offiziellen Politik. Unter der Oberfläche verfolgten die Vertreter der Parteien sehr häufig persönliche Interessen oder Interessen einer Klientel, die über die Präsenz in der politischen Landschaft ihre ökonomischen Interessen gewahrt wissen wollte. Diese Klientel war eine ganz Besondere: Im Laufe des Jahres 1993 wurden in ganz Lettland Privatisierungsscheine ausgegeben. Sie standen für geldwerte Besitzansprüche an Grund und Boden, Immobilien und Produktionsanlagen. Diese Privatisierungsscheine konnten gehandelt und verkauft werden. Viele Letten veräußerten damals, weil sie sich unter den Anteilen am ehemaligen Volkseigentum nicht viel vorstellen konnten, weil sie von Unternehmensführern dazu ermutigt wurden oder weil sie sich in einer persönlichen finanziellen Krise befanden, ihr neues Privateigentum weit unter dem Marktwert. Den schnellen Profit machten jedoch diejenigen, die es verstanden, sich trickreich und mit einem Vorsprung an ökonomischem Verständnis entweder viele oder aber strategisch wichtige Privatisierungsscheine zu sichern. Die Umverteilung von Volkseigentum zu Privateigentum war von mangelnder Transparenz, engen Verflechtungen zwischen Wirtschaft und Politik und Ungerechtigkeiten gegenüber vielen derjenigen geprägt, die in sowjetischen Zeiten das Volkseigentum erwirtschaftet hatten. Die Mehrzahl der Letten vertritt die Meinung, daß der gesamte Privatisierungsprozeß weniger einer Privatisierung, als vielmehr einem von Politik und Wirtschaftsführern organisierten Diebstahl glich. Die Profiteure der Privatisierungswelle besetzen bis heute Führungspositionen in Politik und Wirtschaft.

Ende 1993 war der ökonomische Transformationsprozeß in seinen Grundzügen abgeschlossen, und in Lettland war der Kapitalismus mit ganzer Wucht angekommen. Die sozialen Sicherungssysteme funktionierten zu dieser Zeit trotz internationaler Amtshilfe noch immer nicht wirklich. Verlierer waren Gruppen, die in dem sich rasant vollziehenden gesellschaftlichen Wandel keine Möglichkeiten des Broterwerbs fanden. Gewinner dieser Jahre waren die bereits erwähnten ›businessmen‹ des Import-Export-Geschäfts und Letten, die im landwirtschaftlichen Sektor tätig waren. Wegen des an die D-Mark gebundenen stabilen Wechselkurses wurde der lettische Markt für internationale Firmen dank kalkulierbarer Investitionen interessant: Fast-Food-Ketten, Designerlabels und andere Einzelhandelsketten boten interessierten lettischen und russischen Unternehmern, die eigenes Kapital zum Aufbau eines Ladengeschäfts investieren konnten, Möglichkeiten des Franchising. Zunehmend wurden auch, dank des Einsatzes oder des Erlöses aus Privatisierungsscheinen, andere Geschäfts-

Eindrucksvoll war 1991 das völlige Fehlen von Werbung im Stadtbild

ideen verwirklicht: Beliebt war der Aufbau von Geschäften des Einzelhandels, der Baubranche und von Unternehmen mit vergleichsweise geringen Investitionskosten wie Marketing und IT. Profite und Ersparnisse wurden vielfach bei den neu entstandenen einheimischen Banken angelegt. Nicht gedeckte Kredite führten im Juni 1995 zum Zusammenbruch der Banka Baltija, der größten Bank des Landes, die neben Privatvermögen auch 40 Prozent der Geldeinlagen aller Geldinstitute des Landes verwaltete. Der Konkurs kleinerer Banken folgte logischerweise unmittelbar. Die Bankenkrise war nicht nur ein herber Rückschlag für die Anleger, sondern führte auch zu einem steigenden Mißtrauen in die kapitalistische Wirtschaft und zu Unsicherheiten bezüglich des Werts der eigenen Arbeit. Zunehmend faßten internationale Banken, unter anderem die von der Krise nicht betroffene estnische Hansabank, in Lettland Fuß. Die Bankenkrise und die ihr folgende Depression waren der Schlußpunkt der chaotischen ersten Jahre der jungen lettischen Republik: Lettland war zu einem Land geworden, das von einem gründlichen Mißtrauen in die Politik, viel Individualismus und Eigeninitiative, schlecht funktionierenden Sozialsystemen und einer sich immer weiter öffnenden Schere zwischen Arm und Reich geprägt war. Zudem entstand ein signifikantes Gefälle zwischen der Metropole Rīga und den lettischen Provinzen.

Zeittafel 1991–2005

21. August 1991: Inkrafttreten der Unabhängigkeitserklärung Lettlands.

23. August 1991: Die lettische KP wird verboten; der lettische KP-Chef Rubiks, der den Putschversuch in Moskau aktiv unterstützt hatte, wird verhaftet. Im Juli 1995 wird Rubiks zu acht Jahren Haft verurteilt. Im November 1997 wird er vorzeitig aus der Haft entlassen. 1999 wird er Vorsitzender der Sozialisten.

27. August 1991: Wiederaufnahme der diplomatischen Beziehungen zwischen Deutschland und Lettland.

6. September 1991: Der neu gebildete sowjetische Staatsrat unter Jelzin erkennt Lettland als unabhängigen Staat an.

21. Dezember 1991: Elf ehmalige Teilrepubliken der UdSSR bilden in Moskau die Gemeinschaft Unabhängiger Staaten (GUS). Die Sowjetunion ist damit Geschichte.

12. Juli 1992: Lettland führt mit dem lettischen Rubel eine eigene Währung ein und verabschiedet sich damit aus der Rubelzone (Umtauschkurs 1:1).

Spätsommer 1992: Der schleppende Abzug der sowjetischen Truppen aus dem Baltikum beschäftigt G7 und UNO. Am 31. Oktober 1992 stoppt Jelzin den ohnehin langsam laufenden Truppenabzug ganz; mit dem Hinweis auf die restriktive lettische Innenpolitik gegenüber den in Lettland lebenden Russen.

23. November 1992: Lettland erhält 160 Millionen D-Mark Aufbauhilfe von der EU. Das Geld soll der Finanzierung dringend benötigter Importe aus Westeuropa dienen. So werden vor allem die Produktion und der Absatz westeuropäischer Firmen gefördert.

5. März 1993: Die neue lettische Währung, der Lat, kommt in Umlauf.

Frühjahr 1993: Die Vorbereitungen für die ersten lettischen Parlamentswahlen laufen an. Politiker und Wirtschaftsführer der letzten Jahre der Sowjetunion mischen sich unter die Parteien mit den größten Erfolgsaussichten.

6. Juni 1993: Es finden die ersten Wahlen zum lettischen Parlament statt. Wahlberechtigt sind nur Bürger, die selbst oder deren Vorfahren in der bis 1940 existierenden Ersten Lettischen Republik lebten. Die Russen, ein Drittel der Bevölkerung, sind also von der Wahl ausgeschlossen. Die konservativen Kräfte erringen einen überwältigenden Wahlsieg.

26. November 1993: Verabschiedung eines rigiden Staatsbürgerschaftsgesetzes: Wer lettischer Staatsbürger werden will, muß zehn Jahre in Lettland gelebt haben, seine Lettischkenntnisse in einem Sprachtest unter Beweis stellen, sich ohne staatliche Hilfe selbst unterhalten können sowie auf die lettische Verfassung schwören.

30. April 1994: Jelzin unterzeichnet einen Vertrag über den Abzug der noch in Lettland stationierten russischen Truppen und entschuldigt sich offiziell für die Besetzung Lettlands durch die Sowjetunion im Jahr 1940.

23. August 1994: Es wird bekanntgegeben, daß die mit den Privatisierungsscheinen zusammenhängenden Regelungen zuungunsten ihrer Besitzer geändert werden. Beunruhigte Letten verkaufen ihre Privatisierungsscheine zu für sie ungünstigen Preisen, und sehen sich betrogen: Es wurde gar nichts geändert, und das Volkseigentum konzentrierte sich weiter bei den üblichen Verdächtigen aus Politik und Wirtschaft.

1. Januar 1995: Ein Freihandelsabkommen zwischen den baltischen Staaten und der EU tritt in Kraft.

21. Juni 1995: Die Banka Baltija, die etwa die Hälfte der Geldeinlagen Lettlands verwaltet, muß Konkurs anmelden. Gelder von Privatanlegern und von kleineren Bankinstituten gehen verloren.

13. Dezember 1995: Der 87jährige Alfons Noviks, zwischen 1940 und 1953 Leiter des sowjetischen Geheimdiensts NKWD in Lettland, wird wegen Genozids zu lebenslanger Haft verurteilt. Er war unter anderem der Hauptverantwortliche für die Massendeportationen von 1941 und 1949.

4. Juni 1996: Lettland unterzeichnet die UN-Menschenrechtskonvention.

15. Juli. 1997: Die EU gibt bekannt, daß Lettland und Litauen im Gegensatz zu Estland nicht in die erste Erweiterungsrunde der EU kommen werden.

4. Dezember 1997: Die Rīgaer Altstadt wird in die Liste des UNESCO-Weltkulturerbes aufgenommen.

24. Februar 1998: Der lettische Präsident Guntis Ulmanis entschuldigt sich anläßlich seines Staatsbesuchs in Israel für die Beteiligung seiner Landsleute am Holocaust.

11. Mai 1998: Das Parlament lehnt mit überwältigender Mehrheit einen Antrag zur Abschaffung der Todesstrafe ab. Präsident Ulmanis verweigert die Unterzeichnung des Gesetzes, da es der Europäischen Menschenrechtskonvention widerspricht.

22. Juni 1998: Durch eine tiefgreifende Reform des Staatsbürgerschaftsrechts wird die Eingliederung der russischstämmigen Bevölkerung erleichtert.

17. Juni 1999: Vaira Vike-Freiberga, Exillettin und Psychologieprofessorin aus Montreal, wird als parteilose Kandidatin im siebten Wahlgang zur Staatspräsidentin gewählt.

8. Juli 1999: Das Parlament verabschiedet ein Sprachengesetz, das den Gebrauch des Russischen in der Öffentlichkeit, insbesondere im Schulwesen, stark einschränkt. Staatspräsidentin Vaira Vike-Freiberga weist das Gesetz zur Bearbeitung zurück, da sie es für diskriminierend hält. Um entsprechenden Änderungen der Gesetzgebung Nachdruck zu verleihen, beschließt Rußland im November 1999 ein vorübergehendes Handelsembargo gegen Lettland. Am 9. Dezember 1999 tritt eine entschärfte Fassung des Gesetzes in Kraft.

21. Oktober 1999: Die Demontierung der Radarstation in Skrunda, von der aus die russische Armee die U-Boot Flotten des Atlantiks koordinierte, wird abgeschlossen. Das Gelände wird der lettischen Regierung übergeben. Damit ist der Abzug russischer Truppen aus Lettland abgeschlossen.

19. Dezember 2001: Eine Beobachtungsmission der OSZE, die anläßlich des Umgangs Lettlands mit der russischen Minderheit eingesetzt wurde, beendet ihre Arbeit. Es werden weitreichende Fortschritte in der Frage bescheinigt: Die wesentlichen Probleme seien entweder gelöst oder auf einem guten Weg.

5. Februar 2003: Lettland ist einer der zehn osteuropäischen Staaten, die sich im Irakkrieg an die Seite der USA stellen.

16. April 2003: In Athen werden die Urkunden zur EU-Erweiterung unterzeichnet.

29. März 2004: Offizieller NATO-Beitritt Lettlands.

1. Mai 2004: Feierliche Aufnahme Lettlands und der anderen Beitrittskandidaten in die EU.

21. Mai 2004: Das lettische Parlament beschließt die Öffnung der Archive des KGB und die Bekanntgabe der etwa 4000 Letten, die Mitarbeiter des sowjetischen Geheimdiensts waren.

8. März 2005: Die Präsidenten von Estland und Litauen geben unter Hinweis auf die völkerrechtswidrige Besetzung des Baltikums bekannt, nicht an den russischen Siegesfeiern zur Überwindung des Nationalsozialismus am 9. Mai 2005 teilnehmen zu wollen. Die lettische Staatspräsidentin nutzt die sich eröffnende Plattform, um das kontroverse Thema der Weltöffentlichkeit ins Gedächtnis zu rufen.

8. September 2005: Der Vertrag über den Bau einer Ostseepipeline wird unterzeichnet. Bisher nehmen 16 Prozent des russischen Erdgasexports ihren Weg über die Transitländer des Baltikums, zukünftig wird es eine direkte Leitung zwischen Vyborg in Rußland und Greifswald in Deutschland geben. Vertragspartner sind der zu diesem Zeitpunkt noch amtierende Bundeskanzler Schröder, der laut Schröder ›lupenreine Demokrat‹ Putin, der halbstaatliche russische Energiekonzern Gazprom, Eon und die BASF. Schröder gibt wenig später bekannt, daß er nach seiner Amtszeit im neu zu gründenden Konsortium einen Vorstandsposten annehmen wird.

15. Dezember 2005: Nachdem es im Sommer 2005 zu Ausschreitungen bei der Schwulenparade ›Rīgas Praids‹ kam, haben die lettischen Parteien die Diskriminierung von Homosexuellen als Wahlkampfthema entdeckt: 75 Prozent des lettischen Wahlvolks sehen Homosexualität als abnormales Verhalten an. Die Ablehnung der Homo-Ehe wird am 15. Dezember 2005 in der Verfassung verankert.

Dezember 2005: Lettland hat mit 7,4 Prozent die höchste Inflationsrate in der EU. Gleichzeitig liegt das Bruttoinlandsprodukt um 11,4 Prozent über dem des Vorjahres. Die offizielle Arbeitslosenquote liegt bei 7,7 Prozent. Der staatlich garantierte monatliche Mindestlohn wird auf 90 LVL (130 Euro) festgesetzt. Für die Zukunft befürchtet man eine massive Abwanderung qualifizierter Arbeitskräfte.

Bevölkerung und Regionen

Lettland hat heute 2,3 Millionen Einwohner, davon sind 57,5 Prozent lettischer und 29,5 Prozent russischer Abstammung. Die wichtigsten Minoritäten sind Weißrussen (4 Prozent), Ukrainer (2,5 Prozent), Polen (2,5 Prozent) und Litauer (1,5 Prozent). Lettisch ist die offizielle Amtssprache, die vorherrschende Religion ist der Protestantismus. Vor allem durch die Überalterung der Gesellschaft, die Abwanderung der russischstämmigen Bevölkerung und durch Wirtschaftsemigration verliert Lettland zur Zeit jährlich ein knappes Prozent seiner Bevölkerung.

Von den 750 000 Menschen, die in Rīga leben, sind rund 45 Prozent lettischer Abstammung, der russische Bevölkerungsanteil ist ebenso hoch. In Rīga spielt sich heute nahezu das gesamte politische, wirtschaftliche und kulturelle Leben ab. Die Mehrheit der Letten lebt aber nach wie vor in den kleineren Städten und Ortschaften der Provinz. Außerhalb Rīgas gliedert sich das Land ethnographisch in die vier Regionen Kurzeme, Zemgale, Vidzeme und Latgale.

Kurzeme umfaßt die Landspitze zwischen dem westlichen Teil der Rīgaer Bucht und der westlichen Ostseeküste. Vor der Christianisierung waren die Kuren ein zur See fahrendes Volk, das an mehrere Küstenabschnitte Skandinaviens vordrang. Im 17. Jahrhundert erlebte Kurzeme unter der Herrschaft des schwedischen Herzogs Jakob eine wirtschaftliche und kulturelle Blüte. Nach den Pestepidemien des 17. und 18. Jahrhunderts kamen auch des 30jährigen Krieges überdrüssige Handwerker, Bauern und Intellektuelle aus Deutschland ins Land, die in den teils brachliegenden Landstrichen eine neue Zukunft suchten.

Lettlands historische Regionen

0   50   100 km

Zemgale erstreckt sich südlich von Rīga zwischen der Daugava und der lettisch-litauischen Grenze. Das westliche Zemgale stand lange unter dem politischen Einfluß des in schwedischer Zeit zu Reichtum gekommenen Kurzeme; in Rundāle und Jelgava stehen die größten Schlösser Lettlands. Die östlicher gelegenen Teile Zemgales, auch Sēlija genannt, sind dagegen wirkliche Provinz: Dort gibt und gab es schon immer fast ausschließlich Landwirtschaft; auch ist der Einfluß durch die vom Katholizismus geprägte polnisch-litauische Kultur viel stärker.

Vidzeme umfaßt den Küstenstreifen nördlich und das Hinterland nordöstlich von Rīga. Ein bedeutender Teil des Reichtums des von deutschen Ordensrittern gegründeten Rīga kam aus dem Getreidehandel mit diesem nahegelegenen Hinterland. Vor allem die Städte Cēsis und Valmiera entwickelten sich zu ökonomischen Zentren, in denen sich vor der Reformation ein Teil des Reichtums sammelte, den die Ordensritter dem Bauernstand abzogen. Aus dem Hochland Vidzemes kamen in der zweiten Hälfte des 19. Jahrhunderts Künstler und Intellektuelle, die Wesentliches zur Selbstfindung der lettischen Kulturnation leisteten.

Latgale, im seenreichen Osten Lettlands, gehörte zwischen dem 16. Jahrhundert und dem Ende des Nordischen Kriegs 1721 zum polnisch-litauischen Doppelreich. Anders als in allen anderen Teilen Lettlands wurde dort der Katholizismus zur vorherrschenden Religion, und die Feudalherren entstammten dem polnischen Adel. Auch bedingt durch die lange Trennung von den anderen Gebieten Lettlands gehen die Uhren dort heute noch sehr anders, es gibt auch einen ausgeprägten Dialekt.

Letten

Wie sehr sich Letten ihren Landschaften und Volksgruppen zugehörig fühlen, zeigt sich unter anderem daran, daß in den Sommermonaten die Mehrzahl der Einwohner Rīgas ihre Wochenenden und Urlaube gerne dort verbringt, wo das eigene Sommerhaus steht, oder wo Eltern und Verwandte nach wie vor leben – eben in den Regionen, die als eigentliche Heimat und als das ›wirkliche Lettland‹ gesehen werden. Diese Haltung wird dadurch verstärkt, daß die traditionellen Themen der lettischen Kultur implizit oder explizit auf die bäuerliche Lebensweise auf dem Land Bezug nehmen. Die hohe Wertschätzung der ländlichen Kultur erhielt zu sowjetischen Zeiten noch einmal eine ganz andere Bedeutung, denn die von Eltern oder Verwandten betriebene Nebenerwerbslandwirtschaft trug ganz wesentlich zur Versorgung derjenigen bei, die in anderen Sektoren beschäftigt waren. Enge Familienbande bildeten in sowjetischen Zeiten einen sicheren und geschützten, privaten Raum. Während den Familienbanden nach wie vor eine hohe Bedeutung beigemessen wird, ist die Beziehung zwischen den nicht verwandten Angehörigen unterschiedlicher Generationen von einer schleichenden Entsolidarisierung geprägt.

Auf dem Arbeitsmarkt ist 35 eine echte Schallgrenze: Wer heute unter 35 ist, war zur Zeit der Unabhängigkeitserklärung 20 und hatte damit die Chance auf eine unsowjetische höhere Ausbildung. Viele der über 50jährigen haben nur noch sehr wenig Chancen auf ein erfülltes Arbeitsleben. Das Fehlen ganzer Generationen von Eliten ist in Lettland seit Jahrzehnten ein gravierendes Problem: Viele Leistungsträger emigrierten während des Ersten und Zweiten Weltkriegs freiwillig. Auch die sich abzeichnende Sowjetherrschaft trieb viele ins Exil. Seit den ersten Jahren der Unabhängigkeit verliert Lettland viele junge Hoffnungsträger an das Ausland. Eine den neuen marktwirtschaftlichen Verhältnissen Rechnung tragende Ausbildung suchten viele jenseits der Grenzen. Hinzu kommt, daß der Arbeitsmarkt für Führungspositionen in Wirtschaft und Politik so sehr durch Seilschaften und wenig

Demonstration zur Einforderung staatsbürgerlicher Rechte des russischen Bevölkerungsteils

durchlässige Strukturen geprägt ist, daß viele gut ausgebildete junge Letten heute ihr Glück nicht nur der besseren Verdienstmöglichkeiten wegen anderswo suchen. Natürlich gibt es auch in Lettland, vor allem in Rīga, Gewinner des Transformationsprozesses: Auffällig viele flexible, undogmatisch handelnde, zum Teil sehr junge Menschen haben sich gute Positionen im Dienstleistungssektor, beispielsweise in IT und Tourismus, verschaffen können. Zu den Verlierern nach der Unabhängigkeit gehören ganz eindeutig ältere Menschen, die für einen beruflichen Neuanfang in einem komplett anders funktionierenden Wirschaftssystem entweder zu alt waren, oder die falschen Qualifikationen mitbrachten. Gleiches gilt für all diejenigen, die auf die spärlichen staatlichen Renten angewiesen sind.

Russen

Die Integration der russischen Minderheit ist nach wie vor problembehaftet. Die meisten Russen kamen im Rahmen der Ansiedlung weiterverarbeitender Industrien ins Land, die nach dem Zweiten Weltkrieg massiv vorangetrieben wurde. Kurz nach der Unabhängigkeit brachen diese Industrien in sehr kurzer Zeit vollständig zusammen: Die Produkte waren nicht weltmarkttauglich, und die als politisches Druckmittel gebrauchte unterbundene Versorgung mit Rohstoffen aus Rußland tat ein übriges. Russen wurden daher schneller als andere Bevölkerungsgruppen von der Arbeitslosigkeit getroffen. Die überwiegend von Russen bewohnten Trabantenstädte Rīgas entwickelten sich vor allem in den ersten Jahren der Unabhängigkeit zu sozialen Brennpunkten, geprägt von Massenarbeitslosigkeit, Desorientierung und Kleinkriminalität.

In den ersten Jahren der Unabhängigkeit gab es massive Bestrebungen, den lettischen Bevölkerungsanteil zu erhöhen, und eingliederungswilligen Russen wurde die Integration alles andere als leicht gemacht. Die in den frühen 1990er Jahren weit verbreitete Atmosphäre eines übersteigerten Nationalbewußtseins seitens der Letten wandelte sich in unserem Jahrhundert zusehends in eine Atmosphäre der stillschweigenden Duldung und der Toleranz. In vielen Lebensbereichen hat die ethnische Herkunft ihre früher alles dominierende Bedeutung verloren. Aber auch Ressentiments sind noch weit verbreitet, was durch die Tatsache verstärkt wird, daß nationalistische Töne im Wahlkampf immer für ein paar Stimmen gut sind – die meisten Russen haben keine lettische Staatsbürgerschaft, und damit auch kein Wahlrecht. Wer erwartet, in Rīga eine lebendige russische Kulturszene zu finden, wird enttäuscht sein: Außer dem Russischen Theater in der Altstadt und einigen Cafés, die Fremde kaum finden werden, haben die fast 400 000 Russen Rīgas keine spezifisch russische Kulturszene entwickelt. Heute ist es unter gebildeten Russen weit verbreitet, sich der lettischen Kultur anzupassen, und teilweise auch die Herkunft zu verleugnen. Weite Teile der russischen Bevölkerung konzentrieren sich auf familiäre Zirkel und private Treffen im Freundeskreis. Was das Ausgehen angeht, sind Casinos, Diskotheken, Sport und andere nicht dem Hochkulturbereich zuzuordnende Freizeitaktivitäten beliebt.

Deutsche

Heute leben in Lettland rund 400 Menschen deutschbaltischer Abstammung und etwa 3000 Wolgadeutsche, die erst im 20. Jahrhundert ins Land kamen. Der Anteil der der in Lettland lebenden Deutschbalten machte zwischen dem 14. und frühen 19. Jahrhundert relativ konstant fünf bis sieben Prozent der Gesamtbevölkerung aus. Fast sieben Jahrhunderte lang prägten deutschbaltische Kultur und Wirtschaft das Land. Die Haltung der Letten zur deutschbaltischen Vergangenheit ist zwiespältig. Einerseits wurde der lettische Kulturraum mit der Invasion des Deutschen Ordens im 13. Jahrhundert ein Teil Europas – und eben nicht ein Teil Rußlands. Weniger positiv im Gedächtnis ist die Rolle des deutschbaltischen Landadels, der für ein jahrhundertelang währendes Abhängigkeitsverhältnis der lettischen Bevölkerung verantwortlich war. 1802 wurde im estnischen Tartu die deutsche Universität Dorpat gegründet. Deutsche Geisteswissenschaftler aller Fachrichtungen lehnten das System der Leibeigenschaft vehement ab und begannen sich für die Kultur der Letten und Esten zu interessieren. Ihre ersten systematischen Forschungen zur lettischen Kultur hatten großen Einfluß auf die Bewegung der ›Jungletten‹: Diese schufen als Studenten und später als Professoren den kulturellen Rahmen, in dem sich die lettische Kultur selbst finden konnte.

Während sich zur Jahrhundertwende die Grenzen zwischen Deutschen und dem aufstrebendem lettischen Bürgertum teilweise verwischten, blieb die Situation auf dem Land sehr gespannt: 1905 hatte sich die Wut der Bauern gegen die deutsch-baltischen Gutsherren in einem letztlich erfolglosen Aufstand entladen. Nach der 1920 dann doch umgesetzten Landreform wurde der Grundbesitz der Gutsherren auf 50 Hektar reduziert; viele Deutschbalten gingen außer Landes oder bauten sich in den Städten eine neue Existenz auf. In der Zwischenkriegszeit leistete die städtische deutschbaltische Minderheit, die sich durch ein hohes Bildungsniveau auszeichnete, ihren Beitrag zum Aufbau des unabhängigen Lettland. Infolge der in den Zusatzprotokollen zum Hitler-Stalin-Pakt festgelegten Umsiedlung der in Lettland lebenden Deutschen ins Deutsche Reich unterzeichnete der lettische Präsident Ulmanis am 30. Oktober 1939 ein bilaterales Abkommen mit Deutschland, das die erzwungene Emigration der in Lettland lebenden Deutschen sowie die Beendigung der Arbeit sämtlicher deutscher Organisationen auf lettischem Gebiet festschrieb. Von den bei Kriegsbeginn in Lettland lebenden 60 000 Deutschen blieben während

Jugendliche im Gauja-Nationalpark

des Krieges 10 000, und als sich nach dem Krieg die Realität der sowjetischen Besatzung abzeichnete, verließen bis auf 500 alle Deutschen Lettland.

Viele Aspekte des lettischen Alltags sind bis heute von in letzter Konsequenz deutschbaltischen Traditionen geprägt. Leben und Kultur der Deutschbalten waren einst so etwas wie eine Blaupause für das gehobene lettische Bürgertum, das ab Mitte des 19. Jahrhunderts damit begann, die führende Rolle in der Gesellschaft einzunehmen. Die lettische Sprache ist von zahlreichen deutschen Lehnworten durchsetzt. Der in Lettland vorherrschende Protestantismus kam über die Deutschbalten ins Land, und vieles in Straßenbild, Alltag und Umgangsformen wird Deutschen sehr vertraut vorkommen. Während Deutschland bis Mitte der 1990er Jahre auch als Hoffnungsträger für die Europäisierung des Landes galt, ist im heutigen Lettland das Deutschlandbild nicht mehr so positiv. Das vergleichsweise geringe politische und wirtschaftliche Engagement Deutschlands in Lettland, vor allem aber die offen zur Schau gestellte Männerfreundschaft zwischen Schröder und Putin, hat einiges an Enttäuschung hervorgerufen – und nicht nur der bedeutenderen Sprache wegen orientiert man sich mittlerweile eher am angelsächsischen Kulturkreis.

Juden

Heute leben in Lettland etwa 15 000 Juden, was 0,75 Prozent der Gesamtbevölkerung entspricht. Bei der Volkszählung von 1897 machten die 142 315 Menschen jüdischen Glaubens noch 7,5 Prozent der auf lettischem Gebiet lebenden Bevölkerung aus. Die ersten von ihnen kamen im 14. Jahrhundert, zur Zeit des Deutschen Ordens, als Händler nach Lettland. Sie waren von Beginn an mit den für das Mittelalter typischen antisemitischen Haltungen der ins Land gekommenem Kreuzritter und Kaufleute konfrontiert, die sie als mißliebige Konkurrenten sahen. In Rīga und in anderen Hansestädten hatten Juden kein Wohnrecht. Noch bis Mitte des 18. Jahrhunderts mußten jüdische Händler über Nacht die von Deutschen regierten Städte verlassen und außerhalb der Stadtmauern Quartier nehmen. Ganz anders war die Lage in Latgale, wo dank einer liberalen Religionspolitik die für Osteuropa typische, jiddischsprachige Kultur des Schtetls Fuß fassen konnte. Diese dörflichen Gemeinschaften, die sich zum großen Teil aus in ärmlichen Verhältnissen lebenden Handwerkern und Bauern zusammensetzten, hatten bis 1844 ein sehr weitgehendes Selbstverwaltungsrecht: Sie hatten eine eigene Gerichtsbarkeit und konnten innerhalb ihrer Gemeinschaften eigene Steuern erheben. In Kurland kamen Mitte des 17. Jahrhunderts zahlreiche Juden aus Deutschland an, die zunächt nur ein unbefristetes Aufenthaltsrecht erhielten. Sie wurden gezielt ins Land geholt, um Positionen einzunehmen, die sie dank ihrer Ausbildung und Traditionen gut oder besser erfüllen konnten als Deutsche oder Letten: in erster Linie Handwerk, Finanzen, Fernhandel und Medizin. In Rīga führte die liberale Politik Alexanders II. ab 1860 dazu, daß sich in der Stadt ein prosperierender jüdischer Mittelstand bildete: Juden wurden in den kaufmännischen und ständischen Vereinigungen der Gilden zugelassen, es wurden jüdisch geführte Banken und Fabriken gegründet.

Den ersten großen Einschnitt in der Geschichte der Juden in Lettland brachte der Erste Weltkrieg: Obwohl der jüdische Teil der lettischen Bevölkerung mehrheitlich mit der russischen Armee sympathisierte, wurden Juden vielfach von den Russen beschuldigt, für die Deutsche Armee spioniert zu haben. Am 17. April 1915 wurden daher 40 000 Juden aufgefordert, binnen 24 Stunden das Land zu verlassen, was in der damaligen Kriegssituation nichts anderes als die Deportation bedeutete. 127 000 der insgesamt etwa 170 000 lettischen Juden gingen ins Exil. Beliebte Ziele waren die amerikanische Ostküste und Chicago. In der Zeit der Ersten Lettischen Republik erhielten im Land gebliebene und zurückgekommene Juden die vollen Bürgerrechte. Der Anteil der jüdischen Bevölkerung betrug 1935 mit 100 000 Menschen wieder etwa fünf Prozent. In der Zwischenkriegszeit waren sie überproportional häufig in freien Berufen und in Führungspositionen der Wirtschaft vertreten; in Rīga entwickelte sich ein lebhaftes kulturelles jüdisches Leben. 1934, als Kārlis Ulmanis nach einem Putsch ein autokratisches Regime errichtete, wurden alle jüdischen Organisationen mit Ausnahme der zionistischen Bewegung verboten, deren Ziel bekanntlich die Gründung eines Staates Israel in Palästina war.

Spätestens nach der ›Reichskristallnacht‹ war offensichtlich, was im Falle einer deutschen Invasion im Baltikum drohte, und die Erinnerung an die Deportationen durch Rußland im Ersten Weltkrieg waren auch noch wach. Kurz vor dem Einmarsch der Roten Armee begann der Exodus der jüdischen Bevölkerung Lettlands. Nach dem Einmarsch der sowjetischen Armee wurden im Juni 1941 mehr als 5000 Juden nach Sibirien deportiert; 2000 starben als Soldaten der sowjetischen Armee im Kampf gegen Deutschland. Schätzungsweise 30 000 Juden, von denen viele nicht die für eine Emigration nötigen Mittel hatten, wurden wenig später bei Hausdurchsuchungen von der SS erschossen, starben im Rīgaer Ghetto oder bei den Massenerschießungen in den Wäldern vor Rīga. Im Konzentrationslager Salaspils (dt. Kurtenhof) wurden nur wenige lettische, aber Schätzungen zufolge mehr als 100 000 Juden aus anderen Ländern Europas ermordet.

Nach dem Zweiten Weltkrieg kamen 36 000 Juden aus anderen Sowjetrepubliken nach Rīga – einerseits weil gut qualifizierte Arbeitskräfte für die entstehenden weiterverarbeitenden Industrien gesucht wurden, andererseits weil in der lettischen Gesellschaft der Antisemitismus weniger ausgeprägt war als anderswo in der Sowjetunion. Nach der Unabhängigkeitserklärung Lettlands unterzeichneten Vertreter der jüdischen Gemeinde und der neuen Regierung ein Papier, in dem Antisemitismus und Genozid offiziell verurteilt wurden. Neben dem Jüdischen Museum in Rīga gibt es zahlreiche Organisationen sowie ein reges kulturelles und spirituelles Leben.

Andere Länder, andere Sitten

Regel Nummer eins: Bitte sprechen Sie mit Letten nur im äußersten Notfall Russisch. Die Sprache der ehemaligen Besatzer wird nach wie vor nicht gern gehört, obwohl die Spannungen zwischen den Volksgruppen immer weiter abnehmen.

Früher war es üblich, Frauen immer die Tür aufzuhalten und in den Mantel zu helfen. Heute ist das kein Dogma mehr, wird aber gerne gesehen.

Wer eingeladen ist, braucht ein Gastgeschenk. Blumen werden zum Beispiel immer gerne genommen. In der Regel sind Letten und Russen sehr gastfreundlich. Es kann für alle Seiten peinlich sein, wenn man als wohlhabender Tourist aus dem Westen nichts zu einem gelungenen Abend beiträgt.

Die schöne Sitte, bei freudigen Anlässen oder einer guten Party halb oder ganz betrunken lettisches Liedgut anzustimmen, ist etwas außer Mode gekommen. Gesungene Beiträge von Deutschen werden nicht mehr unbedingt erwartet, aber wer sich traut, hat im Zweifelsfall mehr Spaß.

Fremdsprachenkenntnisse, vor allem Englisch, sind in der jüngeren Bevölkerung sehr weit verbreitet. Viele Letten der älteren Generation halten sich mit dem Gebrauch von Fremdsprachen zurück. Sie wissen um die Qualität ihres Fremdsprachenunterrichts und schämen sich für eine Ausbildung, für die sie nichts konnten. Im Alltag ist es vor allem unter der jüngeren Bevölkerung sehr beliebt, schnell auf den Punkt zu kommen. Vieles wird ohne Umschweife oder Danksagungen als erledigt angesehen, wenn es eben erledigt ist. Das wirkt manchmal etwas unhöflich, ist aber meist nicht unhöflich gemeint und schlicht und einfach Ausdruck des neuen Pragmatismus im Lande.

Vor allem in noch staatlich kontrollierten Bereichen wird man aber auch mit dem krassen Gegenteil konfrontiert: Man nimmt sich dort, wie früher in sowjetischen Zeiten, sehr wichtig und hat vielerorts so dermaßen nicht verstanden, was Service denn sein soll, daß man sich nur wundern kann. Das macht aber nichts, denn die Mehrzahl der Letten ist hilfsbereit und kompetent, so daß die positive Überraschung einer negativen meist auf dem Fuße folgt.

In Rīga hat sich mit den rasant steigenden Touristenzahlen auch die Haltung gegenüber den Ausländern geändert: Touristen sind eben da, und wer nichts mit ihnen zu tun hat, den interessieren sie nicht mehr besonders. Dies ist in ländlichen Regionen noch deutlich anders: Dort freut man sich noch, die seltenen Gäste aus der Ferne begrüßen zu können.

Politik und Wirtschaft

Die Lettische Republik ist heute eine von den Problemen des politischen Transformationsprozesses dominierte Demokratie mit der Hauptstadt Rīga als unangefochtenem politischen Zentrum. Die Regionen und Gemeinden haben in der Politik eine sehr untergeordnete Bedeutung. Das wichtigste Staatsorgan ist das Parlament (Saeima), das auch den Staatspräsidenten wählt. Anders als in Deutschland ist der Staatspräsident aktiv an der Gestaltung der Politik beteiligt. So kann der Präsident Gesetzesinitiativen einbringen, vom Parlament verabschiedete Gesetze zur Überarbeitung ans Parlament zurückweisen und sogar, nach einem erfolgreichen Referendum, das Parlament auflösen. Seit 1999 bekleidet Vaira Vike-Freiberga dieses Amt; ihre zweite Amtszeit geht bis 2007. In der Innen- und Außenpolitik nimmt sie eine aktive Rolle ein, und sie genießt sowohl parteienübergreifend als auch in der Bevölkerung eine große Popularität.

Während die Präsidentin vielfach als Garantin für Kontinuität und Fortschritt gesehen wird, zeichnet sich das Parteiensystem Lettlands durch häufig wechselnde Koalitionen und eine enge Verflechtung von Abgeordneten mit Kreisen aus der Wirtschaft aus. Die politische Szene wurde in den frühen Jahren der Republik so sehr von Korruption, Vetternwirtschaft und den Profiteuren der unmittelbaren Nachwendezeit geprägt, daß sich die durch die Unabhängigkeitsbewegung durchaus politisierte Öffentlichkeit nahezu vollständig von dieser Ausprägung des politischen

Ein Fest der Politik

Lebens fernhielt. Die Haltung der Bevölkerung der offiziellen Politik gegenüber ist aus diesen Erfahrungen heraus skeptisch bis ablehnend, und von einer aktiven Partizipation breiter gesellschaftlicher Kräfte ist man sehr weit entfernt. Desweiteren ist es auch so, daß es enge und auch persönliche Verbindungen zwischen Medienvertretern und politischen Kreisen gibt, so daß von einer wirklich freien Presse keine Rede sein kann. Diese Situation wird dadurch verschärft, daß die öffentliche Meinung in Lettland von wenigen hundert hauptberuflichen Journalisten gemacht wird – und diese bei den branchenüblichen sehr niedrigen Gehältern der Versuchung finanzieller Zuwendungen nicht immer widerstehen können.

Außenpolitisch ist Lettland als Mitglied der NATO und der EU ein anerkanntes Mitglied der westlichen Staatengemeinschaft. Der Einführung des Euro, die für 2008 anvisiert ist, steht noch eine viel zu hohe Inflationsrate im Wege, die aller Voraussicht nach das Vorhaben scheitern lassen wird. Die von offizieller Seite verlautbarten positiven Entwicklungen können nicht darüber hinwegtäuschen, daß die wirtschaftliche Lage breiter Bevölkerungsschichten entweder stagniert oder sich sogar verschlechtert, während in der Rīgaer Innenstadt die Profiteure ihre Luxuskarossen offen zur Schau stellen.

Innen- und Sozialpolitik

Eine zentrale Aufgabe der lettischen Innenpolitik war die Überführung der alten sowjetischen Administration in moderne Strukturen nach westlichem Muster. Dabei übernahmen Verwaltungsfachleute aus Westeuropa wichtige beratende Funktionen. Die Hansestadt Bremen hat als Partnerstadt Rīgas vor allem in den ersten Jahren nach der Unabhängigkeit ihren diesbezüglichen Beitrag geleistet. Eines von mehreren Beispielen für eine funktionierende Städtepartnerschaft ist die zwischen Gütersloh und Valmiera. Die Aktivitäten auf unterschiedlichsten Politikfeldern und die privater Initiativen sind beispielhaft im Internet dokumentiert: www.partnerschaft-valmiera. de/partnerkreis.html. Deutsche Fachkräfte halfen unter anderem beim Umbau der Sozialversicherungssysteme und beim Aufbau der Arbeitsmarktverwaltung.

Ein über viele Jahre die politische Diskussion bestimmendes Thema waren die Rechte und die Integration des russischen Drittels der Bevölkerung. Eine von der OSZE eingesetzte Kommission mit der Aufgabe, die Praxis der Einbürgerung der russischen Bevölkerung, Fragen der Staatsangehörigkeit, die Bedeutung des Russischen im Schulunterricht und andere lettische Russen betreffende Themen zu überwachen, beendete 2001 ihre Arbeit. Das Problem wurde als weitgehend gelöst angesehen. Nach wie vor ist es jedoch so, daß längst nicht alle in Lettland lebenden Russen die lettische Staatsbürgerschaft beantragt haben und damit auf ihre staatsbürgerlichen Rechte verzichten. Die politische Bedeutung, die von der Politik dem Thema zugemessen wird, zeigt sich unter anderem darin, daß heute ein Ministerium für Integration existiert, das unter anderem Eingliederungsprogramme durchführt.

Lettland gilt heute als ärmstes Land der EU, und wirkliche Armut ist noch durchaus verbreitet. Etwa acht Prozent der Bevölkerung sind arbeitslos gemeldet; die Dunkelziffer dürfte fast ebenso hoch sein. Lettland ist Mitglied der EU, und viele Güter haben die gleichen Preise wie in Deutschland. Das Rätsel, wie bei offiziellen Einkünften zwischen 100 und 500 Euro im Monat ein Überleben möglich ist, löst sich durch die Existenz von Schattenwirtschaft und grauem Arbeitsmarkt. Vor allem in Riga ist es durchaus üblich, nicht einen, sondern bis zu drei Jobs parallel zu haben, und nicht überall werden korrekte Rechnungen geschrieben. Häufig gibt es zusätzlich zum zu versteuernden Lohn einen zweiten, mitunter höheren Lohn bar auf die Hand. Vor allem im Billiglohnsektor haben viele Angestellte diesen Lohn von ihren Arbeitgebern nie erhalten, und so mancher hat praktisch umsonst gearbeitet. Auf dem Land lassen sich die durch den Anbau und den Verkauf landwirtschaftlicher Produkte erzielten Einnahmen kaum kontrollieren. Auf dem Bau sind Kompensationsgeschäfte üblich. Obwohl die offiziellen Löhne häufig sehr weit unter den realen Einkommen liegen, muß der Großteil der lettischen Bevölkerung mit sehr wenig Geld auskommen. Sozialleistungen werden aus den Steuern der den Finanzämtern bekannten Einnahmen finanziert, sie fallen entsprechend niedrig aus, und sowohl die Schere zwischen arm und reich als auch die zwischen Stadt und Land öffnet sich immer weiter. Die Sozialleistungen des lettischen Staates haben sich allerdings gegenüber den 1990ern, als sehr wirtschaftsliberal gedacht wurde, und vielfach schon die Verwaltung der staatlichen Zuwendungen nicht funktionierte, sehr verbessert.

In der lettischen Provinz

Wirtschaftspolitik

Für weite Bevölkerungskreise Rīgas, das sich wieder zum wirtschaftlichen Zentrum des Baltikums entwickelt hat, scheint der westeuropäische Lebensstandard binnen weniger Jahre erreichbar. Auf dem Land sieht es ganz anders aus: Viele Fabriken auf dem Land haben die Umstellung von der Plan- auf die Marktwirtschaft, und die damit verbundene eingeforderte Qualitätssteigerung der Produkte nicht geschafft. Absurde Auflagen der EU, wie beispielsweise Regelungen über die Größe von Wannen, in denen Fische vor der Produktion gewaschen werden, führen zu weiteren Schließungen von Betrieben. In einer Kleinstadt, in der so etwas passiert, wird dadurch ein großer Teil der Bevölkerung auf einen Schlag arbeitslos. Neue Dienstleistungen entstehen fast ausschließlich in Rīga und in Regionalzentren wie Liepāja, Ventspils, Jelgava und Valmiera. Dies hat auf dem Land, insbesondere im Osten Lettlands, eine Zurückorientierung auf die reine Agrarwirtschaft, punktuell ergänzt duch touristische Angebote, zur Folge. Sowohl die lettische Regierung als auch die EU haben Strukturhilfefonds aufgelegt, die auch für abgelegenere Gegenden des Landes den Weg zu einem relativen Wohlstand ebnen sollen. Ein großes Problem ist, daß viele gut ausgebildete Führungskräfte ihre Zukunft in Rīga und nicht in der abgelegenen Provinz sehen. Dies trägt

Lat oder Euro? Die Inflationsrate wird es entscheiden

dazu bei, daß der durch den Einsatz finanzieller Ressourcen erhoffte Entwicklungsschub hinter den Erwartungen zurückbleibt. Ein zweites Problem ist, daß Politiker, die staatliche oder EU-Gelder verwalten, die notwendigen Informationen über Subventionen nicht etwa an die gedachten Empfänger weitergeben, sondern über Strohmänner oder zu begünstigende Verwandte das Geld in ihren Kreisen halten.

Ein wichtiges Thema der Wirtschaftspolitik ist die Steuerung der Investitionen aus dem Ausland; die diesbezüglichen Steigerungsraten betragen seit dem EU-Beitritt jährlich um die 20 Prozent. Das aus dem Ausland investierte Kapital hatte sich im Frühjahr 2006 auf 3,6 Milliarden Euro akkumuliert, was eindeutig belegt, daß die Globalisierung in Lettland angekommen ist. Für ausländische Investoren ist Lettland dank niedriger Löhne, gut ausgebildeter Arbeitskräfte, im europäischen Vergleich sehr niedriger Steuern und Freihandelszonen in Rīga und anderen bedeutenden Städten sehr interessant. Die wichtigsten Investoren aus Deutschland kommen aus der Energiewirtschaft und dem Finanzsektor.

Was das Bruttoinlandsprodukt betrifft, hat Lettland im langjährigen Mittel Wachstumsraten von etwa sieben Prozent; allerdings liegt die Inflationsrate ebenso hoch, und es ist fraglich, wie bis zum Jahr 2008, wenn der Euro eingeführt werden soll, die Inflationsrate auf die geforderten drei Prozent gedrückt werden kann. Während in den 1990er Jahren die Abhängigkeit Lettlands von russischen Rohstoffen, insbesondere von Öl, von seiten Rußlands auch als politisches Druckmittel eingesetzt wurde, hat sich die Situation inzwischen entschärft. In Ventspils, an der Nordküste Kurlands, ist größte Ölhafen an der Ostsee entstanden, über den russisches Öl (noch) seinen Weg in die EU nimmt. Das im Spätsommer 2005 von Schröder und Putin geschlossene Abkommen über eine von Rußland durch die Ostsee an Lettland vorbei führende Pipeline wurde als Affront einer alten deutsch-russischen Allianz empfunden, unter der Lettland in seiner Geschichte mehr als einmal zu leiden hatte. Während die außenwirtschaftlichen Beziehungen zu Rußland und zu den Staaten des ehemaligen Warschauer Pakts in den 1990er Jahre fast zum Erliegen gekommen waren, werden diese Märkte für Import und Export zur Zeit wiederentdeckt. Die wichtigsten Außenhandelspartner Lettlands sind Deutschland und Großbritannien.

Bildungs- und Kulturpolitik

Der Zustand des postsowjetischen Bildungssystems ließ in den 90er Jahren sehr zu wünschen übrig. Inzwischen hat sich die Situation etwas verbessert, und in den Fakultäten sind nur wenige Dozenten zu finden, die noch zu sowjetischen Zeiten unterrichteten. Insbesondere in den Geistes- und Sozialwissenschaften war nach der Abkehr vom Marxismus-Leninismus praktisch ein kompletter Neuanfang nötig. Neben der Universität Lettlands, die im internationalen Vergleich wieder ein einigermaßen akzeptables akademisches Niveau erreicht hat, sind zahlreiche private Fachhochschulen und Institute entstanden, unter denen solche mit betriebswirtschaftlicher Ausrichtung überwiegen.

Der Kultur wird in Lettland eine deutlich höhere politische Bedeutung als in Deutschland beigemessen, denn in der Bevölkerung besteht nach wie vor das Bedürfnis, daß Lettland als eigenständige Kulturnation auch entsprechende Ausdrucksformen entwickelt, die das Land von anderen europäischen Ländern unterscheidbar machen. Dementsprechend gibt es, trotz der Konsumorientierung breiter Bevölkerungsschichten und in Zeiten knapper staatlicher Budgets eine nennenswerte Kulturförderung. International wird Lettland durch die Arbeit des ›Latvian Institute‹ repräsentiert, das in Teilen eine dem Goethe-Institut vergleichbare Arbeit leistet, und dessen Website (www.li.lv) in englischer Sprache einen guten ersten Überblick über das Land bietet. Lettland unterhält in Richtung Deutschland traditionell gute kulturelle Beziehungen: Über Städtepartnerschaften und die Achse

Berlin–Rīga bestehen vor allem in der bildenden Kunst und in der klassischen Musik enge Verflechtungen. Die deutsche Sprache ist in den Schulen auf dem Rückzug, und auch auf vielen anderen Gebieten orientiert man sich in Lettland viel enger am anglo-amerikanischen Kulturkreis. Zu den skandinavischen Ländern, insbesondere zu Schweden, bestehen enge kulturelle Beziehungen. Die baltischen Nachbarstaaten haben, was den kulturellen Austausch angeht, keine herausragende Position. Jedoch werden über die Einrichtung des Baltischen Rats in der Kulturpolitik und in anderen Politikfeldern gemeinsame Positionen formuliert sowie ein Austausch organisiert.

Außenpolitik

So unübersichtlich die lettische Parteienlandschaft auch war, in einem waren sich alle einig: Der Beitritt zu NATO und EU sollte so schnell wie möglich stattfinden. Seit Anfang 2004 ist Lettland NATO-Mitglied, ein Tatsache, die auch der expliziten Abgrenzung von russischen Machtinteressen wegen eine hohe Bedeutung hat. In Lettland gab es traditionell eine Wehrpflicht, doch bis Ende 2006 soll die Transformation in eine Berufsarmee abgeschlossen sein. In die Armee kann jeder eintreten, der die lettische Staatsbürgerschaft hat, es gibt also Soldaten russischer Abstammung. Da diese sich angesichts schlechterer Perspektiven auf dem Arbeitsmarkt voraussichtlich in nennenswerter Zahl zur Armee melden werden, gibt es unter Letten weit verbreitete Ressentiments gegen eine ›Russifizierung‹ der lettischen Berufsarmee.

Seit Mai 2004 gehört Lettland zur EU – in einem Referendum im September 2003 stimmten 67 Prozent der Bevölkerung für einen Beitritt. Die ›Nein‹-Stimmen kamen zu einem großen Teil aus dem russischen Teil der Bevölkerung, die im Zuge der weiteren politischen Abgrenzung von Rußland negative Konsequenzen befürchtete. Angesichts der aktuellen politischen Entwicklung in Rußland, die unter Putin den Weg zurück zu einem autokratischen politischen System mit eingeschränkter Pressefreiheit, der Besetzung wichtiger politischer Posten allein durch den Präsidenten und einem fragwürdigen Krieg in Tschetschenien genommen hat, sind jedoch auch weite Kreise der russischen Bevölkerung Lettlands froh, zur EU zu gehören. Seit 1991 gibt es Grenzstreitigkeiten zwischen Rußland und Lettland: Rußland hatte jahrelang versucht, die Verhandlungen über den Grenzverlauf, der nach dem Zweiten Weltkrieg zuungunsten der Lettischen SSR geändert wurde, mit Fragen der Behandlung russischstämmiger Letten zu verknüpfen.

Die Beziehungen Lettlands zu den USA sind traditionell gut, nicht nur weil Lettland zu den Befürwortern des Irak-Kriegs zählt: Im 20. Jahrhundert sind zahlreiche Letten in die USA emigriert. Über den Atlantik hinweg bestehen enge persönliche und kulturelle Verbindungen, und die USA spielten mit entsandten Fachkräften und Investitionen eine wichtige Rolle im Transformationsprozeß.

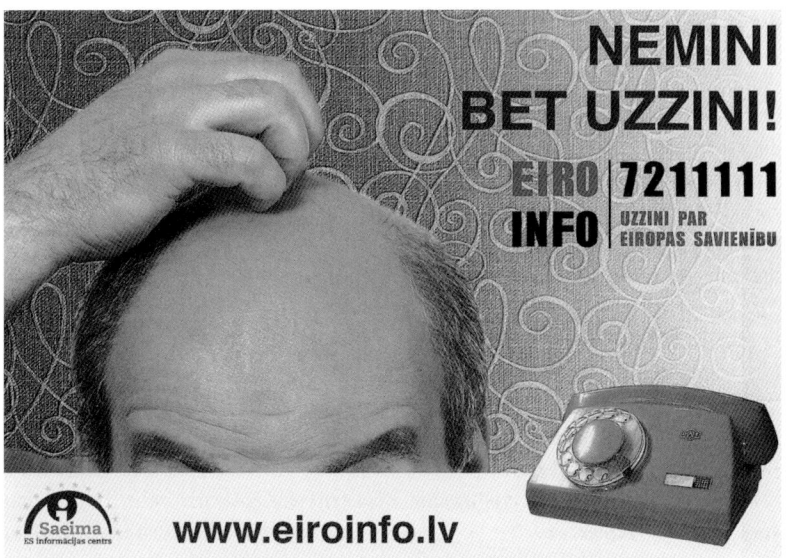

Kampagne des lettischen EU-Informationsbüros

2005 war das die Außenpolitik beherrschende Thema, ob der 60. Jahrestags des Kriegsendes als Befreiung Lettlands gesehen werden kann, oder ob nicht gleichzeitig der völkerrechtswidrigen Besetzung des Baltikums durch die Rote Armee gedacht werden muß, so daß es eigentlich nichts zu feiern gibt. Die Präsidenten Estlands und Litauens weigerten sich, an den zentralen Feierlichkeiten in Moskau teilzunehmen. Die lettische Präsidentin Vaira Vike-Freiberga nutzte die Gedenkveranstaltung, um in Moskau das Problem auf die politische Tagesordnung zu setzen. Kurz zuvor hatte George W. Bush Lettland besucht, und die Rede des amerikanischen Präsidenten, in der die Rolle Rußlands gegen Ende des Zweiten Weltkriegs sehr offen und der historischen Wahrheit entsprechend vorgetragen wurde, führte zu ernsten diplomatischen Verstimmungen zwischen Moskau und Washington.

Die Beziehungen Lettlands zu Deutschland sind traditionell gut, nicht nur weil Deutschland nach Großbritannien der wichtigste Außenhandelspartner ist. Von den frühen 1990er Jahren an begannen deutsche Unternehmen, Verbände und Fachleute aus Behörden damit, in Lettland neue ökonomische Perspektiven zu eröffnen und den Transformationsprozeß aktiv zu unterstützen. Aber angesichts des relativen Desinteresses der Regierungen Kohl, der selbst nie im Baltikum war, und Schröders Männerfreundschaft mit Putin hält sich die Deutschlandbegeisterung in der offiziellen lettischen Politik in sehr überschaubarem Rahmen.

Kultur

Der Bildung des lettischen Staatswesens ging die Selbstbehauptung Lettlands als eigenständige Kulturnation voraus. Lettische Kultur hatte, viel mehr als anderswo, immer auch die Funktion einer identitätsstiftenden Abgrenzung gegenüber fremdbestimmten politischen Verhältnissen und den dazugehörigen Kulturen. Vieles im kulturellen Leben Lettlands wirkt, vor allem für Deutsche, nationalistisch. Wer in Lettland national anmutende kulturelle Themen identifiziert, sollte bedenken, daß diese Themen erstens Manifestationen der Abgrenzung gegen kulturelle und politische Großmächte sind. Zweitens gehören sie in den Kontext einer spezifisch lettischen Identitätssuche, die das Ergebnis einer jahrhundertelang nach öffentlichem Ausdruck suchenden Kultur ist. Dieser Ausdruck wurde aus machtpolitischen und ökonomischen Gründen vom deutschbaltischen Adel jahrhundertelang unterbunden.

Ein zweites für Deutsche ungewohntes Thema dürfte der vielfach auch in der aktuellen Kulturlandschaft vollzogene Rückgriff auf folkloristische Traditionen sein. Dies hat weniger mit der Vorliebe für eine Ästhetik à la Musikantenstadl zu tun als vielmehr damit, daß vieles in der lettischen Kultur auf Überlieferungen zurückgeht, die der Bauernstand gegen die Kultur der Deutschbalten und Besatzer lebendig hielt. Die bedeutendste Kulturleistung sind in diesem Zusammenhang die lettischen Volkslieder, die Dainas. Es gibt etwa 1,2 Millionen vierzeilige Liedtexte, in denen religiöse Mythen ebenso fixiert sind wie Lebenswirklichkeiten, politische Haltungen und Denkbilder, die von Generation zu Generation mündlich weitergegeben wurden. Die überlieferten Inhalte der Dainas bilden gewissermaßen das Rückrat der spezifisch lettischen Kultur. Abseits der Dainas gibt es in der Volkskunst eine komplexe Ornamentik, die mehr als reine Zierde ist: Über Ornamente an Kleidungsstücken und Tischbändern entwickelte der von den Deutschbalten bewußt im Zustand des Analphabetismus gehaltene Bauern-

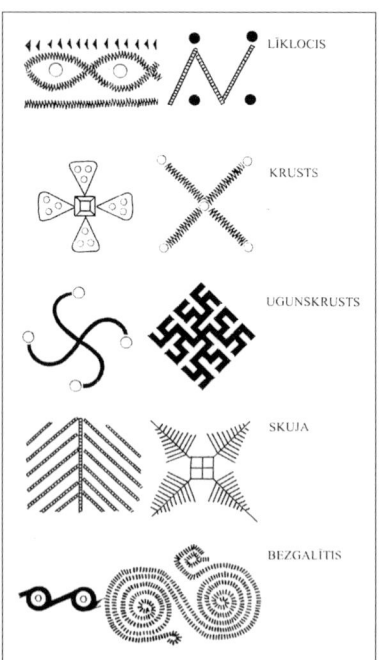

Traditionelle lettische Ornamente

stand eine Symbolik, über die Botschaften, Wünsche, Forderungen und Losungen kodiert wurden. Einiges aus dieser Ornamentik findet sich in in bildender Kunst und Architektur wieder. Anläßlich der Expo 2000 in Hannover wurde das Internetprojekt www.zime.lv ins Leben gerufen, über das jeder eine persönliche Losung oder einen Ratschlag an die Menschheit in ein kleines Stück eines sehr langen, mit lettischen Ornamenten ›beschriebenen‹ Bandes übersetzen lassen kann.

Die sich ab Mitte des 19. Jahrhunderts herausbildende lettische Kulturnation stand in einem engen Spannungsverhältnis zu den kulturellen Strömungen Europas, und von nahezu jeder bedeutenderen internationalen Bewegung im Kulturbereich entstand in den folgenden Jahrzehnten eine lettische Variante: Es gibt lettische Kunstmärchen, psychologische Novellen, sozialistisch orientiertes Theater, einen lettischen Impressionismus, eine lettische Variante der Phänomenologie Edmund Husserls, eine lettische Variante der Fluxus-Bewegung, um nur einige zu nennen. Anders als in vielen Ländern Europas ist ein reges Kulturleben in Lettland traditionell in breiten Bevölkerungsschichten verankert. So kam es, daß in den 1980er Jahren zu Zeiten der Unabhängigkeitsbewegung politisierende zeitgenössische Aktionskünstler auch ein Publikum erreichten, das sich in anderen Ländern eher nicht die Mühe gemacht hätte, ihre Ideen nachzuvollziehen und deren Brisanz zu erkennen. Es waren die Strömungen eines politisierten Kulturbetriebs, die den Staatsbildungen von 1918 und 1991 vorangingen. Daher stellt sich in Lettland die anderswo diskutierte Frage, ob Kunst politisch sein soll oder darf, eher selten.

Die Tradition der Volkslieder

Im 13. Jahrhundert verschwand eine vorchristliche Kultur, von der in erster Linie vierzeilige Liedtexte, die Dainas, dank mündlicher Überlieferung erhalten sind. Die altlettische Religion und die Vorstellungswelt der noch nicht christianisierten lettischen Kulturen ist darin ebenso überliefert wie die Wirklichkeit des bäuerlichen Alltags. Es gibt Texte zu Hochzeiten, Beschreibungen historischer Ereignisse, satirische Texte, an japanische Haikus erinnernde Denkbilder und von Generation zu Generation weitergegebene Lebensweisheiten. Johann Gottfried Herder, zwischen 1765 und 1769 Lehrer an der Domschule zu Rīga, war nicht der erste, der die Bedeutung der Texte erkannte, aber der erste, der sie systematisch sammelte. Ab Mitte des 18. Jahrhunderts begannen von der Romantik beeinflußte lettische Intellektuelle den Dainas feste Formen in Literatur und Aufführungspraxis zu geben. In Anlehnung an die aus der deutschen Romantik bekannten Sängerfeste wurden in Lettland Sängerfeste ins Leben gerufen, bei denen politische und unpolitische Volkslieder vor einem interessierten Publikum zur öffentlichen Aufführung kamen. Krišjānis Barons nahm die Aufgabe an, alle bekannten Dainas in einer Enzyklopädie zu sammeln;

Kinder auf einem Sängerfest

die Sammlung umfaßte zu seinen Lebzeiten gut 200 000 Texte. Nach eigenen Zeichnungen ließ er einen Schrank zu ihrer Archivierung bauen, den sogenannten Dainu
Skapis. Andrejs Pumpurs stellte, auf das Material mythologischer Dainas der Zeit
vor der Christianisierung Bezug nehmend, das lettische Nationalepos ›Lāčplēsis‹
zusammen: Lāčplēsis, Sohn einer Bärin und eines Menschen, verteidigt seine ihre
lettische Heimat gegen die Bedrohung mächtiger anderer mythischer Wesen – bis er
gemeinsam mit einem seiner Feinde in den Fluten der Daugava versinkt. Der Sage
nach wird Lettland solange von fremden Mächten beherrscht werden, bis Lāčplēsis
aus dem Fluß aufersteht.

Auch in Litauen gibt es Dainas, die dort Dainos heißen, und Estland hat ein
reiches Repertoire an vergleichbarem Liedgut. Diese beiden Spielarten der Volks-
dichtung haben jedoch eine viel weniger komplexe Lyrik und sind eher epischen
Charakters. In allen drei baltischen Staaten waren die in den späten 1980er Jahren
abgehaltenen Sängerfeste ein deutlich sichtbares Zeichen des Protests, hinter dem
die Mehrheit der Bevölkerung stand. Die zur öffentlichen Aufführung gebrachten
Texte waren voller Anspielungen auf die sowjetische Besatzung und die Dominanz
der Kultur sowjetischer Prägung. Vor diesem Hintergrund ist das für die Unabhängigkeitsbewegungen der baltischen Staaten gängige Schlagwort der ›Singenden
Revolution‹ zu verstehen. Das wichtigste öffentliche Forum, in dem die Tradition
der Dainas lebendig gehalten wird, sind ein jährlich in Rīga stattfindendes Folklorefestival und das von Zehntausenden Zuschauern und Teilnehmern besuchte große
Sängerfest, das im jährlichen Wechsel in Rīga, Tallinn und Vilnius stattfindet.

Dainas

Das Auswendiglernen und Rezitieren von Dainas ist im lettischen Schulunterricht fest verankert, und auf privaten lettischen Festen werden sie auch gerne ernsthaft, ironisch oder in angeheitertem Zustand zum Besten gegeben. Es kommt immer wieder vor, daß man bei solchen Festen als deutscher Gast zum Singen eigener Volkslieder aufgefordert wird. Dabei kommt es nicht so sehr auf die musikalische Qualität der Darbietung als vielmehr auf die Geste an. Inzwischen hat man jedoch in Lettland verstanden, daß es in Deutschland keine vergleichbaren Traditionen gibt. Ein momentan aktuelles Projekt des Instituts für Lettische Folklore ist die Dokumentation der 1,2 Millionen bekannten Dainas in einer 15bändigen Enzyklopädie. Eine wirklich gute deutsche Übersetzung, die Hintergründe aufzeigen und eine nachvollziehbare Systematik erkennen ließe, existiert bis heute nicht.

Im folgenden einige Beispiele in deutscher Übersetzung:

Der Sonnenkult ist für die vorchristliche lettische Mythologie von zentraler Bedeutung. Bis heute beziehen sich die wichtigsten lettischen Feiertage auf den Lauf des Sonnenjahres:

Wer auch immer es behauptet, lügt,
daß die Sonne des Nachts schläft ...
Geht die Sonne auf
wo sie gestern unterging?

Viele Dainas spiegeln sehr schön die kleinen Freuden und Sorgen des bäuerlichen Alltags:

Eine Maus fährt ins Haus
Eine Fuhre Schlaf;
Fahre, Maus, in mein Haus,
Viele Kinder brauchen dich.

Es gibt zahlreiche Dainas, in denen Taten von in den Krieg gezogenen lettischen Helden thematisiert werden:

Als ich in den Krieg zog
Schnitt ich ein Kreuz in die Eiche,
Damit Vater und Mutter nicht weinen sollen,
Damit die Eiche weinen soll.

Andere Dainas thematisieren Unterdrückung und Selbstbewußtsein der unter der Fremdherrschaft leidenden lettischen Bauern:

Eine Hölle ist des Herren Riege,
Eine Hölle ist des Herren Tenne;
dort hab ich meine roten Wangen
jeden Herbst gebleicht.

Zu Zeiten der Lettischen Sowjetrepublik gab abstruse Versuche, mit denen die Tradition der Dainas unter realsozialistischen Vorzeichen zurechtgebogen werden sollte:

Traktoristen, Bestarbeiter,
die Sonnenwende läuten sie ein:
An der Brust der Heldenstern,
An den Mützen rote Nelken.

Literatur

Von den vorchristlichen Kulturen Lettlands sind keine schriftlichen Zeugnisse erhalten. Im Zuge der Reformation wurde 1689 vom deutschstämmigen Pastor Johann Ernst Glück die Bibel ins Lettische übersetzt. Diese Bibelübersetzung war für die Bildung der lettischen Schriftsprache von herausragender Bedeutung. Bis in die Mitte des 19. Jahrhunderts hinein waren weitere Publikationen in lettischer Sprache nicht erlaubt. Es gab einige wenige Letten, die ihre Werke auf deutsch veröffentlichen konnten; die bekanntesten von ihnen waren Neredzīgals Indriķsis und Ķiķuļ Jēkabs. Für den eigentlichen Beginn der lettischen Nationalliteratur hatte die im estnischen Tartu (Dorpat) gelegene Universität, an der auch Letten studieren konnten, eine herausragende Bedeutung: Dort erschien 1856 Mājas Viesis, die erste Zeitung in lettischer Sprache. Im gleichen Jahr veröffentlichte Juris Alunāns in Tartu einen kleinen Band mit Gedichten und Gesängen, die er aus anderen europäischen Sprachen übersetzte. In der zweiten Hälfte des 19. Jahrhunderts konstituierte sich an der Universität Dorpat der sogenannte Kreis der ›Jungletten‹, die Ideen einer nationalen Romantik vertraten und zu einem großen Teil entweder auf die Traditionen der Dainas oder auf die vorchristliche Mythologie und Kultur Lettlands zurückgriffen. In diesem Zusammenhang sind vor allem die lyrischen Werke des nur unter seinem Künstlernamen bekannten Autors Auseklis und von Andrejs Pumpurs zu nennen.

Die Wurzeln der lettischen Literatur liegen in der komplexen und vielschichtigen Lyrik der Dainas. Erst 1879 erschien der erste lettische Roman: ›Mērnieku Laiki‹ (Die Zeit der Landvermesser) der Brüder Reinis (1839-1920) und Matīss Kaudzītes (1848-1926). Er beschreibt den bäuerlichen Alltag der 1870er Jahre, als sich im Zuge der Bodenreform und der Aufhebung der Leibeigenschaft nicht nur die Besitzverhältnisse änderten, sondern auch die Lebensentwürfe viefältiger und materialistischer wurden. Die wichtigsten Inspirationsquellen der beiden Autoren waren Cervantes, Gogol und die Bibel. Die Figuren des Romans gingen in die lettische Folklore ein, und sie sind jedem Letten gut bekannt.

In den 1890er Jahren setzte Rūdolfs Blaumanis (1863-1908) den nächsten Fixpunkt der lettischen Literaturgeschichte: In seinen psychologischen Novellen und den der Tradition des Realismus verpflichteten Dramen erscheinen die Protagonisten von den charakterlichen und psychologischen Widersprüchen getrieben, die den Weg zur Realisierung des individuellen Glücks begleiten.

Jānis Rainis (1865-1929) gilt vielen Letten bis heute als der bedeutendste lettische Schriftsteller. Er war überzeugter Sozialdemokrat und engagierter Verfechter eines unabhängigen Lettland. Die Herausgabe der sozialdemokratischen Zeitung ›Dienas Lapa‹ trug ihm 1897 fünf Jahre Verbannung ein. Im Schweizer Exil entstanden seine Dramen ›Uguns un nakts‹ (Feuer und Nacht; 1907) und ›Jāzeps un viņa

Lesender auf dem Dach der Großen Gilde in Rīga

braļi‹ (Joseph und seine Brüder, 1912), die dank ihrer explizit politischen Inhalte als Schlüsselwerke der ersten lettischen Unabhängigkeitsbewegung gelten. Rainis hinterließ auch ein umfangreiches lyrisches Werk mit teils sehr pathetischen Texten. Er war mit Elza Rozenberg (1868–1943) verheiratet, die in Lettland besser unter dem Namen Aspazija bekannt ist. In ihren Dramen griff sie traditionelle Motive der lettischen Kultur auf und vertrat gleichzeitig explizit feministische Positionen. Auch Kārlis Skalbe (1879–1945), der bedeutendste Autor lettischer Kunstmärchen, wirkte im Umkreis von Jānis Rainis.

Eine der wichtigen Stimmen der Ersten Lettischen Republik war Aleksandrs Čaks (1901–1950), der persönliche Empfindungen, Stimmungen und Ereignisse der pulsierenden Metropole Rīga in die freien Rhythmen seiner Großstadtlyrik kleidete. Vielen gelten seine Texte als der bedeutendste Beitrag Lettlands zur Weltliteratur. Zu Zeiten der Sowjetunion gab es regelrechte Hetzkampagnen gegen sein Werk, das in seiner Individualität und Radikalität so gar nicht in die Welt des sozialistischen Realismus passen wollte.

Zahlreiche Schriftsteller und Intellektuelle emigrierten im Zweiten Weltkrieg. Wichtige Namen der exillettischen Literatur sind Zenta Mauriņa, Ansšlav Eglītis, Mārtiņš Zīverts und Veronika Srēlerte. Vor allem in der Zeit von 1945 bis zur Ära Chruschtschow war es für die im Land gebliebenen Autoren schwierig, sinnvoll zu arbeiten. So gab es beispielsweise für Lyriker die Auflage, daß sich nicht mehr als ein Viertel eines Gedichts auf Naturthemen beziehen sollte. Ein Überschreiten dieser Quote galt als ideologischer Fehler, wurde als schöpferisches Versagen gesehen und mit Nichtpublikation abgestraft. In staatstragenden Gedichten durften sich die Namen Stalins und Lenins nur auf Worte reimen, die in einem eigens dafür angelegten Katalog verzeichnet waren. Einige der besten lettischen Schriftsteller arrangierten sich in dieser Zeit mit dem Regime, allen voran Andrejs Upīts (1877 – 1970), der unter anderem stellvertretender Vorsitzender des Obersten Sowjets der Lettischen Sowjetrepublik wurde, viele Jahre lang Vorsitzender des lettischen Schriftstellerverbands war und wichtige Posten an der Universität und an der Akademie der Wissenschaften bekleidete. Upīts kannte Rainis, Aspazija und andere wichtige Dichterpersönlichkeiten der Zeit der Ersten Lettischen Republik noch persönlich, deren Werke er massiv angriff – teils auch, um ganz persönliche Rechnungen zu begleichen.

Unter Chruschtschow besserte sich die Lage der lettischen Schriftsteller. Lettland und die anderen baltischen Staaten wurden zu einer Art Schaufenster der Sowjetunion in Richtung Westen; umgekehrt inspirierten internationale Stömungen das literarische Schaffen. Auch gab es einen intensiven intellektuellen Austausch mit den osteuropäischen Nachbarn, und zahlreiche Titel wurden ohne den Umweg über das Russische direkt übersetzt. Ideologisch einigermaßen unverdächtig war die in der Postmoderne gängige Selbstreflexion literarischer Texte: 1973 erschien der erste postmoderne lettische Roman mit dem schönen Titel ›Der falsche Faust oder das verbesserte und erweiterte Kochbuch‹ von Marġeris Zariņš (1910 – 1993). Ein bedeutendes feministisch inspiriertes Werk hinterließ Regīna Ezera (1930 – 2002) mit ihren beiden Romanen ›Gewalt‹ und ›Verrat‹.

Eine herausragende Bedeutung für die jüngere Literaturgeschichte hatte der 1990 erschienene Roman ›Duksts‹ von Aivars Ozoliņš: Das Werk strotzt vor ironischen Attacken gegen die Mythologisierung der altlettischen Kultur und den akademischen Betrieb. Der Roman wurde von Lettlands intellektuellen Kreisen als so eindringlich und bedeutsam wahrgenommen, daß der Begriff der ›Duktologie‹ zum Synonym für die literarische Postmoderne in ihrer lettischen Variante geworden ist.

Zwischen 1960 und 1990 gab es in der Prosa eine starke am Realismus orientierte Bewegung, der die Selbstbezogenheit der postmodernen Literatur suspekt war. In diesem Zusammenhang ist insbesondere das Werk von Alberts Bels zu nennen, der unter anderem 1972 den mit Mitteln des Bewußtseinsstroms arbeitenden Alltagsroman ›Buris‹ (Der Käfig) verfaßte. Insbesondere die der Lyrik verpflichtete Dichtergeneration der 1960er Jahre zeigte ohne Ironie und Zynismus ein ganz unmittelbares Interesse am Menschen, seinen ehrlichen Überzeugungen und Grundwerten. Zu den prominentesten Vertretern dieser für die lettische Lyrik ausgesprochen wichtigen Generation gehören die Autoren Ojars Vācietis, Knuts Skujenieks und Imants Ziedonis.

Ab 1990 gab es mit dem Wegfall der Sowjetmacht keinen Gegner mehr, gegen den man mit im Subtext versteckter Ironie hätte anschreiben müssen. Es dauerte nicht lange, bis die ersten explizit politischen Texte erschienen, in denen thematisiert wurde, über was während der Sowjetzeit nicht gesprochen werden durfte: Kriegserlebnisse aus Erstem und Zweitem Weltkrieg, Deportationen, Unterdrückung und gesellschaftliche Realität unter der sowjetischen Besatzung. Als Beispiel für einen solchen biographischen Text sei hier der Roman ›Bille‹ genannt, in dem die Autorin Vizma Belševica eine Kindheit im Lettland der 30er Jahre und im Zweiten Weltkrieg schildert.

Die Entwicklung des lettische Romans weist seit 1990 in die unterschiedlichsten Richtungen. Eine auch international bekannte Autorin der jüngeren Generation ist Gundega Repše (geb. 1960), die in ihrem auch ins Deutsche übersetzten Roman ›Ēnu apokrifs‹ (Unsichtbare Schatten, 1998) in lakonischer, präziser Sprache sehr prägnante Bilder für den Zwiespalt ihrer Figuren zwischen der individuellen Desorientierung im neureichen Lettland Mitte der 90er Jahre und der Sehnsucht nach einer intakten, unverbrauchten und typisch lettischen Idylle auf dem Lande findet – die natürlich so auch nicht mehr funktioniert. In ihrer Art einzigartig ist die verschrobene, absurde literarische Welt von Jānis Einfelds (geb. 1967), dem enfant terrible der neueren Literatur. Sein 1996 erschienener Roman ›Cuku gramata‹ (Das Buch der Schweine) ist ein tragikomischer Entwicklungsroman, dessen Held, ein Ferkel, verschiedenen Prüfungen in der Welt der Erwachsenen unterworfen wird.

Das heutige Lettland hat ein ausgesprochen reges literarisches Leben. Besonderer Beliebtheit erfreut sich nach wie vor die Lyrik: Die Bände prominenter Dichter überschreiten trotz der geringen Zahl von etwa 1,5 Millionen Muttersprachlern häufig die Auflagengrenze von 10 000 Exemplaren.

Während Litauen im Jahr 2002 Länderschwerpunkt der Frankfurter Buchmesse war, und viel litauische Literatur ins Deutsche übertragen wurde, sieht es mit lettischen Texten leider nicht ganz so gut aus. Einen umfassenden Überblick über die aktuelle lettische Literaturszene und über in Deutschland erhältliche Werke bietet die Website des Übersetzers Matthias Knoll (www.literatur. lv), auf der, übersichtlich nach Autoren geordnet, auch zahlreiche kürzere Prosatexte, Gedichte und Leseproben aus Romanen zu finden sind. Für lite-

Denkmal für Jānis Rainis in Rīga

raturbegeisterte Touristen gibt es Angebote zu literarischen Stadtführungen durch Rīga und zu einer siebentägigen Literaturreise, die durch Rīga und in ausgewählte lettische Provinzen führt.

In den Monaten Juli und August findet jeden Donnerstag in der Intellektuellenkneipe ›Hamlets‹ in Rīga, Jāṇa Sēta 5, eine Lesereihe mit lettischen Texten in deutscher Übersetzung statt. Das Lettische Literaturzentrum unterhält eine Website, die ein Magazin mit lettischen Texten auf deutsch und englisch enthält (www.literature. lv). Aktuelle Literaturveranstaltungen gibt es unter www.de.eventguide.lv.

Religion

Die große Mehrheit der Letten ist protestantisch; viele sind es in Zeiten einer weniger an ideellen Werten interessierten Konsumgesellschaft jedoch nur noch auf dem Papier. Der Protestantismus faßte in Lettland nach dem Zerfall des Deutschen Ordens Fuß und wurde 1554 zur Staatsreligion erhoben. Kurz darauf fiel die östliche Provinz Latgale an Polen: Dort gab es eine Rückkehr zum römisch-katholischen Glauben, der bis heute aktiv gelebt wird. Aglona, mitten in der Seenplatte Latgales gelegen, ist ein unter Katholiken weltweit bekannter Wallfahrtsort der Marienverehrung. In der Zeit der in Religionsfragen sehr liberalen polnisch-litauischen Doppelmonarchie (1569–1795) siedelten sich in Latgale zudem altgläubige Russen an, die, von der russisch-orthodoxen Staatskirche ins Exil getrieben, dort eine neue Heimat fanden. Auch Juden, die in Rußland Pogromen ausgesetzt waren, kamen nach Latgale. Mit

Sakrale Kunst im Lettischen Geschichtsmuseum

der Ansiedlung von russischen Fremdarbeitern für die unter sowjetischer Herrschaft geschaffene Großindustrie entstanden große russisch-orthodoxe Gemeinden.

In sowjetischer Zeit waren alle Religionsgruppen Repressionen ausgesetzt, und Kirchen wurden zu säkularen Zwecken genutzt. In ihnen wurden Schulen, Museen, Lagerhallen und Getreidespeicher eingerichtet. Nach 1991 fanden überall im Land umfangreiche Renovierungs- und Restaurierungsarbeiten statt, und viele Kirchen beherbergen wieder Kunstschätze, die jahrzehntelang im Ausland oder privat versteckt wurden. Auf der persönlichen Ebene war in der Sowjetunion das Bekenntnis zu einer Religion, wie seinerzeit in der DDR, gleichbedeutend mit der Aufgabe von Karrierechancen, zog in aller Regel Überwachungsaktivitäten staatlicherseits nach sich und war mit vielen anderen weitreichenden Diskriminierungen verbunden. So ist es nicht verwunderlich, daß gläubige Christen eine tragende Rolle in der Unabhängigkeitsbewegung spielten. Die in ganz Lettland bekannten evangelischen Pastoren M. Pläte und M. Ludwigs gründeten die Protestbewegung Atzimšana. Sie zählten zu den tragenden Kräfte der ab 1986 unter dem Vorzeichen der Perestroika stattfindenen Demonstrationen. Auch in den unsicheren Umbruchsjahren danach spielten Religion und Kirche eine bedeutenden Rolle. In Zeiten des ungebremsten Kapitalismus gibt es nun andere Themen: Viele haben eine neue Orientierung in den Werten der Konsum- und Mediengesellschaft gefunden und erwarten, anders als früher, von ihren Gemeinden weder soziale Bindungen noch Antworten auf Alltagsprobleme oder ethische Fragestellungen. Vor allem in der jüngeren Bevölkerung gibt es, gleich ob lettischer oder russischer Abstammung, starke atheistische Strömungen. So konzentriert sich die Gemeindearbeit, wie in Deutschland, zunehmend auf ältere Menschen und auf die im sozialen Bereich aktiven kirchlichen Organisationen.

Die vorchristliche Religion Dievturība

Wichtige lettische Feiertage wie die Sommersonnenwende und andere mit dem Jahreslauf der Sonne zusammenhängende Feste haben ihre Wurzeln in der mündlich überlieferten vorchristlichen Religion. Die Namen der alten lettischen Gottheiten und die religiösen Ideen, mit denen sie in Zusammenhang stehen, waren immer präsent. Die Religion selbst hatte vor der Zeit der Christianisierung weder einen Namen noch einen kanonischen Text: In den Dainas mit religiösem Inhalt wurde eine Art zu leben beschrieben, in der die Einheit von Mensch, Natur und Übersinnlichem beschworen wurde. Der lettische Archäologe Ernests Brastiņš (1892–1942) legte mit systematischen religionswissenschaftlichen Forschungen in den 1920er Jahren die Grundlage für eine Renaissance der alten Religion, die spätestens seit dieser Zeit unter dem Namen Dievturība bekannt ist.

Dem alten lettischen Glauben nach wird die Welt als ein einziger lebender Organismus gesehen. Der Mensch ist also nicht die Krone der Schöpfung, sondern ein untrennbarer Teil von ihr; er steht keineswegs über den Tieren und Pflanzen. Es gibt drei zentrale Gottheiten: Dievs, Māra und Laima. Dievs als höchste Gottheit steht für die materiell nicht faßbare, kollektive Energie des Universums sowie für das Phänomen des Denkens an sich. Dievs ist kein strafender Gott, sondern kann von den Menschen positiv, etwa wie ein ratschlaggebender Impuls, wahrgenommen werden. Die weibliche Göttin Māra ist der materielle Gegenpart zu Dievs. Sie verkörpert als ›Mutter Erde‹ die materielle Welt, und sie ist es, die das physische Leben gibt und nimmt. Die dritte wichtige Gottheit ist die weibliche Schicksalsgöttin Laima. Sie steht für das unabänderliche Gesetz, nach dem die Welt funktioniert und gibt jedem Menschen ein vorherbestimmtes Schicksal mit auf den Weg, das jedoch durch gute oder schlechte Gedanken und Taten durchaus beeinflußbar bleibt.

Nach altlettischem Glauben steht die Menschheit nicht nur in unmittelbarer Verbindung zur irdischen Natur, sondern auch zu den Himmelskörpern, allen voran zur den Lauf der Jahreszeiten bestimmenden Sonne. Die wichtigsten lettischen Festtage richten sich nach dem Sonnenjahr; die Sommersonnenwende wird von fast allen Letten noch heute mit dem dreitägigen Johannisfest begangen. Weniger wichtige Festtage sind die Wintersonnenwende, die Tag- und Nachtgleichen und die Tage, die dem Kalender nach genau in der Mitte zwischen Sonnenwende und Tag- und Nachtgleiche liegen.

Was die Frage nach Leben und Tod angeht, so geht die altlettische Religion von einer Dreiteilung des Menschen in den physischen Körper, die Seele und den Geist aus: Die sterblichen Überreste des physischen Körpers (augums) gehen in den Kreislauf der physisch auf der Erde vorhandenen Dinge ein. Die Seele (dvēsele) vereinigt sich mit Dievs, der kollektiven Energie des Universums. Der Geist (velis) lebt in der Erinnerung an die Gedanken, Worte und Taten des Verstorbenen weiter. Der Tod selbst wurde als Trennung von Körper, Seele und Geist interpretiert. Den Tod betreffend gibt es die Vorstellung eines hiesigen Lebens auf unserer Seite der Sonne (pansaule) und einem Leben auf der anderen Seite der Sonne (aizsaule), wo der Geist (velis) mit den Geistern aller anderen Verstorbenen weiterlebt. Die Sonne dient dem Glauben nach auch als Führerin der Seelen in die jenseitige Welt. Die nächtliche Milchstraße gilt als sichtbares Zeichen dieses Weges.

Was einige Vorstellungen des altlettischen Glaubens angeht, ist es ausgesprochen schwierig, eine klare Grenze zum christlichen Glauben vorzunehmen. Insbesondere was die altlettische Vorstellung von Dievs und die Idee eines christlichen Gottes

Blick von der Petrikirche auf Dom und Altstadt; Cafés am Gildenplatz
Jugendstil nahe der Alberta iela; Blick vom Schwarzhäupterhaus zur Petrikirche

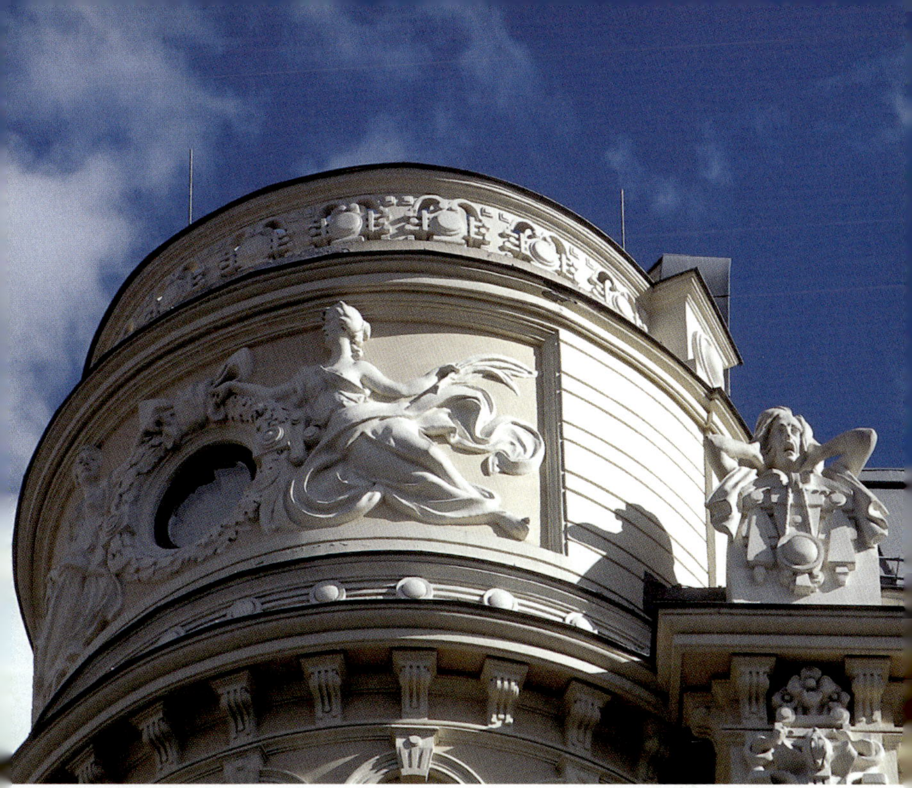

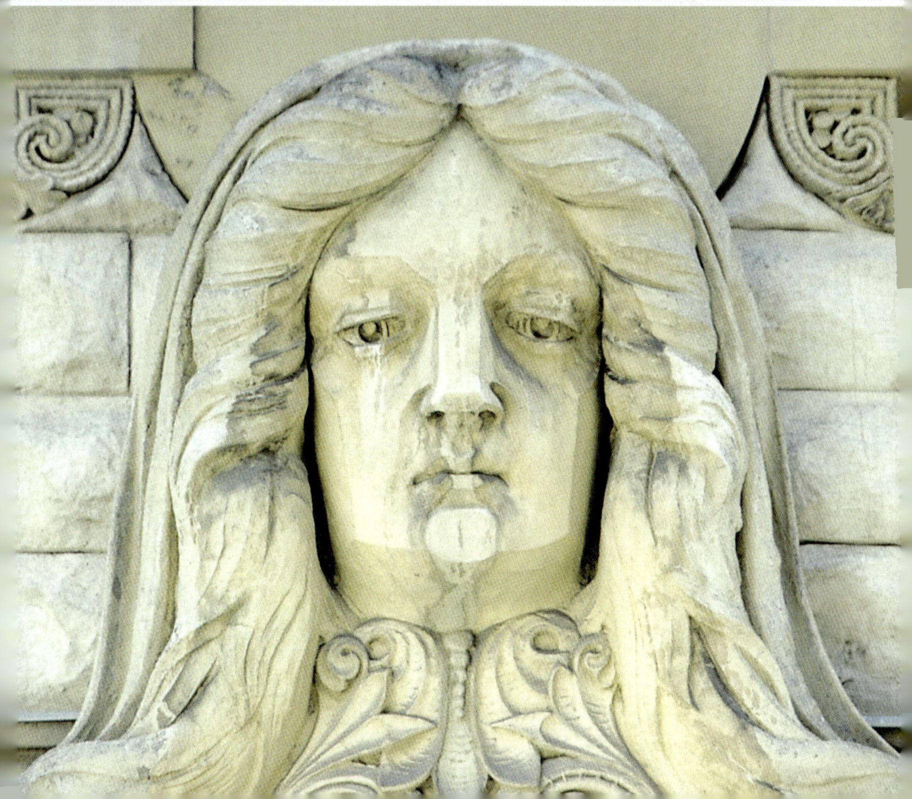

Fest der lettischen Stadtbevölkerung Rīgas zur Sommersonnenwende 1842

angeht, dürfte nicht immer klar sein, an wen der Einzelne nun tatsächlich glaubt. Das eigentlich heidnische Fest der Sonnwendfeier ist den meisten Letten wichtiger als Weihnachten, was sie jedoch nicht daran hindert, mehrheitlich gläubige protestantische Christen zu sein. Eine ganz klare Grenze gibt es jedoch in der religiösen Praxis: Der protestantische oder katholische Glaube ist untrennbar mit Gemeinden, Gemeindearbeit und Kirchen verbunden. Die in den letzten Jahren populärer gewordene Bewegung der Dievturība hat eher den Charakter einer zahlenmäßig kleinen Sekte, die unter freiem Himmel bei Sonnwendfeiern und anderen Festen ihren Kult zelebriert.

Bildende Kunst

Erste Zeugnisse bildender Kunst stammen aus der Zeit vor der Christianisierung: In Āraiši gibt es Funde aus der Bronzezeit, in Talsi wurden Gebrauchsgegenstände und Schmuck keltischer Kulturen gefunden, und auch an vielen anderen Orten Lettlands verweisen Spuren auf Kulturen, die lange vor der Zeitenwende existierten. Der Beginn der eigentlich baltischen Kunst läßt sich in etwa auf die Zeit des

Eines der vielen prächtigen Häuser in der Elizabetes iela; Jugendstilmaske in einer Gasse beim Dom; Antikisierende Fassade von Michail Eisenstein in der Alberta iela

römischen Reichs datieren: Vor allem Schmuck- und Gebrauchsgegenstände aus Bernstein, aber auch Keramik und Textilien waren wichtige Exportgüter. Allen Kunstgegenständen dieser Epoche ist gemeinsam, daß sie geometrische Ornamente und stilisierte Darstellungen von Pflanzen und Tieren zeigen. Diese Ornamentik hat sich in der lettischen angewandten Kunst über die Zeit der deutschbaltischen Fremdherrschaft hinweg bis heute gehalten – einige Ornamente finden sich im zeitgenössischen Kunsthandwerk und sogar in der aktuellen Mode wieder. Gelegentlich sieht man auch ein Hakenkreuz, das als Feuerkreuz eine andere Bedeutung als das Kampfabzeichen der Nationalsozialisten hat. Aufgrund der heute üblicherweise mit ihm verbundenen Bedeutung haben viele Künstler von seinem Gebrauch Abstand genommen.

Parallel zur traditionellen Kunst der lettischen Bevölkerung kamen von der Zeit des Deutschen Ordens an westeuropäische Kunstströmungen nach Lettland, die in erster Linie ihren Ausdruck in der Architektur fanden. In vielen lettischen Kirchen findet man Altäre, Kanzeln und Bilder von deutschen, polnischen, italienischen und schwedischen Künstlern. Auch in den prächtig ausgestatteten Herrenhäusern finden sich, soweit sie nicht durch Kriege oder die Unruhen von 1905 zerstört oder außer Landes gebracht wurden, Zeugnisse westeuropäischer Kunst. Die Deutschbalten leisteten sich bis ins frühe 20. Jahrhundert hinein eine kunstsinnige Parallelwelt, die von der lettischen arbeitenden Bevölkerung finanziert wurde.

Erst im späten 19. Jahrhundert gab es eine erste Generation von Künstlern, die eine spezifisch lettische Kunst abseits der Folklore vorantrieb. Sie rekrutierte sich aus dem zu Wohlstand gekommenen Bürgertum Rīgas, die sich Ausbildungen an den Kunstakademien in St. Petersburg, in Deutschland oder in Frankreich leisten konnte. Als Begründer der lettischen Malerei gilt Jānis Rozentāls (1866–1916), der vor allem durch seine in ihrem Realismus am ehesten mit Manet vergleichbaren Portraits bekannt geworden ist. Im Jahr 1905 aus Petersburg nach Rīga zurückgekehrt, bezog er ein von seinem Architektenfreund Konstantins Pēkšēns entworfenes Atelier in der Alberta iela. Dieses entwickelte sich zu einem Salon, in dem sich die Künstlergeneration der ersten Stunde traf, unter anderem die Impressionisten Vilhelms Purvītis (1872–1945) und Jānis Valters (1868–1932). In ihren Werken vermischten sich romantisierende Vorstellungen vom einfachen Leben auf dem Land, eine Idealisierung der Natur und der Patriotismus der im Entstehen begriffenen lettischen Nation. Eine andere wichtige Strömung des frühen 20. Jahrhunderts waren symbolistische Werke, die zum Teil von lettischen Mythen beeinflußt waren. 1914 wurde, unter dem Eindruck der Rezeption des deutschen Expressionismus, die Künstlergruppe der ›Grünen Blume‹ ins Leben gerufen.

Über die 1920 in Rīga gegründete Kunstakademie kamen alle gesamteuropäischen Ausprägungen der Moderne auch nach Lettland. Interessant ist dabei, daß in Lettland keine gegen die Traditionen und explizit um Abgrenzung bemühten

Strömungen wie der Dadaismus Fuß fassen konnten – es gab kaum eine kunstgeschichtliche Tradition, gegen die opponiert werden mußte. So fanden Expressionismus, Kubismus, Surrealismus und alle anderen Ismen des frühen 20. Jahrhunderts eine spezifisch lettische Ausprägung, die teilweise ganz selbstverständlich traditionelle Themen der lettischen Volkskultur integrierte. Im Bereich Grafik sticht das umfangreiche Werk von Sigmunds Vidbergs heraus, das sich noch bis in die späten 1920er Jahre hinein am Jugendstil und an erotischen Motiven orientierte. Der wichtigste Bildhauer der Ersten Lettischen Republik war Kārlis Zāle. Zu seinen bedeutendsten Werken gehören die Gedenkstätte des Brüderfriedhofs sowie die Freiheitsstatue im Zentrum Rīgas.

Der Zweite Weltkrieg und die Besatzung durch die Sowjetunion haben viele bedeutende lettische Künstler und Kunsttheoretiker ins westliche Ausland getrieben. Sie spielten teilweise noch bis in die 1980er Jahre hinein eine wichtige Mittlerrolle in beide Richtungen. Aus deutscher Sicht muß vor allem Valdis

Jānis Rozentāls: Die Prinzessin und das Äffchen

Āboliņš genannt werden, der in Berlin als langjähriger Direktor der ›Neuen Gesellschaft für Bildende Kunst‹ (NGBK) wirkte. Er war unter anderem für eine wichtige Ausstellung mit dem Titel ›Interferenzen‹ verantwortlich, die noch vor der Unabhängigkeitserklärung die sehr lebendige zeitgenössische lettische Kunstszene im Westen bekannt machte.

Zwischen 1945 und und 1953 wurde in Lettland ausschließlich die das Regime verherrlichende, pathetische Kunst des sozialistischen Realismus geduldet. An der Kunstakademie wurde, nachdem die Zeichen der Kulturpolitik Chruschtschows verstanden worden waren, Otto Skulme zum Direktor berufen. Skulme stand, gewissermaßen als von der Sowjetkunst unbehelligter Alter Meister, für die durch den Krieg unterbrochene Traditionen der lettischen Kunst. An der Akademie entstanden weiterhin Pflichtübungen im Sozialistischen Realismus, doch eigentlich fächerte sich die aktive Kunstszene in zahlreiche unterschiedliche Strömungen auf, die sich an der zeitgenössischen internationalen Kunst orientierten und sie mit eigenen Formen, Inhalten und Stilen bereicherten. Ende der 1960er Jahre gab es auch in Lettland Hippies, die das Zentrum der Stadt und die Stufen des Doms bevölkerten, wo sie, entgegen der sozialistischen Ideologie und von der christlichen Ausprägung der Flower-Power-Bewegung inspiriert, die Redefreiheit probten.

Die wirklich interessante Epoche der lettischen bildenden Kunst begann in den 1970er Jahren, als die Fluxus-Bewegung, die Aktionskunst und die Postmoderne rezipiert und in ein Spannungsverhältnis zu den Gegebenheiten der sowjetisierten Gesellschaft gesetzt wurden. Ab Mitte der 1980er Jahre kam es unter dem Zeichen der Unabhängigkeitsbewegung zu einer immer stärkeren Politisierung der Kunst: In der Rīgaer Petrikirche schuf 1984 eine Künstlergruppe aus Malern, Architekten, Klangkünstlern und Bühnenbildnern eine Installation mit dem Titel ›Natur. Umwelt. Mensch.‹. Religionsfreiheit, eine saubere Umwelt und die Forderung nach mehr Individualismus waren die zentralen Forderungen der Unabhängigkeitsbewegung, und die Installation war auch kunstgeschichtlich weniger Gebildeten unmittelbar verständlich. Die Idee des Kunstwerks als sozialer Aktion trieb Miervaldis Polis 1986 auf die Spitze, als er, ganz mit Goldfarbe eingestrichen, an den zentralen Orten der Stadt auftauchte und durch seine pure Existenz Passanten verunsicherte. Polis verstand seine Aktion als Thematisierung eines radikalen Subjektivismus. Dies war ein Affront gegen den sozialistischen Versorgungsstaat, in dem eine individuelle schöpferische Kraft oder eine individuelle Verantwortung eher nicht gefragt war.

Figurengruppe von Karlis Zāle an der Freiheitsstatue in Rīga

Heute hat Lettland eine ausgesprochen lebendige Kunstszene, die sich in keiner Hinsicht hinter anderen europäischen Metropolen verstecken muß. Im Gegenteil: Es gibt neben den üblichen Touristenfallen unzählige ernstzunehmende Galerien, und es gibt weiterhin aufsehenerregende Ausstellungen und Performances. Unmittelbar nach der Unabhängigkeit gab es eine schöpferische Pause, da der politischen Kunst, insbesondere der Aktionskunst, mit dem Zusammenbruch der Sowjetunion gewissermaßen der Gegner fehlte. Inzwischen zeichnet sich ab, daß es in Lettland, auch bedingt durch die im Kapitalismus für breite Bevölkerungsschichten nicht in Erfüllung gegangenen Hoffnungen, eine Renaissance politischer Kunst gibt. Zeitgenössische lettische Kunst ist nach wie vor sehenswert, mitunter auch in guter alter Tradition zynisch und sarkastisch – und um Abgrenzung bemüht.

Musik

Die wichtigsten Orte klassischer Musik sind der Rīgaer Dom, die Philharmonie, die Oper und der Wagner-Konzertsaal. Die Ursprünge der Klassik gehen in Lettland auf kreuzritterliche Traditionen und die Kulturen der internationalen Händlergemeinschaft zurück: Aus dem Mittelalter sind sakrale Gesänge in lateinischer Sprache überliefert. Weltliche Musik entstand erstmals im 17. Jahrhundert am Hof des Herzogtums Kurland, wo es im Zeitalter des Barock angestellte Berufmusiker gab, und wo auch Opern und Ballette zur Aufführung kamen.

Die städtische Gesellschaft Rīgas suchte im 19. Jahrhundert verstärkt den Anschluß an westeuropäische Musiktraditionen: Der junge Richard Wagner war von 1836 bis 1839 Kapellmeister des Rīgaer Stadttheaters, schrieb seine Oper Rienzi und eine Faust-Ouvertüre um anschließend hochverschuldet über die stürmende Ostsee nach London und weiter nach Paris zu fliehen. Auf dieser Reise soll ihm die Idee für die Oper ›Der Fliegende Holländer‹ gekommen sein. Im Schwarzhäupterhaus gaben sich die Musikgrößen des 19. Jahrhunderts die Ehre: Es gastierten Hector Berlioz, Franz Liszt und Klara Schumann sowie die Gebrüder Rubinstein. Parallel zur gesamteuropäischen Musiktradition begannen sich in der lettischen Musik Ende des 19. Jahrhunderts die Grenzen zwischen klassischer Musik und folkloristischen Traditionen zu verwischen. Jāzeps Vītols und Emils Melngailis schrieben erste bedeutende Werke lettischer Chormusik; im 20. Jahrhundert folgten zahlreiche weitere Komponisten. Jeden zweiten Herbst gibt es in Rīga ein vielbeachtetes internationales Kammerchorfestival. In Rundāle und Bauska, etwa 50 Kilometer südlich von Rīga, findet jedes Jahr ein internationales Festival Alter Musik statt.

Leider ist die lettische Oper zur Hauptreisezeit geschlossen. In der Spielzeit stehen neben Werken, die einen breiten Publikumsgeschmack treffen, auch in Westeuropa unbekannte Werke lettischer Komponisten und der Neuen Musik auf dem

Konzertflügel aus lettischer Produktion im Rīgaer Musikinstrumentenmuseum

Programm. Mit der Sopranistin Inese Galante gibt es eine Solistin von Weltrang; auch andere Namen sind international bekannt. Die erste Oper in lettischer Sprache war das 1883 uraufgeführte Werk ›Geisterstunde‹ (Spoku stunda) von Jēkabs Ozols. Die lettische Nationaloper war das erste Haus in der Sowjetunion, das in den 1950er Jahren wieder Werke von Wagner aufführte. Am 23. August 1988, zum 49. Jahrestag des Hitler-Stalin-Pakts, wurde in der Kongreßhalle mit der Rockoper ›Lāčplēsis‹ die erfolgreichste lettische Bühnenproduktion überhaupt uraufgeführt: Der Rockmusiker Zigmars Liepiņš und die Lyrikerin Mara Zālite gaben dem Nationalepos eine zeitgemäße Form. Insgesamt 175 000 Zuschauer sahen 1988 ein Werk, dessen Inhalt zu Zeiten der Unabhängigkeitsbewegung eine sehr politische Bedeutung hatte.

Zu den bedeutenden lettischen Komponisten des 20. Jahrhunderts gehören unter anderem Peteris Vasks und Imants Kalniņš. Der Violonist Gidon Kremer, ein Solist von Weltrang, gründete 1996 mit jungen Musikern aus allen drei baltischen Staaten die ›Kremerata Baltica‹. Bekannt wurde das Kammermusikensemble unter anderem durch klassische Bearbeitungen der Tangos von Astor Piazolla. Im Jahr 2002 erhielt die Kremerata Baltica für ihr Album ›After Mozart‹ einen Grammy. Im Februar 2006 ging ein Grammy an Mariss Jansons, zur Zeit Dirigent des bayrischen Rundfunkorchesters.

Die auf den Traditionen der Dainas fußende Volksmusik wurde in den 1970er Jahren zu einer breiten Bewegung, die sich in den 1980ern zunehmend politisierte:

Volksmusik diente der Abgrenzung zur sowjetisch verordneten Einheitskultur. Die Sänger der Gruppe ›Skandinieki‹ waren populäre Protagonisten der Unabhängigkeitsbewegung. Obwohl die Volksmusik ihren politischen Unterton mittlerweile weitgehend verloren hat, ist sie, vor allem außerhalb Rīgas, noch immer ausgesprochen populär. Aufführungen in größerem Rahmen finden vorzugsweise im Ethnographischen Freilichtmuseum in Rīga, im Daina Park in Sigulda und anläßlich traditioneller Markt- und Stadtfeste statt. Ein Phänomen der lettischen Musik zwischen Schlager, Volkslied und Chanson ist der heute 70jährige Raimonds Pauls: Der klassisch ausgebildete Pianist war zunächst ein international gefeierter Jazzpianist. Nachdem er die Leitung des lettischen Radioorchesters übernommen hatte, wandte er sich der leichten Unterhaltungsmusik zu. In seiner langen Karriere schrieb er unzählige sehr populäre Lieder, die für viele Letten emotionsgeladen mit Kindheitserinnerungen verbunden sind – eine freundliche Musik der guten Laune mit Texten, die zum Teil von lettischen Lyrikern und Kinderbuchautoren stammen (Hörproben: www.raimondspauls.lv). Er unterstützte, wie viele Intellektuelle, die Unabhängigkeitsbewegung und stand als Prominenter mit auf den Barrikaden. 1988 gründete Raimonds Pauls eine der konservativen Parteien des Landes, und der über 70jährige ist in diesem Zusammenhang bis heute politisch aktiv.

Zu den wirklich berühmten Vertretern der Popkultur zählen Marie N. (eigentlich Marija Naumova), die 2002 mit ihrem Hit ›I wanna‹ den Grand Prix d'Eurovision gewann, und vor allem die Band ›Brainstorm‹, deren für westliche Ohren etwas süßlich wirkende Melodien sicher nicht jedermanns Geschmack sind. Was die Liveclubs in Rīga angeht, reicht das Spektrum vom traditionellen Rock und Liedermachern verhafteten ›Cetri Balti Krekli‹ über die alternative Szene des ›Depots‹ bis zum reinen Techno im ›Pulse‹. In Etablissements, wo die beruflich erfolgreiche Generation um die 30 verkehrt, läuft viel House und Ambient. Die Jazzszene Lettlands ist weniger bedeutend als die Litauens und Estlands; neuen Jazz abseits des Mainstream muß man suchen.

Aktuelle Musikveranstaltungen unter www.de.eventguide.lv; Hörproben, Hintergrundinformationen und Shops: www.music.lv, www.basement.lv, www. folklora.lv.

Gitarrenausstellung im Rockcafé ›Pablo‹ in Liepāja

Die lettische Küche

In der lettischen Küche machen sich deutsche und osteuropäische Einflüsse bemerkbar: Die Gerichte sind weder scharf gewürzt noch der leichten Küche zuzuordnen. Zu den beliebtesten Gewürzen zählen Kümmel, Dill und Senf. Daß Lettland am Meer liegt, merkt man an der großen Anzahl von Fischgerichten. Einfache und fast in jedem Restaurant erhältliche Fleischgerichte sind Kotlett und Frikadellen mit Kartoffelbeilage, Pommes Frites und Gemüse der Saison. Beliebt sind auch Wildgerichte; mitunter kommt sogar Elch auf den Tisch. In besseren Restaurants gibt es häufig zu Fleisch oder Fisch Obstbeilagen wie Pflaumen, Birnen und vor allem Beeren aller Art, die im Sommer und Herbst reichlich in freier Natur zu finden sind. Eine weitere beliebte Zutat, nicht nur zu Fleischgerichten, sind die vielen im Wald zu findenden Pilze. Was Restaurants mit lettischer Küche angeht, so besteht vielfach ein sehr großer Unterschied zwischen Rīga und den anderen Teilen des Landes: Rīga gilt auch in dieser Beziehung als das Paris des Nordens, und für etwas mehr Geld kann man wirklich hervorragend essen gehen.

Vor allem in Rīga gibt es unzählige Cafés. Der traditionelle lettische Kaffee wird in der Regel schwarz getrunken, häufig mit einem Schuß ›Rīgas Balzams‹: Dieser fast schwarze, hochprozentige Kräuterlikör gilt neben dem hervorragenden lettischen Bier als lettisches Nationalgetränk. In Lettland findet man gutes Gebäck und guten Kuchen. Herausragend ist auch das lettische Eis (sāldejums), das leider nur noch in wenigen guten Cafés wie beispielsweise bei ›V. Kuze‹ oder ›Gustav's‹ in Rīga traditionell zubereitet zu bekommen ist. Ein guter lettischer Eisbecher besteht aus den Sorten Vanille, Haselnuß, Walnuß oder Schokolade. Darüber kommen Honig, Nußstücke, Schokolade oder Schokoladensoße und für den herben Beigeschmack etwas Rīgas Balzams.

In Lettland wird viel Bier getrunken; Bier ist für die Letten auch ein unverzichtbarer Bestandteil der Festtage rund um die Sommersonnenwende. Im wesentlichen lassen sich drei Grundarten von Bier unterscheiden: Gaišais ist helles Bier, Tumšais ist Dunkles und Stiprais ist Starkbier mit bis zu acht Prozent Alkohol. Als Alternative gibt es fast überall, des russischen Einflusses wegen, Wodka. In russischen Kreisen gilt es als

Eines der vielen guten lettischen Biere

Traditioneller geräucherter Schinken auf latgalischer Keramik

grobe Unhöflichkeit, die Einladung auf ein Glas Wodka abzulehnen, und oft fällt es schwer, zwischen Unhöflichkeit und Vollrausch die richtige Balance zu finden. Alkohol ist in Lettland ein echtes Problem, weshalb der Ladenverkauf von Alkohol nach 22 Uhr verboten wurde. Dies führte zu einer Renaissance privater Verkaufsstellen, die nur Ortsansässigen bekannt sind. Dort gibt es neben der Standardware auch Selbstgemachtes und Direktimporte, die weit unter dem Ladenpreis verkauft werden. Eine große lettische Tageszeitung initiierte im Sommer 2005 die Kampagne ›Vergifte dich nicht selbst‹, in der dazu aufgerufen wurde, illegale Verkaufsstellen zu melden – zumindest in Rīga mit sehr mäßigem Erfolg.

Wer in Lettland kulinarische Einkaufserlebnisse sucht, tut dies am besten auf dem Rīgaer Zentralmarkt oder auf einem Bauernmarkt. Viele Klassen besser als in Deutschland sind lettische Milch, Sahne und Quark. Bei verpackter Ware besteht teilweise ein großer qualitativer Unterschied zwischen den Marken. Lettische Käse sind meist sehr einfach; herausragende Geschmackserlebnisse sind nicht zu erwarten. Vor allem die Bauernmärkte und der Zentralmarkt glänzen mit zahlreichen und herausragend guten Honigspezialitäten. Sehr gut sind auch die aus frischen Früchten und Beeren zubereiteten Fruchtsäfte und Marmeladen. Eine beliebte Spezialität und etwas, was es in Deutschland nicht gibt, ist die Moosbeerenmarmelade, die sich durch einen leicht herben Geschmack und einen unglaublich hohen Gehalt an Vitamin C auszeichnet. Eine weitere, ganz besondere Spezialität ist Birkensaft, der fermentiert oder unfermentiert in Frühjahr und Sommer erhältlich ist, und der vielen als Lebenselixier gilt.

Es gibt sehr gute lettische Fleischspezialitäten, allen voran geräucherte Hähnchen und geräucherten Schinken. In der Fischhalle des Rīgaer Zentralmarkts findet man gute geräucherte Ware, frische Lachse, Neunaugen und vieles mehr. Erwähnenswert ist die lettische Vorliebe für Tomaten, die häufig im Rahmen einer kleinen Nebenerwerbslandwirtschaft in Gewächshäusern auf dem Land heranreifen – die lange Sonnenscheindauer in den Sommermonaten macht's möglich.

Die lettische Küche ist eine bäuerliche Küche, und es gibt zahlreiche Gerichte, die an bestimmte Anlässe oder Feiertage gebunden sind. Dem Brot, das aus dem ersten Getreide des Herbstes gebacken wird, werden magische Kräfte zugeschrieben: Man glaubt, daß bei seinem Verzehr geäußerte Wünsche für das kommende Jahr in Erfüllung gehen. Das beliebteste Weihnachtsessen sind graue Erbsen mit gebratenem Speck und fettem Schinken; dazu werden Sauermilch oder Kefir getrunken. Ein anderes Weihnachtsessen ist die ringförmige Blutwurst, die den Kreislauf des Jahres symbolisiert, denn Wintersonnenwende und Weihnachten fallen nahezu zusammen. Das wichtigste Fest des Jahres ist das zur Sommersonnenwende gefeierte dreitägige Johannisfest (lett. Ligo), zu dem idealerweise ein selbstgemachtes Bier gehört. Zum Bier gibt es einen trockenen, in aller Regel hausgemachten Kümmelkäse, der in einem verschnürten Bündel reift und Pīrāgi (Piroggen).

In Lettland ißt man in der Regel dreimal täglich. Das Frühstück ist herzhaft, mit Kaffee oder Tee, einem Glas Milch, braunem Sauerteigbrot, Käse, Wurst, Schinken und Ei; häufig gibt es auch Tomaten oder Tomatensalat mit Zwiebeln, manchmal geräucherten Fisch. Das Mittagessen ist oft eine vollwertige Mahlzeit mit Fleisch, Fisch und Gemüse oder einem Eintopf – sofern es der Tagesplan zuläßt. Beliebt sind mittags auch kalte Mahlzeiten wie Speckbrötchen, Teigtaschen mit Gemüsefüllungen, Würste und geräucherter oder eingelegter Fisch. Die kalte Mittagsküche hat in Lettland Tradition, denn früher ließ die Arbeit auf dem Feld keine langen Vorbereitungszeiten oder Wege zurück ins Haus zu. Das Abendessen ist meist die reichhaltigste Mahlzeit des Tages. Natürlich vorausgesetzt, daß es ausreichend Zeit zum Kochen gibt, denn die meisten Frauen arbeiten ganztags, und ihre Männer kochen eher selten.

Einkaufstips

In Lettland ist die Marktwirtschaft eingezogen, und traditionelle Produktionsmethoden haben sich teilweise zugunsten der industriellen Produktion gewandelt. Das hat der Qualität der Lebensmittel nicht immer gut getan. Deshalb hier ein paar konkrete Einkaufstips und Markennamen:

Sprotten aus Kurzeme

Brot: Es gibt inzwischen seltsamerweise weiches Brot amerikanischen Stils, das eigentlich nicht eßbar ist. Es gibt auch Brotsorten, die nach Inspiration durch europäische Brotsorten, wie zum Beispiel Ciabatta, entstanden sind. Die meisten sind nicht schlecht, aber auch nicht typisch lettisch. Das traditionelle schwarze Sauerteigbrot ist oft in Plastik eingeschweißt, und vor dem Kauf sollte man testen, ob es fest ist. Möglichst dunkel sollte es auch sein.

Wasser: Die Meinungen über Rīgaer Wasser aus dem Wasserhahn reichen von bedingt trinkbar bis gesundheitsschädlich. Böse Zungen behaupten, das in 5-Liter Kanistern im Supermarkt erhältliche Wasser sei damit identisch. Trinkwasser, Sprudel und Limonaden in 1,5-Liter Flaschen, zum Beispiel von Rasa, entsprechen europäischen Standards.

Milchprodukte: Rasa (Milch und Milchprodukte), Limbažu (lettische Sahne ›skābais krējums‹), Talsu (Käsesorten).

Speiseeis: Gutes Eis (saldejums) kommt beispielsweise aus Rujiena.

Gute Biersorten: Cēsu, Aldaris, Lāčplēsis, Piebalgas in den oben beschriebenen Geschmacksrichtungen. Viele kleinere Brauereien machen ebenfalls gute, im Einzelfall vielleicht sogar bessere Biere und Bierspezialitäten.

Wein und Sekt: Viele billige russische Wein- und Sektsorten bestehen aus Konzentraten und synthetischem Alkohol, vom Kauf ist dringend abzuraten. Guter Wein und Sekt hat, auch wenn er aus Rußland kommt, seinen Preis, der sich am europäischen Standard orientiert. Es gibt sehr gute Weine aus Georgien und den klassischen Krimsekt.

Rezepte

Pīrāgi – Lettische Speckbrötchen

Ein traditionelles Gericht der lettischen kalten Küche sind die zwingend zu einem gelungenen Johannisfest gehörigen Pīrāgi.

Zutaten für 4 Personen:
1 Hefewürfel, 1/4 Liter Milch,
1–2 Eier, 1 TL Zucker, 500 g Mehl,
100 g Butter, 1/2 TL Salz,
250 g geräucherten Bauchspeck,
1 große Zwiebel, Pfeffer, Petersilie,
Schnittlauch, Thymian.

Hefewürfel in die lauwarme Milch bröseln, Zucker hinzufügen, verrühren und 30 Minuten gehenlassen. Mehl, Butter und Salz vermischen. Diese Masse dann der Hefemilch hinzufügen. Den Teig gut durchkneten, mit einem Geschirrtuch abdecken und weitere 30 Minuten gehenlassen. Den geräucherten Bauchspeck und eine große Zwiebel fein hacken. Beides in einer Pfanne leicht anbraten und mit Pfeffer würzen. Je nach Vorliebe Petersilie, Schnittlauch oder Thymian dazugeben. Den gegangenen Hefeteig 4 bis 5 Millimeter dick ausrollen und mit einem Glas runde Plätzchen ausstechen. Auf jedes Plätzchen kommt etwas von der Zwiebelspeckmasse, danach werden die Ränder zusammengeklappt. Die Pīrāgi auf ein eingefettetes Backblech legen, mit gequirltem Ei bestreichen und 15 bis 20 Minuten in den auf 220 Grad vorgeheizten Ofen schieben. Sie können warm oder kalt gegessen werden. Pīrāgi können mit vielen anderen Füllungen, beispielsweise mit Möhren, Sellerie, Weißkraut, Zwiebeln und Mischungen aus all dem hergestellt werden. Die Gemüse dazu sehr klein schneiden und vor dem Anrichten der Füllmasse kurz in Salzwasser blanchieren.

Gebratener Lachs mit Pflaumenkompott

In Lettland ißt man gerne Fisch oder Fleisch mit Früchten. Hier ein sehr gut schmeckendes Gericht.

Zutaten für 4 Personen:
4 Scheiben Lachsfilet zu 150 g,
500 g frische Pflaumen,
2 kleine Zitronen, 1,5 Teelöffel fein gehackten Ingwer, 75 g Butter,
2 Eßlöffel Zucker, 1 Messerspitze Zimt,
Salz und Pfeffer.

Die Pflaumen vierteln. Die Schale einer Zitrone raspeln, eine Hälfte anschließend auspressen, die andere Hälfte in Scheiben schneiden. In einem Topf die Hälfte der Butter schmelzen und die Pflaumen eine Minute lang vorsichtig anbraten. Zucker, geraspelte Zitronenschale, Ingwer und Zimt hinzufügen. Bei sehr geringer Hitze etwa 8 Minuten lang schmoren, gegebenenfalls einen Schuß Wasser hinzufügen. Die Lachsfilets nach Geschmack salzen, pfeffern und mit Zitronensaft beträufeln. In einer Bratpfanne den Rest Butter erhitzen und die Lachsfilets etwa 5 Minuten

In der Fischhalle des Zentralmarktes bekommt man Lachs aus lettischen Flüssen

lang braten, bis sie knusprig sind. Falls der Pflaumenkompott kalt geworden ist, diesen nochmals vorsichtig erhitzen und mit Zitrone abschmecken. Den Lachs und die Pflaumen getrennt anrichten. Passende Beilagen: Bratkartoffeln, Fenchel, rote Beete.

Zwiebel-Senf-Heringe
Der bäuerlichen Küche zuzuordnen ist das folgende Gericht mit einfachen Zutaten, für dessen Zubereitung es etwas Zeit braucht.
Zutaten für 4 Personen:
750 g filetierte Heringe, 75 g Butter, 10 EL Roggenmehl, 1 große rote Zwiebel, 1 Zitrone, 3 EL gehackte Petersilie.
Für die Marinade: 5 EL Senf, 100 g lettische Sahne (ersatzweise 50 g Sahne und 50 g Crème Fraiche), 3 Eigelb, Salz und Pfeffer.

Die Zutaten für die Marinade verrühren und abschmecken. Die Heringe abwaschen und trockentupfen. Ein Heringsfilet auf der Innenseite mit der Marinade bestreichen, und die andere Heringshälfte darauf legen. Anschließend auch die Hautseiten mit Marinade bestreichen. Die Heringe in eine flache Schüssel geben, mit einem Deckel oder mit Frischhaltefolie abdecken und im Kühlschrank mindestens zwölf Stunden lang ziehen lassen. Danach werden die Heringe mit Roggenmehl paniert. Die Butter in eine Pfanne geben und die Heringe von beiden Seiten goldbraun anbraten; fertige Heringsfilets im Ofen warm halten. Die Heringsfilets werden auf einer großen Platte mit Zwiebelringen, Petersilie und Zitronen angerichtet. Passende Beilage: Petersilienkartoffeln oder Bratkartoffeln.

Urlaub mit Kindern

Ein gelungener Urlaub mit Kindern stellt besondere Anforderungen. Die vorliegende Liste mit Angeboten für Rīga und das weite Land soll bei der Planung eines familiengerechten Urlaubs weiterhelfen. Zu benutzen ist dieses Kapitel wie ein Register, anhand dessen man sich Tagesprogramme und Reiserouten zusammenstellen kann.

Rīga – Programm für draußen

In den Parks im Stadtzentrum, vor allem im Vērmanes-Park und in der Esplanade (S. 109), werden Trampolinspringen und andere Attraktionen angeboten. Im Vērmanes-Park (S. 141) gibt es auch kleine Elektroautos, mit denen Kinder zwischen den Spaziergängern herumfahren können. Klassische Spielplätze sind in den Parkanlagen eher dünn gesät. Nördlich der Oper (S. 109) gibt es Tretboote zu leihen.

Wem der Kanal zu klein ist, der kann mit dem vor dem Schloß abfahrenden Ausflugsschiff (S. 217) über die Daugava nach Jūrmala fahren. In Jūrmala gibt es das leider nicht ganz billige Erlebnisbad ›Akvaparks‹ (S. 219), das größte seiner Art in Nordeuropa. Dort ist das wichtigste Objekt für kleinere Kinder die Erlebniswelt

Elektroautos im Vērmanes-Park in Rīga

des Piratenschiffs, größere Kinder und Erwachsene werden sich über die sehr langen Wasserrutschen freuen. Es gibt aber auch Alternativen: Die erste ist das nahe der Altstadt gelegene Elebnisbad ›Akvalande‹ in der Mukusalas 45–47. Die zweite, ebenfalls preiswerte Alternative ist das Erlebnisbad des in einem anderen Ortsteil Jūrmalas zu findenden Campingplatzes ›Nemo‹ (S. 219), zu dem auch ein Strand gehört.

Nördlich der Altstadt und gut mit öffentlichen Verkehrsmitteln zu erreichen, liegt im Stadtteil Mežapaks am Kišezers der Rīgaer Zoo (S. 163). Eine gute Adresse ist auch das am östlichen Stadtrand gelegene Freilichtmuseum (S. 178), in dem Kinder und Erwachsene nicht nur spazierengehen, sondern auch etwas übers traditionelle Handwerk, wie zum Beispiel das Schmieden oder das Spinnen lernen können. Es gibt spezielle Kinderführungen, und einige Angestellte des Museums tragen traditionelle Keidung und Trachten.

Rīga – Programm für drinnen

Ein beliebtes Ausflugsziel für Familien ist das ›Lido Recreation Centre‹ (S. 187), wo es gutes traditionelles lettisches Essen, und reichlich Spielgeräte gibt. Ein guter Ort, um sich in der Altstadt eine Verschnaufpause zu verschaffen ist die Cocktailbar ›B-Bars‹ (S. 190), deren Keller einen Indoor-Spielplatz beherbergt. Die meisten der großen Einkaufszentren haben einen kleinen Indoor-Spielplatz, für den man, ähnlich wie bei einer Parkuhr, Geld bezahlen muß.

Abseits des Konsums bieten sich vielfältige kulturelle Aktivitäten an: Wenn es bei schlechtem Wetter nicht in den Zoo reicht, bleibt immer noch das Naturkundemuseum (S. 175): Dioramen und Vitrinen zeigen präparierte Tiere, es gibt viel Information über die lettische Natur, oft allerdings nur auf lettisch.

Ein Erlebnis der ganz besonderen Art ist das verwinkelte, vierstöckige Paul-Stradiņš-Medizinmuseum (S. 176), wo es die Inneneinrichtung einer historischen Apotheke mit Krokodil an der Decke gibt. Gruselig sind eingelegte Embryonen und ein Hund mit zwei Köpfen. Der ausgestopfte Hund in der Abteilung für Weltraummedizin war das erste Wesen, das lebendig wieder aus dem All auf die Erde zurückkehrte.

Im Schwarzhäupterhaus (S. 113) ist eine echte Schatztruhe zu sehen. Im Bernsteinmuseum (S. 121) gibt es ein Schiff aus Bernstein, und nebenan findet man auch gleich das Puppenmuseum. Interessant sind auch das Rīgaer Automuseum (S. 178) mit angegliederter Go-Kart-Strecke sowie das Oldtimermuseum in Jūrmala (S. 212).

Das Puppentheater Rīgas (S. 182) spielt nur auf lettisch und russisch. Es gibt auch ein Pantomimisches Theater, doch werden dort auch Stücke für Erwachsene gespielt (S. 182). Der Zirkus Rīgas (S. 182) ist zur touristischen Hauptsaison leider geschlossen; die Spielzeit geht von Oktober bis April.

Die ausländischen Kinderfilme, die in den Nachmittagsvorstellungen der Kinos laufen, sind meist lettisch untertitelt. Jedes Jahr im Mai findet das Kinder- und Jugendfilmfestival ›2 Annas‹ statt, bei dem Filme sehr junger Regisseure zur Aufführung kommen.

Die Natur und das weite Land

Die lettischen Küsten und die vielen Seen bieten alle Freuden des Badeurlaubs. Erfahrungsgemäß machen selbst kleinere Kinder die auf vielen lettischen Flüssen möglichen Bootstouren mit dem Kanu gerne mit. Vielerorts kann man Reitstunden nehmen oder Pferde leihen. Von längeren Radtouren mit Kindern ist eher abzuraten: Die guten Straßen sind stark befahren, und die Verkehrssitten sind wenig berechenbar. Auf abgelegeneren Straßen hat man es oft mit Schotterpiste zu tun, und vor allem bei Hitze kann das Vorankommen für Kinder recht mühsam sein.

In den Natur- und Nationalparks gibt es häufig geführte Wanderungen, die von der Vogelbeobachtung über die Moorwanderung bis hin zum Besuch bei den Wildpferden und Wisenten, zum Beispiel bei Pape reichen. Nicht direkt Natur, aber noch naturnah ist das traditionelle Handwerk: Es gibt Molkereimuseen, in denen gezeigt wird, wie Käse gemacht wird, viele Töpferwerkstätten und Werkstätten der traditionellen Textilkunst. An einigen dieser Orte gibt es Kurse oder Vorführungen, bei denen man selbst Hand anlegen darf. Hier ein paar konkrete Vorschläge:

Klangpfad im Gauja-Nationalpark

Westliches Zemgale

Bauska (S. 270): Burgruine mit interessanten Ausstellungsräumen.

Tērvete (S. 226): Märchenpfad, Zwergenwald und tolle naturnahe Spielplätze in sehr schöner Landschaft. Als Tagesausflug von Rīga aus machbar, für Familien sozusagen ein Muß.

Einladung in den Zwergenwald von Tērvete

Gauja-Nationalpark (S. 296): Waldlehrpfad mit Wildgehegen in Līgatne, Seilbahn über die Gauja in Sigulda, Pfahlbausiedlung in Araiši, Burg Turaida, Burgruinen Cēsis und Sigulda, Kanutouren. Fahrten auf der Bobbahn in Sigulda sind nur sehr mutigen Erwachsenen zu empfehlen. Weiter westlich gibt es eine harmlosere Sommerrodelbahn. Im Erlebnispark ›Mežakaķis‹ in Sigulda kann man auf einem Waldspielplatz Geschicklichkeit beim Balancieren und Hangeln beweisen (46 verschiedene Hindernisse, zum Teil sehr schwierig).

Kurzemes Küste

Engure-See (S. 242): Wildpferde, wilde Kühe, Vogelbeobachtung, Bootfahren und Angeln.

Valdemārpils (S. 247): Naturpark Lauma mit kindgerecht aufbereitetem Lehrpfad und großen aus Holz angefertigten Bienen und Bären in freier Natur. Verschiedene Sportangebote und Campingplatz.

Ventspils (S. 259): Erlebnisbad ›Akvaparks‹, etwas kleiner als das in Jūrmala. Sehr großer Spielplatz mit vielen Geräten im Stadtzentrum.

Liepāja und Umgebung: Straußenfarm nördlich Liepāja (S. 261), Strandpark mit Skatepark und Spielplätzen in Liepāja (S. 267), Wildpferde und Bisons bei Pape (S. 274).

Kurzeme, im Landesinneren

Sabile (S. 280): Sommerrodelbahn, Kanutouren auf der Abava.

Kuldiga (S. 282): Sandsteinhöhlen und kleine Wasserfälle im Naturpark Riežupe.

Kalvene (S. 289): Außenstelle des Rīgaer Zoos.

Burg Jaunpils (S. 292): Events für Kinder, Mittelalterfestival. In der Burg kann man auch übernachten.

Vidzemes Küste

Saulkrasti (S. 321): Schöne Strände vor den Toren von Rīga.

Dunte (S. 323): Münchhausenmuseum am Meer.

Nordvidzeme

Mazsalaca (S. xxx): Teufelmuseum, Märchenpfad und Werwolfkiefer. Kanutouren bis ans Meer möglich, Bademöglichkeit und Bootsverleih an nahegelegenen Seen.

Rūjiena (S. xxx): Kaninchenzucht, Oldtimersammlung, Windmühle, Textilproduktion aus Schafwolle, Eisfabrik.

Alūksne (S. 348): Schmalspurbahn.

Vidzemes Hochland

Jumurda (S. 355): Kinderfreundliches Hotel der gehobenen Klasse in einem Gutshof mit vielen Freizeitmöglichkeiten wie Bootfahren, Reiten, und im Winter auch Skifahren. Vergleichbare Angebote gibt es in unterschiedlichen Preisklassen auch an vielen anderen Orten Lettlands.

Gulbene (S. 360): Schmalspurbahn.

Das Tal der Daugava

Ķegums (S. 367): Museum des Wasserkraftwerks mit Kontrollraum, Turbinen und Fischstraße.

Koknese (S. 369): Burgruine am Fluß, ›Bett‹ des Lāčplēsis, Holzfiguren im Park.

Straßenfest in Jūrmala

Līvāni (S. 374): Werkstatt des Keramikers Leon Cīrulis, der den größten Kerzenständer der Welt gebaut hat. Am Lagerfeuer kann man selbst Keramikpfeifen brennen.

Krāslava (S. 380): Bootfahren auf den Seen und auf der Daugava, botanischer Lehrpfad durch die dichten Wälder am Daugavaufer.

Latgale

Bootstouren, Reiten, Wandern und andere Aktivitäten in der Natur überall in Latgale.

Preiļi (S. 383): Viele Keramikwerkstätten, in denen man auch selbst Hand anlegen darf. Zwei märchenhafte Miniaturkönigreiche in einem Privatgarten.

Die von Parkanlagen umschlossene historische Altstadt gehört zum Weltkulturerbe. Zur Jahrhundertwende boomte die Baubranche, und so kann man gleich nebenan zahlreiche Prachtbauten des Jugendstil bewundern. Es gibt zahllose Museen, viel Kultur und Gastronomie.

Rīga

Die Hauptstadt Lettlands

Es gibt Lettland und es gibt Rīga, und oft hat man den Eindruck, daß beides nicht sonderlich viel miteinander zu tun hat: In Rīga gibt es so gut wie alles, was man sich vorstellen kann. Im restlichen Lettland gibt es dagegen meistens außer mehr oder weniger charmanten Kleinstädten und schöner Natur so gut wie nichts. Selbst die zweitwichtigste Stadt Liepāja mit rund 100 000 Einwohnern wirkt gegenüber der Hauptstadt ziemlich provinziell. Mit Vororten hat Rīga etwa eine Million Einwohner. Die Altstadt mit den sie umgebenden Jugendstilvierteln ist etwa so groß ist wie der Berliner Stadtteil Prenzlauer Berg. Dort konzentrieren sich historisch wichtige Gebäude, Museen und Kultur, wirtschaftliche Macht und Politik. Die Altstadt ist der Ort, an dem zentrale Kundgebungen und Feste stattfinden, sie ist der wichtigste öffentliche Platz des Landes. Touristische Angebote gibt es für nahezu jede Zielgruppe, unter anderem den Kulturtourismus, der von zahlreichen Museen und einer beeindruckend schönen Architektur bedient wird. Schließlich gehört die Rīgaer Altstadt zum Weltkulturerbe.

Die Altstadt hat wirklich sehr viel zu bieten, doch ab dem späten Nachmittag beginnt sich ihr Gesicht zu verändern: Auffällig gekleidete junge Damen führen ihre Garderobe spazieren, und eine ganz andere Kultur bahnt sich langsam ihren Weg. Vor allem dank englischer Billigfluglinien tauchen vorwiegend aus jungen Männern bestehende Gruppen auf, die sich zunächst einmal ans gute lettische Bier heranmachen. Man trifft auf den Straßen auch zahlreiche Italiener, die nicht

Blick vom Turm der Petrikirche auf die Rīgaer Altstadt

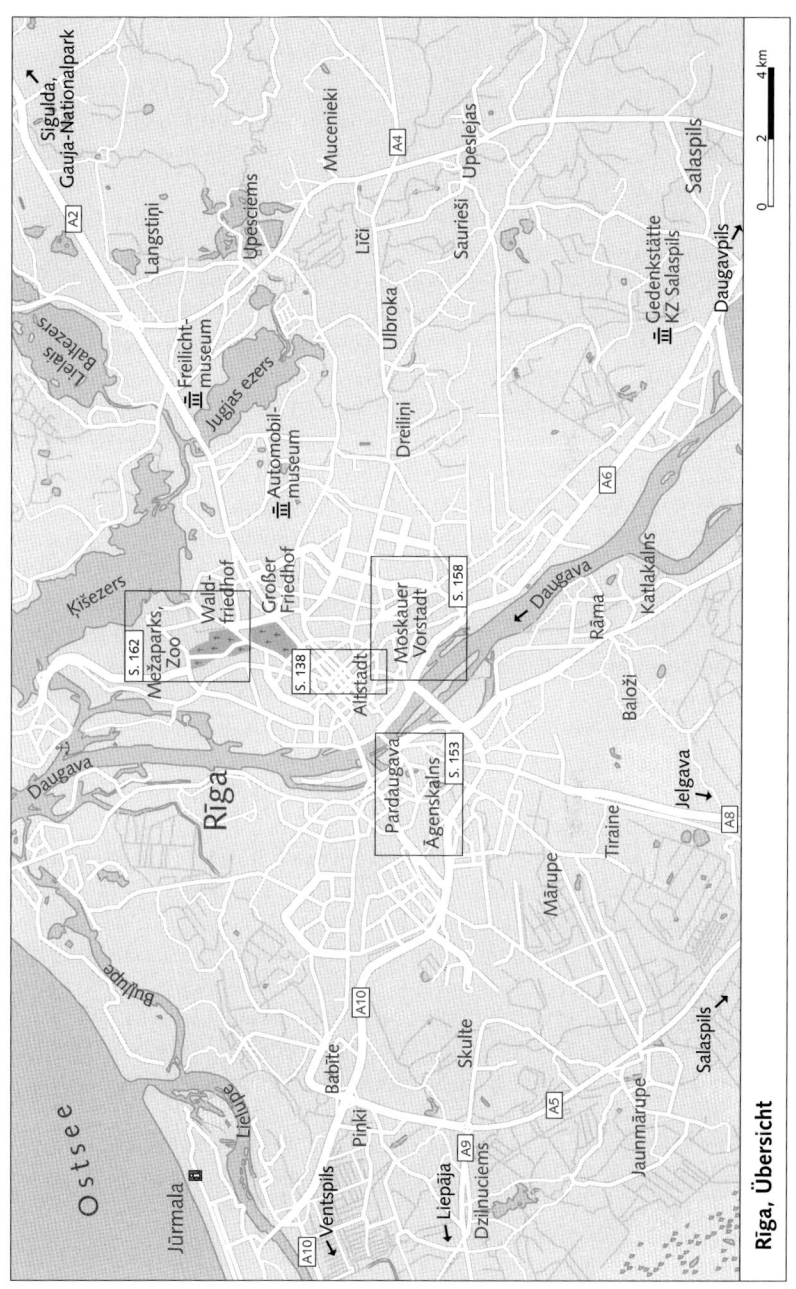

Riga, Übersicht

ausschließlich an der Schönheit der Jugendstilhäuser interessiert sind. Nicht daß ein falscher Eindruck entsteht: Es ist kein Sextourismus, wie man ihn aus Asien kennt. Rīga ist nicht Bangkok, und in vielen Stripteaselokalen und Diskotheken gibt es eben Striptease und nicht mehr. Doch ein wirkliches Ärgernis sind die Verteiler von Gutscheinen, die in den Abendstunden jeden männlichen Passanten zu einem Besuch einschlägiger Etablissements überreden wollen.

Neben dieser Art Nachtleben bietet Rīga selbstverständlich auch das nächtliche Kulturangebot einer europäischen Metropole: Es gibt eine lebhafte Filmszene, gutes Theater und eine bekannte Oper, viel klassische Musik, Clubs mit Techno und House, normale Kneipen und nette Restaurants.

Die Altstadt war einmal von einer Stadtmauer umgeben, die Mitte des 19. Jahrhunderts einem Ring von Parkanlagen wich. In deren Mitte windet sich ein pittoresker Kanal, auf dem man sogar Tretboot fahren kann. Außerhalb dieses Rings beginnt eine ganz andere Bebauung, die in den Zeitaltern des Historismus und des Jugendstil entstand. Es ist das Rīga des späten 19. und frühen 20. Jahrhunderts, einer Zeit, in der sich in der Stadt ein lettisches Bürgertum herausbildete.

Von der Altstadt aus gesehen am anderen Daugavaufer liegt Pardaugava, ein Stadtteil mit reicher Geschichte, lebten dort doch jahrhundertelang vor allem Letten, denen das Wohnrecht in den Stadtmauern verwehrt war, die aber dennoch enge wirtschaftliche Beziehungen zur Stadt unterhielten. Die traditionelle Holzarchitektur ist noch an vielen Stellen erhalten, und ein Spaziergang vermittelt einen ersten Eindruck davon, wie es in Städten auf dem lettischen Land aussieht. In Pardaugava liegt auch der Arkādijas darzs, der vielleicht schönste Park der Stadt. Eine ähnliche Bebauung findet man auch in den alten Teilen der Moskauer Vorstadt, vom Zentralmarkt am Bahnhof aus gesehen in östliche Richtung gelegen. Dort wurde 1941 von den Nationalsozialisten das Rīgaer Ghetto eingerichtet.

Nach dem Zweiten Weltkrieg wurde Rīga mit einem Ring von Trabantenstädten umgeben, in denen vorwiegend russische Immigranten untergebracht wurden. Es gibt Plattenbauten aus jedem Jahrzehnt, und es gibt auch einige, die nach der wiedererlangten Unabhängigkeit nicht mehr fertiggebaut wurden und als pittoreske Betongerippe herumstehen. Noch etwas weiter vom Stadtzentrum entfernt kommen Neubauviertel, in denen sich der aufstrebende lettische und russische Mittelstand sowie die Neureichen aus Politik und Wirtschaft niedergelassen haben. Von dort draußen aus ist das Zentrum durch häufige Staus hindurch in etwa in einer halben Stunde zu erreichen.

Wer von der Stadt genug hat, kann sich auf den Weg ins eine halbe Stunde weit entfernte Seebad Jūrmala machen, das eigentlich irgendwie auch zur Stadt gehört und mit öffentlichen Verkehrsmitteln gut zu erreichen ist. Es gibt dort einen über 30 Kilometer langen sauberen Sandstrand, schöne in Holzarchitektur ausgeführte Villen und ein reichhaltiges Sport- und Freizeitangebot.

Ein Rundgang durch die Altstadt

In der Rīgaer Altstadt, die einen knappen Kilometer lang und einen halben Kilometer breit ist, konzentrieren sich touristische Sehenswürdigkeiten und kulturelles Leben. Es ist nicht möglich, wirklich alles, was in dem folgenden Stadtrundgang beschrieben ist, an einem Tag zu sehen. Um bei unterbrochenem Rundgang schnell den Wiedereinstieg zu finden oder um eine andere Reihenfolge zusammenzustellen, gibt es im Stadtplan in der hinteren Umschlagklappe eine Legende der Sehenswürdigkeiten mit Verweis auf die dazugehörige Beschreibung. Öffnungszeiten und genauere Beschreibungen der auf dem Weg liegenden Museen finden sich ab Seite 172.

Laima-Uhr (1)

Laima ist die Schicksalsgöttin der vorchristlichen lettischen Mythologie. Der seit der Zwischenkriegszeit existierenden Schokoladenfirma gleichen Namens hat die Stadt ihren traditionellen Treffpunkt für Verabredungen und Rendezvous zu verdanken. Jeder Bewohner Rīgas wird zahlreiche persönlichen Erinnerungen an diesen Ort haben. Unmittelbar neben der Laima-Uhr gibt es ein nettes Café mit Terrasse und schönem Blick auf Kanal, Park und Oper. Laima-Uhr und Freiheitsstatue werden durch eine Brücke über die drei Kilometer langen Parkanlagen des Stadtkanals verbunden. Dieser hatte früher die Funktion eines Wassergrabens vor der Rīgaer Stadtmauer und mündet auch heute noch auf beiden Seiten in die Daugava. Nördlich der Oper gibt es einen Tretbootverleih. Südlich der Brücke sieht man den Bastejkalns, einen Schuttberg, der aus den Überresten der 1863 abgerissenen Stadtmauer entstand. Den Hügel zieren Skulpturen und kleine Wasserfälle. Gedenksteine erinnern dort an den Regisseur Andris Slapiņš und an den Kameramann Gvido Zvaigzne, die am 20. Januar 1991 von Scharfschützen erschossen wurden. Er war gerade dabei, die Ereignisse einer gegen den Versuch der erneuten sowjetischen Okkupation gerichteten Massendemonstration zu dokumentieren.

Freiheitsstatue (2)

Die Freiheitsstatue ist das bedeutendste politische Symbol der lettischen Unabhängigkeit. Während in sowjetischer Zeit die Leninstatue der Stadt nach Osten hin ausgerichtet war, blickte die auf einer hohen Säule stehende weibliche allegorische Figur der Freiheitsstatue konsequent nach Westen. Das aufwendig gestaltete Denkmal mit der Inschrift ›Tēvzemei un Brīvībai‹ (Für Vaterland und Freiheit) wurde 1935 vom Bildhauer Kārlis Zāle geschaffen.

Die Freiheitstatue, im Hintergrund das
›Reval Hotel Latvia‹

Der Sowjetmacht war die Freiheitstatue immer ein Dorn im Auge, sie konnte aber aufgrund massiver Proteste aus der Bevölkerung nicht wie geplant abgerissen werden. Vor dem Denkmal liegen Blumen in Erinnerung an die Opfer der Deportationen und der Befreiungskriege; tagsüber gibt es eine Ehrenwache. Den Sockel schmücken in rotem Granit ausgeführte allegorische Figurengruppen, die für Arbeit, Familienleben, Geistesleben und die Verteidigung des Vaterlandes stehen. An den Seiten des Denkmals sind Flachreliefs zu sehen, die konkrete historische Ereignisse darstellen: Die Nordseite ist den Unruhen von 1905 gewidmet, bei denen zaristische Truppen eine von den Sozialdemokraten organisierte Massendemonstration zusammenschossen. Die Südseite zeigt Kämpfe auf der Rīgaer Eisenbahnbrücke, die mit der Befreiung Rīgas durch lettische Truppen im Jahr 1919 zusammenhängen. Eine Ebene höher sind weitere vier Figurengruppen dargestellt: ›Mutter Lettland‹ steht für die Vitalität des Volkes, die nach Osten gewandte Gruppe ›Kettensprenger‹ steht für seine Kraft. Der seinen Vater vor einem Bären rettende ›Lāčplēsis‹ ist Held des gleichnamigen lettischen Nationalepos', und die vierte Figurengruppe symbolisiert die über Jahrhunderte angesammelte Weisheit des Volkes. Hoch über dem Sockel hält eine allegorische weibliche Figur drei Sterne in den Händen. Diese stehen für die historisch wichtigen Regionen Vidzeme, Kurzeme und Latgale. Von der Freiheitstatue geht es geradeaus an der Laima-Uhr vorbei die Kaļķu iela entlang in die Altstadt.

Rechts liegt der Līvu laukums (Gildenplatz), an dessen Südseite sich hinter einem im Sommer betriebenen Biergarten einige Cafés verstecken. Der Platz entstand erst nach dem Zweiten Weltkrieg, nachdem die Trümmer der ursprünglich dichten Bebauung beiseite geräumt worden waren. Weiter geradeaus und dann links geht es in die Skārņu iela, wo im spätmittelalterlichen Rīga die Zunft der Fleischer ihr Geschäft betrieb.

Museum für Angewandte Kunst (3)

In der Häuserzeile Skārņu 10–16 nahm die Geschichte der christlichen Stadt ihren Anfang: 1202 errichtete der Schwertbrüderorden direkt neben der ein Jahr zuvor erbauten Bischofsburg eine eigene gut befestigte Burg. Die Bischofsburg steht nicht mehr. Im Kapitellsaal der St.-Georgs-Kapelle, die zur Burg des Schwertbrüderordens gehörte, ist heute das Museum für Angewandte Kunst untergebracht. Der Museumsshop ist einer der wenigen Orte, an denen qualitativ gute kunsthandwerkliche Produkte zu vernünftigen Preisen erstanden werden können.

Petrikirche (4)

Die 1209 erbaute Petrikirche brannte schon 1215 wieder ab. In ihrer Geschichte gab es zahlreiche weitere Brände, doch sie wurde immer wieder aufgebaut. Die Bürger der Stadt beschossen von der Kirche aus im Jahr 1297 die Burg des Deutschen Ordens, und so verschwand dieses Bauwerk kein Jahrhundert nach seiner Errichtung wieder von der Bildfläche. Im 15. Jahrhundert wurden fünf Kapellen angebaut, und der Turm wurde mit nun 136 Metern Höhe zu einem der höchsten Bauwerke des damaligen Europa. Es gab zwei Glocken: Der kurze Klang der ›Arbeitsglocke‹ erklang zum Beginn und zum Ende des Arbeitstags, der lange Ton der ›Langen Glocke‹ ertönte vor Gottesdiensten. Ein von Albrecht Dürer stammendes Altarbild in der Marienkapelle wurde 1524 im Rahmen des protestantischen Bildersturms gegen alles Katholische zerstört. Im Jahr 1666 stürzte der hohe Turm in sich zusammen, begrub acht Menschen unter sich, und wurde unmittelbar danach wieder aufgebaut. Beim großen Stadtbrand des Jahres 1677 brannten 200 Häuser, und auch der neue Turm wurde ein Opfer der Flammen. Nach dem erneuten Wiederaufbau schlug im Jahr 1721 ein Blitz in die hölzerne Kirchturmspitze ein, mit den bekannten Folgen. 1746 stand der neue Turm, und zwar bis zum Zweiten Weltkrieg.

Der Roland auf dem Marktplatz vor dem Schwarzhäupterhaus

Die heutige Metallspitze stammt aus dem Jahr 1973. Im Kirchturm gibt es in luftigen 71 Metern Höhe eine über einen Fahrstuhl erreichbare Aussichtsplattform. Auf der Kirchturmspitze ist ein großer goldener Hahn zu sehen, den es über die Jahrhunderte hinweg in immer wieder neuen Ausführungen gab. Nach dem Wiederaufbau im Jahr 1746 soll sich der Baumeister Johann Heinrich Wülbern auf den Hahn gesetzt, ein Glas Wein ausgetrunken und es herunterwerfend ausgerufen haben:»Möge der Turm soviele Jahrhunderte stehen, wie dieses Glas in Scherben zerspringt«. Das Glas fiel in einen Heuhaufen, und lediglich der Stiel brach ab. Der Hahn, der wie Phönix aus der Asche immer wieder neu entstand, trägt den Namen ›Petergailis‹. Er ist in Lettland ein wichtiges Symbol für den unbedingten Willen zum Wiederaufbau und schützt dem Volksglauben nach die Stadt vor dem Teufel.

Schwarzhäupterhaus (5)

Von 1334 an dominierte das Schwarzhäupterhaus den Markplatz, bevor es im Zweiten Weltkrieg nur leicht beschädigt und anschließend von den Sowjets gesprengt wurde – unter anderem weil es in Rīga das geschichtsträchtigste Symbol kaufmännischer Traditionen war. Seit 1999 erstrahlt das Gebäude in neuem Glanz. 1334 war das heutige Schwarzhäupterhaus noch der zentrale Versammlungsort der in der Vereinigung der Großen Gilde vertretenen Kaufleute und damit der wichtigste öffentliche Raum der Rīgaer Bürgerschaft. 1477 vermietete der Rat der Stadt den Festsaal im Obergeschoß an die kaufmännische Vereinigung der Schwarzhäupter, in der sich die ledigen ausländischen Kaufleute, die keine Bürger Rigas waren, zur Befriedigung ihrer gesellschaftlichen Bedürfnisse zusammengefunden hatten. Im Haus herrschten strenge Regeln: Waffen mußten am Eingang abgegeben werden, Glücksspiele waren verboten, und es war untersagt, aus einem anderen Trinkgefäß als dem eigenen zu trinken. Wer es mit dem Trinken übertrieb und sich im Haus übergeben mußte, hatte eine Strafe von 30 Mark zu zahlen, was damals sehr viel Geld war.

Die Mitglieder des Junggesellenclubs waren in der Stadt sehr beliebt, nicht nur weil sie die Hauptverantwortlichen für die Ausrichtung öffentlicher Stadtfeste waren: Riga lebte damals vom Handel mit fernen Ländern, und die Begleitung der Transporte war eine sehr gefährliche Angelegenheit. Immer wieder kam es zu Überfällen auf Schiffe und Landtransporte. Wer so einen Transport begleitete, mußte sich also schlagen und prügeln können, und die verheirateten älteren Kaufleute

Die Türme der Altstadt: Dom, Petrikirche und Anglikanische Kirche

hatten keine Lust auf solche Reisen. Ein Höhepunkt des gesellschaftlichen Lebens war die von den Schwarzhäuptern hauptverantwortlich organisierte Fastnacht, die zwölf Tage dauerte, und während der ohne Unterbrechung Festessen, Trinkgelage und Reiterturniere stattfanden.

Daß die Schwarzhäupter eher auf ihren eigenen Vorteil bedachte Hitzköpfe als zivilisierte Kaufleute waren, zeigte sich unter anderem 1524, als sie im Rahmen des gegen die katholische Kirche gerichteten Bildersturms die Silberschätze der Pertrikirche plünderten, um sich anschließend von Silberschmieden daraus Trinkgefäße schmieden zu lassen. Im Lauf der Jahrhunderte wurden die Handelswege ruhiger, die Sitten wurden gemäßigter, und die Vereinigung der Schwarzhäupter ging in den Gilden auf. Im 19. Jahrhundert wurde der prächtige Festsaal zu einem Konzertsaal umgebaut, in dem nahezu alle europäischen Musikgrößen der Zeit spielten: Richard Wagner, Hector Berlioz, Klara Schumann und die Gebrüder Anton und Nicolai Rubinstein.

Die wichtigsten Handelsbeziehungen Rīgas gingen jahrhundertelang in Richtung Norddeutschland und Holland, und so ist es auch nicht verwunderlich, daß die Architektur des Schwarzhäupterhauses auf die holländischen Renaissance zurückgeht. Die Grundstruktur der heute sichtbaren Fassade stammt aus der Zeit der Wende zum 17. Jahrhundert, wenig später wurde die astronomische Uhr angebracht. Die vier 1886 in neugotischem Stil ausgeführten Figuren stellen Neptun, Merkur, Frieden und Eintracht dar. Das links neben dem Schwarzhäupterhaus stehende Haus wurde 1891 vom Rīgaer Stadtarchitekten Johan Daniel Felsko realisiert, es ist ein typisches Produkt des Eklektizismus.

Eingang zum Schwarzhäupterhaus

Beim Wiederaufbau der beiden Häuser wurde ihr Zustand vor dem Zweiten Weltkrieg rekonstruiert. Viele Objekte des umfangreichen Silberschatzes der Schwarzhäupter wurden im Zweiten Weltkrieg nach Deutschland gebracht. Neben den Originalen sind daher auch Repliken in der im Haus untergebrachten ständigen Ausstellung zu sehen. Sehr sehenswert sind der originalgetreu wiederhergestellte große Festssaal sowie ein etwas kleinerer Festsaal, in dessen Ausstattung explizit auf lettische handwerkliche Traditionen Bezug genommen wird.

Rathaus (6)

Bis ins 19. Jahrhundert hinein war der Marktplatz das wirtschaftliche Zentrum der Stadt. Er war von zahlreichen Speicherhäusern umgeben, von denen heute nicht mehr viel zu sehen ist. Die wichtigste Institution des Markts war die Waage, die an der zur Daugava gewandten Seite stand. Dort kamen jahrhundertelang Fuhrwerke mit Getreide und allen erdenklichen anderern Gütern an, die von vereidigten Schreibern gegen entsprechende Gebühren gewogen, nach Qualität sortiert und anschließend in Speicher transportiert wurden, von wo aus sie an nationale und internationale Abnehmer gingen. Nachts mußten Prostituierte, die von der Polizei aufgegriffen worden waren, den in der Regel stark verunreinigten Platz für den neuen Markttag säubern. Der Marktplatz diente auch als Richtplatz, und vor Enthauptungen wurde der benötigte Pflock auf einer Fläche mit weißem Sand aufgestellt. Vor dem Eingang zum Ratskeller standen Schandsteine, auf denen Verurteilte ihre Strafe im wahrsten Sinn des Wortes absitzen mußten. Neue Gesetze wurden, letztmalig 1877, einmal jährlich vom Rathaus aus öffentlich verlesen. Als die Stadtmauer 1863 einem Ring von Parkanlagen wich, verlor der nur einen halben Hektar große Marktplatz in der sich weiter ausbreitenden Stadt zunehmend an Bedeutung. 1894 verschwand dann auch der Marktbrunnen. An seiner Stelle wurde in Gedenken an die freie deutsche Reichsstadt Rīga eine Rolandstatue errichtet, die an den politischen Sonderstatus, die von Klerus und Adel unabhängige Gerichtsbarkeit und die Marktsicherheit der mittelalterlichen Stadt erinnern sollte. Die heute dort stehende Statue ist eine Kopie des Originals von August Voltz, das in der Petrikirche zu sehen ist.

Okkupationsmuseum (7)

Vom Schwarzhäupterhaus aus gesehen in Richtung Daugava sieht man das in einem Gebäude der 70er Jahre untergebrachte Okkupationsmuseum. Es erinnert an die Invasion Lettlands durch die deutschen und sowjetischen Armeen des Zweiten Weltkriegs und an die sowjetische Besatzung. Zu sowjetischen Zeiten befand sich

dort das Museum der Roten Lettischen Schützen. Auf der Rückseite des Okkupa-
tionsmuseums steht heute noch ein den Roten Lettischen Schützen gewidmetes
Denkmal, das 1971 eingeweiht wurde, und dessen reine Existenz heute von vielen
Letten als Schande und Anachronismus gesehen wird.

Johanniskirche und Johannishof (8)

Die Johanniskirche ging aus der Kapelle der Bischofsburg hervor und wurde 1297
erstmals urkundlich erwähnt. Im 13. Jahrhundert beschlossen zwei Dominikaner-
mönche, sich einmauern zu lassen und nur über eine Nische in der Mauer Nahrung
und Flüssigkeit zu sich zu nehmen. Ziel des seltsamen Lebenswandels war es, eine
Heiligsprechung durch den Papst zu provozieren. Die beiden starben kurz hinter-
einander und wurden nicht heiliggesprochen, denn der Papst war der Meinung, daß
ihr Tun vor allem der Befriedigung ihrer Eitelkeit diente. Ihre sterblichen Überreste
wurden eingemauert. 1848 entdeckte man die Skelette und schuf zum Gedenken an
die Verstorbenen ein kreuzförmiges, vergittertes Loch in der Außenmauer. Im Zuge
der Reformation wurden Dominikanerkloster und Johanniskirche 1523 vom Stadtrat
geschlossen und zu unterschiedlichsten Zwecken vermietet. Unter anderem wurde
sie als Kuhstall genutzt. 1582 wurde die
Johanniskirche zur ersten Kirche der in
Rīga lebenden Letten. Sie war jedoch
für die recht große Gemeinde viel zu
klein. Der Innenraum wurde nach 1991
renoviert und birgt neben einem sehr
schönen gotischen Kreuzgewölbe zahlreiche Kunstschätze: Der Barockaltar
mit Bildern von August Stilling stammt
aus dem Jahr 1769. Das Altarbild der
Sakristei mit dem Titel ›Der Gekreuzig-
te‹ (1912) stammt von Jānis Rozentāls.
Zum umfangreichen Werk dieses wichtigsten lettischen Malers der Jahrhundertwende gehören auch die Glasfenster
der Sakristei.

Am Portal der Johanniskirche vorbei führt ein schmaler Durchgang in
den Johannishof (Jāņa seta). Dort, in
unmittelbarer Nähe der Ordensburg,
befanden sich zu Beginn der christli-

Eckescher Konvent und Johanniskirche

chen Besiedlung Rīgas eine hölzerne Kirche und die Wohnstätten Bischof Alberts. SeinNachfolger vermachte den gesamten Komplex den Dominikanern. Diese brachen am Karfreitag 1523 zu einer denkwürdigen Prozession auf: Als die Mönche draußen waren, versperrten die den Ideen der Reformation anhängenden Städter die Tore zum Kloster, und den Mönchen blieb nichts anderes übrig, als einen langen Fußmarsch die Daugava entlang ins 100 Kilometer weit entfernte Koknese zu unternehmen. Dort gewährte ihnen der katholische Erzbischof Asyl. Das Kloster wurde säkularisiert, und auf dem Gelände wurde 1679 ein Gefängnis eingerichtet, in dem Kriminelle und Prostituierte einsaßen. Man brachte dort gegen Entgelt auch ungehorsames Dienstpersonal unter. 1783 wurde das städtische Gefängnis auf das Gelände der an der Daugava gelegenen Zitadelle verlegt und das Gebäude im Johannishof zu einem Asyl für Bettler und Obdachlose.

Eckescher Konvent (9)

Das gelbe Gebäude unmittelbar neben der Johanniskirche wurde 1435 auf Beschluß des Stadtrats zur Aufnahme von Wanderern und Zugereisten erbaut. Heute trägt es den Namen ›Eckescher Konvent‹: Im nur wenige Jahre politisch zu Polen-Litauen gehörigen Rīga wurde Nikolaus Ecke 1583 zum Markgraf ernannt. Seine politische Funktion nutzte der ohnehin schon reiche Kaufmann hemmungslos zur Vermehrung seines persönlichen Reichtums. Er war in der Stadt alles andere als beliebt: Aufgebrachte Bürger brachen in sein Haus ein und versuchten ihn zu enthaupten. Doch Nikolaus Ecke gelang die Flucht. Durch Wohltaten versuchte er Bevölkerung zu besänftigen. So richtete er dann in der ehemaligen Herberge in der Skārņu iela ein Witwenasyl ein. Ein wichtiger Bestandteil der Werbung in eigener Sache war, daß er an der Fassade eine Wandtafel anbringen ließ, auf der die Szene mit Christus und der Sünderin und der Losung ›Wer ohne Sünde ist, der werfe den ersten Stein‹ bildlich dargestellt war. Seine Grabtafel im Dom wurde sehr bald nach seinem Tod heimlich entfernt und zerschlagen.

Der Eckesche Konvent erhielt die heutige barocke Fassung 1777. Auf der gegenüberliegenden Straßenseite steht eine die Bremer Stadtmusikanten darstellende Figurengruppe, ein Geschenk der deutschen Partnerstadt.

Haus Rheuttern (10)

Haus Rheuttern ist das markante rote Eckhaus am Anfang der Mārstaļu iela. Es wurde zwischen 1684 und 1688 von Johann Rheuttern, dem seinerzeit reichsten holländische Großhändler Rīgas im Stil des holländischen Barock erbaut. Eine

Skulpturengruppe an der Fassade stellt den siegreichen Kampf eines schwedischen Löwen gegen einen russischen Bären dar; im damals von Schweden regierten Rīga ein ausgesprochen patriotischer architektonischer Beitrag zum Stadtbild.

Im schwedischen, protestantischen Rīga wurde Prunksucht als unsittlich bekämpft, und für die pure Existenz einer aufwendig gestalteten Karosse mit Glasfenstern mußte Johann Rheuttern ein stattliches Strafgeld an die Stadt entrichten. Der Begriff der Prunksucht wurde damals sehr weit gefaßt, und weite Teile der Bevölkerung wurden zur Kasse gebeten. So galt es schon als unschicklich, anläßlich einer Taufe ein Gastmahl zu geben, bei einem Fest zwei verschiedene Sorten Wein zu servieren oder Angehörige in einem gestrichenen Sarg zu beerdigen.

Fotografiemuseum und Speicherhäuser (11)

Die Mārstalu iela entlang geht es nach links in die Alksnāja iela, wo sich der Eingang zum Fotografiemuseum befindet. Dort ist neben der ständigen Sammlung und interessanten Wechselausstellungen auch eine kleine Ausstellung zur legendären in Rīga hergestellten kleinen Spionagekamera von Minox zu sehen, die in den 1930er Jahren die kleinste Kamera der Welt war. Schräg gegenüber ist in das Speicherhaus Alksnāja 7/9 das Lettische Sportmuseum eingezogen. Die Alksnāja iela (Erlenstaße) ist eine der schönsten Straßen der Altstadt. Noch im 17. Jahrhundert standen an den Ufern eines hier fließenden Baches Erlen, und Biber sollen dort auch gelebt haben. Ein herausragend schönes Speicherhaus steht in der links von der Kalēju iela abzweigenden Vecpilsetas iela 10.

Im 18. Jahrhundert gab es in Rīga mehr als 150 Speicherhäuser. Ein großes Tor zur Straße diente als Warenausgang. Ankommende Waren verschwanden, häufig mittels eines im Giebel angebrachten Aufzugs, wohlsortiert hinter einer der zahlreiche Luken der Fassade. Viele Speicher hatten, gewissermaßen als Postanschrift, charakteristische Reliefs mit kleinen Tieren an der Fassade, wie beispielsweise die am heutigen Sportmuseum noch zu sehende Taube. Am Haus Vecpilsetas 10 sind alle diese

Speicherhäuser in der Vecpilsetas iela   Elemente schön zu sehen; das Relief über dem Tor stellt einen Werwolf dar. Solche üblicherweise den Torbogen krönenden Schlußsteine sollten böse Geister abwehren und standen für das Lebensgefühl einer Zeit, in der Seuchen, Kriege und Prozesse keine hohe Lebenserwartung versprachen.

Museum der Volksfront (12)

An einem kleinen Platz, Vecpilsetas iela 13, wartet das Museum der Lettischen Volksfront auf Besucher. Es dokumentiert die Tätigkeit der wichtigsten offiziellen Kraft der Unabhängigkeitsbewegung zwischen 1986 und 1991.

Albertplatz (13)

Die Vecpilsetas iela hat verwirrenderweise die Form eines ›T‹. Nach Osten gehend erreicht man vor den Straßenbahnschienen einen kleinen und heute leeren Platz, den Albertplatz. Dem Namen des berühmten Bischofs zum Trotz fanden Archäologen an dieser Stelle mehrere tausend Objekte, die Zeugnis über die Besiedlung des Rīgaer Stadgebietes bis zum Beginn der Christianisierung im 13. Jahrhundert ablegen. Hier war früher einmal eine kleine Stadt mit Blockbauten, die Straßen waren mit Holzplatten gepflastert. Es gab Steinöfen, Handel mit Honig und Getreide sowie kunsthandwerkliche Produkte aus Metall und Bernstein. In dieser Gegend Rīgas, in der heute nur noch breite Straßen zu sehen sind, mündete der Bach der Ridzene in die Daugava. Es gab einen kleinen See, der Schiffen Schutz vor Strömungen und den unberechenbaren Wasserständen des breiten Stromes gab.

Unübersehbar liegen auf der anderen Straßenseite die Hallen des Rīgaer Zentralmakts. Die zu überquerende Straße ist die Straße des 13. Januar. Der Name erinnert an den 13. Januar 1905, als eine friedliche Dermonstration gegen Zarenherrschaft, Zwangsrekrutierungen in die zaristische Armee und Arbeitsbedingungen in der Industrie von zaristischen Soldaten zusammengeschossen wurde. Dabei fanden mindestens 70 Menschen den Tod. An die tragischen Ereignisse erinnert ein schwer zugängliches Denkmal an der belebten Kreuzung.

Zentralmarkt (14)

Als erste Handlung sollten angesichts der im Gedränge aktiven Taschendiebe Geld und Dokumente in den Innentaschen verstaut werden. Obwohl außerhalb der Altstadt gelegen, befindet sich auch das Gelände des Zentralmarkts auf historischem

Auf dem Zentralmarkt

Grund: Auf alten Stadtansichten sind an dieser Stelle verstreut liegende Häuser, Lagerhallen und ankernde Schiffe zu sehen, und im Gegensatz zur engen Bebauung der Altstadt war dort viel Platz. Die auf der Daugava verkehrenden Schiffe verbanden die Ostsee mit den wichtigen russischen Handelsstädten, wer wollte, kam über den Dnepr weiter bis zum Schwarzen Meer. Weil die Strecken über diese beiden Flüsse für die behäbigen Koggen und andere Schiffe des Meeres nicht befahrbar waren, wurden die Waren am Daugavakai in der Nähe des heutigen Zentralmarkts auf kleinere Schiffe verladen und bei Bedarf zwischengelagert.

Mitte des 19. Jahrhunderts, als die Stadtmauer fiel, wurden geräumige Backsteinspeicher mit korrespondierenden Fassaden gebaut. Man hatte jedoch die lebensmitteltechnischen Anforderungen nicht beachtet. Tausende von Ratten fraßen auf dem Markt und nutzten die Daugava nebenan als Tränke. Als man nach dem ersten Weltkrieg berechnet hatte, welche Nahrungsmengen täglich verdarben, beschloß man, einen neuen, modernen Markt zu bauen: Während des Ersten Weltkriegs hatte die deutsche Armee im südlettischen Vaiņode mit dem Bau von Zeppelinen begonnen, die militärischen Zwecken dienen sollten. Die Zeppeline wurden nie fertig, doch die riesigen Hallen standen nach dem Krieg noch. Sie wurden als willkommenes Baumaterial für den neuen Markt abgebaut und nach Rīga transportiert. Nach viel Aufwand entstanden die seinerzeit größten und modernsten Markthallen Europas: Unter den Hallen gibt es noch heute ein weitverzweigtes Tunnelsystem, 24 große Kühlräume, Aufzüge und ein 2,5 Kilometer langes Kanalisationsnetz.

Das Angebot der großen Hallen ist übersichtlich nach Lebensmittelarten sortiert. In der Fleischhalle sollte man unbedingt geräucherte Hähnchen und geräucherten Schinken probieren. In der Halle für Milchprodukte gibt es noch die traditionell hergestellte lettische Sahne, auch Milch und Quark sind sehr zu empfehlen. Eine Halle weiter gibt es das dunkle lettische Sauerteigbrot in zahlreichen regionalen Varianten. Außerdem gibt es an einigen Ständen Torten und andere Konditoreiwaren, die einen Vergleich mit ihren östereichischen Varianten nicht zu scheuen brauchen. Sehr gut sind auch Honig und Honigspezialitäten. Die spektakulärste Halle ist natürlich die Fischhalle, in der ganze Lachse, die in Lettland beliebten Neunaugen sowie alle möglichen Varianten von geräuchertem Fisch angeboten werden.

Die Markthallen sind von Ständen umgeben, an denen Obst und Gemüse der Saison verkauft wird. Zu Sowjetzeiten stammte das Angebot in den Hallen von Kolchosen, während außerhalb erlaubt wurde, eigene und oft in Nebenerwerbswirtschaft produzierte Produkte zu verkaufen.

In den ersten Jahren der Unabhängigkeit war die Fläche vor den großen Hallen das Gebiet der ›businessmeni‹, die oft mit dem Zug oder in Fahrgemeinschaften in den Westen fuhren, um mit einem Gebrauchtwagen und den gerade angesagten Konsumprokten zurückzukommen. Unter den großen Hallen gibt es Gänge und Gewölbe, und neben zahlreichen anderen Branchen ist auch ein ganzer Gang mit Schuhläden und Lederwaren zu finden. Manche Hallen haben auch einen zweiten Stock. Dort findet man unter anderem Cafés mit besonderer Atmosphäre und Möbelläden. Die umliegenden Backsteinspeicher beherbergen Gewerbe, die nichts mit der Lebensmittelindustrie zu tun haben. Auch dort ist ein Einkaufsbummel ein echtes Erlebnis.

Konventa sēta (15)

Der Rundgang führt zurück in die Altstadt, in den Innenhof ›Konventa sēta‹ in der Audēju iela. Dort stand 1202 die erste Burg des Schwertbrüderordens samt Nebengebäuden. Bis 1488 unterhielt der Konvent des Heiligen Geistes in den vom städtischen Bürgerkrieg übriggeblieben Häusern ein Krankenhaus. Tauben unterschiedlicher Farbe dienten damals als Hausnummern, und die Reliefs an den Fassaden sind bis heute erhalten. In den 1990er Jahren wurde der Konventhof von einem deutschen Investor zu einem Hotel umgebaut. Im Rahmen der Umbauarbeiten wurde die Geschichte des Ortes aufbereitet, und Wegweiser führen zu den unterschiedlichen Sehenswürdigkeiten. Auf dem Gelände gibt es ein Porzellan-, ein Puppen- und ein Bernsteinmuseum. Die wenig umfangreichen Ausstellungen sind um bedeutendere Verkaufsgalerien ergänzt worden.

Apothekenmuseum (16)

Im Apothekenmuseum in der R. Vāgnera iela zeigt man Apothekeneinrichtungen aus verschiedenen Jahrhunderten; im Hinterhof findet man einen Kräutergarten. In der ruhigen Straße gibt es Antiquitätenläden und ein Musikinstrumentengeschäft mit einer guten Auswahl an CDs.

Richard-Wagner-Konzertsaal (17)

Schräg gegenüber befindet sich der Richard-Wagner-Konzertsaal. Richard Wagner brachte dort etwa 20 Opern zur Aufführung und begann gleichzeitig an seiner Oper ›Rienzi‹ zu schreiben, bevor er seiner Schulden wegen die Stadt verlassen mußte. Es gastierten unter anderem Franz Liszt, Hector Berlioz und Robert Schumann. Wagner dirigierte hier als erster Dirigent überhaupt mit dem Rücken zum Publikum. Heute gibt es vorwiegend Kammermusik, Chormusik und Symphonisches in kleiner Besetzung.

Kleine und Große Gilde (18)

Die Gebäude der Kleinen und der Großen Gilde stehen sich am Anfang der Amatu gegenüber. Ihre korrespondierenden neugotischen Fassaden erhielten sie erst Mitte des 19. Jahrhunderts. Gilden entstanden im Spätmittelalter als freiwillige Zusammenschlüsse von Gewerken und Kaufleuten, die ihren Mitgliedern einen angemessenen Rahmen für ihre gesellschaftlichen Aktivitäten und ein Mindestmaß an sozialer Sicherheit bieten wollten. Ab dem 16. Jahrhundert wurde die Mitgliedschaft in einer Gilde zu einer notwendigen Voraussetzung, um vom Rat der Stadt die bürgerlichen Rechte zugesprochen zu bekommen. Wer nicht aufgenommen wurde, konnte sein Gewerbe nicht betreiben. Die in der Großen Gilde organisierten Kaufleute hatten das Monopol auf den Rußlandhandel. Die Kleine Gilde war die Vereinigung der vor allem für den lokalen Bedarf produzierenden Handwerker. In den Schragen, gewissermaßen in der Vereinssatzung, wurden ethische und kaufmännische Regeln über den Umgang mit Lehrlingen und Gesellen sowie die Produktqualität betreffend aufgestellt. Für die Mitglieder der Gilde galt eine detaillierte Kleiderordnung, und für die Ausrichtung eines Festes zur Meisterprüfung wurde neben Zusammensetzung und Größe des Festmahls auch die Menge des auszuschenkenden Biers vorgeschrieben. Ab Mitte des 18. Jahrhunderts, als unter der Zarenherrschaft die Privilegien der Deutschbalten ausgebaut wurden, wurde das jahrhundertelang in ihr organisierte lettische Handwerk von wichtigen Entscheidungen ausgeschlossen, und nichtdeutsche Handwerker wurden erst gar nicht neu aufgenommen. Die politische Macht der Gilden brach in sich zusammen, als 1877 in Rīga das russische Stadtrecht eingeführt wurde. Die Vereinigungen existierten noch bis 1939.

Die Gebäude der Großen und Kleinen Gilde wurden wiederholt vollständig umgebaut: Einerseits folgte man den Moden der Architektur, andererseits dienten die halböffentlichen Gebäude unterschiedlichsten Zwecken. Es wurden Feste gefeiert und Korn gelagert. Vor dem deuschbaltischen Landadel geflüchteten Handwerkern wurde Asyl gegeben, und es wurden sogar Gottesdienste abgehalten.

Wappen an der Kleinen Gilde

Die 1866 in der heutigen Form fertiggestellte Kleine Gilde stammt vom Rigaer Stadtarchitekten Johan Felsko. Im ersten Stock befindet sich ein 1888 vollendeter, sehr schöner Festsaal mit hölzerner Kassettendecke. Seine Fenster sind mit aufwendigen Glasmalereien versehen, auf denen neben führenden Gildenmitgliedern auch der Spender, der Architekt und der Glasmaler selbst dargestellt sind. Der Festsaal ist in unregelmäßigen Abständen im Rahmen von öffentlichen Veranstaltungen zugänglich.

Die recht massiv wirkende Große Gilde stammt vom Architekten Kārlis Bene. Trotz der Umbauarbeiten blieb die mehr als 600 Jahre alte Münsterstube, der erste Versammlungsraum der Mitglieder, erhalten. Ein weiterer geretteter und historisch wichtiger Raum war die Brautstube, in der frisch verheiratete Gildenmitglieder seit 1521 ihre Hochzeitsnacht verbringen mußten. Leider brach 1963 im Gebäude ein Feuer aus, das einen Teil der Einrichtung mitsamt den dazu gehörigen Kunstgegenständen vernichtete. Die Große Gilde beherbergt heute den Konzertsaal der Lettischen Philharmonie.

Katzenhaus (19)

Am Gildenplatz steht ein markantes gelbes Haus mit einer Katze auf dem Dach. Das Gebäude mit der streng wirkenden, dem späten Jugendstil zuzurechnenden Fassade wurde von W. Scheffel im Jahr 1909 für einen reichen Kaufmann erbaut.

Eingangsportal am Katzenhaus

Der Bau selbst war gewissermaßen ein Racheakt: Der Bauherr erwarb das Grundstück gegenüber den Gilden, nachdem ihm die Aufnahme in die Große Gilde verweigert worden war. Aufs Dach setzte er die Katze, die den Herren Gildenmitgliedern sehr deutlich Buckel und After zeigt. Die Katze hat inzwischen ihre Richtung geändert und ihr Gesäß zeigt, vielleicht ist es auch nur Zufall, eindeutig nach Osten. Sehenswert ist auch die Maske über dem Eingang.

Domplatz und Dom (20)

Seine heutige Form erhielt der Domplatz, nachdem mit dem Fall der Stadtmauer in den 1850er Jahren auch ein Teil der dichten mittelalterlichen Bebauung verschwunden war. 1936 wurden weitere Häuser an der Nordseite abgerissen. In der Mitte des Platzes, an einer Stelle, von der aus drei Kirchtürme gleichzeitig zu sehen sind, weist eine ins Pflaster eingelassene Bronzeplatte darauf hin, daß die Rīgaer Altstadt zum UNESCO-Weltkulturerbe gehört. Der Platz selbst ist ein beliebter Ort für Großveranstaltungen aller Art. Die zahlreichen Restaurants und Cafés unterschiedlicher Ausrichtung sind zu jeder Jahreszeit gut besucht. Im Sommer gibt es auch auf vorwiegend touristisches Publikum hin ausgerichtete Biergärten. In der Smilšu iela 4 gibt es, zwei Häuser vom Domplatz entfernt, eine Touristeninformation, die im Gegensatz zur zentralen Rīgaer Touristeninformation am Schwarzhäupterhaus nicht ständig überfüllt ist. Dort werden auch diejenigen beraten, die planen, von Rīga aus in die Weiten des Landes aufzubrechen.

1211 ließ Bischof Albert, wenige Meter außerhalb der damaligen Stadtmauer, den Grundstein des Doms legen. Über die Daugava wurden Feldsteine und Kalkstein aus dem 100 Kilometer weit entfernten Koknese nach Rīga geschafft. Diese Steine bilden noch heute das Fundament des wichtigsten Sakralbaus des Baltikums, der, wie man 700 Jahre später bemerkte, bezeichnenderweise auf einem livischen Friedhof errichtet wurde. Bei Baubeginn hatte man große Pläne und wollte einen zweitürmigen romanischen Bau errichten. Die ältesten Teile der Kirche, Altarraum und Ostflügel sowie massive Wände und charakteristische Rundbögen stammen noch aus dieser allererersten Bauphase. Aus finanziellen Gründen wurde der zweite Turm dann doch nicht realisiert. 1226 gab es eine grundsätzliche Änderung des Entwurfs, und der Innenraum erhielt die Form einer Basilika. Im 14. und 15. Jahrhundert wurden die Mittelschiffe angebaut. 1547 brannte der Turm, und 1590 wurde sein Nachfolger zum alles in Rīga überragenden Bauwerk: Der obere Teil des 140 Meter hohen Kirchturms war nun eine über 70 Meter hohe Holzkonstruktion, die in den kommenden beiden Jahrhunderten morsch wurde. 1776 wurde sie durch die heute noch zu sehende und nur noch 90 Meter hohe barocke Metallspitze ersetzt. Das neugotische Elemente aufweisende Portal des Doms liegt unter dem Niveau der Domplatzes: Wegen wiederholter Überflutungen durch die Daugava wurde der Schutzwall rund um den Dom immer weiter erhöht. Das schlimmste Hochwasser gab es 1709: Das Wasser stand 4,68 Meter hoch, und im Dom wurden sogar Fische gefangen. Eine Markierung an der Südseite zeigt den damaligen Wasserstand an.

Im Dom fanden neben Bischof Albert und weniger bedeutenden Kreuzrittern auch Vertreter des deutschbaltischen Adels eine repräsentative letzte Ruhestätte. Das gotische Kreuzgewölbe ist weitgehend erhalten, jedoch wurde der zum Weltkulturerbe gehörende Dom von der UNESCO wegen statischer Mängel auf die Rote Liste der bedrohten Kulturdenkmäler gesetzt. Die vielleicht bedeutendste Attraktion des Doms ist die 6718 Pfeifen zählende Orgel, die 1884 von der Firma Walcker in Ludwigsburg bei

Die Orgel des Rīgaer Doms

Stuttgart gebaut wurde. Sie hat ein Klangspektrum von neuneinhalb Oktaven und zählt eindeutig zu den größten und akkustisch besten Orgeln der Welt. Orgelkonzerte gibt es mindestens einmal wöchentlich; Aufnahmen sind an der Kasse im Dom und in den Musikgeschäften der Stadt erhältlich.

Im Innenraum sind die Spuren bis zum Baubeginn zurückzuverfolgen: An Pfeilern, im Altarraum und an den Rundbögen sind Feld- und Kalksteine der ersten, romanischen Bauphase zu sehen. Der Gotik verdankt der Dom seine Kreuzgewölbe und spitz zulaufende Fenster. Die schöne aus der Renaissance stammende Holzkanzel des Mittelschiffs wurde 1641 von Tobias Heinz aus Jelgava gefertigt. Die 1601 im Zeitalter der Renaissance begonnene Schauseite der Orgel wurde in den kommenden beiden Jahrhunderten um Stilelemente des Barock und des Rokkoko bereichert. Die heutigen Glasfenster kamen im späten 19. Jahrhundert aus Werkstätten in Rīga, Dresden und München. Zu Zeiten der Unabhängigkeitsbewegung sammelten sich unter dem Dach des Doms zunächst oppositionelle Kräfte, später nahezu die gesamte politisierte Öffentlichkeit der Stadt. Als im Januar 1991 in der Zeit der Barrikaden sowjetische Panzer in Rīga auftauchten und eine erneute Besetzung befürchtet wurde, war im Dom vorsorglich ein Lazarett eingerichtet worden – das zum Glück nicht gebraucht wurde.

Lettisches Radio (21)

Das Haus des lettischen Radios mit seinem charakteristischen, muschelförmigen Balkon wurde am 21. August 1991, dem Tag des letztlich gescheiterten Moskauer Putsches, von Spezialeinheiten der sowjetischen Armee gestürmt und vorübergehend besetzt. Es wurde vom Architekten Alexander Vanags entworfen und ist ein typisches Beispiel für den nationalromantischen lettischen Jugendstil, der Elemente der Volksarchitektur und Motive der mündlich überlieferten Mythologie zitiert.

Rīgaer Börse (22)

An der Ecke zur Jēkaba iela steht die Rīgaer Börse, die 1852 von Harald Julius Bosse im Stil eines Palazzo der venezianischen Renaissance entworfen wurde. Wichtige Börseninformationen waren damals neben den Aktienkursen die Ankunftszeiten der Schiffe im Hafen nebst ihrer voraussichtlichen Ladung. Börsennachrichten wurden damals noch auf großen Tafeln bekanntgegeben. In sowjetischer Zeit befand sich im Gebäude ein ›Zentrum für wirtschaftliche Information‹. Der große Börsensaal, der einer der am prächtigsten ausgestatteten Innenräume der Stadt war, fiel in den 1970er Jahren einem Brand zum Opfer.

Herderplatz und Stadtmuseum (23)

Im Jahr 1764 kam der erst 20 Jahre alte Johann Gottfried Herder nach Rīga, um an der Domschule zu lehren. Bis 1771 blieb er in der Stadt, und in dieser Zeit beschäftigte er sich mit den mündlich überlieferten Volksliedern der Letten, den Dainas, die er katalogisierte, sammelte und unter sozialgeschichtlichen Aspekten auswertete. Zu seinem 100. Geburtstag wurde dem bedeutenden deutschen Aufklärer ein Denkmal nahe seiner Wirkungsstätte errichtet. In sowjetischer Zeit wurde es, da es sowohl für die Traditionen lettischer Identitätsfindung als auch für die bürgerliche deutsche Aufklärung stand, entfernt. Als 1959 eine Delegation der DDR Rīga besuchte, kam Herders Büste wieder an ihren alten Platz zurück, und sie bekam sogar einen neuen Sockel. Nach Abreise der Delegation, die auf ihrem Spaziergang nicht einmal bis zum Denkmal kam, durfte es stehen bleiben.

Seit dem ausgehenden 19. Jahrhundert ist das Museum für Rīgaer Stadtgeschichte und Schiffahrt über dem Kreuzgang des Doms untergebracht (Eingang an der Palasta iela). Dieser soll der längste seiner Art in Europa sein, und im Sommer sind auch dort Ausstellungen mit wechselnden Themen zu sehen. Das Museum selbst ist für Geschichtsinteressierte ein Muß. Es bietet tiefe Einblicke in die Rīgaer Stadtgeschichte und ist in vielen Beziehungen deutlich interessanter als das Lettische Geschichtsmuseum am Schloßplatz.

In einem kleinen Hof der Jauniela, südlich des Herderplatzes, findet man ein nettes Programmkino mit angegliedertem Café. Filme, die keine Kassenrenner sind, werden üblicherweise im Original gezeigt und bei Bedarf übersprochen.

Die Jauniela 25–29 ist ein sehr schönes Jugendstilhaus des Architekten Wilhelm Bockslaff mit klar gegliederter Fassade und einer etwas streng blickenden Maske über dem Eingang.

Die Rozena iela verläuft parallel zur Jauniela, und in der kleinen Gasse, deren Wände man gleichzeitig berühren kann, liegt ein Restarurant mit dem schönen Namen ›Rozengrals‹: In Kellergewölben, die aus dem 13. Jahrhundert erhalten sind, wird beim Schein zahlreicher Kerzen original mittelalterliche Küche serviert – ganz ohne Kartoffeln, Tomaten und andere Nahrungsmittel aus Südamerika. Über die Jauniela erreicht man den zu überquerenden Domplatz.

Speisekarte des Restaurants ›Rozengrals‹

Anglikanische Kirche (24)

Von der Börse aus führt die Pils iela (Schloßstraße) zu einer markanten weißen Kirche und von dort aus weiter zum Schloß. Die Hausnummer 11 ist ein vom Architekten Wilhelm Bockslaff entworfenes Jugendstilhaus, in dem, einen Steinwurf von der anglikanischen Kirche entfernt, im Jahr 1901 der Club der Englischen Seeleute sein Domizil fand. Seit dem 18. Jahrhundert hatten englische Kaufleute in Rīga an Einfluß gewonnen, und die Pils iela war damals das ›Englische Viertel‹ der Stadt. Heute befindet sich im ehemaligen Club nicht etwa die englische, sondern die dänische Botschaft. Am Haus vorbei führt ein schmaler Weg zum etwas versteckt liegenden Café ›Lasite‹, das sich seit 1990 den gestalterischen Moden und wechselnden Geschäftsmodellen der Gastronomie weitgehend verweigern konnte.

Die anglikanische Kirche ist, wie viele andere neugotische Gebäude Rīgas, ein Werk des Stadtarchitekten Johan Daniel Felsko. Für den Bau der 1859 fertiggestellten und innen nicht sonderlich reich ausgestatteten Kirche wurden Ziegel aus England importiert. Bevor die Bauarbeiten begannen, wurden Grund und Boden mit einer zehn Zentimeter dicken Schicht englischer Heimaterde bedeckt.

Von der Kirche geht es über die stark befahrene Straße des 11. November zum Ufer der Daugava. Dort steht, sicher in einem Glaskasten verwahrt, die einen Riesen mit einem Kind auf den Schultern darstellende Statue des Großen Christopherus: Lange vor der Stadtgründung soll ein Riese mit dem Namen Christopherus am Ufer der Daugava gelebt und Menschen von einem Flußufer an das andere befördert haben. Eines Nachts soll er am seiner Schlafstätte gegenüberliegenden Ufer das Schreien eines Kindes gehört haben, das er mit Mühe über den gefährlichen Fluß brachte, um es anschließend in seiner Hütte neben sich schlafen zu legen. Morgens soll dann statt des Kindes ein großer Haufen Goldmünzen neben ihm gelegen haben. Von der Geschichte gibt es viele, auch absurde Varianten: Einmal ist das Kind das Christkind, was nicht sein kann, da das Christentum bekanntlich erst im 13. Jahrhundert über die Daugava kam.

Der Große Christopherus in seinem Glaskasten

Ein anderes Mal ist das Geld das Kapital zur Stadtgründung, doch dieses stammte eindeutig aus dem Handel der Deutschen mit den Letten und aus Rom.

Sicher ist, daß der Große Christopherus der beliebteste Schutzheilige der Bevölkerung war, denn man glaubte, daß er die Stadt vor drohendem Hochwasser beschützen kann. Früher stand die ihn darstellende Holzstatue in einem kleinen Häuschen außerhalb der Stadtmauern am Hafen. Christopherus wurde reich mit Blumen geschmückt, man brachte ihm Ostereier und brennende Kerzen. Bänder, die seinem Schmuck dienten, nutzte man, nachdem man sie ihm wieder abgenommen hatte, als Allheilmittel. Von den Zeiten der Aufklärung an trieb man allerhand Unfug: Ihm wurden Zigaretten in den Mundwinkel gesteckt, es gab immer mehr andere seltsame Gaben, und nachdem er eines Tages zu einer Droschkenfahrt entführt und in einen anderen Stadtteil gebracht worden war, beschloß man, ihm im Schiffahrtsmuseum ein neues und sicheres Zuhause zu schaffen. Die Figur im Glaskasten an der Daugava ist, wahrscheinlich aus Sicherheitsgründen, nur eine Kopie.

Mater-Dolorosa-Kirche (25)

Die katholische Mater-Dolorosa-Kirche steht auf den ehemaligen Befestigungsanlagen des Schlosses. Sie wurde 1785 fertiggestellt, nachdem der österreichische Kaiser Joseph II. in Rīga gewesen war und beim Anblick eines an gleicher Stelle stehenden und marode aussehenden Gasthauses so erschüttert war, daß er für den Bau einer katholischen Kirche spendete. Architektonisch interessant ist, daß die Decke des dreischiffigen Gebäudes nur eine verputzte Holzkonstruktion ist. Das Standbild der leidenden Muttergottes stammt eigentlich aus der benachbarten Kirche St. Jakob: Es wurde dort von den Jesuiten zurückgelassen, als diese aus der Stadt vertrieben wurden. Jahrhunderte später entdeckte es ein protestantischer Pfarrer in einem Lagerraum und gab es den Katholiken zurück.

Schloß (26)

Der Grundstein des Rīgaer Schlosses wurde 1330 gelegt, nachdem durch Konflikte zwischen Stadt und Deutschem Orden das alte Ordensschloß nahe der Petrikirche zerstört worden war. Die strategisch günstig an der Daugava gelegenen ersten Häuser der Gilden riß der Orden ab, und an ihrer Stelle wurde eine uneinnehmbar erscheinende Festung errichtet. 1483 gelang es den Bürgern dennoch, das verhaßte Schloß zu erobern, und nachdem sie es vollständig zerstört hatten, schickten sie allen anderen freien Hansestädten einen Ziegelstein des geschleiften Gemäuers. Die Strafe folgte 1491, als nach gewonnenem Kampf der Orden die Städter zwang, das Schloß wieder aufzubauen. Die Bauarbeiten dauerten bis 1515. Von Kunst am Bau war im Vertrag keine Rede, weshalb Zeitgenossen am spätmittelalterlichen Bau jede Art von Fassadenschmuck vergeblich suchten. 1523 erreichte die Reformation Rīga, und 1562 wurde der Deutsche Orden aufgelöst. Die Festung blieb bis ins 18. Jahrhundert hinein ein wichtiger Bestandteil des Verteidigungssystems der Stadt. An den letzten Ordensmeister Walter von Plettenberg erinnert ein Flachrelief über dem Tor.

Der größte Teil der Bausubstanz ist seit dem 16. Jahrhundert unverändert: Die Mauern umfassen einen rechteckigen Innenhof. Zum Flußufer hin steht der noch aus dem 14. Jahrhundert erhaltene Heliggeistturm, der 1818 sein Dach verlor, als mit dem Geld des Zaren Alexander I. eine Sternwarte eingerichtet wurde. Ihre Ausstattung wurde nach dem Tod des Zaren von der Moskauer Universität aufgekauft. Unter dem Schloß gibt es ein weit verzweigte System von Kellern und Gängen, von denen einige unter den Mauern hindurch ins Stadtgebiet reichten. Das Schloß war im Wandel der Jahrhunderte Sitz der Statthalter verschiedener Monarchen: dem Deutschen Orden folgten Schweden, Polen und Russen. Heute ist es die Residenz der lettischen Präsidentin, deren der Öffentlichkeit nicht zugängliche Empfangsräume vor allem barocke und klassizistische Elemente aufweisen.

Im riesigen Gebäudekomplex des Schlosses gibt es neben Büros des Präsidialamts und anderer Institutionen zahlreiche, auch bedeutende Museen: Ein Schwerpunkt des Museums für die Geschichte Lettlands ist die Ur- und Frühgeschichte, es gibt aber auch schöne Ausstellungsstücke sakraler Kunst, eine Dokumentation über bäuerliche Lebensumstände durch die Jahrhunderte und schöne Möbel von Deutsch-

Das Rīgaer Schloß von der Daugava aus gesehen

balten zu sehen. Für die Geschichte nach 1700 sind das Rīgaer Stadtmuseum und das Okkupationsmuseum eindeutig die besseren Adressen. Im gleichen Gebäude ist das Museum für ausländische Kunst untergebracht, in dem einige schöne Bilder der holländischen Malerei des 17. Jahrhunderts zu sehen sind.

Kunsthalle Arsenals (27)

An der östlichen Ecke des Schloßplatzes, am Gebäude der Lettischen Staatsbank vorbei, kommt man zur Kunsthalle Arsenals. Dieser offiziell wichtigste Ort zeitgenössischer Kunst ist in einem ehemaligen Zollhaus aus dem 19. Jahrhundert untergebracht. Von der Kunsthalle aus lohnt sich einen Abstecher in die Jēkaba iela 22, ins Café des tradtitionsreichen Schokoladenfabrikanten Victor Kuze. Daß die Firma schon in der Zeit der Ersten Lettischen Republik florierte, beweisen Fotos im nett eingerichteten Café und Werbetafeln im Stadtmuseum. Eis und Kuchen erreichen fast westeuropäische Preise, sind aber selbst im internationalen Vergleich phantastisch gut.

Schwedentor (28)

Die Torņa iela ist heute unübersehbar eine Einkaufsstraße für Leute mit Geld. Im 17. Jahrhundert wurde sie zwischen der alten Festungsmauer und der neuen Stadtmauer angelegt. In der zusammenhängenden klassizistischen Häuserzeile waren damals die städtischen Zollbehörden untergebracht. Auf der rechten Seite der Torņa iela führt durch ein Haus hindurch das Schwedentor ins Gassengewirr der Altstadt. Es wurde 1683 in ein im Weg stehendes Wohnhaus geschlagen und wurde zu einem wichtigen Stadttor. 1987 wurden ein Teil der alten Festungsmauer aus rotem Backstein und der Rahmerturm rekonstruiert. In das Original des Turms waren im 13. Jahrhundert drei Pferdeschädel eingemauert worden, was Stand und Wehrhaftigkeit des Baus erhöhen sollte. Ganz am Ende der Straße steht der Pulverturm, der letzte im Original erhaltene Turm der Stadtmauer, die einmal 25 Türme unterschiedlicher Größe hatte.

Pulverturm und Bastejkalns (29)

Von der 1330 erbauten ersten Fassung des Pulverturms steht nach einem 1621 erfolgten Angriff der Schweden nur noch das Fundament. Das heutige Gebäude stammt aus dem Jahr 1650. Während der wichtigste Turm der Stadtmauer an seiner

Lettische Köstlichkeiten

Zu den beliebtesten Souvenirs aus Lettland gehört ein berühmter schwarzer Schnaps: Rīgas Balzams wird in dunkelbraunen Keramikflaschen ausgeliefert. Farbe und Konsistenz erinnern eher an Altöl als an etwas, was man guten Gewissens trinken kann. Die bittersüße Flüssigkeit gilt noch vor dem Bier als das lettisches Nationalgetränk, wurde 1752 erfunden und besteht aus 24 Zutaten, darunter Lindenblüten, Baldrian, Brombeeren, Heidelbeeren, Ingwer, Muskat und Schwarzer Pfeffer. Das genaue Rezept ist ein gutgehütetes Geheimnis. Es wurde jedoch bekannt, daß es in Eichenfässern zur Reife gelangt. Rīgas Balzams erinnert ein wenig an Fernet Branca, hat 45 Prozent Alkohol und gilt als Allheilmittel. Schon Katharina die Große soll durch seinen Genuß an Ort und Stelle von einer ihrer Krankheiten kuriert worden sein. Rīgas Balzams findet seinen Weg häufig auch in lettische Kaffeetassen. Man kann ihn natürlich auch pur trinken, doch als Zutat über Milchspeiseeis mit Honig und Nüssen, wo er für einen ungewöhnlichen Beigeschmack sorgt, ist er geradezu phantastisch. Wer keine Gelegenheit hat, zu ›Ullrichs Verbrauchermarkt‹ am Berliner Bahnhof Zoo zu gehen, wird Rīgas Balzams in Deutschland aller Voraussicht nach vergeblich suchen.

Das zweitbeliebteste Souvenir aus dem Bereich der Nahrungsmittel sind Schokoladen und Pralinen. Der bekannteste Schokoladenhersteller im Land hat sich nach der Glücksgöttin der altlettischen Mythologie benannt und heißt ›Laima‹. Die nach traditionellem Rezept hergestellten Pralinen schmecken heute noch wie zu sowjetischen Zeiten. Dennoch lieben die Letten den Inhalt ihrer Pralinenschachteln. Nach 1991 begann Laima damit, Alternativen zum Traditionsgeschenk zu entwickeln, und vor allem die etwas hochpreisigeren Produkte sind durchaus gut. Herausragend gut sind die Produkte der Caféhauskette ›Gustav's Chocolate‹: Die Inhaberin der Kette stammt aus einer seit vielen Generationen im Metier arbeitenden Dynastie von Konditoren und Schokoladenliebhabern. Es ist überliefert, daß der Großvater der heutigen Chefin wertvolle Schokoladen wie Bücher in einem Regal sammelte. Der erste Laden wurde 1991 in den schicken Passagen von Berga Bazārs in der Elizabetes iela (S. 142) gegründet. Dort kann man durch eine Glasscheibe beobachten, wie Figuren, Pralinen, Kuchen und andere Köstlichkeiten entstehen. Das Unternehmen ist eines der ersten lettischen Franchiseunternehmen: Die Angestellten für das erste Café in Estland wurden bereits in den Herstellungsprozeduren unterwiesen; Interessenten aus Deutschland sollen sich auch schon angemeldet haben.

Eine Alternative zu Gustav's Chocolate ist das traditionsreiche Café von V. Kuze in der Nähe des Rigaer Schlosses.

Außenseite etwa drei Meter dicke Mauern hatte, in denen Kanonenkugeln einfach steckenblieben, war die Wand zur Stadtseite hin aus einfachen Brettern gezimmert, weil man Geld sparen mußte. Als die Stadtmauer 1856 abgetragen wurde, blieb der Pulverturm stehen, aber so richtig etwas mit ihm anfangen konnte man nicht. 1896 vermachte die Stadt den Turm einer Studentenverbindung, die ihn säuberte: Für den gesammelten Taubenmist erhielten die Studenten 612 Goldrubel, und die zur Stadt zeigende Bretterverschalung wurde durch eine schöne Fassade ersetzt. 1916 wurde im Turm ein Gedenkmuseum für die Lettischen Schützen eingerichtet, das 1919 in ein allgemeines Kriegsmuseum umgewandelt wurde. In sowjetischer Zeit wurde die Sammlung nach den entsprechenden Prämissen ausgedünnt, und das Haus erhielt nun den Namen ›Revolutionsmuseum‹. Heute haben die den Sowjets verdächtigen Exponate wieder Eingang in die Ausstellungen gefunden. Ein Schwerpunkt des Museums liegt auf den verschiedenen Kriegen Lettlands gegen Rußland.

Dem Ende der Torņa iela gegenüber ist der Bastejkalns zu sehen, der aus den Trümmern der abgetragenen Stadtbefestigung entstand. Die Rigaer Innenstadt war bis ins 17. Jahrhundert hinein von einem 10 Meter hohen und bis zu 35 Meter breiten Schutzwall umgeben, der die Stadt nicht nur vor Feinden, sondern auch vor den Hochwassern der Daugava schützte. Die Außenseiten des Walls waren mit Bastionen befestigt, und die Überreste einer solchen sind an der dem Kanal zugewandten Seite des Bastejkalns zu sehen. 1771, als die Feuerwaffen weiter trugen, begann man, die Bebauung vor den Befestigungsanlagen abzureißen, und es entstand ein 400 Meter breiter Streifen, auf dem weder Haus noch Strauch dem anrückenden

In der Torņa iela, im Hintergrund der Pulverturm

Feind Deckung bieten sollte. Nachdem die Befestigungsanlagen in der Mitte des 19. Jahrhunderts abgetragen worden waren, hatte man eine Fläche für repräsentative Bauten zu Verfügung: In dem die Altstadt umgebenden Gürtel entstanden, in die Parkanlagen eingebettet, die Oper, Kunstakademie und Kunstmuseum, Nationaltheater und andere öffentliche Gebäude – allesamt in den zu dieser Zeit beliebten Architekturstilen des Historismus.

Parlament (30)

Die Torņa iela mit ihren schicken Geschäften zurück und links in die Jēkaba iela einbiegend, erreicht man die Saeima, das lettische Parlament. Der 1867 von Robert Pflug und Johann Friedrich Baumann entworfene Bau im Stil eines florentinischen Palastes erhielt einen großen Sitzungssaal und wurde für die Bedürfnisse des Landtags konzipiert. In neuen Räumen trafen sich nun diejenigen, die früher von anderer Stelle aus über das Schicksal des Landes und ihrer Untertanen berieten: Der deutschbaltische Adel, der zu seinem größten Teil aus den Ritterschaften der Orden entstanden war, hatte sich seine Adelstitel selbst gegeben und wachte jahrhundertelang sorgsam über seine Privilegien wie beispielsweise das Recht, Leibeigene zu halten. Eine umfangreiche Bodenreform, die auch die ökonomischen Folgen der Leibeigenschaft beseitigte, war eine der ersten Amtshandlungen des 1920 gegründeten lettischen Parlaments. Im Zweiten Weltkrieg befand sich dort das NS-Hauptquartier unter Leitung von Friedrich Jeckeln, der persönlich bei den Massenerschießungen der Rīgaer Juden in den Wäldern bei Rumbula zugegen war. Anschließend zog der Rat der Lettischen Sowjetrepublik ein. Im Januar 1991 schützten die Rīgaer Bürger das Parlament ihres neuen unabhängigen Staates mit Barrikaden, nachdem russische Einheiten schon das Rundfunkhaus und den Fernsehturm eingenommen hatten. Der Versuch einer erneuten sowjetischen Okkupation unter den Augen der Weltöffentlichkeit schlug fehl. Heute ist die Saeima das unangefochtene politische und eigentlich auch das ökonomische Machtzentrum der lettischen Republik.

Jakobskirche (31)

Die 1225 erstmals urkundlich erwähnte Jakobskirche hat einen 80 Meter hohen, noch gotische Züge tragenden Kirchturm und stand zunächst außerhalb der Stadtmauern. 1482 kauften die Kirchenoberen eine Glocke. Damit man diese besser hören konnte, bauten sie für die Glocke einen Balkon, so daß sie praktisch im Freien hing. 1522 wurde in der Jakobskirche die erste protestantische Messe in Rīga gelesen. 1582 kaufte der polnische König, dessen Armee Rīga erobert hatte, der Stadt die Kirche ab und überließ sie den Jesuiten. Der Haß der Protestanten gegen die unter polnischer Herrschaft wieder Oberwasser bekommende katholische Obrigkeit erreichte 1584 einen Höhepunkt: Eine aufgebrachte Menge drang während der sogenannten Kalenderunruhen in die Jakobskirche ein, verwüstete das Interieur und nahm mit, was sich mitzunehmen lohnte. Altäre, Fahnen und alles, was an den Katholizismus erinnerte, wurde vor den Stadtmauern verbrannt. Anschließend zog man weiter zum Stadtrat, um den neuen hohen Herren einmal gehörig die Meinung zu sagen: Auch dort wurde die Inneneinrichtung verwüstet, und einige Ratsherren wurden auf dem Marktplatz öffentlich hingerichtet. Im Jahr 1774 fand man im Nordschiff der Jakobskirche einen aufrecht stehenden und ohne Sarg eingemauerten Mann, dessen Kleidung auf eine hohe Herkunft

Altstadtgasse nahe dem Lettischen Parlament

schließen ließ. Ob er ein Opfer der Kalenderunruhen war, oder ob es sich bei ihm, wie in den Annalen der Stadt nachzulesen ist, um einen rechtschaffenen Bürger handelt, der sich 1445 freiwillig bei lebendigem Leib einmauern ließ um Gott näher zu sein, ist bis heute nicht eindeutig geklärt. 1621 nahm der schwedische König die berühmte Glocke als Kriegbeute mit; danach schlug sie in einer der großen Kirchen Stockholms. Während des Ersten Welkrigs wurden die vier Glocken der Kirche nach Rußland in Sicherheit gebracht, von wo aus sie nie wieder zurückkehrten. Die gegenwärtig in der Jakobskirche schlagende Glocke ist ein Geschenk eines Männerchors aus Liepāja und wurde 2001 gegossen.

Maria Magdalenenkirche (32)

Gegenüber der Jakobskirche steht die Maria Magdalenenkirche. Das ursprünglich zu ihr gehörige Kloster der Zisterzienserinnen, in das vorzugsweise Töchter und Witwen der höheren Stände eintraten, ist nicht erhalten. Die aus dem Jahr 1260 stammende Klosterkirche wurde bei der Eroberung Rīgas durch Schweden im Jahr 1621 zerstört, der Wiederaufbau war 1636 abgeschlossen. Nachdem Peter der Große

1710 Rīga erobert hatte, übergab er das vom Krieg gezeichnete Gebäude der russisch-orthodoxen Kirche, weshalb hier heute auch Gräber bedeutender russischer Bürger und Amtspersonen zu finden sind. 1750 wurden an der Kirche Umbaumaßnahmen durchgeführt, die ihr ein barockes Erscheinungsbild gaben. 1923 wurde die ehemalige Klosterkirche wieder an die katholische Kirche zurückgegeben.

Drei Brüder (33)

Weiter die Klostera entlang, trifft man direkt auf eines der Wahrzeichen Rīgas: Der Gebäudekomplex der ›Drei Brüder‹ in der Mazā Pils iela besteht aus drei Wohnhäusern, die zwischen dem 15. und 17. Jahrhundert erbaut wurden. An ihnen läßt sich noch heute nachvollziehen, wie dicht vor dem Fall der Stadtmauer die Häuser standen, wie wertvoll Baugrund gewesen sein muß und wie eng das Straßennetz war.

Ganz rechts, das Haus mit der Nummer 17, ist das älteste noch erhaltene Wohnhaus der Rīgaer Altstadt. Der gestufte Giebel, Nischen in der Fassade und andere Stilelemente zitieren die holländische Renaissance, denn holländische Städte waren im 15. Jahrhundert die wichtigsten Außenhandelspartner Rīgas. Daß das Haus einem Bäckermeister gehörte, ist am an der Fassade angebrachten Wappen mit seinen Ähren zu sehen. Im Gebäude war ab 1687 die erste Konditorei der Stadt zu finden. Der zur Straße hin gerichtete kleine Vorplatz mit der dazugehörigen Freitreppe ist ein typisches Merkmal der frühen hanseatischen Architektur. Der Innenraum des Hauses

Die Drei Brüder in der Rīgaer Altstadt

besteht aus einem gut drei Meter hohem Raum im Erdgeschoß. Durch in der Decke angebrachte Luken wurden zu lagernde Waren mittels eines im Giebel angebrachten Flaschenzugs in die oberen Etagen befördert, die als Speicher dienten.

Das Haus Nummer 19 hat die gleiche Bausubstanz wie das Nachbarhaus, wurde jedoch im Jahr 1646 im Stil des Manierismus umgebaut und erhielt ein weiteres Jahrhundert später sein heutiges Portal. Im 17. Jahrhundert fand nicht mehr das ganze Leben in einem zentralen Raum statt: Im ersten Stock wurden an der rückwärtigen Seite des Gebäudes Wohnzimmer eingerichtet, die den leitenden Mitgliedern der Kaufmanns- und Handwerksunternehmen etwas Privatheit boten.

Das Auffälligste am dritten Haus ist der barocke Giebel der Fassade. Hinter den Fenstern der Fassade verbergen sich viele kleine Wohnungen, die über Stiegen im Innern des Hauses zu erreichen sind – ein deutlicher Beweis dafür, daß die Bevölkerungszahl im 17. Jahrhundert deutlich zugenommen hatte und sowohl das produzierende Handwerk als auch die viel Platz benötigenden Speicher aus der Altstadt verschwunden waren. Nicht alle Wappen an den Fassaden sind am richtigen Ort: Bei in den 1950er Jahren durchgeführten Rekonstruktionsarbeiten wurden auch Flachreliefs, Schlußsteine und anderer Schmuck von Häusern verbaut, die aus der gleichen Epoche stammten. Im Gebäudekomplex der Drei Brüder ist das Architekturmuseum Rīgas untergebracht. Prunkstücke der ständigen Ausstellung sind Zeichnungen und Pläne der Architekten des Historismus und des Jugendstil; es gibt auch Wechselausstellungen.

Boulevards und Jugendstil

Nachdem die Stadtbefestigung Mitte des 19. Jahrhunderts abgetragen worden war, entstand der heute die Altstadt im Osten abschließende Grünstreifen mit dem Kanal in der Mitte. Durch eine vorausschauende Planung des Stadtarchitekten Felsko und eine rigide Bauordnung wurde einem befürchteten architektonischen Wildwuchs in der sehr rasch wachsenden Stadt Einhalt geboten: Unmittelbar vor der ehemaligen Stadtmauer existierte eine zu Verteidigungszwechen eingerichtete, 400 Meter breite unbebaute Zone. Sie wurde zu einem Parkgürtel, in dem freistehend Oper, Museen, das Nationaltheater und andere wichtige öffentliche Gebäude erbaut wurden. Hinter diesem Parkgürtel entstand die Neustadt, für die eine Blockbebauung durch nicht unter vier Stockwerke zählende Häuser mit korrespondierenden Fassaden beschlossen wurde. Die Häuser durften nicht höher sein als die Straße breit war. Außerhalb dieses zweiten und sehr breiten Rings waren einfachere Backsteinbauten zugelassen, einen Kilometer weiter sollten Gebäude in Holzarchitektur entstehen, die nicht mehr höher als 8,5 Meter sein durften. Erst außerhalb dieses Gebietes galten keine städtischen Bauvorschriften mehr.

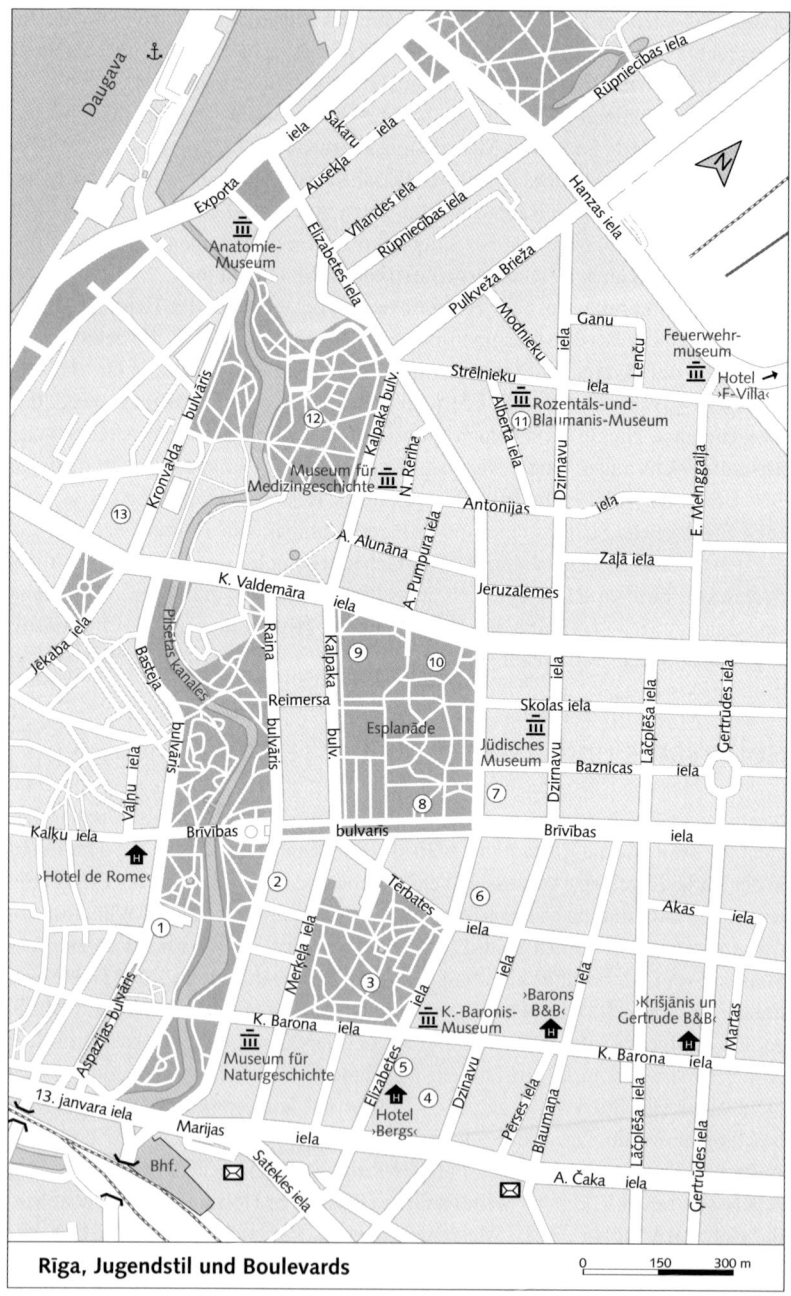

Rīga, Jugendstil und Boulevards

0   150   300 m

Der Bau der in den Stilen des Historismus und des Jugendstil errichteten bürgerlichen Wohnungen und der Mietskasernen der Neustadt zog viel lettische Landbevölkerung in die Stadt: Eine berufliche Existenz als Bauarbeiter mit der Perspektive eines sozialen Aufstiegs in Rīga schien vielversprechender als die bäuerliche Existenz unter leibeigenschaftsählichen Arbeitsbedingungen und dem Regime des jeweiligen Gutsherren. Diese Handwerker und Bauarbeiter errichteten in den Rīgaer Vorstädten für sich selbst einfache, meist zweigeschossige Häuser in Holzarchitektur, von denen heute noch etliche zu sehen sind. Beim Bau dieser Holzhäuser wurden Anleihen bei der historisierenden Architektur des 19. Jahrhunderts und bei der traditionellen Bauernarchitektur gemacht. Vor allem in der Neustadt der breiten Boulevards vermischten sich bald westeuropäisch und vorwiegend deutsch geprägte, russische und lettische Kultur: Kaufleute aller Nationalitäten und Industrielle tauschten die Enge der Altstadt gegen goßzügiger geschnittene Wohnungen, und es gab zunehmend auch ein aufstrebendes lettisches Bürgertum, das sich solche Wohnungen leisten konnte. Ende des 19. Jahrhunderts waren 45 Prozent der Bevölkerung Rīgas Letten.

Oper (1)

Vom Café aus am Kanalufer entlang steht in Richtung Oper ein schöner Springbrunnen aus Bronze. Der 1887 gefertigte Nymphenbrunnen ist ein Werk des aus Magdeburg stammenden Bildhauers August Volz. Die Dame, die für den Brunnen Modell gestanden hatte, hat er später geheiratet. Hinter Blumenbeeten und einem nicht wirklich an diese Stelle passenden Parkplatz erhebt sich die neoklassizistische Fassade der Rīgaer Oper. Architekt des 1863 fertiggestellten Gebäudes war Ludwig Bohnstedt, der wenige Jahre später als Gewinner eines Architektenwettbewerbs den ersten und nicht realisierten Entwurf für den Berliner Reichstag lieferte. Im Giebel über den sechs ionischen Säulen sieht man ein Fries, das Apollo, den griechischen Gott der Musik inmitten einer schön herausgearbeiteten Figurengruppe darstellt. Unmittelbar über dem Giebel sieht man einen Mann, der einen Panther zähmt – Symbol für den Sieg des Dramas über unstrukturierte Realität

Legende

1 Oper	6 Kino Rīga
2 Universität	7 Hotel Latvija
3 Vērmanes-Park	8 russisch-orthodoxe Kathedrale
4 Berga Bazārs	9 Kunstakademie
5 Buchladen Jāņa sēta	10 Staatliches Kunstmuseum

Das Opernhaus

und Phantasie. Ganz oben befinden sich zwei Frauenfiguren rechts und links einer Lyra; sie stehen allegorisch für die Kunstformen Komödie und Tragödie. In den ersten Jahren nach seiner Fertigstellung wurden nicht Opern, sondern hauptsächlich Theaterstücke in deutscher Sprache aufgeführt.

1882 brach durch einen Defekt an der mit Gas betriebenen Beleuchtung ein Feuer aus, bei dem mehrere Menschen starben. Dieses Ereignis war der Auslöser für die Errichtung des am Stadtkanal gelegenen ersten lettischen Elektrizitätswerks, und die Oper war das erste Gebäude, in dem es elektrisches Licht gab. 1893 schrieb Jēkabs Ozols mit ›Spoku stunda‹ (Geisterstunde) die erste lettische Oper, 1912 wurde ein festes lettisches Opernensemble gegründet. Neben klassischen und zeitgenössischen Opern gibt es nach Absprache unter Telefon 707 38 20 fremdsprachige Führungen.

Universität (2)

Über den Kanal führt eine Fußgängerbrücke zum Hauptgebäude der Lettischen Universität. Im 19. Jahrhundert war dort die wichtigste technische Hochschule des Baltikums untergebracht. Für alle anderen Fachrichtungen war die ältere Universität im estnischen Tartu (Dorpat) die erste Adresse. Die Bauarbeiten dauerten von 1866 bis 1896. Um die Bedeutung der Hochschule für das gesamte Baltikum hervorzuheben, wurden an der Fassade die Wappen der noch unter russischer Verwaltung stehenden Provinzen Livland, Estland und Kurland angebracht. Für das Stadtbild Rīgas hatte die Fakultät für Architektur eine herausragende Bedeutung, denn dort wurde die Mehrzahl der Architekten ausgebildet, denen die Bebauung der Rīgaer Neustadt zuzuschreiben ist.

Während des Ersten Weltkriegs wurde das Inventar der Universität nach Rußland ›in Sicherheit gebracht‹: Es wurde zum Ausgangsmaterial der ersten sowjetischen technischen Hochschule in Ivanovo. Im Gebäude gibt es heute eine sehenswerte große und kleine Aula, ein Karzermuseum und eine Sternwarte, in der allerdings im Hochsommer keine Führungen stattfinden.

Vērmanes-Park (3)

Um der Armee Napoleons bei ihrem Versuch, die Altstadt Rīgas zu erobern, jede Deckung zu nehmen, wurden von der russischen Stadtverwaltung im Jahr 1812 die Rīgaer Vorstädte abgebrannt. So verschwanden auch die Holzhäuser, die an der Stelle des heutigen Vērmanes-Parks gestanden hatten. Weil man die Spuren des denkwürdigen Ereignisses nachhaltig verwischen wollte, beschloß eine Kommission unter Leitung der russischen Vewaltung drei Jahre später, an dieser Stelle einen Englischen Garten einzurichten.

Wer wollte, konnte für einen Rubel einen Baum setzen, und weil die Industriellenwitwe Anna Gertrud Wöhrmann besonders viele Bäume spendete, erhielt der Park den Namen Wöhrmannscher Garten. Es gab einen Wachschutz, der nicht nur nach Recht und Ordnung schaute, sondern auch offensichtlich nicht zur feineren Gesellschaft gehörige Leute abwies. Im Park herrschte ein reges Treiben: Auf Anraten von Ärzten wurde geraucht, was das Zeug hielt, denn man war damals der Meinung, daß Tabak gegen die aufgrund mangelhafter hygienischer Umstände in der Stadt um sich greifende Cholera helfen würde. In Schänken und Cafés gab es alle möglichen Arten von Alkohol außer Bier, das als Bauerngetränk verpönt war. Mineralwasser für Frauen und kinderhütende Dienstmädchen war umsonst in der eigens eingerichteten Mineralwasseranstalt erhältlich.

Im Park, der heute natürlich allen offen steht, gibt es eine gern bespielte Freilichtbühne, die sich, wenn keine Veranstaltungen stattfinden, zu einem beliebten Treffpunkt der alternativen Szene entwickelt hat. Bis heute wird im Park Schach gespielt, in sowjetischer Zeit auch für Geld. Echte wie kommende Meister ihres Fachs ließen sich die Demonstration ihrer Kentnisse bezahlen.

Das Löwendenkmal im Park stammt wie der Brunnen vor der Oper von August Volz. Er war, bevor es die Laima-Uhr gab, der beliebteste Treffpunkt für Rendezvous. Im Winter gibt es im Park eine Eisbahn, und für die Kleinen gibt es im Sommer zahlreiche interessante Angebote wie Trampolins, Wasserbecken und mit Elektromotoren betriebene kleine Autos, die auch Vierjährige mehr oder weniger zielsicher zwischen den Passanten hindurchsteuern. An der Nordseite des Parks, entlang der Tērbates iela, gibt es den berühmten rund um die Uhr geöffneten Blumenmarkt.

Berga Bazārs (4)

Zwischen 1887 und 1900 wurden vom Immobilieninvestor Kristaps Bergs nur zu Fuß zu begehende Einkaufsarkaden angelegt, in denen Läden, Werkstätten und Wohnhäuser von der Hektik der Großstadt abgeschottet miteinander kombiniert wurden. In sowjetischen Zeiten verfiel der Berga Bazārs, wurde nach der Reprivatisierung aber aufwendig und wo noch möglich originalgetreu restauriert. Die Arkaden zählen heute in jeder Hinsicht zu den besten Adressen der Stadt. Neben Edelboutiquen findet sich hier auch das Stammhaus der Cafékette ›Gustav's Chocolate‹, wo es hervorragende Schokoladen-, Kuchen- und Eisspezialitäten gibt. Über eine Scheibe kann man sogar bei der Schokoladenproduktion zusehen, die Produkte wandern wenig später über die Ladentheke.

Das zentrale Gebäude der sich in viele Innenhöfe verzweigenden Arkaden ist ›Bergs Hotel‹, eine sehr schöne, mit viel Glas und edler Inneneinrichtung ausgestattete Unterkunft. Es gibt auf dem Gelände einige gute Restaurants. Am Ausgang zur Elizabetes existiert als Relikt aus alten Tagen das Programmkino und Café ›Andalusischer Hund‹. Es ist seit der wiedererlangten Unabhängigkeit ein beliebter Treffpunkt der nach Rīga immigrierten ausländischen Intellektuellen und der lokalen alternativen Szene.

Buchladen Jāņa sēta (5)

Die Fachbuchhandlung Jāņa Seta gehört zum gleichnamigen kartographischen Verlag. Dort gibt es alles, was der sich wirklich für das Land interessierende Tourist braucht: Kanuwanderkarten, Architekturführer, stadtgeschichtliche Werke, Bildbände und vieles mehr. Es gibt selbstverständlich auch den sehr zu empfehlenden Autoatlas mit Stadtplänen aller Städte und den fast schon zum Wandern geeigneten Detailkarten. Ohne dieses Standardwerk, das auch in anderen Buchläden zu bekommen ist, ist eine sichere Orientierung im eher mäßig ausgeschilderten Lettland eigentlich nicht möglich. In der K. Barona iela 5 kommt man zum Hauptgeschäft der Buchladenkette Jāņa Roze, in dem es eine reiche Auswahl an deutscher und englischer Literatur gibt. Nebenan, in der K. Barona iela 3, befindet sich das Museum für Krišjānis Barons. Er legte mit seiner Sammlung von Dainas die Grundlage für die Aufarbeitung der lettischen Kulturgeschichte vor dem 19. Jahrhundert.

Im Café ›Gustav's Chocolate‹ im Berga Bazārs

Kino ›Rīga‹ (6)

Die Elizabetes iela stadteinwärts in Richtung des Hochhauses des Hotels ›Latvija‹ passiert man das hinter einer häßlichen Betonfassade versteckte Kino Rīga. Innen gibt es einen sehr großen, eher einem Theater ähnelnden Saal und eine Inneneinrichtung aus dem Zeitalter des späten Jugendstil.

Hotel ›Latvija‹ (7)

1979 wurde das die Freiheitsstatue überragende Hotel ›Latvija‹ fertiggestellt, gewissermaßen als zentrale Herberge für den einer lichten Zukunft entgegen schreitenden Sowjetmenschen. Für den Bau mußte die historische Bebauung weichen, zu der auch sehenswerte Holzhäuser gehörten. In Henning Mankells Roman ›Hunde von Rīga‹ findet Kommissar Wallander im Hotel ein vorübergehendes Zuhause, doch wer den akkurat und realistisch beschriebenen Charme der mafiös durchdrungenen frühen 1990er Jahre sucht, wird nicht mehr fündig werden: 2001 wurde das Hotel von einer internationalen Kette in Rekordzeit renoviert. Von 17 Uhr bis in den frühen Morgen hinein hat die ›Sky Bar‹ im obersten Stockwerk geöffnet, in der es sehr gute Cocktails und einen tollen Blick über Rīga gibt.

Russisch-orthodoxe Kathedrale (8)

Zwischen Hotel ›Latvija‹ und Freiheitsstatue steht die große russisch-orthodoxe Kathedrale. Sie entstand zwischen 1876 und 1884 nach Entwürfen des Architekten Robert Pflug. Die mit der zaristischen Politik eng verwobene russische Staatskirche profitierte von der Russifizierungspolitik des späten 19. Jahrhunderts, und in den Bau der Kathedrale wanderte ein heute unbekannter Millionenbetrag aus der Staatskasse. Sicher ist, daß allein die Glocken 260 000 Rubel kosten – was damals richtig viel Geld war. Die im neubyzantinischen Stil errichtete Kirche hat fünf Kuppeln, die Hauptkuppel erhebt sich bis in 45 Meter Höhe. Innen wurde die Kirche reich ausgestattet: Ikonen und Heiligenbilder stammten von Meistern, die an der Akademie in Petersburg lehrten, es gab drei Altäre und eine prächtiges Fresko an der Decke. In den 1960er Jahren litt das Interieur erheblich, als die Sowjetmacht beschloß, die wichtigste russisch-orthodoxe Kirche Rīgas zu säkularisieren: Damit das werktätige Volk die richtige Bildung mit auf den Weg bekam, wurde die Kathedrale zu einem Planetarium nebst angegliedertem ›Haus der Wissenschaften‹ umgebaut, in dem die Errungenschaften sowjetischer Technik und des Sozialismus präsentiert wurden. Es wurden Zwischendecken eingezogen; in den oberen Stockwerken entstanden Büros. Seit Mitte der 1990er Jahre finden umfangreiche Renovierungsarbeiten statt, und es gibt wieder sehenswerte Ikonen und Altäre. Auch weil die staatlichen Gelder Lettlands für die Renovierung der russischen Kirche knapp bemessen sind, gibt es Spendenaufrufe zu ihrer Erhaltung.

Typisches Straßenbild des Boulevardrings

Von der Kathedrale aus stadteinwärts liegen rechts die Parkanlagen der Esplanade, in deren oberem Teil sich heute ein ständiger Markt mit Souvenirläden und
Imbissen unterschiedlicher Nationalitäten befindet. Als es mit der Versorgung mit
Nahrungsmitteln nach Mißernten in den Jahren 1601 bis 1603 nicht gut aussah,
ließ der Rīgaer Stadtrat hier Eßbares an all diejenigen verteilen, die außerhalb der
Stadtmauern lebten. 1901, zum 700jährigen Stadtjubiläum, fand auf dem einzigen
noch leeren Platz des Boulevardrings eine große Leistungsschau des Handwerks und
der Industrie statt. Für Jānis Rainis, seines Zeichens wichtiger lettischer Dichter,
überzeugter linker Sozialdemokrat und Propagandist eines unabhängigen Lettland,
wurde 1965 ein ganz besonderes Denkmal errichtet: Seine Statue wurde aus kareli-
schem Granit gehauen, die Platten rund um das Denkmal sind ukrainischer Granit,
und dank des soliden Gesteins geriet das Ganze dann doch noch zu einem den
Grund und Boden des Sowjetmenschen verherrlichenden Gesamtkunstwerk. Am
11. September jedes Jahres werden dort die lettischen Tage der Poesie eröffnet.

Kunstakademie (9)

An der Nordwestseite der Esplanade steht das neugotische Gebäude der lettischen
Kunstakademie, deren Haupfassade sich an der norddeutschen Backsteingotik orientiert und auch einige Jugendstilelemente aufweist. Das 1905 fertiggestellte Gebäude
ist ein Werk von Ludwig Bockslaff, hinter der klar gegliederten Fassade liegen die
dreifenstrigen Hörsäle und Ateliers. Dort fanden von der Zwischenkriegszeit an
auch immer wieder wilde Feste statt, die zunächst dem bürgerlich-protestantischen
und später dem realsozialistischen Zeitgeist widersprachen. Wichtig für die neuere
Entwicklung der lettischen Kunst war Otto Skulme, der unter Chruschtschow zum
Direktor der Akademie berufen wurde. Als bedeutender Künstler der Ersten Lettischen Republik sah er den sozialistischen Realismus eher als Pflichtübung, öffnete
die Akademie internationalen Strömungen und legte mit seiner liberalen Politik letztlich die Grundlage für die heute so interessante zeitgenössische lettische Kunst.

Staatliches Kunstmuseum (10)

Das massiv wirkende Gebäude des Staatlichen Kunstmuseums wurde von Wilhelm
Neumann entworfen und wirkt mit dem antike Figuren darstellenden Fries über
den Säulen und einer pompösen Eingangshalle mit barocken Elementen etwas
schwerfällig. Ein Schwerpunkt der ständigen Ausstellung ist die Kunst der Ersten
Lettischen Republik, es gibt aber auch schöne impressionistische Bilder und interessante Wechselausstellungen zeitgenössischer Kunst.

Elizabetes iela

In der recht langen, zum Passagierhafen führenden Elizabetes iela stehen viele herausragend schöne Jugendstilhäuser, die unmöglich alle in diesem Reiseführer beschrieben werden können. Wer sich intensiver mit Architektur im allgemeinen und Jugendstil im besonderen beschäftigen möchte, dem seien die Bücher des führenden lettischen Architekturhistorikers Jānis Krastiņš empfohlen, die zu einem großen Teil auch auf deutsch oder englisch erhältlich sind.

In den repräsentativen Bauten der Elizabetes iela haben sich heute nicht weniger repräsentative Firmen und Institutionen niedergelassen. Die mehrstöckigen Häuser mit ihren prächtigen Fassaden wurden fast alle schön renoviert, was man von vielen Jugendstilhäusern der Nebenstraßen leider nicht behaupten kann. Vertreten sind alle Richtungen des Historismus und des Jugendstil: Man sieht charakteristisch gegliederte, meist vertikal strukturierte und etwas düster wirkende Fassaden mit Ladengeschäften im Erdgeschoß und einfachen Wohnungen darüber. Es gibt eindeutig für hochherrschaftliche Besitzer und Firmen gestaltete Häuser mit Atlanten, die Balkone tragen, oder solche mit Giebeln und Türmchen, die an die Architektur der Gutshöfe erinnern. Eine spezifisch lettische Richtung des Jugendstils zitiert Themen der lettischen Mythologie und der traditionellen Holzarchitektur.

In der zweiten Hälfte des 19. Jahrhunderts gab es in Rīga einen unglaublichen Boom in der Baubranche: Grundstückseigentümer, Spekulanten und zunehmend

Das Gebäude in der Elizabetes iela 10 stammt von Michail Eisenstein

Schmuck in einem Treppenhaus

auch Kaufleute investierten in den Bau der für die Neustadt vorgesehenen mehrstöckigen Gebäude, in denen etwa 10 Prozent repräsentative Wohnungen und 90 Prozent einfache Zwei- bis Dreizimmerwohnungen entstanden, die für das in die Stadt strömende und beengt untergebrachte Industrieproletariat gedacht waren. Die Innenausstattung regelnde Bauvorschriften gab es nicht viele, und der Umgang mit den Mietern war weitgehend der Willkür der Besitzer überlassen. Etwa 40 Prozent der Bebauung der Rīgaer Neustadt entstand um die Jahrhundertwende, was bedeutet, daß jedes dritte Haus ein Jugendstilhaus wurde.

Die 1903 fertiggestellte Häuserzeile der Elizabetes iela 10 stammt von Michail Eisenstein, dessen Werk für den lettischen Jugendstil eigentlich eher untypisch ist, der aber hier und in der Alberta die bekanntesten Jugendstilbauten der Stadt hinterlassen hat. Charakteristisch für seinen Baustil sind ein überreicher Fassadenschmuck, eine originale Farbgebung und die Verwendung von für den Jugendstil typischen Bauformen wie Omega-Fenstern. Michail Eisenstein war Vater des in Rīga geborenen Filmregisseurs Sergej Eisenstein, der während des Ersten Weltkriegs nach Moskau floh. Er lernte an der Regieschule von Wsewolod Meierhold und schuf mit ›Panzerkreuzer Potemkin‹ (1925) einen der einflußreichsten Filme der Filmgeschichte.

Michail Eisenstein und die Alberta iela

Die Gebäude Alberta iela 2, 4, 6, 8 und 13 stammen alle von Michail Eisenstein. An den Fassaden spiegeln Ornamentik und Bauplastik die Epochen europäischer und außereuropäischer Kunstgeschichte: Figuren, Halbfiguren und Masken erinnern an die antike Götter- und Sagenwelt, die Ornamentik der Volkskunst wird zitiert, und Löwen sind am Dachfirst und unter Fenstern zu sehen. An Sphinxen und Drachen vorbei führt der Weg zu den Eingangstüren. Ausgiebig bedient sich Eisenstein aus der Schatztruhe historischer Bauplastik, und über die ursprüngliche Bedeutung all seiner Formen und Figuren wird er wohl selbst nicht immer Bescheid gewußt haben. Bei der Fassadengestaltung nahm der Architekt wie selbstverständlich auch die seinerzeit aktuellen europäischen Architekturzeitschriften zur Hand: Die blauen Kacheln am Haus der Alberta 2a erinnern stark an das von Olbrich in Darmstadt errichtete ›Blaue Haus‹. Die für den Jugendstil so typischen Omega-Fenster, rhythmisch angeordnete Fensteröffnungen, rein dekorativ verwendete, einfache geometrische Formen und florale Muster zitieren Elemente des Wiener Sezessionsstils. Beim Entwurf ging Eisenstein von einer in sich schlüssigen Gestaltung der Fassade aus, um die Innenräume anschließend dieser Vorgabe anzupassen. Das Haus wurde, im Gegensatz

zum der Moderne vorgreifenden späteren Jugendstil, noch von außen nach innen geplant.

Welche Bedeutung der Gestaltung der Fassade beigemessen wurde, zeigt sich besonders deutlich am Mietshaus der Alberta iela 2a: Das obere Geschoß ziert ein weiteres, falsches Stockwerk, durch dessen Fensteröffnungen der Himmel zu sehen ist – eine Galerie für Masken, Ornamente und dekorative Plastik ohne architektonische Funktion im engeren Sinn. Hinter den so unterschiedlichen Frontansichten der Häuser Alberta iela 2–8 verstecken sich identische Grundrisse in Form eines ›U‹. Aus feuerschutztechnischen Gründen notwendige Durchfahrten führen durch die Straßenfront in schmucklose, von grauen Ziegelwänden gesäumte Innenhöfe. Hier lagen Küchen, Dienstbotenzimmer und einfache, enge und dunkle Wohnungen. Wer sich auf der Sonnenseite des Lebens befand, erreichte sein lichtdurchflutetes Domizil über ein der Straße zugewandtes Treppenhaus, dessen aufwendige Gestaltung ganz der Fassade entsprach. Links und rechts der Durchfahrt führte eine Treppe in ein über der Hofeinfahrt gelegenes, reich geschmücktes Vestibül, das in jedem der Häuser anders aussah: Während Säulen und Wände des fast ganz in blau gehaltenen Eingangsbereichs der Hausnummer 2a mit stilisierten floralen Mustern und geometrischen Ornamenten geschmückt waren, sind im in gedecktem Rot gehaltenen Vestibül

Jugendstilfenster in Form eines Omega

des Nachbargebäudes romantisierende Frauenmasken zu sehen.

Wände und Decke des eigentlichen Treppenhauses zieren Bänder mit sich stetig wiederholender Ornamentik, und immer wieder tauchen die gleichen stilisierten pflanzlichen Motive auf. Parallel zur Fensterfront zog sich in den Wohnungen des gehobenen Bürgertums eine Zimmerflucht, hinter der ein geräumiger Salon und die Diele als Empfangsraum lagen. In den Seitenflügeln lagen die Schlafräume, und von der ebenfalls in Richtung Hinterhof gelegenen Küche mit den angrenzenden Dienstbotenzimmern führte die sogenannte ›schwarze Treppe‹ in den Hof. Man empfand es damals als nicht zumutbar, daß Bedienstete und Herrschaft das

gleiche opulent ausgestattete Treppenhaus benutzen sollten.

Eine wirklich funktionell orientierte Innenarchitektur gibt es bei Eisenstein nicht, sein künstlerisches Werk reicht bis an die Wohnungstür, aber nicht dahinter. Der zentralen Idee des Jugendstil, dessen Credo es war, in Architektur und Wohnwelt Form und Funktion zusammenzuführen, steht seine Baupraxis denkbar fern. Doch man muß zugestehen, daß die kunstvoll arrangierten und harmonisch aufeinander abgestimmten Fassaden des Straßenzuges das Werk eines herausragenden Architekten sind, den es im westlichen Europa wiederzuentdecken gilt.

Alberta iela (II)

Neben der Altstadt ist die Alberta iela Rīgas wichtigste Touristenattraktion, doch die Gebäude sind heute in einem bemitleidenswerten Zustand. Anfang der 1990er Jahre, vor der Reprivatisierung, waren die Fassaden nahezu makellos. Ein Theorie für die Unterlassung der dringend notwendigen Renovierungs- und Instandhaltungsarbeiten ist, daß die Eigentümer nicht genügend Kapital hätten, um diese in Angriff zu nehmen: Es gäbe in Rīga eine Mietpreisbindung, und die in den Gebäuden wohnenden Mieter würden eben nach wie vor sehr niedrige Mieten zahlen, die sich am Preisniveau vor der Reprivatisierung orientieren. Eine andere Vermutung ist, daß die Besitzer auf einen potenten Investor spekulieren, etwa eine internationale Hotelkette oder einen architekturbegeisternen Milliardär, der ihnen alles abkauft. Sicher ist, daß sich die Gebäude in beschleunigtem Verfall befinden: Immer wieder werden Fenster eingeworfen und ganze Gebäude stehen vollständig leer. Vor den traurigen Fassaden sieht man immer mehr verwunderte und enttäuschte Touristen, die alte Fotos aus ihren Reiseführern betrachten, Vergleiche anstellen und ihre eigenen Theorien aufstellen. In den Werbebroschüren über Rīga kommen die Häuser praktisch nicht mehr vor, weil man schöne alte Fotos nicht mehr guten Gewissens publizieren kann.

Neben den Bauten Michail Eisensteins ist vor allem das Haus Alberta iela 12 interessant, das 1903 nach Plänen der lettischen Architekten Konstantin Pēkšēns fertiggestellt wurde. An den Eklektizismus erinnern noch Erker, Balkone, Balustraden und Loggien, die Stile von der deutschen Spätrenaissance bis zum französischen Manierismus zitieren. An den Giebeln wurde Holz als Baumaterial verwendet. Geometrische Ornamente und stilisierte Darstellungen von Tieren und Pflanzen greifen Motive der Volkskunst und der traditionellen lettischen Holzarchitektur auf. So entstand ein einzigartiges Stilgemisch, daß deutschbaltische und lettische Bautraditionen nebeneinander existieren läßt, und das in gewisser Hinsicht der später so poulär werdenden Jugendstilrichtung der Nationalen Romantik vorgriff. Zunächst wohnten hier die Architekten selbst, doch das Dachgeschoß war von Anfang an als

Verfall in der Alberta iela

Atelierwohnung für Jānis Rozentāls, den bekanntesten lettischen Maler der Jahrhundertwende, konzipiert. In seinem heute als Museum dienenden Atelier stehen zwischen Gemälden vom Künstler selbst gestaltete Jugendstilmöbel: ein Toilettentischchen mit weiß-blauer Garnitur, Vitragen, Staffeleien, Stühle und ein Schreibtisch. An die für den gesamten Jugendstil so wichtige japanische Kultur erinnern ein fernöstlicher Ästhetik nachempfundener Schirm und ein großer Gong, der zwischen 1904 und 1914 bei den Rozentāls regelmäßig vor den Mahlzeiten ertönte. Danach sollte das Haus noch viele unterschiedliche Nutzungsformen erfahren: 1941 wurde es unter sowjetischer Besatzung verstaatlicht. Viele ehemalige Bewohner wurden deportiert, und an ihrer Stelle zogen sowjetische Offiziere und hohe

Manche Häuser konnten bereits renoviert werden

Parteifunktionäre ein. 1959, im Zuge der gezielten Ansiedlung von Fremdarbeitern, wurden die großen herrschaftlichen Wohnungen in Gemeinschaftswohnungen umgewandelt. Jeder Raum wurde nun von einer Familie bewohnt, Küche und Bad wurden gemeinsam genutzt. In den 1970er Jahren bestanden Pläne, durch Zwischenwände kleinere und abgeschlossene Einheiten zu schaffen, doch hierfür fehlte in der sowjetisch besetzten Metropole das Geld. Das Haus erhielt aber ein Dach aus Zinkblech, das die alte Dachbedeckung mit ihren roten Ziegeln ersetzte. Diese und andere ›Renovierungen‹, wie die Übermalung vieler Bilder und Ornamente im aufwendig gestalteten Treppenhaus, der Einbau neuer Türen sowie über Putz verlegte Leitungen fügten einem der wichtigsten Jugendstilhäuser der Stadt schweren Schaden zu. Im Sommer 2005 fanden Bauarbeiten im Rahmen des Rückbaus in den Originalzustand statt, und das Museum wird auch bald wieder geöffnet haben.

Kronvalda-Park (12)

Dem Jugendstilviertel gegenüber liegt der Kronvalda-Park. Das vor den Befestigungsanlagen liegende, unbebaute Gelände wurde im frühen 19. Jahrhundert dem Deutschen Schützenverein geschenkt – und zwar nicht von der Stadt, sondern von

Zar Alexander II. höchstpersönlich. Ab 1864 verlangte der Verein Eintrittsgeld für den Besuch der eingezäunten ›Vogelwiese‹, wo die Gäste mit Pfeil und Bogen auf hölzerne Vögel schossen, die auf hohen Stangen angebracht worden waren. Anläßlich der großen industriellen Leistungsschau zum 700jährigen Stadtjubiläum wurde 1901 auf der weitgehend brachliegenden Fläche rechts des Kanals die Altstadt Rīgas als begehbares Modell nachgebaut. Über eine Brücke war auf der linken Kanalseite nicht etwa ein Modell der Vorstadt Pardaugava zu erreichen, sondern Miniaturen venezianischer Architektur samt den dazu gehörigen Gondeln. Im gleichen Jahr fanden die ersten Filmvorführungen statt: Morgens wurden Passanten auf Zelluloid gebannt, die sich am gleichen Abend auf der Leinwand selbst bewundern konnten. 1933 wurde der Deutsche Schützenverein enteignet, und es entstanden die heutigen Parkanlagen. An die Industrieausstellung des Jahres 1901 erinnert noch ein schöner Pavillon. Am südlichen Ende des Parks steht die 12 000 Menschen fassende Kongreßhalle. An ihr vorbei geht es rechts die K. Valdemāra entlang zum Nationaltheater.

Nationaltheater (13)

Gegen Ende des 19. Jahrhunderts wurde unter der Zarenherrschaft der Ruf nach einem eigenen russischen Theater laut, und so entstand 1902 ein neobarockes russisches Theaterhaus, das später zum Lettischen Nationaltheater werden sollte. Seine Innenausstattung enthält auch Jugendstilelemente. Schon vor dem Ersten Weltkrieg führte der Verein der Rīgaer Letten dort erste Vorstellungen durch. Nach dem Rückzug der Deutschen Armee wurde am 18. November 1918 vom Balkon des Theaters die Unabhängigkeitserklärung der Ersten Lettischen Republik verlesen. Seit Ende 1919 trägt das Theater den Namen Nationaltheater. Es ist neben dem progressiveren Neuen Theater (Jaunais Rīgas teātris) in der Tērbatas iela die wichtigste Bühne Rīgas. Auf der dem Theater gegenüberliegenden Straßenseite führt die Jēkaba iela in die Altstadt; sie endet direkt auf dem Domplatz.

Pardaugava

Von der Altstadt führte bis 1896 eine stark frequentierte Pontonbrücke zum anderen Ufer das Daugava, in eine andere Welt: Keine Spur mehr von mittelalterlicher Architektur oder mehrstöckigen Gebäuden mit prächtigen Fassaden. Hier wohnte jahrhundertelang die einfachere Bevölkerung, mehrheitlich Letten, in zweistöckigen Holzhäusern. Viele davon stehen heute noch. Ab dem frühen 19. Jahrhundert begannen sich Einflüsse der städtischen Architektur mit denen der traditionellen

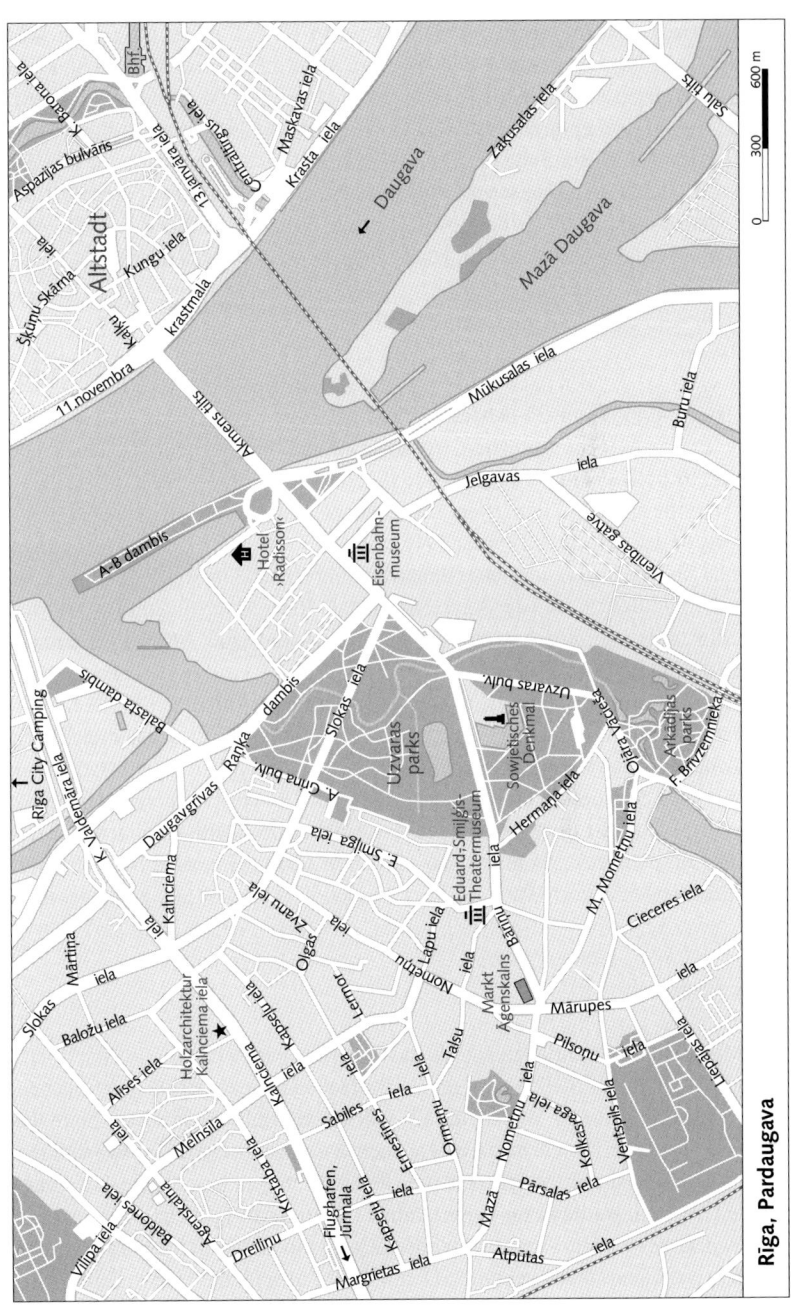

Riga, Pardaugava

Holzbauweise zu vermischen, und so findet man Häuser, deren Holzarchitektur eindeutig von Neoklassizismus und Neobarock beeinflußt ist. Im Zentrum von Āgenskalns gibt es einen schönen und belebten Markt. Die Produktpalette ist nicht so breit wie auf dem Zentralmarkt, die Lebensmittel sind qualitativ jedoch oft sogar noch besser. Auf dieser Seite der Daugava gibt es Parkanlagen, die zwar weniger exotische Baumarten aufweisen als die innerstädtischen Parks, dafür aber deutlich mehr Platz bieten. Nach Pardaugava fahren die Straßenbahnlinien 4, 5, 10, eine Haltestelle befindet sich an der 13. janvara iela, in der Nähe des Bahnhofes.

Uzvaras-Park

Der Uzvaras-Park ist mit 37 Hektar der größte Park der Stadt. Wenn man sich ihm von der Brücke Akmens tilts nähert, trifft man auf ein 79 Meter hohes Denkmal: Die ›sowjetische Freiheitsstatue‹ Rīgas wurde 1985 eingeweiht und sollte das Original in der Stadtmitte an Höhe übertreffen. Das Denkmal selbst wurde an genau der Stelle errichtet, an der sich am 3. Februar 1946 ein denkwürdiges Ereignis zutrug: Sieben führende Nationalsozialisten, unter ihnen der Führer der SS im Reichskommissariat Ostland, Ernst Jeckeln, und der Stadtkommandant Rīgas, Oberleutnant Ruf, wurden genau hier unter reger Zuschauerbeteiligung öffentlich gehenkt. Am Morgen danach wurden die Leichen, denen über Nacht die Stiefel abhanden gekommen waren, Schulklassen vorgeführt. Die Statue ist weiten Teilen der Rīgaer Öffentlichkeit als weithin sichtbares Zeichen sowjetischer Okkupation verhaßt, aber man ist sich natürlich auch bewußt darüber, daß viele russische Soldaten bei der Befeiung Rīgas vom Nationalsozialismus ihr Leben ließen. Immer wieder finden am Denkmal Demonstrationen zur Wiederherstellung der UdSSR statt. 1996 versuchten nationallettische Extemisten das Denkmal zu sprengen und kamen dabei selbst ums Leben. Hinter der Statue beginnt der oft fast menschenleere Park mit Seen, kleinen Waldstücken und Liegewiesen.

Markt Āgenskalns

Der Markplatz in Āgenskalns gilt als das Zentrum Pardaugavas. Ein Marktplatz befand sich an dieser Stelle schon immer, worauf schon das sternförmig abgehende Straßennetz hinweist. Bereits im 13. Jahrhundert gab es auf dieser Seite der Daugava Siedlungen von deutschen Mönchen, Kaufleuten und ihren Angestellten. Sie löschten und sortierten ankommende Schiffsladungen, bevor diese in die enge Altstadt gebracht wurden. Aus diesen frühen Jahren ist nichts mehr erhalten, denn Pardaugava wurde unter russischer Herrschaft angesichts der heranrückenden Truppen Napoleons niedergebrannt. Dem sich der Altstadt nähernden Feind sollte jede Deckung genommen werden. Im 19. Jahrhundert entstanden auf nun leerem Grund und Boden die charakteristischen zweistöckigen Holzhäuser. 1911 begann man damit, dem Zentrum der Vorstadt ein neues Gesicht zu geben: Nach Plänen von Reinhold Schmaeling, einem der bedeutenden Jugendstilarchitekten Rīgas, entstand die neue Markthalle. Der teilweise mit Gips verputzte rote Ziegelsteinbau ist ein schönes Beispiel für den rationalen Jugendstil, bei dem der Zweck des Gebäudes bis in die Fassadengestaltung hinein die Raumaufteilung bestimmt. Schon nach wenigen Metern sieht man in den vom Markt abgehenden Straßen das typische Stadtbild der Vorstadt. Diese Seite der Daugava war immer lettisch, und halb im Ernst behaupten viele Bewohner, daß Pardaugava immer eine von Rīga unabhängige Stadt gewesen sei. In seinen Werken hat Ojars Vācietis, einer der bedeutendsten lettischen Schriftsteller, dem Lebensgefühl seiner Nachbarn eine literarische Form gegeben.

Eduards-Smiļģis-Theatermuseum

Eine Straße östlich vom Markt befindet sich in der Smiļģa iela 37/38 das lettische Theatermuseum, in dem auch Veranstaltungen stattfinden. Das Museum zeigt neben der lettischen Theatergeschichte Leben und Werk des Regisseurs Eduards Smiļģis, der ab 1906 inszenierte und vielen als der bedeutendste Theaterregisseur Lettlands gilt. Smiļģis war Schauspieler und als Suchender nach neuen Darstellungsformen einer der Mitbegründer des Dailes-Theaters, der in der Zwischenkriegszeit innovativsten Bühne der Stadt. Es gelang ihm, sich mit der sowjetischen Zensur zu arrangieren, was ihn nicht daran hinderte, sich ab und an in der Öffentlichkeit auch Orden und Auszeichnungen aus der Zeit der Ersten Lettischen Republik ans Revers zu heften.

Eduards Smiļģis, Lilita Bērziņa und Elvīra Bramberga – Theatergrößen der 1920er Jahre

Arkādijas-Park

Der Arkadijas-Park ist eines der beliebtesten Ausflugsziele auf dem Rīgaer Stadtgebiet. Es gibt einen sich pittoresk windenden Bach, mehr als 60 verschiedene
Baumarten, Springbrunnen, Restaurants und Kinderspielplätze. 1988 und 1989
führten oppositionelle Gruppen der Umweltschutzbewegungen an der Freilichtbühne politische Veranstaltungen mit mehreren tausend Teilnehmern durch. Der
Protest richtete sich vordergründig gegen den Bau einer Metro in Rīga; eigentlich
ging es aber um die Ablösung Lettlands von der Sowjetmacht.

Kalnciema iela

Wer über die Krišjānis Valdemara das Zentrum verläßt, erreicht auf der anderen Seite
der großen Brücke die Kalnciema iela. Sie war immer eine bedeutende Ausfallstraße
in Richtung Süden. Ab Mitte des 19. Jahrhunderts entstand dort ein einzigartiges
Ensemble klassizistisch inspirierter Holzarchitektur; insgesamt 23 Häuser sind erhalten. Man sieht klar gegliederte Fassaden, der antiken Architektur nachempfundene
Säulen und viele Fassadendetails, die man sonst eher in weißen Stein gemeißelt
sieht. Noch im frühen 20. Jahrhundert herrschte in der Straße ein reges Treiben. In
den Erdgeschossen gab es Ladengeschäfte mit großen Schaufenstern, und Händler
unterschiedlicher Nationalitäten boten ihre Waren an. Die in der Straße gelegenen
Häuser hatten Vorgärten, und große Bäume sorgten für ein ländliches Straßenbild.

Vorstädtische Holzarchitektur an der Kalnciema iela

Die Tatsache, daß die Kalnciema heute eigentlich eine autobahnähnliche Straße ist, konnte die Investoren von Berga Bazārs nicht davon abhalten, umfangreiche Renovierungspläne ins Auge zu fassen. Falls sie zustandekommen, werden alle vom Flughafen nach Rīga hereinfahrenden Autofahrer renovierte, prächtige Fassaden von Holzhäusern sehen, bevor sie die Kulisse der Altstadt am anderen Ufer entdecken.

Die Moskauer Vorstadt

An ihrem Ende mündet die Elias iela in die Maskavas iela. Diese führt auf der anderen Seite der vielbefahrenen Lāčplēša iela ins Zentrum der Moskauer Vorstadt. 1667 hatte der Moskauer Patriarch Reformen in Praxis und Verwaltung der russich-orthodoxen Kirche durchgeführt, die vielen Gläubigen nicht mehr als der rechte Glauben erschienen, und es kam zur Kirchenspaltung. Die sogenannten Altgläubigen wurden verfolgt, und viele von ihnen gingen nach Rīga ins Exil. Sie siedelten nahe dem Stadtzentrum, und sie waren es, die die aus dem russischen Reich kommenden Schiffsladungen löschten. Mit der Zeit kamen Handwerker und andere Berufsgruppen nach. Vor den Toren Rīgas entstand nach und nach eine russische Vorstadt. Es gab orthodoxe Feste statt der christlichen, Berufe und Wertvorstellungen waren ganz andere. An den traditionellen Holzhäusern haben sich bis heute für die russische Kultur typische Ornamente und Farbgebungen erhalten.

Akademie der Wissenschaften

Die 1958 fertiggestellte Akademie der Wissenschaften ist ein Hochhaus im stalinistischen Zuckerbäckerstil, wie es in vielen anderen ehemaligen Sowjetrepubliken zu sehen ist. Die Finanzierung des Gebäudes hat eine ganz besondere Geschichte: In der unmittelbaren Nachkriegszeit waren die verstaatlichten Betriebe noch nicht in der Lage, die Versorgung der Bevölkerung mit Gütern des täglichen Bedarfs zu gewährleisten. Man setzte daher auf begrenzte Eigeninitiative und führte, in erster Linie für das Handwerk, unabhängig von der Planwirtschaft produzierende Produktionsgenossenschaften ein. In den 1950er Jahren beschloß man, diese eher nachfrageorientierten Betriebe in die Planwirtschaft einzubinden, und Rücklagen wie Produktionsmittel gingen in staatlichen Besitz über. Die so erzielten Profite wurden in den Bau eines Hochhauses gesteckt, das den sowjetischen Kolchosebauern verherrlichen und ihm einen Ort mitten in der großen Stadt geben sollte. Später merkte man, daß der sowjetische Kolchosebauer kein vielstöckiges Hochhaus brauchte, und schenkte es der Akademie der Wissenschaften. Noch heute befinden sich dort zahlreiche wissenschaftliche Institute; die meisten von ihnen haben die

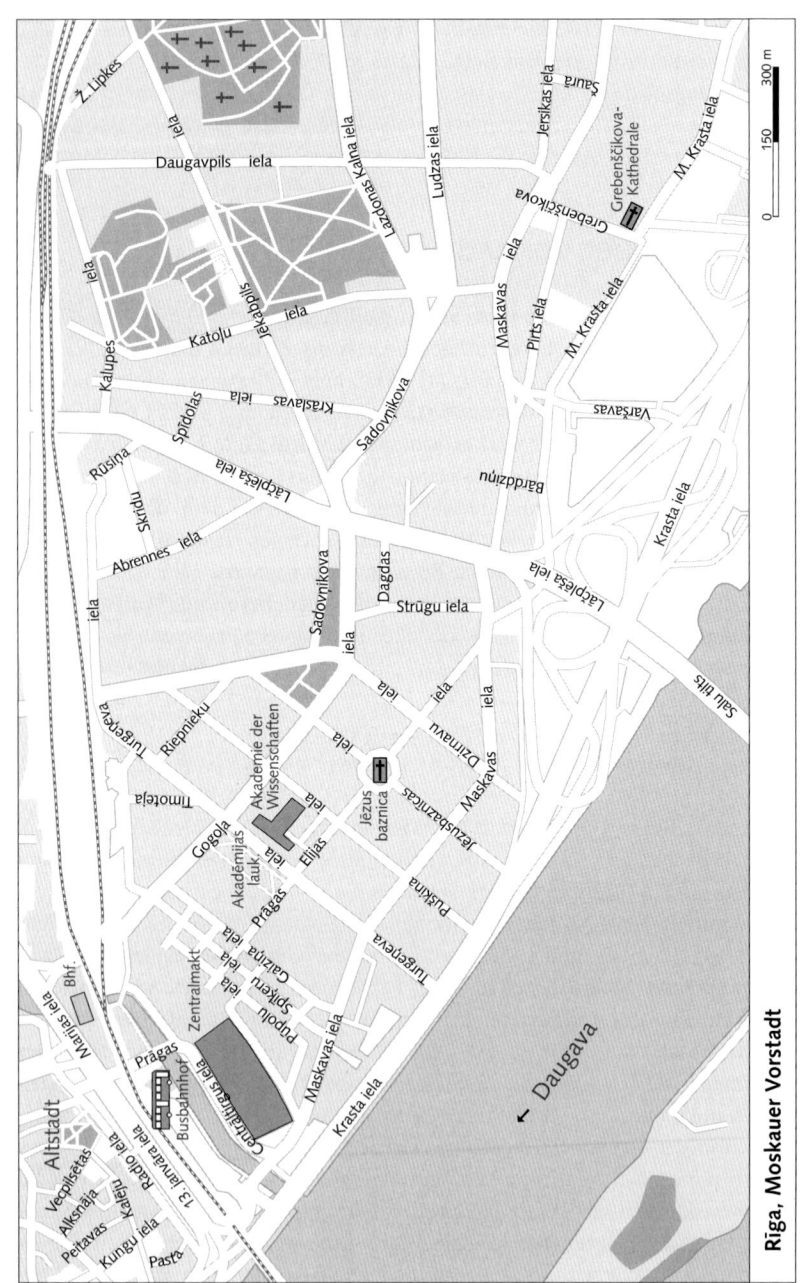

Riga, Moskauer Vorstadt

Transformation von der sowjetischen
geprägten Form der Wissenschaft in die
Gegenwart vollzogen.

Jēzus baznica

Die protestantische, 1822 fertiggestellte,
klassizistische Kirche hat einen dreige-
schossigen, 37 Meter hohen Kirchturm
und ist damit das höchste Holzgebäu-
de Lettlands. Schon 1638 wurde unter
schwedischer Herrschaft an der gleichen
Stelle eine protestantische Kirche errichtet, deren Ziegel allesamt aus Lübeck
über die Ostsee nach Rīga geschifft worden waren. Während des schwedisch-russischen Krieges lagerten die Schweden in
der Kirche Waffen und Munition, und
nachdem die Russen die Stadt eingenom-

*Die Akademie der Wissenschaften im
Stil des sowjetischen Klassizismus*

men hatten, sprengten sie alles in die Luft. Eine an gleicher Stelle errichtete Kirche
wurde 1710 durch zaristische Truppen niedergebrannt, und der danach errichtete
Neubau wurde angesichts der anrückenden napoleonischen Armee 1812 in Brand
gesteckt. Dank einer Partnerschaft mit einer Bremer Kirchengemeinde werden in der
Jēzus baznika heute auch Gottesdienste in deutscher Sprache gehalten.

Grebenščikova-Kathedrale

Das spirituelle Zentrum der Moskauer Vorstadt ist die mit Abstand schönste rus-
sisch-orthodoxe Kirche Rīgas. Sie ist schon von weitem an ihrer goldenen Kuppel zu
erkennen. 1810 spendete der reiche Kaufmann Alexander Grebenščikov einen stattlichen Betrag für den Bau einer seiner großen Glaubensgemeinschaft angemessenen
Kirche, die 1814 fertiggestellt wurde. Sie wurde auch zum kulturellen und sozialen
Zentrum: Eine mit Werken ab dem 16. Jahrhundert ausgestattete Bibliothek, soziale
Einrichtungen wie Waisenhäuser und Krankenhäuser, und auch Schulen waren der
Kirche unterstellt. Im Innenraum befanden sich die wertvollsten Ikonen Rīgas; die
ältesten stammten aus dem 15. Jahrhundert. 1906 wurden unter Leitung des Architekten Schmaeling Umbauten an der Kirche in Angriff genommen; aus dieser Zeit
stammen der byzantinische Glockenturm und andere Jugendstilelemente.

Das ehemalige Rīgaer Ghetto

Nördlich der Maskavas iela und westlich der Lāčplēša iela wurde 1941 von den Nationalsozialisten das Rīgaer Ghetto eingerichtet. In Lettland gab es immer eine jüdische Minderheit. Es gab jüdische Theater, Kultureinrichtungen und Synagogen. Das autoritaristische Lettland unter Kārlis Ulmanis war einer der wenigen europäischen Staaten, der nach 1933 bereit war, verfolgten Juden aus anderen Ländern Europas die Staatsbürgerschaft anzubieten. Am 25. Oktober 1941 wurde die noch etwa 30 000 Menschen umfassende jüdische Bevölkerung Rīgas von den Nationalsozialisten gezwungen, ins jüdische Ghetto zu ziehen. Zuvor hatten überall in der Stadt willkürliche Erschießungen stattgefunden, wobei bereits mehr als 10 000 Juden ermordet wurden. Nach ihrer Enteignung sollten die verbliebenen Juden innerhalb des Ghettos ihren Gewerben nachgehen. Für die gefertigten Produkte erhielten sie von den Deutschen als Entlohnung kein Geld, sondern knapp bemessene Nahrungsmittelrationen. Kein Bewohner durfte mehr als vier Quadratmeter Wohnfläche belegen. Das relativ große Ghetto wurde mit einem doppelten Stacheldrahtzaun gesichert; außen patrouillierten mit den Nationalsozialisten kooperierende lettische Schutzmannschaften. Das von Reichskommissar Hindrik Lohse eingerichtete Ghetto sollte soviel Profit wie möglich abwerfen. Wenige Tage nach Einrichtung des Ghettos berief Himmler den Reichskommissar in Ostland, Friedrich Jeckeln, nach Rīga. Jeckeln, der bereits die systematische Tötung von 300 000 ukrainischen Juden durchgeführt hatte, sollte sich nun auch in Rīga um die ›Endlösung‹ kümmern. Die Bewohner des Ghettos wurden dazu aufgefordert, sich am 30. November 1941 um 6 Uhr morgens zur ›Umsiedlung‹ bereit zu halten. An der Lāčplēša iela beginnend, trieben ab 7 Uhr SS und lettische Schutzmannschaften mehr als 15 000 Menschen aus dem Ghetto: Angehörige der SS schossen mit Maschinengewehren in die Menge, mit Peitschen versuchten lettische Schutzmannschaften, das Tempo des Zuges zu beschleunigen. Durch die ausbrechende Panik wurden mehrere hundert Menschen, vor allem Alte, Kinder und Kranke, zu Tode getrampelt. Ziel des Zuges waren die schon ausgehobenen Massengräber im nahegelegenen Wald bei Rumbula. An den Gruben standen zwölf Schützen der SS. Den Juden wurde befohlen, sich zu zwölft nebeneinander in die Gräber zu legen, woraufhin sie mit einem gezielten Kopfschuß getötet wurden. Die nächsten Opfer wurden dazu gezwungen, sich auf die Leichen legen, bevor sie das gleiche Schicksal ereilte. Am 8. Dezember fand eine zweite Massenerschießung statt. Zwischen 25 000 und 30 000 Menschen wurden auf diese Weise exekutiert.

Die Gartenstadt Mežaparks

Angesichts überfüllter Stadtzentren wurde 1898 von dem Briten Sir Ebenezer Howard die Idee von Gartenstädten aufgebracht: Inmitten parkähnlich durchgeplanter Landschaften sollten stadtnahe Siedlungen von Einfamilienhäusern entstehen. Schneller als auf der Insel setzte man in Lettland diese Idee in die Tat um, und schon im Jahr 1900 wurde vom Ufer des Ķīšezers aus durch hügeliges Terrain eine Straße durch den Wald gezogen. Der Wald wurde stadtplanerischen Ideen angepaßt, und bald standen zwischen den Bäumen auch schon die ersten Villen. Die Häuser durften nicht höher als zwölf Meter sein, und zwischen den Grundstücken durften keine Zäune gezogen werden. In die erste Gartenstadt Europas zogen reiche Bürger Rīgas ein, vorwiegend Deutschbalten, und sie blieben, was das Wohnen anging, unter sich. Das Zentrum erreichten sie mit Kutschen, dem eigenen Auto oder der neu eingerichteten Pferdeeisenbahn.

Ab den 1910er Jahren war Mežaparks mit der elektrischen Straßenbahn (heutige Linien 8 und 11) zu erreichen und entwickelte sich zu einem beliebten Ausflugsziel der gesamten Rīgaer Bevölkerung: Es lockten die Ufer des Sees, der Zoo, ausgedehnte Wälder, schön gestaltete Friedhöfe und die Sicht auf Häuser, die sich die meisten nie würden leisten können. In der Zeit der Ersten Lettischen Republik wurden zwischen den Jugendstilvillen auch Villen in den Stilrichtungen Bauhaus und Art Deco gebaut. Ins Viertel zogen nun auch Angehörige des lettischen Bürgertums. 1939 wurden die bis zu diesem Zeitpunkt in die lettische Gesellschaft integrierten Deutschbalten gezwungen, Lettland in Richtung Deutschland zu verlassen. Für viele Villen ergaben sich unklare Eigentumsverhältnisse, und für die Verwaltung der Besitzstände der Deutschbalten wurde eine Treuhandgesellschaft gegründet.

Schon während des Zweiten Weltkriegs zeigten sich erste Spuren des Verfalls. In sowjetischer Zeit wurden viele Häuser von der Armee oder von sowjetischen Behörden zweckentfremdet, andere wurden in Gemeinschaftswohnungen für die aus anderen Sowjetrepubliken nach Lettland geholten Industriearbeiter umgewandelt. In dieser Zeit wurde die ehemals reichste Gegend Rīgas zu einem völlig verwahrlosten Stadtteil, und die Folgen sind leider an manchen Häusern heute noch zu sehen. Von 1991 an wurden viele Jugendstilhäuser nach Reprivatisierung oder Neuankauf vollständig renoviert und erstrahlen heute in neuem Glanz. Unter den gutverdienenden Einwohnern Rīgas ist Mežaparks wieder eine beliebte Wohngegend geworden. Mit Investitionen in architektonische Planung, edle Materialien und in die lettische Bürokratie ist heute vieles möglich – und so sind nun auch die Blüten einer neureich inspirierten Architektur zu sehen, über deren Qualität sich kaum streiten läßt. Schöne Jugendstilhäuser stehen unter anderem in der Hamburgas und in der Anna Sakses iela. Fast die Hälfte der Jugendstilhäuser stammen vom gleichen Architekten, von Gerhard von Tiesenhausen (1878–1917).

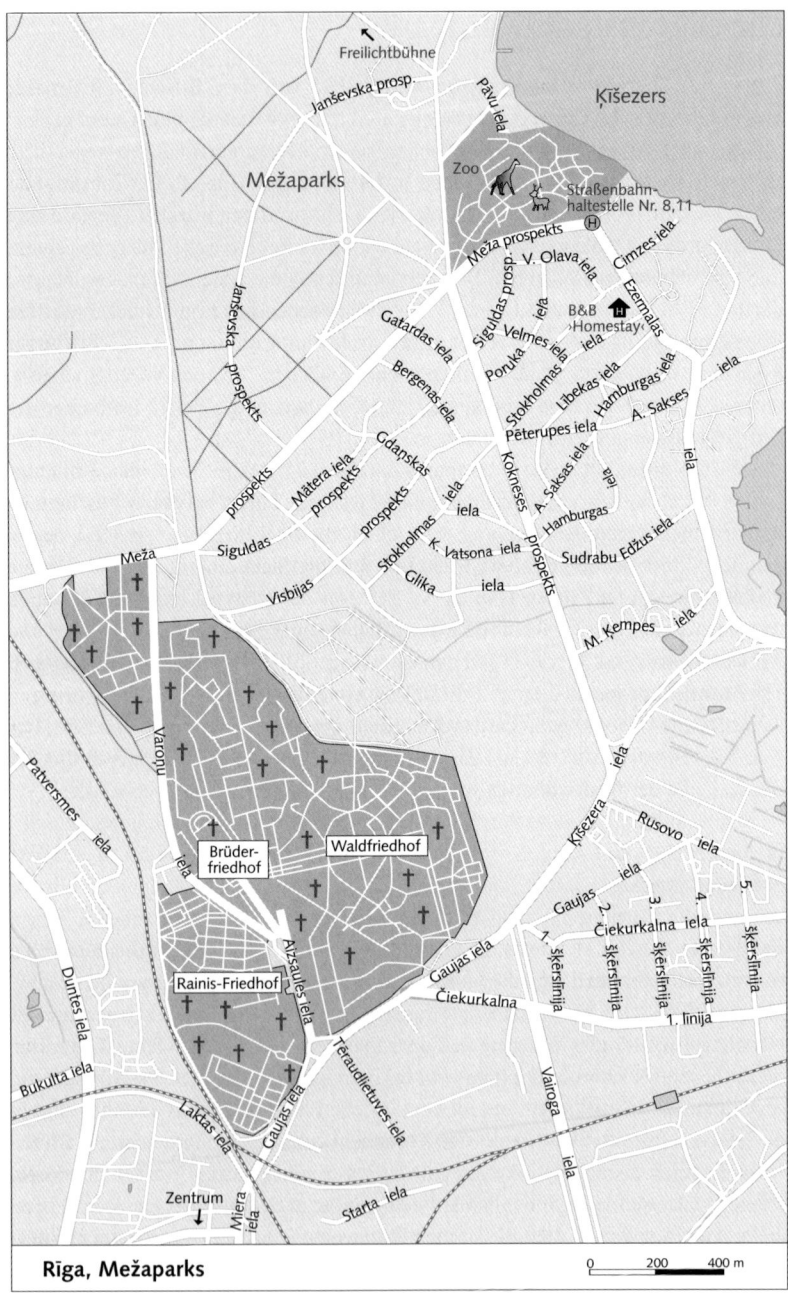

Rīga, Mežaparks

0   200   400 m

Zoo

Der 23 Hektar große Rīgaer Zoo befindet sich am nördlichen Ende von Mežaparks, am Ufer des Ķīšezers. Eine Attraktion sind die Kiang-Pferde, die als Urahnen aller heutigen Pferderassen gelten. Sehenswert sind auch das Terrarium und das im Jahr 2000 eingeweihte neue Tropenhaus. Löwen, Bären und wenige andere Tiere haben das Privileg, in Freigehegen leben zu dürfen, doch die meisten müssen mit sehr wenig Platz auskommen. Damit sich an diesem Zustand etwas ändert, finden gegenwärtig Umbauarbeiten statt. Während des Ersten Weltkriegs wurde der Zoo geschlossen, und die Tiere wurden nach Hamburg und Königsberg umgesiedelt. 1933 war das Jahr der Neueröffnung. Im Zweiten Weltkrieg nahm der Zoo wenig Schaden, auch weil der Zoodirektor unter Lebensgefahr eßbare Tiere vor den Armeen und wertvollere Tiere vor dem Zugriff deutscher Zoodirektoren versteckte. In sowjetischen Zeiten wurde der Zoo soweit ausgebaut, daß er bald als einer der Besten in der gesamten Sowjetunion bekannt war. Nach der wiedererlangten Unabhängigkeit war die Finanzierung bis hin zu Basisleistungen wie der Bereitstellung ausreichender Futtermengen gefährdet: Die Verwaltung öffentlicher Gelder war noch nicht in feste Bahnen gelenkt worden, die jährlichen Besucherzahlen waren von 700 000 auf 100 000 gefallen, und viele Tiere überlebten nur, weil es immer wieder öffentliche Spendenaufrufe gab. Es gibt einen heute noch lebenden amerikanischen Alligator, der die Entwicklung des Zoos seit seiner Neugründung miterlebt hat. Unter der Telefonnummer 751 86 69 können für einen moderaten Betrag Gruppenführungen auf Lettisch, Russisch und Englisch arrangiert werden – allerdings muß man sich etwa eine Woche im voraus darum kümmern. Öffnungszeiten: täglich 10 bis 18 Uhr; vom 15. Oktober bis 15. April. nur bis 17 Uhr.

Friedhöfe

Südlich von Mežaparks liegen die größten und schönsten Friedhöfe Rīgas. Der Brüderfriedhof, nahe der Straßenbahnhaltestelle ›Brāļu kapi‹ der Linien 8 und 11, ist ein in Europa wohl einzigartiges Monument. Er ist dem Gedenken derjenigen lettischen Soldaten gewidmet, die im Ersten Weltkrieg und in den darauffolgenden Unabhängigkeitskriegen ihr Leben ließen. Vor dem Eingangstor, das symbolisch die Grenze zwischen Leben und Tod markiert, stehen zwei große Linden. Hinter dem Tor kommt man über eine 200 Meter lange Lindenallee zur zentralen Gedenkstätte. Ein breite Treppe führt zum Altar, wo ein ewiges Feuer brennt. An den Seiten des Altars wurden über 100 Eichen gepflanzt. Die zahlreichen Skulpturen, die für den Leidensweg des lettischen Volkes stehen, stammen alle vom Bildhauer Kārlis Zāle. Am Ende des Gräberfelds sieht man eine Mauer mit der Statue

Friedhofsimpressionen

der ›Māte Latvija‹ (Mutter Lettland), zu deren Seiten die Figuren der ›Zwei Brüder‹ zu sehen sind, die dem Friedhof ihren Namen gaben. Die meisten der weiblichen Statuen stehen für das Leiden und die Einsamkeit der Frauen, deren Männer und Söhne im Krieg den Tod fanden. Die Gräber der hier ruhenden Soldaten sind sehr schlicht: Es sind einfache, graue Tafeln, und viele von ihnen tragen der unbekannten Toten wegen keine Namen.

Südlich des Brüderfriedhofs und westlich der Aizsaules iela liegt der Rainis-Friedhof, der ebenfalls ein sehenswertes Eingangstor hat. Dem wichtigen lettischen Dichter Jānis Rainis wurde dort ein Denkmal gesetzt. Auf dem Rainis-Friedhof wurden früher Gläubige von Religionsgemeinschafen ohne eigenen Friedhof und Atheisten begraben.

Östlich der Aizsaules iela beginnt der riesige Waldfriedhof, der mit fast 100 Hektar größer ist als die historische Altstadt. Zahlreiche gewundene Wege führen durch das parkähnlich angelegte Gelände, und es ist nicht immer leicht, die Orientierung zu behalten.

Weiter südlich kommt man zum Liele kapi (Großer Friedhof) an der Miera iela, auf dem viele bedeutende Persönlichkeiten Lettlands liegen. Die Kleinarchitekturen, Denkmale und Grabsteine litten erheblich unter dem Zweiten Weltkrieg, unter Grabschändungen und unter dem Versuch der Sowjets, dort einen Park anzulegen.

Das Ethnographische Freilichtmuseum

Auf rund 100 Hektar Fläche findet man im Ethnographischen Freilichtmuseum, nach kulturellen Regionen getrennt, ein getreues Abbild des volkstümlichen Lettland. Bauernhäuser, Wirtschaftsgebäude, Kirchen und Windmühlen fügen sich harmonisch in die Landschaft ein, auch wenn die echten Seen oder das wirkliche

Neues Schloß in Cēsis
Am Stadtsee in Talsi; Traditionelle städtische Holzarchitektur in Ventspils

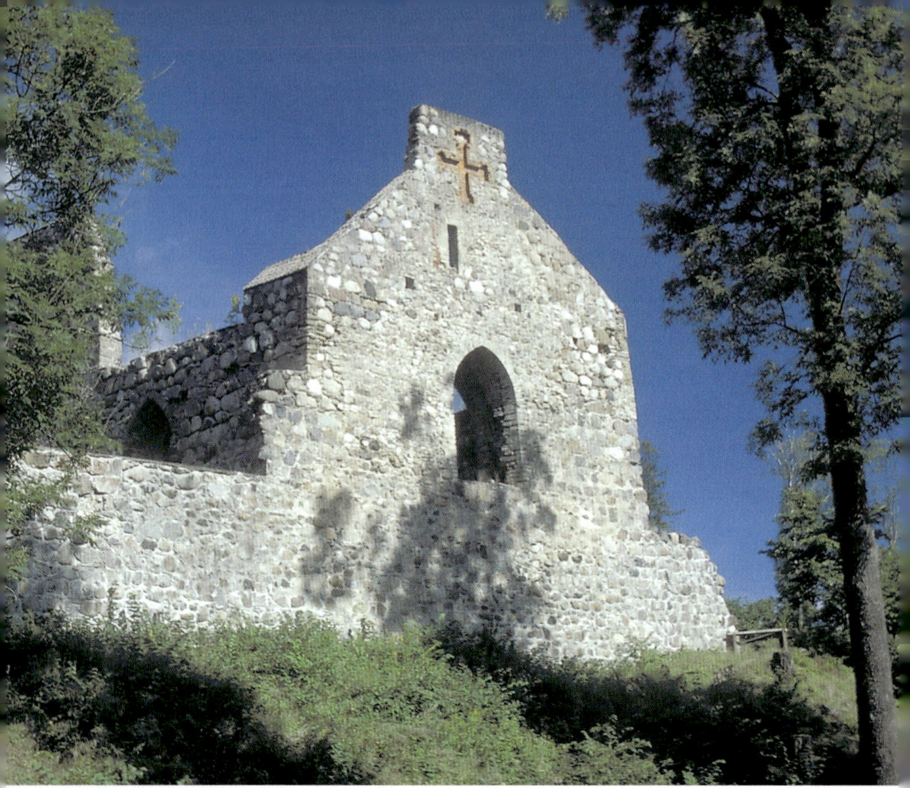

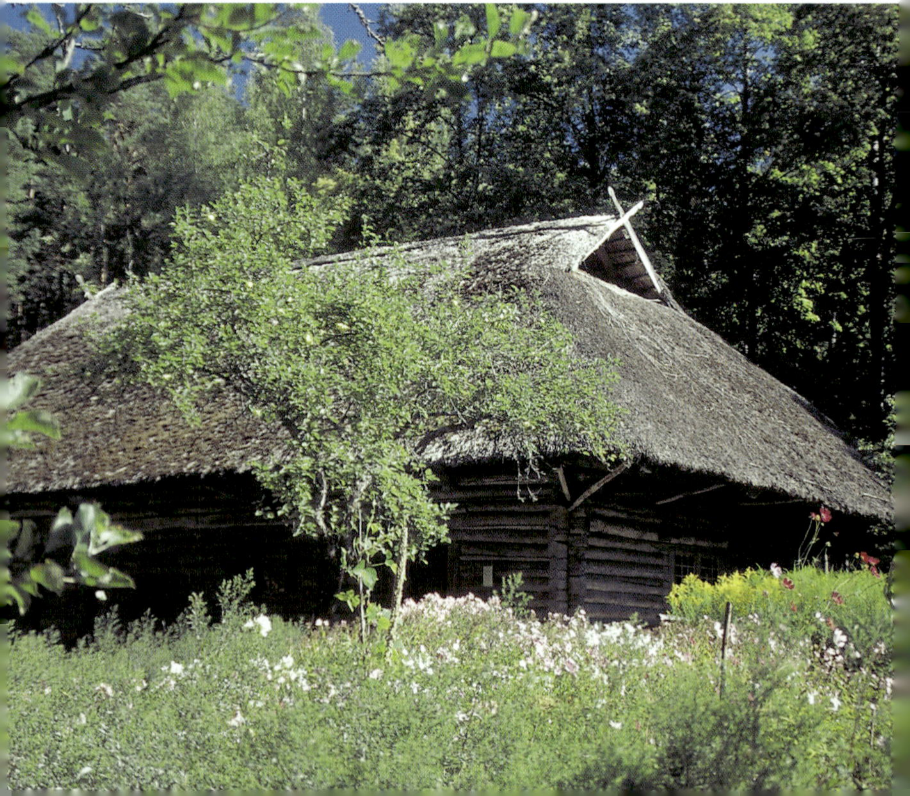

Gehöft im Freilichtmuseum

Meer fehlen. In den aus unterschiedlichen Jahrhunderten stammenden Gebäuden kann man nachvollziehen, wie der lettische Bauernstand lebte und arbeitete. Jeden Sonntag finden in der reich mit Holzschnitzereien ausgestatten, in Holzarchitektur errichteten Usma-Kirche Gottesdienste statt. An vielen Wochenenden der Hochsaison gibt es Volksmusik. Regelmäßig führen Handwerker vor, wie mit traditionellen Werkzeugen gearbeitet wird. Am ersten Samstag im Juni strömen jedes Jahr Tausende von Besuchern zum Markt für traditionelles Handwerk, Keramik, Schmuck und Textilien.

1924 hatte Paul Kundziņš, Architekturhistoriker und auf lettische Volksarchitektur spezialisiert, die Idee, das lettische Land in Rīga nachzubauen. Ganze Häuser, Windmühlen und Kirchen wurden in den lettischen Provinzen demontiert. Vom Tag der Eröffnung an gab es publikumswirksame Veranstaltungen und Feste. Das Freilichtmuseum überlebte den Zweiten Weltkrieg weitgehend unbeschadet, und auch in sowjetischer Zeit wuchs es beständig. An Werktagen und außerhalb der Hochsaison ist es oft sehr ruhig, und man kann sich Zeit dafür nehmen, Architekturen und Lebensweisen zu studieren, die es in Westeuropa schon lange nicht mehr gibt oder so nie gegeben hat.

Schloß Jaunpils – ein Ort mit gutem Restaurant und Übernachtungsplätzen
Burgruine Sigulda; Kurländisches Gehöft im Ethnographischen Freilichtmuseum, Rīga

Lettische Holzarchitektur

Die Wohn- und Wirtschaftsgebäude der traditionellen bäuerlichen Architektur Lettlands wurden jahrhundertelang in reiner Holzbauweise errichtet. Diese Bauernhöfe waren eine Welt in sich, in der die Kultur des lettischen Volks die Jahrhunderte überdauerte. Viele Bauernhöfe weisen eine identische Grundanlage auf: Eingang und Ausgang finden sich an den beiden Stellen, an denen zum Zeitpunkt der Sommersonnenwende die Sonne auf- und untergeht. Von den Mythen vorchristlicher Zeit zeugen auch Dachkreuze und an den Gebäuden angebrachte Darstellungen der Gestirne, insbesondere der während des langen Winters herbeigesehnten Sonne.

Der Ofen war das Zentrum des ländlichen Alltags: Er wurde üblicherweise von einem kleinen Vorraum aus mit Holz befeuert. Der Vorraum selbst diente als ›Schwarze Küche‹, in der Brot gebacken sowie Schinken, Geflügel und Fisch geräuchert wurden. Auf den Simsen des Ofens wurde Bienenwachs zur Herstellung von Kerzen geschmolzen. Der Heizkörper des Ofens reichte weit in den rauchfreien und recht großen Wohnraum hinein. An den Ofen wurden breite, gut gewärmte Flächen angebaut: Dies waren im Winter die Schlafplätze älterer Menschen und Kinder. Die Wohnräume waren wegen der winterlichen Kälte nur mit kleinen Fenstern versehen, und so war es in der kalten Jahreszeit auch tagsüber recht dunkel. Licht wurde mit Kienspänen erzeugt, die in metallene Halterungen gesteckt wurden. In den spärlich beleuchteten Räumen wurde im Winter gelebt und gearbeitet: Hier drehten sich Spinnräder, wurden Ackergeräte für den kommenden Sommer gefertigt, Möbel gebaut und Fischernetze geflickt. Es wurden Geschichten erzählt und Lieder gesungen, in denen die kulturellen Tradtionen von Generation zu Generation weiter gegeben wurden. Des Schreibens und Lesens waren bis ins 19. Jahrhundert hinein nur wenige Leute auf dem Lande mächtig. Meist war eine Bibel das einzige Buch des Hauses.

Die Riege war in Gegenden, in denen Getreide angebaut wurde, das wichtigste Wirtschaftsgebäude. Sie bestand aus einem einzigen, sehr großen Raum, in dessen Mitte sich ein großer, oft mehrfach gewölbter Ofen befand. Auf verschiebbaren Rundbalken wurde Getreide getrocknet und haltbar gemacht. Um die Hitze im feuchtkalten Herbst innerhalb des Gebäudes zu halten, wurde das Dach sehr gut abgedichtet. Der Rauch wurde bei Bedarf über unterschiedlich weit zu öffnende Luken ins Freie gelassen.

Kleten waren die einzigen vorrangig der Repräsentation dienenden Bauten. Hier lagerte der Bauer sein persönliches Hab und Gut: In getrennten, oft reichverzierten Truhen fanden sich Wertgegenstände, Kleider, der Hochzeitsschmuck der Mädchen und das Korn für die Saat des nächsten Jahres. Die Grundbalken der nicht sehr großen Gebäude ruhten auf hohen Steinen, damit sich im Inneren, dank permanenter Luftzirkulation, keine Feuchtigkeit halten konnte. Kleten hatten weder Fenster noch Heizung. Meist führte eine breite Freitreppe auf die mit Säulen und Zierbrettern geschmückte Veranda und zur einflügeligen Tür, die oft mit Ornamenten und einer die Sonne darstellenden Rosette versehen war. Es war die einzige Tür des Bauernhofs, die man abschließen konnte. Die Schlösser

Eine Klete aus Ludza in Latgale

waren bis ins 19. Jahrhundert hinein gut durchdachte Holzkonstruktionen, bei denen kein Gramm Eisen verwendet wurde. In die Klete zogen sich Jungvermählte oder auch der Bauer selbst zurück, wenn sie Abstand vom Treiben auf dem Hof gewinnen wollten. Hier wurden auch die Toten aufgebahrt. Die Klete war also nicht nur die Schatzkammer des Hofes, sie war gleichzeitig das diskrete Reich des Privaten.

Ein auf vielen Bauernhöfen zu findendes Gebäude war die Sommerküche: Man war bestrebt, wenigstens in dieser Jahreszeit den Essensgeruch aus den gut isolierten und nur schwer zu belüftenden Wohnräumen herauszuhalten. Über einer einfachen Kochstelle wurde eine Konstruktion aus sich gegenseitig stützenden Rundhölzern errichtet; die Form erinnerte an ein Wigwam. Wohnhaus, Riege, Klete, Badstube

und Sommerküche bildeten die Grundausstattung eines lettischen Bauernhofs. Entsprechend den ausgeübten Berufen gab es auch Mühlen, Schmieden und andere Arten von Werkstätten, Stuben zum Räuchern von Fischen und Lagerhäuser unterschiedlichster Art. Auch die Gebäude abseits des Wohnhauses wurden zu Wohnzwecken genutzt: In den langen Wintern war man auf die Wärme jedes verfügbaren Ofens angewiesen. An die Öfen von Korndarren, Badstuben und anderen Wirtschaftsgebäuden grenzten Wohnstuben für die verschiedenen auf dem Bauernhof lebenden Generationen und Wanderarbeiter. Vertraglich an den Hof gebundene Landarbeiter und Knechte machten zusammen mit ihren Familien etwa zwei Drittel der ländlichen Bevölkerung aus.

Rīgas Museen

Die wichtigsten Museen Rīgas sind
hier der Reihenfolge nach so angeordnet, daß man zwischen ihrem Besuch
nicht allzu lang durch eventuellen
Regen laufen muß. Eine gute Übersicht über alle lettischen Museen
gibt es auch im Internet unter www.
muzeji.lv.

■ Museen in der Altstadt

Okkupationsmuseum
Latvijas Okupācijas Muzejs,
Strēlnieku 1, Tel. 721 27 15,
www.occupationmuseum.lv.
1.5.–30.9. Mo–So 11–17 Uhr;
1.10.–30.4. Di–So 11–17 Uhr.
Dokumentation der Zeiten der nationalsozialistischen und sowjetischen
Besatzung zwischen 1940 und 1991.
Die eindrucksvolle und moderne
Ausstellung zeigt, welchen Repressionen das lettische Volk während der
totalitären Fremdherrschaft ausgesetzt
war. Lesesaal für Studien. Ein Exponat
des Museums steht auf dem Bahnhof
in Torņakalns auf der anderen Seite
der Daugava: Dieser Viehwagen
wurde 1941 für die erste sowjetische
Deporationswelle benutzt.

Schwarzhäupterhaus
Melngalvju nams, Rātslaukums 7,
Tel. 704 43 00.
Das im Zweiten Weltkrieg nur leicht
beschädigte Schwarzhäupterhaus
wurde kurz nach dem Krieg von den
Sowjets gesprengt und 1999 komplett
neu aufgebaut. Festsäle, Silber-
schmuck, Exponate zur Geschichte der
Schwarzhäupter und vieles mehr.

Galerie des Lettischen Kunstvereins
LMS Galerija, 11. Novembra krast-
mala 35, Tel. 750 97 50,
www.lmsgalerija.lv.
Wichtige Adresse der zeitgenössischen
Kunstszene mit eigener Galerie.
Ateliers und Firmen der kreativen
Szene.

Haus Mentzendorff
Mencendorfa Nams, Grēcnieku 18,
Tel. 721 29 51, www.muzeji.lv.
Di–So 11–17 Uhr.
Im Haus Mentzendorff sieht man, wie
reiche Bürger Rīgas im 17. und 18.
Jahrhundert lebten. Deckenmalereien
aus dem Rokoko, Fresken, historische
Möbel, Gegenstände des täglichen
Bedarfs.

Lettisches Fotografiemuseum
Latvijas Fotogrāfijas Muzejs,
Mārstaļu 8, Tel. 722 72 31,
www.culture.lv/photomuseum.
Mi–Do 12–19 Uhr, Fr–So 10–17 Uhr.
Eingang in der Alksnāja iela.
Entwicklung der Fotografie in Lettland
von ihren Anfängen bis 1941. Historisches Fotostudio und Modelle der
legendären in Rīga gebauten Spionagekamera von Minox. Wechselausstellungen zur zeitgenössischen Fotografie.

Lettisches Sportmuseum
Latvijas Sporta Muzejs, Alksnāja 7/9,
Tel. 722 51 27, www.sportamuzejs.lv.

Im Okkupationsmuseum

Di–Fr 10–18 Uhr, Sa 10–17 Uhr.
Entwicklung des Sports in Lettland
und der Welt. ›Hall of Fame‹ des
lettischen Sports.

Museum der Volksfront

Latvijas Tautas Frontes muzejs,
Vecpilsētas 13/15, Tel. 722 45 02.
Di 14–19 Uhr, Mi–Fr 12–17 Uhr.
Die Volksfront war eine der treibenden
Kräfte der Unabhängigkeitsbewegung.
Fotografien und Exponate aus den
bewegten Zeiten der Jahre 1986–
1991. Bibliothek für tiefergehende
Studien und gute Führungen.

Museum der Barrikaden

1991 gadu barikāžu muzejs, Krāmu 3,
Tel. 721 35 25, www.barikades.lv.
Mo–Fr 10–17 Uhr, Sa 11–17 Uhr.
Kleines Museum zur ›Zeit der Barrika-
den‹ des Januar 1991.

Rīgas Galerija

Aspazijas bulv. 20, Tel. 72 258 87,
www.riga-gallery.com. Mo–Sa
12–19 Uhr.
Eine der wichtigsten Galerien der
zeitgenössischen lettischen Kunstszene. Hier stellten unter anderem
Ilmārs Blumbergs und Ojārs Pētersons
aus, beides Teilnehmer der Biennale
in Venedig.

Apothekenmuseum

Farmācijas Muzejs, R. Vāgnera 13,
Tel. 721 30 08, www.mvm.lv.
Di–Sa 10–16 Uhr.
In einem Wohnhaus das 18. Jahrhunderts wurde eine original erhaltene
Apotheke der Jahrhundertwende
untergebracht. Entwicklung des Apo-
thekenwesen in Lettland. Kräutergarten im Hinterhof.

Museum für Dekorative und Angewandte Kunst

Dekoratīvi Lietišķās Mākslas Muzejs, Skārņu 10/20, Tel. 72 278 33, www.dlmm.lv. Di–So 11–17 Uhr. Exponate zur professionellen Textilkunst, Schmuck, Keramik und zu weiteren handwerklich orientierten Kunstrichtungen. Wechselausstellungen. Im Museumsshop gibt es Souvenirs, die von wirklichen Künstlern in Handarbeit erstellt wurden.

Museum für Stadtgeschichte und Schiffahrt

Rīgas Vēstures un Kuģniecības Muzejs, Palasta 4, Tel. 721 20 51, www.vip.latnet.lv/museums/Rīga. Mi–So 11–17 Uhr.
In Bildern, Fotos und Alltagsgegenständen wird das Rīga der Zwischenkriegszeit, des späten 19. Jahrhunderts und der Zeit davor gezeigt. Die Sammlung bietet einen besseren Überblick über die jüngere Geschichte als das Lettische Historische Museum. Ein anderer Teil der Ausstellung zeigt die Geschichte der Seefahrt seit dem 16. Jahrhundert. Das Museum ist im Domkomplex oberhalb des längsten gotischen Kreuzgangs Europas untergebracht.

Lettisches Historisches Museum

Latvijas vēstures muzejs, Pils laukums 3, Tel. 722 30 04, www.muzeji.lv. Mi–So 11–17 Uhr.
Die Geschichte Lettlands, Rīga ausgenommen, von der Steinzeit bis zu den 1950er Jahren. Gute Sammlung zur Frühgeschichte, einige schöne Ausstellungsstücke zur sakralen Kunst. Darstellung der Lebensweise der lettischen Landbevölkerung mit historischen Fotos aus der zweiten Hälfte des 19. Jahrhunderts.

Museum für ausländische Kunst

Ārzemju Mākslas Muzejs, Pils laukums 3, Tel. 722 64 67, www.amm.lv. Di–So 11–17 Uhr.
Werke europäischer und außereuropäischer Kunst. Schöne Bilder der holländischen Malerei des 17. Jahrhunderts, graphische Sammlung mit Werken von Rembrandt und Goya, einzelne Stücke aus allen Erdteilen und Epochen sowie eine Sammlung Meissner Porzellan.

Museum für Literatur und Kunstgeschichte

Raiņa Literatūras un Mākslas Vēstures Muzejs, Pils laukums 2–3, Tel. 722 19 56, www.muzeji.lv. Mi–So 11–18 Uhr.
Ein interessantes Museum für alle, die der lettischen Sprache mächtig sind, oder die bereits etwas Vorwissen über Literatur- und Kulturgeschichte des Landes haben.

Lettisches Architekturmuseum

Latvijas Architektūras Muzejs, Mazā Pils iela 19, Tel. 722 07 79, www.archmuseum.lv. Mo–Fr 10–18 Uhr.
Im zwischen dem 15. und 16. Jahrhundert entstandenen Gebäudekomplex der ›Drei Brüder‹ werden Architekturmodelle, Zeichnungen und nicht reali-

sierte Wettbewerbsentwürfe gezeigt.
Wechselausstellungen.

Kunsthalle Arsenals

Izstāžu Zāle ›Arsenals‹, Torņa 1,
Tel. 721 36 95, www.vmm.lv.
Di–So 11–17 Uhr.
Moderne Kunst nach 1945, darunter
auch viele Exponate von lettischen
Künstlern, die im Exil entstanden.
Wichtigste ›offizielle‹ Adresse der zeit-
genössischen Kunstszene. Wechsel-
ausstellungen.

Kriegsmuseum

Latvijas Kara Muzejs, Smilšu 20,
Tel. 722 81 47, www.karamuzejs.lv.
1.5.–30.9. Mi–So 10–18 Uhr;
1.10.–30.4. Mi–So 10–17 Uhr.
Themen der Ausstellung im Pulverturm sind Erster Weltkrieg, Befreiungskriege und die Verteidigung des
unabhängigen Lettland in der Zeit der
Ersten Lettischen Republik sowie Mili-
tär- und Kriegsgeschichte seit dem
13. Jahrhundert und die Entwicklung
der Feuerwaffen vom 15. Jahrhundert
bis heute.

■ Museen an den Boulevards

Staatliches Kunstmuseum

Valsts Mākslas Muzejs, K. Valdemāra
10a, Tel. 732 44 61, www.vmm.lv.
Mi–Mo 11–17 Uhr.
Schwerpunkt ist die lettische Kunst
des späten 19. Jahrhunderts bis 1945.
Schöne Sammlungen zu Impressionismus und Expressionismus. Wechselausstellungen mit aktueller Kunst.

Museum für Naturgeschichte

Latvijas Dabas Muzejs, K. Barona 4,
Tel. 722 60 78, www.dabasmuzejs.gov.
lv/en. Mi, Fr, Sa 10–17 Uhr, Do 10–
19 Uhr, So 10–15 Uhr.
Etwas altmodisches Museum mit
vielen Schaukästen und Dioramen.

Krišjānis-Barons-Museum

Krišjāņa Barona Muzejs, K. Barona 3,
5. Stock, Tel. 728 42 65. Di–So
11–18 Uhr.
Das Museum ist Leben und Werk von
Krišjānis Barons gewidmet, der die
lettischen Dainas sammelte und katalogisierte. Dokumentarfilme, Tonträger
aller Art. Linksammlung zu den
Dainas: www.lfk.lv.

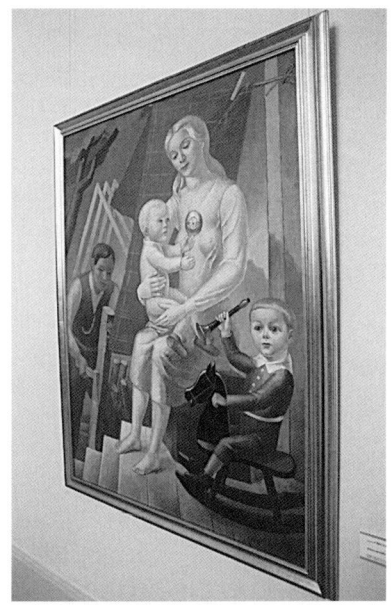

*Ansis Cīrulis, Neuer Bauer (1928) im Staat-
lichen Kunstmuseum*

Museum für die Geschichte der Universität Lettlands

Latvijas Universitātes Vēstures Muzejs, Raiņa bulv. 19, Tel. 703 45 65.
Mo–Fr 10–17 Uhr.
Darstellung der lettischen Universitätsgeschichte. Führungen durch Räume der Universität inklusive Karzer.

Museum für Computertechnologie der Universität Lettlands

Latvijas Universitātes Informātikas Muzejs, Raiņa bulv. 29, Tel. 721 10 23.
Vom 15.7.–15.8. geschlossen, Besuch und Führungen dann nach telefonischer Vereinbarung.
Computer ab den späten 50er Jahren bis zu den ersten PCs.

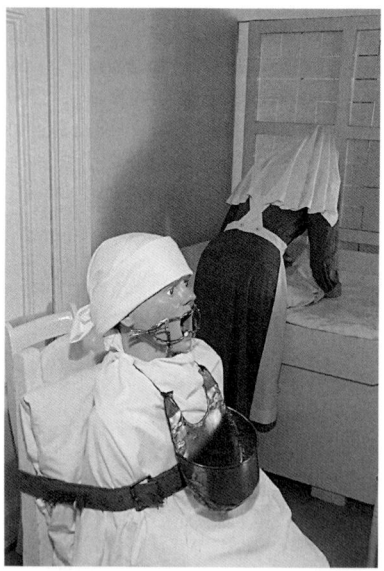

Zahnarztpraxis im Pauls-Stradiņš-Museum für Medizingeschichte, glücklicherweise historisch

Jüdisches Museum und Dokumentationszentrum

Muzejs un Dokumenācijas Centrs ›Ebreji Latvija‹, Skolas 6,
Tel. 728 34 84, www.muzeji.lv.
Mo–Fr 12–17 Uhr.
Nachdem man 1991 offen über Judenverfolgungen durch Russen, Deutsche und Letten sprechen konnte, wurde das Museum gegründet. Pogrome, Holocaust und die Geschichte der Juden in Lettland vom 18. Jahrhundert bis 1941. Es gibt auch Dokumentarfilme zu sehen.

Pauls-Stradiņš-Museum für Medizingeschichte

Antonijas 1, Tel. 722 26 56,
www.mvm.lv. Di–Sa 11–17 Uhr.
Mit etwa 200 000 Exponaten zählt die einzigartige Sammlung des Rīgaer Arztes Pauls Stradiņš weltweit zu den größten seiner Art, das Museum aber zu den ärmsten. Das Spektrum reicht von charmanten Dioramen, in denen gezeigt wird, wie in der Steinzeit Gehirnoperationen vonstatten gingen, bis hin zur Weltraummedizin und der ausgestopften Hündin Strelka, die als erstes Wesen lebendig aus dem Weltall zurückkehrte.
Es gibt auch eine drastische Multimediainstallation zum Thema Geschlechtskrankheiten. Praktiken der mittelalterlichen Medizin werden unter anderem durch Installationen mit lebensgroßen Figuren dargestellt. So bekommt man auch einen sehr plastischen Eindruck vom Umgang mit den psychisch Kranken dieser Epoche.

Beginnend mit der mittelalterlichen Kräutermedizin wird über Ideen zum Umgang mit Seuchen der Weg zum Beginn der neuzeitlichen Medizin aufgezeigt, es gibt auch die unvermeidlichen präparierten menschlichen Embryonen in Einmachgläsern. Mehr als nur seltsam ist das Exponat einer Hündin, der Kopf und Vorderpfoten ihres Welpen auf den Rücken transplantiert wurden: Es ist ein Werk des russischen Arztes Vladimir Demikhov (1916–1998), dem schon 1937 die Implantation eines von ihm selbst gebauten, mechanischen Hundeherzens gelang. Weil Arterien und Venen miteinander verbunden wurden, konnte die Hirnaktivität des Welpen erhalten werden. Die beiden Hunde überlebten 36 Tage. Damit wies er nach, daß das Phänomen abgestoßener Organe nicht von der Inkompatibilität des Nervensystems abhing. Vielmehr schienen sich Verwandschaftsbeziehungen positiv auf das Gelingen von Organtransplantationen auszuwirken. Aufbauend auf Demikhovs Erkenntnissen konnte Christian Bernard 1968 die erste erfolgreiche Herztransplantation bei einem Menschen durchführen.

Museum für Jānis Rozentāls und Rūdolfs Blaumanis
Jaņa Rozentāla un Rūdolfa Blamaņa Muzejs, Alberta 12, 9. Stock, Tel. 733 16 41, www.muzeji.lv. Di–So 11–18 Uhr (Angaben unter Vorbehalt, steht vor Neueröffnung). Die Atelierwohnung des berühmtesten

lettischen Malers der Jahrhundertwende war seinerzeit Treffpunkt der lettischen Intelligenz. Die Jugendstileinrichtung ist weitgehend erhalten geblieben und wurde um Exponate zu Leben und Werk des Künstlers ergänzt.

Lettisches Feuerwehrmuseum
Latvijas Ugunsdzēsības Muzejs, Hanzas 5, Tel. 733 13 34, www.vugd.gov.lv/lv/muzejs, Di–So 10–17 Uhr.
Das Museum ist in einer 1911 fertiggestellten Feuerwehrstation des Jugendstilarchitekten Reinhold Schmaeling untergebracht. Fahrzeuge, Ausrüstung und Fotografien.

Anatomisches Museum
Jēkabs Prīmānis Anatomijs Muzejs, Kronvalda bulv. 9, Tel. 732 51 04, www.mvm.lv. Mo–Fr 10–17 Uhr.
Das Museum gehört zur Lettischen Universität; das dazu gehörige Institut ist gleich nebenan. Die menschliche Anatomie wird anhand von Exponaten und Bildern vermittelt.

■ **Museen außerhalb der Innenstadt**

Noass
www.noass.lv, (in Pardaugava).
Der Altstadt gegenüber gibt es seit vielen Jahren vor dem Hotel ›Radisson‹ einen der interessantesten Orte für zeitgenössische Kunst. Fotografie, Video, Konzeptkunst, Design und mehr auf einem Ausstellungsschiff.

Eduards-Smiļģis-Theatermuseum
Eduarda Smiļģa Teātra Muzejs (in
Āgenskalns), E. Smiļģa 37/39,
Tel. 761 18 93, www.muzeji.lv.
Di–So 11–18 Uhr.
In der Villa des bedeutendsten Rīgaer
Regisseurs des frühen 20. Jahrhun-
derts wird die Entwicklung des letti-
schen Theaters gezeigt. Sehenswert
sind auch die prunkvoll ausgestatteten
Wohnräume des Hauses, das der
exzentrische Künstler selbst entwarf.

**Lettisches Museum
für Eisenbahngeschichte**
Latvijas Dzelzceļa Vēstures Muzejs
(in Āgenskalns), Uzvaras bulv. 2/4,
Tel. 583 28 49, www.ldz.lv.
Di–Sa 10–17 Uhr.
Lokomotiven, Fotos und Exponate zur
lettischen Eisenbahngeschichte.

*Korbmacher im Ethnographischen
Freilichtmuseum*

Dampflokomotiven und Eisenbahn-
waggons verschiedener Epochen und
Nationalitäten. Ein Waggon auf dem
Gelände erinnert an die Deportationen des Jahres 1941.

Rīgaer Automobilmuseum
Rīgas motormuzejs (in Mežciems,
östlich der Innenstadt), Sergeja
Eizenšteina 6, Tel. 709 71 70,
www.muzeji.lv. Mo 10–15 Uhr,
Di–So 10–18 Uhr.
Mehr als 100 Oldtimer, darunter ein
16zylindriger Rennwagen der Auto
Union, Motorräder vom Anfang des
20. Jahrhunderts, Mitlitärfahrzeuge
und Limousinen aus dem Kreml. Viele
der ausgestellten Fahrzeuge wurden in
Lettland gebaut. In der gleichen Straße
gibt es eine Go-Kart-Halle, wo man
testen kann, ob man vielleicht
selbst ein Rennfahrer ist: Kartinga
Halle, Eizenšteina 2, www.m-co.lv,
Tel. 755 18 16.

Ethnographisches Freilichtmuseum
Latvijas etnogrāfiskais brīvdabas
muzejs (am östlichen Stadtrand:
Ausfallstraße nach Sigulda und nach
dem ersten See rechts, oder Straßen-
bahnlinie 6), Brīvības gatve 440,
Tel. 799 41 06, www.muzejs.lv.
Mo–So 10–17 Uhr.
Nach Regionen geordnet werden
traditionelle bäuerliche Architektur
und Lebensweise gezeigt. Es gibt etwa
120 harmonisch in die Landschaft
eingefügte Gebäude aus dem 16. bis
19. Jahrhundert: Bauernhöfe mit
Nebengebäuden, Windmühlen,

Plakat im Musikinstrumentenmuseum

Kirchen. Definititiv eines der wichtigsten Museen Rīgas, denn es spiegelt die Welt, in der fast alle Letten bis Mitte des 19. Jahrhunderts lebten. Die Website bietet anhand einer interaktiven Karte viele Informationen zu Gebäuden und Exponaten.

Museum ›Dauderi‹
Latvijas kultūras muzejs ›Dauderi‹ (nördlich der Altstadt, westlich von Mežaparks), Sarkandaugavas 30, Tel. 739 17 80, www.muzeji.lv. Mo 11–17 Uhr, Mi–So 11–17 Uhr. Das Museum ist in einer der schönsten neugotischen Villen Rīgas am Rand des Industriegebietes Sakandaugava untergebracht. Kulturgeschichte Lettlands der 1920er und 1930er Jahren, kulturelles Leben im Exil.

Kultur in Rīga

Den besten Überblick über aktuelle Kulturveranstaltungen bieten die Websites www.de.eventguide.lv sowie www.hbf.lv. Die englische Fassunge ist unter Umständen vollständiger. Ein wenig umfangreicher Kulturkalender ist in der zweimonatlich erscheinenden Broschüre ›Rīga this week‹ enthalten. Die Tageszeitung ›Diena‹ hat auch eine Überblick über die Veranstaltungen des Tages, jedoch nur auf Lettisch.

■ **Karten und Vorverkauf**

An Karten kommt man über die unten aufgelisteten Kassen der Veranstaltungsorte, oder bequemer über die Vorverkaufskassen der Ticketagenturen:
Telefonischer Kartenvorverkauf:
Tel. 737 10 00, 710 52 20; alternativ www.bilesuserviss.lv.

Vorverkaufskassen in der Altstadt
Biļežu Paradīze, Vāgnera zāle, Vāgnera 6, 1. Stock, Tel. 737 10 00, 733 94 60, VVK 11–19 Uhr.
Biļešu Serviss, Einkaufszentrum ›Centrs‹, Audēju 16 (1. Stock), Tel. 710 52 20.
Biļežu Paradīze, Einkaufszentrum ›Centrs‹, Audēju 16 (im Musikladen ›Gailitis G.‹; 3. Stock), Tel. 737 10 00, 733 94 60, VVK 10–22 Uhr.
Biļešu Serviss, Einkaufszentrum ›Stockmann‹, 13. Janvāra 8 (neben dem Bahnhof), Tel. 710 52 20, VVK 10–22 Uhr.

■ Musik

Lettische Nationaloper
Aspazijas bulv. 3,
Kartentelefon 707 37 77,
www.opera.lv. VVK 10–19 Uhr.
In der Hochsaison Theaterferien, dafür
gibt es dann einzelne, auch inter-
nationale, Gastspiele. Website mit
Bildern von Aufführungen.

Konzertsaal ›Ave Sol‹
St. Peter, Citadeles 7, Tel. 702 75 47.
Die etwas baufällige Kirche ist der
wichtigste Ort für die seinesgleichen
suchende lettische klassische Chormusik. Unter www.music.lv gibt es
Hörproben, auch zu anderen Musik-
richtungen.

Tor zum Hof der Großen Gilde

Dom
Doma laukums 1, Tel. 721 32 13,
VVK im Dom oder im Wagner-
Konzertsaal.
Im Dom gibt es eine der weltweit
besten Orgeln: 6718 Pfeifen,
9 Manuale, phantastische Akustik.

Wagner-Konzertsaal
Vāgnera 4, Tel. 721 08 17,
VVK 11–19 Uhr.
Im relativ kleinen Konzertsaal der
Vāgnera dirigierte schon Wagner
höchstpersönlich. Kammermusik in
neoklassizistischem Ambiente.

Große Gilde
(Lettisches Symphonieorchester)
Amatu 6, Kartentelefon 721 36 43,
www.music.lv/orchestra, VVK im
Wagner-Konzertsaal.
Das Symphonieorchester steht unter
der Leitung eines sehr jungen, innova-
tiven Dirigenten und bietet ein
Programm zwischen traditioneller
Klassik, lettischer Chormusik und
Neuer Musik. Konzertsäle mit goti-
schen Gewölben.

Kleine Gilde
Amatu 5, Tel. 722 37 72, www.gilde.
lv/maza, VVK im Wagner-Konzertsaal.
Gelegentliche Musikveranstaltungen,
vorwiegend im Kontext folkloristischer
Traditionen. Konzertsaal mit Kassettendecke und Glasmalereien aus dem
19. Jahrhundert.

Kongreßzentrum
K. Valdemāra 5, Tel. 704 36 41,

Plakat des Neuen Theaters in Rīga

www.kongresu-nams.lv. VVK Mo–Sa
10–14 Uhr und 15–17 Uhr; So eine
Stunde vor Vorstellungsbeginn.
Konzerte, Kongresse, Bankette und
Festivals aller Art.

Petrikirche
Skārņu 19, Tel. 722 94 26, VVK im
Wagner-Konzertsaal.
Kleinere Orgel als im Dom, doch
gibt es auch hier gute Konzerte.

■ Theater

Lettisches Nationaltheater
Latvijas Nacionālais teātris, Kronvalda
bulv. 2, www.teatris.lv. Reservie-
rungen Tel. 700 63 36, Abendkasse
Tel. 700 63 38.
Vor allem Stücke lettischer und
nordeuropäischer Autoren in lettischer
Sprache, zwei Bühnen.

Dailes-Theater
Dailes teātris, Brīvības 75, Tel. VVK
Tel. 727 95 66, Abendkasse
Tel. 727 95 66.
Modernes Theater; vorrangig Stücke
internationaler und junger lettischer
Autoren in lettischer Sprache.

Neues Theater
Jaunais Rīgas teātris, Lāčplēša 25,
Kasse Tel. 728 07 65, www.jrt.lv.
VVK Mo–Sa 10–14 und 15–19 Uhr,
So 15–19 Uhr.
Rīgas junges, modernes und auch
international gefeiertes Theater.
Mitunter auch Aufführungsort von
ausländischen Produktionen und
Theaterfestivals.

Hamlets
Jāņa sēta 5, Tel. 722 99 38,
www.hamlets.valsts.lv.

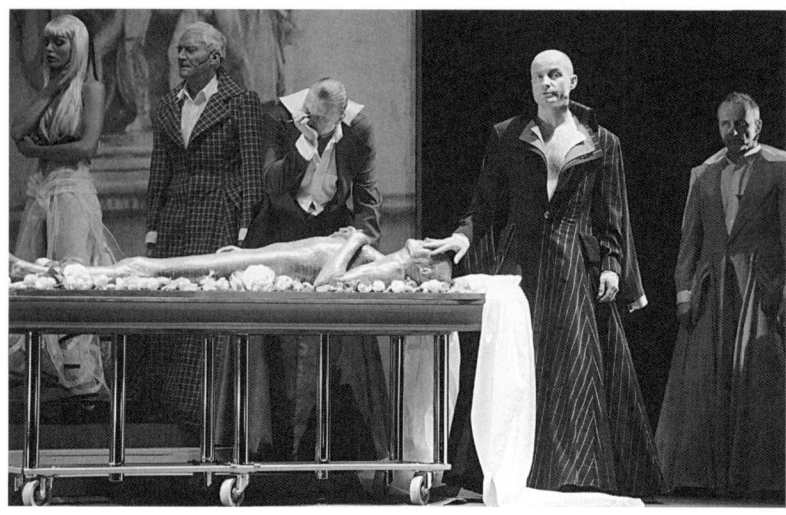

›Caligula‹ im Dailes-Theater

Club des lettischen Schauspieler-
verbands. Improvisationstheater und
Lesungen; sonst Jazzclub.

Russisches Theater
Rīgas krievu drāmas teātris, Kaļķu 16,
Kasse Tel. 722 53 95, www.trd.lv.
VVK 12–15 Uhr und 16–19 Uhr.
Klassiker des russischen Theaters, aber
auch internationale, lettische und
moderne russische Autoren. Auffüh-
rungen in russischer Sprache.

Staatliches Lettisches Puppentheater
Latvijas Valsts Leļļu teātra, K. Barona
16/18, Kasse Tel. 728 53 55,
www.puppet.lv, VVK Mo–Fr 10–
18 Uhr, Sa/So 10–17 Uhr.
Bekannte internationale, lettische und
russische Märchen für Kinder in russischer und lettischer Sprache.

Rīga Pantomima
VEF-Kulturpalast (VEF Kultūras pilī),
Ropžu 1, Tel. 755 17 17,
www.pantomima.lv.
Seit 1956 bestehendes Pantomimisches Theater mit eigener Spielstätte;
es gibt aber auch Open-Air-Vor-
stellungen an unterschiedlichen Orten.
1988 hißten die männlichen Mitglieder im noch zur Sowjetunion
gehörigen Lettland im Rahmen der
Aufführung ›An Lettland‹ auf
dem Rīgaer Schloß die lettische Fahne.

Zirkus
Cirks, Merķeļa 4, Kasse Tel. 722 02 72,
www.cirks.lv. VVK 10–19 Uhr.
Spielzeit Oktober–April.
Der 1888 gebaute Rīgaer Zirkus hat,
ganz in der russischen Zirkustradition
stehend, ein festes Haus. Der Bau des

Rīgaer Zirkus geht auf den seinerzeit berühmten Zirkusartisten Alberts Salamonskis zurück, der 1880 das Grundstück erworben hatte und zunächst mit seinem Ensemble in einem an gleicher Stelle errichteten Zelt spielte.

■ Kinos

Rīgas Kinolandschaft ist die einer europäischen Großstadt. In Multiplex-Kinos gibt es Hollywood, aber es gibt auch ambitionierte kleine Programmkinos. Im Sommer und im Herbst finden Filmfestivals unterschiedlicher Ausrichtung statt. Filme laufen entweder im Original mit Untertiteln oder in russischer Synchronfassung. Die Dialoge kleiner Filme sowie Filmklassiker, bei denen sich keine Untertitelung lohnt, werden häufig live eingesprochen. Beim Kartenkauf also unbedingt fragen, was für eine Fassung gezeigt wird. In den ehemals bedeutenden Rīgaer Filmstudios (www.kino.lv) werden kaum noch große lettische Filme gedreht, weil das Kapital fehlt. Stattdessen gibt es in den Bereichen Autorenkino, Dokumentarisches und Experimentalfilm eine sehr lebhafte lettische Filmszene.

Coca-Cola Plaza

13. Janvāra 8, www.forumcinemas.lv. Riesiges Multiplex neben dem Rīgaer Hauptbahnhof. Hollywood und anderes Mainstreamkino, aktuelles Programm auf der Website. Kein Kartentelefon.

Daile (Baltic Cinema)

K. Barona 31, Tel. 728 38 54, www.forumcinemas.lv. Zwei Säle, häufig ältere Hollywoodfilme und andere Klassiker.

Kino Rīga

Elizabetes 61, Tel. 728 11 05. Das schönste Kino Rīgas mit großem Jugendstilsaal, es gibt Kronleuchter und Wandelgänge. Hollywood, aber auch europäische, russische und asiatische Filme.

Kinogalerija

Jaun 24, Tel. 722 90 30, www.kinogalerija.lv. Ambitioniertes Programmkino. Arthouse, Filmklassiker und Experimentelles. Gemeinsam mit dem Kino Suns ist es die Heimat der Filmenthusiasten; die aktuellen Programme beider Kinos sind der Website zu entnehmen.

Kino Suns

Elizabetes 83/85, Tel. 728 54 11, www.kinogalerija.lv. Am Eingang zum Berga Bazārs. Plüschiges Interieur, europäisches Arthouse-Kino. Häufig Mitveranstalter von Filmfestivals, Programm auf der Website. Nebenan, in der beliebten Kneipe ›Andaluzijas Suns‹ (dt. Andalusischer Hund), kann man das Gesehene über einem Glas Bier diskutieren.

■ **Festivals**

Das ganze Jahr über finden in Rīga viele Festivals und Kulturveranstaltungen statt; meist konkurrieren mehrere Angebote gegeneinander. Aktuelle Infos über die Touristeninformation oder ausführlicher auf www.de.eventguide.lv und www.hbf.lv. Festivals in ganz Lettland siehe unter Reisetips. Die folgenden Festivals sind nach Monaten geordnet.

▶ Kammermusikfestival ›Winterfest‹, Ende November bis Mitte Februar, www.hbf.lv.
▶ Bluesfestival, Ende Januar, www.Rīgamusic.lv , www.blues.lv.

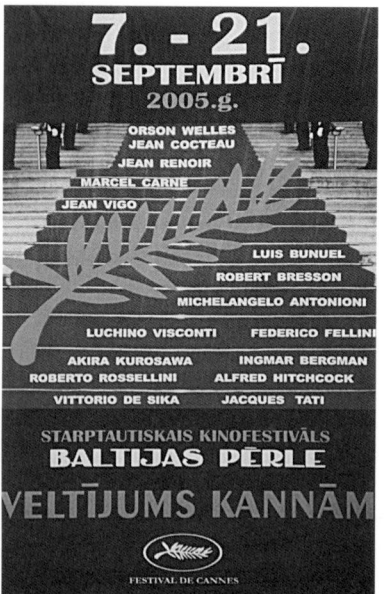

Bekannte Namen auf dem Plakat des alljährlichen Festivals Baltijas Pērle

▶ Internationales Baltisches Ballettfestival, Mitte März, www.ballet-festival.lv.
▶ Trickfilmfestival ›Bimini‹, Anfang April, www.bimini.lv.
▶ Monat der Chormusik, ab Ende April, www.rdkp.lv.
▶ Internationaler Tag der Museen/ Lange Nacht der Museen, Mitte Mai (in ganz Lettland).
▶ Internationales Kinder- und Jugendfilmfestival ›2 Annas‹, Ende Mai.
▶ Tanzfestival, Ende Mai, www.rdkp.lv.
▶ Woche des traditionellen Kunsthandwerks, Anfang Juni, Freilichtmuseum, www.muzejs.lv.
▶ Opernfestival, Anfang bis Mitte Juni, www.opera.lv.
▶ Mittsommernachtsfest ›Ligo‹, Vom 17.–24.6. wird in ganz Lettland das wichtigste Fest des Jahres, begleitet von zahlreichen Veranstaltungen, begangen.
▶ Rīgas Rītmi, Jazz und Rhythmusinstrumentenfestival, Anfang Juli, www.rigasritmi.lv.
▶ Internationales Orgelfestival, Juli, zentraler Veranstaltungsort ist der Dom.
▶ Folklorefestival und Sängerfest, in der kleinen Version jedes Jahr Mitte Juli. Das nächste große internationale Sängerfest mit Teilnehmern aus allen drei baltischen Staaten wird 2008 stattfinden.
▶ Oldtimertreffen ›Rīga Retro 2006‹, Anfang August, Motormuseum, www.motormuzejs.lv.
▶ Stadtfest Rīga, Mitte August. Mehrtägiges Fest mit viel Musik und Kulturveranstaltungen.

▸ Festival der sakralen Musik, Ende August, www.sacredmusicfestival.lv.
Internationales Theaterfestival ›Homo Alibi‹, Ende August, www.theatre.lv.
▸ Internationales Medienkunstfestival, Ende August, www.rixc.lv.
▸ Tage der Kammermusik, September–Oktober, www.concert.lv.
▸ Internationales Filmfestival ›Baltijas Pērle‹, erste Septemberhälfte, www.baltijasperle.lv. Vorzugsweise ältere Filme aus dem Bereich Arthouse.
Internationales Filmfestival ›Arsenāls‹, zweijährig, z.B. 2006, zweite Septemberhälfte, www.arsenals.lv. Sehr offenes Festival des aktuellen Films mit guter Stimmung und vielen Events.
▸ Herbstfest, Ende September in der Altstadt.
▸ Festival Neuer Musik ›Arēna‹, Anfang Oktober, www.arenafest.lv.
▸ Kokle-Festival ›Solaris‹, Ende Oktober, www.km.gov.lv. Festival rund um das nur in Lettland gespielte Saiteninstrument.
▸ Lettischer Nationalfeiertag, 18. 11., Tag der Unabhängigkeitserklärung der Ersten Republik.
▸ Kammermusikfestival ›Winterfest‹, Ende November bis Mitte Februar, www.hbf.lv.
▸ Weihnachten, 24.–26. Dezember. In Rīga wurde zwar angeblich der Weihnachtsbaum erfunden, doch bisher wird Weihnachten noch ganz normal gefeiert.
▸ Neujahr wird in Lettland eher besinnlich begangen.

Gastronomie in Rīga

In Rīga kann man hervorragend essen gehen. In den letzten Jahren hat die gehobene internationale Küche an Bedeutung gewonnen. Es gibt erstklassige Gourmetrestaurants, deren Preise deutlich unter denen vergleichbarer Restaurants in Westeuropa liegen. Gute lettische Küche bietet vor allem die Restaurantkette ›Lido‹. In einfacheren Restaurants und in Touristenfallen gibt es häufig noch immer einfache Fleischgerichte wie ›Karbonade‹ oder ›Bifsteks‹ mit Kartoffeln, und es ist selten, daß man diese Gerichte gut zubereitet bekommt. Einige Restaurants verwandeln sich abends in Clubs. In einigen Cafés und Clubs kann man andersherum hervorragend essen.

■ Restaurants

Vincents

Gourmetrestaurant, Elizabetes 19, Tel. 733 26 34, www.vincents.lv.
Mo–Fr 12–23 Uhr, Sa 18–23 Uhr.
Im Reich von Martiņš Rintiņš ist nicht nur die lettische Präsidentin häufiger zu Gast. Auch George W. Bush, Gerhard Schröder, Elton John und Pierre Cardin hatten das Vergnügen, die Küche eines Restaurants zu genießen, das als das beste des Baltikums gilt. Die Liste der Prominenten ließe sich fast beliebig fortsetzen, an die Besuche erinnern Fotos im modern und schlicht ausgestatteten Restaurant. An den Wänden hängen Originale des bekannten lettischen Malers

Ivars Heinrishons. In der Küche verwendet Ritinš ausschließlich Produkte aus ökologischem Anbau, möglichst aus Lettland, und zwar von Lieferanten, die er persönlich auf Recherchereisen gefunden hat. Der Meisterkoch selbst verfaßt einen im Internet abonnierbaren Newsletter, in dem er ausführlich (in englisch) die Hintergründe der Gerichte erklärt, die bei ihm auf den Tisch kommen. Die Preise sind für ein Restaurant dieser Klasse sehr moderat: Business Lunch gibt es ab 10 LVL; abends gibt es Menüs ab etwa 15 LVL.

Otto Schwarz

Gourmetrestaurant, Kaļķu 28 (oberster Stock im ›Hotel de Rome‹), Tel. 708 76 23, www.derome.lv. 7–10.30 Uhr Frühstücksbuffet, 12–23 Uhr warme Küche. Restaurant des ›Hotel de Rome‹ unter deutscher Leitung. Schwerpunkt Fischgerichte, Vegetarisches und Wild. Selbstverständlich werden auch hier nur ökologisch angebaute, frische Nahrungsmittel der Saison verwendet. Es gibt eine faszinierende Aussicht auf die Parkanlagen des Kanals und die Freiheitsstatue. Ein Dreigänge-Menü gibt es ab etwa 12 LVL.

Seasons

Gourmetrestaurant, Pils 12 (im Hotel ›Grand Palace‹), Tel. 70 440 00, www.schlossle-hotels.com/grandpalace/. Mo–Sa 19–23 Uhr. Ein klassisch-elegantes Restaurant unter Leitung eines dekorierten Chef-

kochs. Weniger leichte Küche als in den oben genannten Restaurants. Empfehlung: Gepfeffertes Wildcarpaccio in Beerensoße. Sehr gute Weinkarte.

Hotel Bergs

Gehobene Küche, international, Elizabetes 83/85 (im Berga Bazārs), Tel. 777 09 57, www.hotelbergs.lv. Der Chefkoch dieses Restaurants hat bei Martinš Ritinš (Restaurant Vincents) gelernt. Inneneinrichtung: Historische Bausubstanz mit Glasarchitektur und ethnographischen Ausstellungsgegenständen. Im Sommer kleine Terrasse; ab und an dezente Livemusik.

Gutenbergs

Gehobene Küche, Doma laukums 1, Tel. 781 40 90, www.gutenbergs.lv. 9–23 Uhr. Klassische deutschbaltische Küche direkt am Domplatz. Dachterrasse, abends Livemusik. Sonntags von 13–15 Uhr Brunch mit musikalischer Untermalung.

Light

Gehobene Küche, Dzirnavu 84/1 (im Berga Bazārs), Tel. 728 14 20, Tischreservierung 921 29 09, www.bergabazars.lv. Mo–Fr 8–1 Uhr, Sa 8–4 Uhr, So 10–22 Uhr. Schickes, mit hellen modernen Möbeln ausgestattetes Restaurant, internationale Küche mit asiatischem Einschlag. Freitag und Samstag verwandelt sich das ›Light‹ abends langsam aber sicher in einen Club, in dem es meistens House zu hören gibt. Treffpunkt der Reichen und Schönen der Stadt.

Mauricius
Gehobene Küche, Alunāna 2, Tel. 703 57 70, www.mauricius.lv. Mo–Fr 10 Uhr bis open end, Sa, So 12 Uhr bis open end.
Am Rand des Jugendstilviertels nahe der Alberta iela. Mehrere kleine Räume mit schweren Möbeln des englischen Kolonialstils und ethnographischen Ausstellungsgegenständen. Gerichte aus allen Erdteilen. Am Wochenende Musik der 80er und 90er.

Palete
Gehobene Küche, international, Gleznotāju 12/14, Tel. 721 60 37. 12–24 Uhr.
Nettes, etwas versteckt in der Altstadt

gelegenes Restaurant mit Kamin, dezenter Inneneinrichtung und einem Mann am Klavier.

Alus Sēta
Gute lettische Küche, Tirgoņu 6, Tel. 722 24 31, www.lido.lv/lat/ restorani. 11–1 Uhr.
Das Restaurant gehört zur Kette ›Lido‹, die es sich zur Aufgabe gemacht hat, gute und traditionelle lettische Küche zu vernünftigen Preisen und mit Selbstbedienung anzubieten. Hier gibt es ganzjährig das klassische lettische Neujahrsessen: Graue Erbsen mit Speck. Das Personal trägt Phantasietrachten, und es gibt viele Sorten lettisches Bier. Im Sommer sehr voll, Terrasse am Domplatz.

Lido Atpūtas Centrs
Gute lettische Küche, Krasta 76 (Kengarags), Tel. 750 44 20,

›Lido‹ am Domplatz

www.lido.lv/lat/restorani. Bistro
10–23 Uhr, Bierkeller 11–24 Uhr.
An der nach Daugavpils führenden
Autobahn liegender Restaurantkom-
plex der Lido-Gruppe. Gute lettische
Küche, mehr als 1000 Plätze, Bierkeller mit Livemusik, verschiedene
kindgerechte Spielgelegenheiten und
eine markante Windmühle. Ohne
Auto erreicht man die lettische Variante der gehobenen Erlebnisgastronomie mit den Straßenbahnlinien 3, 7
und 9, Abfahrt bei den Markthallen.

Lechaim

Jüdisch, Skolas 6 (Eingang von der
Dzirnavu aus), 10–22 Uhr, Freitag
10 Uhr bis Sonnenuntergang.
Jüdisches Café direkt neben dem Jüdischen Museum. Kleine Speisekarte,
gutes koscheres Essen, z. B. Gefüllter
Fisch, Brot und frische Konditoreiwaren. In einem kleinen Laden werden
Judaica und jüdische Literatur in
verschiedenen Sprachen angeboten.

Rozengrāls

Mittelalterliche Küche, Rozena 1,
Tel. 722 47 48, www.rozengrals.lv.
12–24 Uhr.
In einem original erhaltenen, mit
Kerzen ausgeleuchteten Kellergewölbe
wenige Meter vom Schwarzhäupterhaus entfernt gibt es gute mittelalterliche Küche – ganz ohne Kartoffeln
und Tomaten. Dafür steht viel Wild
auf der Speisekarte. Die Angestellten
laufen in mittelalterlich wirkenden
Gewändern herum. Stilvolles Ambiente und ganz sicher ein Erlebnis.

Arbat

Russische Küche, Vāgnera 3,
Tel. 72 28 13 57. 8–24 Uhr.
Elegantes und reich mit diversen
Gegenständen dekoriertes russisches

In der Teestube ›Goja‹

Restaurant in der Nähe des Russischen Theaters und des Wagner-Konzertsaals. Sehr gute Küche, aber nicht ganz billig. Es gibt Unmengen von Wodka – im Glas und auch in einigen Gerichten. Gegenüber gibt es als Kontrastprogramm eine Whisky-&-Cigar-Bar.

■ Cafés, Kneipen und Bars

Es gibt in Rīga unzählige Cafés, Kneipen und Bars unterschiedlichster Ausrichtung. Vor allem in der Altstadt hat sich seit 2004 eine auf Striptease und Kampftrinken spezialisierte Kneipenszene breitgemacht, dank der die historischen Gassen auf den ersten Blick eher einem Billigflug-Erlebnispark als einer lebendigen und interessanten Innenstadt gleichen. Doch der erste Blick täuscht: In Rīga geht man nach wie vor gerne aus. Mitten im Gewühl britischer, italienischer und anderer Touristen mit einem eingeschränkten Verständnis von Nightlife gibt es viele interessante Etablissements, die sich aus guten Gründen etwas verstecken. Bei der folgenden Zusammenstellung wurde auf möglichst kurze Wege zwischen den Lokalen geachtet:

Orange Bar
Jāņa sēta 5, Tel. 722 84 23, www.orangebar.lv. So–Do 12–2 Uhr, Fr–Sa 12–5 Uhr.
Wie eine Insel liegt der Innenhof Jāņa Sēta mit der alternativen ›Orange Bar‹ und dem Intellektuellen- und Jazzclub ›Hamlets‹ in der belebten Altstadt. An den Wochenenden brechend voll, und man muß früh genug kommen. Rock und Alternative, häufig ziemlich laut und ausgelassen. Mehrheitlich junge Bohèmians. Ältere Jahrgänge, die nicht aussehen wie Kampftrinker oder Sextouristen, sind auch willkommen.

Hamlets
Jāņa sēta 5, 1. Stock, Tel. 722 99 38, www.hamlets.valsts.lv. 19 Uhr bis open end.
Treffpunkt der Intellektuellen- und Jazzszene. Der Klub wird vom lettischen Schauspielerverband betrieben. Mo, Mi und So gibt es Kulturprogramm: Improvisationstheater, Lesungen, Politisches, Swing und modernere Spielarten des Jazz.

Aspara
Skārņu 22. 11–23 Uhr, am Wochenende länger.
Das ›Aspara‹ versteht sich als Teestube. Im Keller eine mit Kissen reich ausgestattete und orientalisch wirkende Sitzlandschaft, Wasserpfeifen. Freitags von 22–2 Uhr Salsa, samstags 21 und 22 Uhr Bauchtanz.

Dickens Pub
Grēcnieku 9/1, Tel. 721 30 87, www.dickens.elkor.lv.
So–Do 11–1 Uhr, Fr–Sa 11–2 Uhr.
Klassischer britischer Pub. Englische Geschäftsleute, Ryan-Air-Touristen, oft sehr voll und sehr laut. Es wird sehr schnell getrunken. Konsequenterweise

macht der Pub für Rīgaer Verhältnisse
früh zu. Nebenan gibt es das englische
Restaurant ›Dickens‹, das mit einer
schönen Inneneinrichtung glänzt.

Gustav's Chocolate Bar
Tirgoņu 9, 10–22 Uhr.
Handgemachte Schokolade, Pralinen
und Kuchen in sehr guter Qualität.
›Gustav's Chocolate‹ hat mittlerweile
neun Filialen.

Casablanca
Smilšu 1/3, Tel. 722 51 91,
www.casablanca.lv. 8 Uhr morgens bis
spät in der Nacht.
Unmittelbar am Domplatz gelegene
Kneipe, Cocktailbar und Musikclub für
Acid Jazz, House und Weltmusik.
Ab 8 Uhr Frühstück, internationale
Zeitungen und Kaffee. Fast jeden
Abend gibt es im Keller anspruchsvolle
Livemusik. Beliebter Treffpunkt der-
jenigen Vertreter der Generation über
30, die dem weniger schicken Teil
der kreativen Szene Rīgas angehören.

B – balzambāra restorans
Doma laukums 2, Tel. 722 88 42.
Do–So 8–24 Uhr, Fr–Sa 8–3 Uhr.
Kaffeespezialitäten, mittags Business
Lunch, abends eine gute, aber nicht
ganz billige Karte. Die Cocktails zählen
zu den Besten der Stadt. Tagsüber
angenehme Musik zwischen House,
Jazz und Ambient. Am Wochenende
DJs. Sehr entspannter Ort mit netter
Bedienung und einem tendenziell
großstädtischen, beruflich erfolgrei-
chen Publikum.

V. Kuze
Jēkaba 20/22, Tel. 732 29 43,
10–22 Uhr.
In der Zeit der ersten lettischen Republik war ›V. Kuze‹ der führende
Hersteller von Schokolade, Kuchen
und Eis. Das elegant im Stil der
1930er Jahre eingerichtete Café ist der
Ort, wo es das beste Eis, handgemachte Schokolade und den besten
Kuchen in ganz Rīga gibt; konkurrieren
können vielleicht noch die Cafés von
›Gustav's Chocolate‹. An den Wänden
hängen Bilder aus der Schokoladen-
fabrik der Zwischenkriegszeit. Qualität
hat ihren Preis, die Rechnung erreicht
gesamteuropäisches Niveau, aber
das Geschmackserlebnis rechtfertigt
alles. Von ›V. Kuze‹ aus führt bei
Tageslicht ein schöner Spaziergang
durch die Parkanlagen am Kanal
entlang zu Berga Bazārs.

Andalūzijas Suns
Elizabetes 83/85 (im Berga Bazārs),
Tel. 728 84 18. So–Do 8–1 Uhr,
Sa/So 11–3 Uhr.
Nach dem wichtigsten Film des Surrea-
lismus benannte Kneipe neben
dem Programmkino. Guter lettischer
Eintopf, mexikanische Gerichte. Belieb-
ter Treffpunkt von Filmenthusiasten,
Intellektuellen, Exilletten und Leuten,
die gerne in einer ganz normalen
Kneipe ein gepflegtes Bier trinken
gehen.

Gustav's Chocolate Bar
Marijas 13, Gebäude VI,
Tel. 728 39 59. 10–22 Uhr.

Die Heimat der Cafékette ›Gustav's Chocolate‹ liegt im Berga Bazārs. Die Leckereien sind nicht ganz billig, dafür aber sehr, sehr gut. An den Tischen vor dem Café kann man zusehen, wie reiche Menschen in edlen Boutiquen ihr Geld ausgeben – sehr viele sind es nicht.

S & K Cigar Bar

Elizabetes 85a, Tel. 7288069.
Mo–Sa 11–19 Uhr.
Tabakladen, in dem es weltbekannte Zigarren, unzählige Sorten Pfeifentabak und vieles mehr gibt. Was man gekauft hat, kann man in der Bar dann auch gleich rauchen.

Sex un Ēdienu Pilsēta

Pērses 8, Tel. 7287082.
Mo–Fr 9–23 Uhr, Sa/So 10–23 Uhr (vom Berga Bazārs auf der Marijas stadtauswärts, 1. Straße links).
Hat nichts mit Sex zu tun, sondern bietet die klassische sowjetische Küche als Erlebnisgastronomie: Oben gibt es ein Bistro in sowjetischem Design. Im Untergeschoß gibt es neben Donald Duck, Bambi und anderen Helden der amerikanischen Kultur eine Wand mit Covern lettischer LPs der 80er Jahre.

Terra Incognita

Blaumaṇa 27, Tel. 7280063.
Di–Sa 10–23 Uhr, Mo 11–23 Uhr (vom Berga Bazārs aus stadtauswärts, 3. Kreuzung).
Fachkundig zubereitete Kaffeespezialitäten aus aller Welt. Kaffeetypische Beilagen, die deutlich mehr Kalorien haben als das Getränk, trotzdem aber gerne genommen werden.

Osiris

K. Barona 31, Tel. 7243002. Mo–Do 8–24 Uhr, Sa/So 10–24 Uhr (vom Berga Bazārs aus stadtauswärts, Ecke Lāšplēša/K. Barona iela).
Das ›Osiris‹ ist mit seiner modernen Einrichtung, einer großen Auswahl ausländischer Presse und einem Kamin eines der beliebtesten Intellektuellencafés der Stadt. An den Wänden gibt es Bilder bekannter lettischer Künstler, Fotografien oder Architekturzeichnungen. Es liegt wenige Meter vom Neuen Theater entfernt, das für sein progressives Repertoire in Theaterkreisen auch international bekannt ist. Abends gibt es gute internationale Küche sowie eine umfangreiche Wein- und Cocktailkarte. In der Theatersaison kann es durchaus voll werden.

Skyline Bar

Elizabetes 55 (im ›Reval Hotel Latvija‹), Tel. 7772222, www.revalhotels.com, So–Do 17–2 Uhr, Fr/Sa 17–3.30 Uhr.
Elegante und gute Cocktailbar im obersten Stock der stehenden Streichholzschachtel des ehemaligen Hotel Latvija; phantastischer Ausblick.

Zen

Stabu 6, Tel. 7316521, www.zen.lv. 12–24 Uhr.
Gehobene Teekultur mit vielen Teesorten und Tatami-Matten. Wer

möchte, kann an einer klassischen Teezeremonie teilnehmen. Besondere Tees stehen zum Verkauf, es gibt auch Wasserpfeifen.

Goija
Strēlnieku 1a, Tel. 733 33 70.
So–Do 11–2 Uhr, Fr/Sa 11–5 Uhr.
Teestube nahe der Alberta iela.
Marokkanisch inspirieres Interieur,
Wasserpfeifen. Für eine Teestube hat das Lokal wirklich sehr lange geöffnet; ein guter Ort zum Chillen.

■ Livemusik und Clubs

In der Altstadt findet man auf Schritt und Tritt Etablissements mit Tabledance, Striptease und anderen Attraktionen. Wer so etwas sucht, wird sowieso fündig werden. Im folgenden

Flyer der Diskothek ›Pulse‹

sind empfehlenswerte Clubs für all diejenigen aufgeführt, die sich von solchen Ausprägungen des globalisierten Spätkapitalismus fernhalten möchten. In Rīga gibt es keine Sperrstunde, und abseits versteckter Prostitution ist das Rīgaer Nachtleben sehr lebendig und interessant. Nur muß man eben wissen, wo man es findet.

Depo
Vaļņu 32, Tel. 721 13 74,
www.klubsdepo.lv. Café ab ca. 11 Uhr, Club und Konzerte ab ca. 21 Uhr. Wichtiger Club für Alternative, Rock, Punk sowie die ambitionierteren Stilrichtungen von Techno und House. Betreiber ist eine Kooperative lettischer Musiker, und so kann es vorkommen, daß man an der Bar oder im Restaurant von einer lokalen Musikgröße bedient wird, ohne es zu merken. Betrunkene und erkennbare Sextouristen werden an der Tür abgewiesen. Für an aktueller Musik der härteren Gangart Interessierte die beste Adresse in Rīga.

Pulkvedim neviens neraksta
Peldu 26/28, Tel. 721 38 86,
www.pulkvedis.lv. So–Mi 12–2 Uhr,
Do–Sa 12–5 Uhr.
Alternativer Club mit Restaurant im Industrial Design und großer runder Theke. Gutes Restaurant, bunt gemsichtes Publikum: Alternative, Geschäftsleute, Teenies. Am Wochenende gibt es im dann sehr vollen Club Konzerte unterschiedlichster Stil-

richtungen zwischen Alternative
und Acid Jazz.

Austrumu Robeža

Vāgnera 8 (Eingang von der
Gleznotāju iela), Tel. 781 42 02.
12–2 Uhr.
›Austrumu Robeža‹ heißt auf deutsch
Ostgrenze, und im Lokal gibt es einige
ganz besondere Ausstellungsstücke:
Als ironische Zitate stehen hier Büsten
von Hitler, Mao, Lenin, Stalin, und
seit neuestem auch von Putin. An den
Wänden hängen gebrauchte Maschi-
nengewehre. Auf einer kleinen
Bühne gibt es immer wieder Konzerte
der härteren Gangart sowie Off-
theater mit meist politischem Inhalt.
Es gibt auch Poetry-Slams und von
Zeit zu Zeit Filmvorführungen. Ein
ganz besonderer, kreativer Ort, wo
man unterschiedliche Ausdrucksformen der Ironie und des lettischen
Sarkasmus zu Gesicht bekommt.

Pulse

Citadeles 2, www.pulse.808.lv.
Mi–Do 21–3 Uhr, Fr–Sa 22–5 Uhr.
Heimat der sehr interessanten letti-
schen elektronischen Musikszene:
Techno, Trance, Industrial und House.
Die Musikanlage ist wirklich gut;
DJ-Sets auf der Website. In der Regel
ziemlich junges Publikum.

Club Essential

Skolas 2, www.essential.lv.
Fr–Sa 22 Uhr bis open end.
Großer und dank viel Security auch
ausgesprochen sicherer Club. Drei
Floors, in der Regel bespielt mit
Techno, House und Disco im Chill-
Out-Room. Gute Anlage und aufwen-
dig gestaltetes Interieur. Die meisten
Besucher sind unter 25, doch auch
ältere Jahrgänge sind willkommen.

Sarkans

Stabu 10, Tel. 727 22 86,
www.sarkans.lv. Mo–Do, 10–24 Uhr,
Fr 10–4 Uhr, Sa 12–4 Uhr, So 12–
24 Uhr.
Das Chamäleon unter den lettischen
Clubs: Tagsüber ein gutes Restaurant,
abends Cocktailbar, Disco und
Lounge. In der Regel gibt es House,
am Wochenende ist es brechend voll.
Im abseits der Altstadt gelegenen Club
treffen sich Menschen unterschiedlichen Alters, die den touristisch
geprägten ›Erlebnispark‹ der Altstadt
nicht sehen möchten.

Četri Balti Krekli

Literatur & Musikklub, Vecpilsētas 12,
Tel. 721 38 85, www.krekli.lv.
12–3 Uhr, Fr–Sa open end.
Traditioneller Liveclub, in dem fast
ausschließlich bekannte lettische
Bands unterschiedlicher Stilrichtungen
Rock, Folk und Verwandtes spielen.
Gelegentlich Lesungen und Lieder-
macher. Ausländer und Vertreter der
Generation über 30 sind durchaus
willkommen.

Kaļķu Vārti

Kaļķu 11, Tel. 722 45 76,
www.kalkuvarti.lv. Mi–Sa ab 22 Uhr.
Aktuelle lettische Bands, unter ande-

rem stand hier des öfteren Marie N. auf der Bühne. Exzellentes Restaurant, Terrasse, Biergarten.

Spalvas pa Gaisu
Grēcnieku 8, Tel. 722 03 93, www.spalvaspagaisu.lv. So–Di 11–24 Uhr, Di–Do 11–2 Uhr, Fr–Sa 11–5 Uhr.
›Spalvas pa gaisu‹ heißt auf deutsch etwa ›Federn in den Haaren‹ und bedeutet, daß man eine gute Zeit hat. Bistro und Diskothek, sehr breites Spektrum an Musik und Publikum, Livemusik. Akzeptables Essen mit einfachen lettischen Gerichten, immergrüner Wintergarten.

Bites Bluza Klubs
Dzirnavu 34a, Tel. 733 31 23, www.bluesclub.lv. 12–1 Uhr, Fr–Sa open end.
Rīgas führender Bluesclub. Am Wochenende und manchmal auch unter der Woche Konzerte.

Lize
Vecpilsētas 19, Tel. 678 94 70. Di–So ab 11 Uhr.
Mischung aus Jazzclub und Restaurant. Dienstags Jamsession, Do–Fr lettischer und internationaler Jazz. Eintritt veranstaltungsabhängig.

Kabata
Peldu 19, Tel. 722 33 34, www.kabata.lv. 20–5 Uhr.
Das in einem großen Gewölbekeller untergebrachte ›Kabata‹ war in den frühen 90ern ein zentraler Anlauf-

punkt für Intellektuelle, Künstler und Ausländer. Es gab ein gutes Restaurant, eine Bar und eine sehenswerte Innenarchitektur. Aus diesen Tagen haben sich gelegentliche Livekonzerte und Theatervorstellungen erhalten. Ansonsten verkehrt dort inzwischen ein ganz anderes, sehr junges und meist aus der lettischen Provinz kommendes Publikum, das sich mehr oder weniger betrunken über Discomusik und Wettbewerbe im Armdrücken freut.

XXL
A. Kalniņa 4, Tel. 728 22 76, www.xxl.lv. 18–7 Uhr.
Schicker Club für Homosexuelle, gutes Restaurant, gern genutzte Tanzfläche. In der Woche sind auch Heteros und Frauen willkommen; Sonntag ist reiner Männertag. Was schwule Kultur in der Öffentlichkeit angeht, sollte man sich ins Gedächtnis rufen, daß es 2005 Proteste und Übergriffe radikalisierter Teile der Bevölkerung anläßlich der Parade des Christopher Street Day gab.

Purvs
Matīsa 60/62, Tel. 731 17 17, www.purvs.lv. Ab 22 Uhr, Sa/So open end.
Schwulendisco, die im in dieser Hinsicht wenig toleranten Rīga auf ein eindeutiges Eingangsschild verzichtet. Im Zweifelsfall anrufen und den Weg beschreiben lassen. Gelegentlich Showtanz und Transvestitenshow.

Unterkunft in Rīga

Die untenstehenden Hotels und Unterkünfte sind absteigend nach Preisen gelistet. Da Rīga in den Sommermonaten ein sehr beliebtes Reiseziel ist, empfiehlt es sich dringend, im voraus zu buchen: Mindestens vier Wochen, manchmal sind auch mehr als zwei Monate nötig. Letzte freie Zimmer findet man über die Hotelsuchmaschine www.allhotels.lv oder über die Touristeninformation, Tel. 703 79 10.

Hotel Bergs

Elizabetes 83/85, Tel. 777 09 00, www.hotelbergs.lv. Junior Suite 150 Euro, 2-Zimmer Appartment 250 Euro. Schönes Hotel in den Arkaden des Berga Bazārs, gelungene Mischung aus traditioneller Architektur des 19. Jahrhunderts und moderner Glasarchitektur. Gute Küche im Hotel selbst und in einigen der angrenzenden Restaurants, die zwischen Edelboutiquen liegen. Geräumige Appartments unterschiedlicher Größe.

Hotel de Rome

Kaļķu 28, Tel. 708 76 00, www.derome.lv. EZ 140 Euro, DZ 160 Euro. Gehobenes Hotel unter deutscher Leitung gegenüber der Laima-Uhr. Im obersten Stock gibt es das Gourmetrestaurant ›Otto Schwarz‹. Viele Zimmer mit Blick auf Park und Freiheitsstatue, Konferenz- und Seminarräume.

Reval Hotel Latvija

Elizabetes 55, Tel. 777 22 22, www.revalhotels.com. EZ 120–140 Euro, DZ 125–145 Euro. Das ehemalige sowjetische Vorzeigehotel, die Freiheitsstatue überragend

Jazzclub Lize in der Altstadt

und gerne als stehende Streichholzschachtel verspottet, wurde innen
schön renoviert. Ganz oben gibt es die
nicht nur bei den Hotelgästen beliebte
›Skyline Bar‹, die bis in die frühen
Morgenstunden geöffnet hat. Well-
ness- und Fitnesscenter.

Konventa sēta
Kaleju, 9/11, Tel. 708 75 01,
www.konventa.lv. EZ 90 Euro,
DZ 110 Euro, Suites 135 Euro.
Im durch die historische Außenmauer
abgeschotteten Gebäudekomplex
stehen Wohn- und Speicherhäuser aus
dem 17. Jahrhundert, zwischen denen
enge Gassen hindurchführen. Gutes
Restaurant, Konferenzräume und
mitten in der Altstadt unerwartet viel
Ruhe.

Gutenbergs
Doma laukums 1, Tel. 781 40 90,
www.gutenbergs.lv. EZ 60–99 Euro,
DZ 70–115 Euro.
Hotel mit gutem Restaurant und Dachterrasse mit Blick auf den Domplatz.
Kleine, geschmackvoll im Stil des
19. Jahrhunderts eingerichtete Zimmer
in historischem Gemäuer, Konferenz-
und Seminarräume.

Boutique Hotel Viesturs
Mucenieku 5, Tel. 735 60 60,
www.hotelviesturs.lv. EZ 60 Euro,
DZ 85 Euro, Suite 150 Euro.
Die 13 Zimmer in einer ruhigen Seiten-
straße der Altstadt wurden dem historischen Haus aus dem 17. Jahrhundert
angemessen mit antiken Möbeln

ausgestattet. Ein Geheimtip ist die
Hotelsuite mit Sauna und eigener
Dachterrasse.

Radi un Draugi
Marstaļu 1/3, Tel. 722 03 72,
www.draugi.lv. EZ 50–75 Euro,
DZ 70–80 Euro.
Hotel unter britischer Leitung mitten
in der Altstadt. Zimmer, Restaurant
und Bar sind geschmackvoll eingerichtet, mit dicken Teppichen und
schweren Polstermöbeln. Verwinkelte
Gänge führen direkt ins benachbarte
Café. Das seit zehn Jahren existierende
Hotel ist sehr beliebt und bekannt,
also rechtzeitig reservieren.

F-Villa
Skanstes 9, Tel. 751 99 22,
www.miests.lv. DZ 30–70Euro.
Neues Hotel etwa 1,5 km nördlich der
Altstadt. Günstige, hell und freundlich
wirkende Zimmer, Biergarten und
Konferenzraum. Auf dem benachbar-
ten Parkplatz kann man Autos und
Wohnmobile umsonst parken.

Barons B & B
K. Barona 25 (oberstes Stockwerk),
Tel. 910 59 39, www.baronsbb.com.
Zimmer 20–50 Euro.
Ein Ort für Leute, denen ein normales
Hotel zu langweilig ist. Nahe der
Altstadt, inklusive Lounge mit Musik
und Unterhaltung. Am besten vorher
auf die Wesbite schauen.

Homestay (Bed & Breakfast)
Stokholmas 1, Mežaparks,

Tel. 755 30 16, www.homestay.lv.
EZ 30 Euro, DZ 38 Euro.
Die Villa in Mežaparks ist eine gute
Alternative für alle, die zentrumsnah in
der ältesten Gartenstadt Europas
wohnen wollen. Ins Zentrum fährt die
Straßenbahn. In der Nähe sind der See
Kišezers, nördlich fangen die Wälder
an, Zoo und parkähnliche Friedhöfe
sind gut zu Fuß zu erreichen. Das
lettisch-neuseeländische Paar hat
Hunde und Katzen, und der Familien-
anschluß ist gewissermaßen inklusive.

Krišjānis un Gertrude
(Bed & Breakfast)
K. Barona 39 (Eingang Gertudes iela),
Tel. 750 66 03, www.kg.lv.
EZ 25–50 Euro, DZ 40–60 Euro.
Klassisches Bed & Breakfast-Haus in
britischem Stil mit fünf Zimmern, Inter-
netanschluß und Konferenzraum.

Rīga Old Town Hostel
Vaļņu 43, Tel. 722 34 06,
www.rigaoldtownhostel.lv.
Übernachtung ab 13 Euro.
Hostel mitten in der Altstadt. Drei
Schlafsäle, einige kleinere Zimmer,
42 Betten, Küche, Sauna, Wireless
LAN und eine nette Bar.

Argonaut Backpackers
Kaleju 50, Tel. 614 72 14,
www.argonauthostel.com. Übernachtung von 10–18 Euro. DZ 80 Euro.
Größtes Hostel im Baltikum und
beliebter Treffpunkt Reisender aller
Nationen. Die australische Leitung
hat eine angelsächsisch geprägte Idee

von gutem Service und zufriedenen
Kunden. Schlafsäle und kleinere
Zimmer unterschiedlicher Größe.

Rīga City Camping
Ķīpsalas 8, Tel. 706 50 00,
www.bt1.lv/camping.
Zentrumsnah auf einer Insel der
Daugava. Die Preise sind etwa dreimal
so hoch wie auf dem Land, aber dafür
ist man ja auch in Rīga. Pro Person
2 Euro, Zelt 10 Euro, Wohnmobil
15 Euro. Bungalow oder zu mietender
Vier-Personen-Caravan 30–55 Euro.

Appartments
Wer mehr als nur ein paar Tage in
Rīga verbringen möchte, kann sich an
Agenturen wenden, die Appartments
für kurz- und langfristige Aufenthalte
vermitteln. www.apartments-riga.com
und www.rentinriga.com.

www.allhotels.lv.
Die Suchmaschine ist interessant, um
einen aktuellen Überblick über verfüg-
bare Zimmer zu bekommen. Es gibt
auch konkurrierende Websites (S. 439
Reisetips/Unterkunft und S. 466 Lettland im Internet).

**Gästehäuser, Campingplätze und
Ferien auf dem Lande**
Lauku Ceļotajs, ein Projekt zur Föde-
rung des Tourismus auf dem Lande,
hat eine gute Website mit Unterkunftsmöglichkeiten und diversen
touristischen Angeboten: www.travel-
ler.lv. Alle Campingplätze gibt es auf
www.camping.lv.

Rīga-Information

■ Allgemeines

Polizei
Notruf Tel. 112.
Zentrale der Rīgaer Polizei und
Kriminalpolizei: Aspazijas bulv. 7,
Tel. 708 65 27.
Der Nachfrage wegen gibt es in Rīga
bei der Polizei mehrsprachige Überset-
zer für Touristen.
Verkehrssünder: Ceļu policijas birojs,
Stabu 89, Tel. 720 81 08.
Strafzettel werden üblicherweise als
Bareinzahlung bei einer Bank bezahlt.

Post
Hauptpost am Bahnhof: Stacijas
laukums 1, Tel. 701 88 04. Filialen im
Zentrum: Aspazijas 24, Brīvības 19.
Expressversand: DHL, Brīvības 55,
Tel. 701 32 92, 10–18 Uhr. Kosten-
loser Abholservice: Tel. 800 03 45.
Die Filialen der anderen Großen der
Branche sind außerhalb der Innen-
stadt, aber es gibt Telefonnumern:
FedEx Tel. 750 60 10, UPS Tel.
780 56 50, TNT Tel. 766 80 00.

Internetcafés
Virtual Travel Bureau, Kaļķu 11,
Tel. 722 82 28, 9.30–0.30 Uhr.
Dualnet Café, Peldu 11,
Tel. 781 44 40, 24 Stunden geöffnet.
Elizabete, Elisabetes 75,
Tel. 728 28 76. Mo–Fr 9.30–22 Uhr,
Sa/So 10–21 Uhr.

■ Touristeninformation

Telefonische Auskunft
Auskunft und Fahrplanauskunft:
Tel. 11 88, www.1188.lv;
Tel. 11 77, www.117.lv.

Informationsstellen
Zentrale am Schwarzhäupterhaus,
Ratslaukums 6, Tel. 703 79 00,
703 79 10, www.rigatourism.com,
tourinfo@rcc.lv. 10–19 Uhr, bietet
auch Führungen an.

Touristeninformation am Busbahnhof,
Prāgas 1, Tel. 722 05 55. 9–19 Uhr.

Touristeninformation am Bahnhof,
Stācijas 2, Tel. 723 38 15.
10–18.30 Uhr.

Touristeninformation am Dom,
Smilšu 4, Tel. 722 46 64. 10–18 Uhr.
Normalerweise sehr viel leerer als die
Zentrale am Schwarzhäupterhaus.
Neben Fragen zu Rīga können auch
Fragen zu den Regionen Lettlands
kompetent beantwortet werden.

Tourismusagentur Latvia Tours,
Kaļķu 8, Tel. 708 50 30. Marktführer,
auch Geschäftsreisen und Stadtführungen.

Rīga Out There, Tel. 938 94 50,
www.rigaoutthere.com.
Führungen durch das Rīgaer Nachtleben für 20 LVL mit Besuchen von
Clubs und Bars. Das Angebot richtet
sich an ein junges oder jung geblie be-

nes Publikum, das etwas Gesellschaft möchte und nichts mit Sextourismus oder Kampftrinken zu tun haben will.

■ Öffentliche Verkehrsmittel

Flughafen

Rīga International Airport (RIX), Tel. 72070 09, www.rīga-airport.com, zehn Kilometer südwestlich der Altstadt. Er entspricht EU-Standard und hat sogar einen internationalen Preis für Flughäfen mittlerer Größe gewonnen. Direkt neben dem Flughafen gibt es ein Luftfahrtmuseum mit vorwiegend sowjetischen Exponaten und undurchsichtigen Öffnungszeiten. Mit dem Taxi kostet eine Fahrt in die Altstadt etwa 6 LVL, manche Taxifahrer versuchen mehr zu verlangen und schalten den Taxometer nicht ein. Die Buslinien 22 und 22A verkehren halbstündlich ins Zentrum (0,20 bzw. 0,25 LVL, je nach Busgesellschaft, Tickets beim Schaffner).

Der Rīgaer Hauptbahnhof

Fähre

Der Passagierhafen für die jeden zweiten Tag fahrenden Schiffe nach Stockholm liegt einen guten Kilometer nördlich der Altstadt. Dreimal wöchentlich geht von Vecmīlgrāvis im Norden Rīgas eine Fähre nach Lübeck. In die Altstadt fahren von dort die Buslinien 2 und 24.

Bahn

Der Bahnhof, ›Centrālā Stacija‹, liegt am südwestlichen Ende der Altstadt, unmittelbar neben dem Zentralmarkt und dem Shopping Center ›Stockmann's‹. Die Bahn verbindet längst nicht in alle lettischen Städte; internationale Bahnverbindungen nach Westeuropa funktionieren sind sehr umständlich. Die Fahrplanauskunft www.1188.lv oder Tel. 1188 schließt auch die überregionalen Buslinien und den öffentlichen Nahverkehr mit ein. Zum Bahnfahren siehe auch Reisetips (Anreise).

Bus

Fernbusse sind in Lettland ein besser funktionierendes Verkehrsmittel als die Bahn. Sie verkehren in alle größeren Städte Lettlands, und es gibt auch zahlreiche internationale Busverbindungen. Der Busbahnhof (›Autoosta‹)

liegt vom Bahnhof aus gesehen hinter dem Shopping Center ›Stockmann's‹, auf der Rückseite des nachts zu meidenden Zentralmarkts. Fahrplanauskunft Tel. 11 88, www.1188.lv.

Öffentlicher Nahverkehr

Es gibt in Rīga Straßenbahnen, Trolleybusse, Busse und Minibusse. Die Nummern der Verkehrsmittel sind, wie in den meisten Großstädten, mitunter doppelt vergeben. Innerhalb Rīgas kostet ein Ticket 0,20 LVL; Tickets sind nach dem Besteigen beim Schaffner zu lösen. Monatskarten sind an den meisten Kiosken erhältlich und kosten etwa 15 LVL. Nachts fährt nichts

mehr, und man ist aufs Taxi angewiesen. Minibusse, die von einer gegenüber dem Bahnhof gelegenen zentralen Haltestelle aus kleinere Ortschaften außerhalb Rīgas anfahren, müssen anderswo per Handzeichen angehalten werden. Nach wie vor ist es so, daß außerhalb des Rīgaer Stadtzentrums an den meisten Haltestellen keine Fahrpläne hängen. Es sei noch mal ausdrücklich vermerkt, daß Busse und Straßenbahnen auch unter Taschendieben sehr beliebt sind. Fahrplanauskunft unter Tel. 11 88, www.1188.lv. Den Routenverlauf der einzelnen Linien kann man unter www.rigassatiksme.lv einsehen. Leider existiert kein Übersichtsplan, und auch in Stadtpläne sind die Linien meist nicht eingezeichnet.

Taxi

Taxistände (Auswahl): Strēlnieku laukums, Aspāzijas bulv., Tērbates iela. Tel. 800 10 10, 800 13 13, 800 50 50. Es ist üblich, Taxen außerhalb der Taxistände per Handzeichen anzuhalten. Kilometerpreis tagsüber 0,30 LVL, nachts 0,40 LVL. Es ist zu empfehlen, sich entweder vor Besteigen des Taxis über den Preis zu verständigen oder darauf zu achten, daß der Fahrer den Taxometer anstellt. Sonst kann die Fahrt auch teurer werden.

Autoverleih

International bekannte Verleihfirmen findet man am Flughafen, in oder nahe der Altstadt und von Deutschland aus im Internet.

Einladung zum Sängerfest im Jahre 1938

■ **Medizinische Versorgung**

ARS Clinic: Slokas 5, Tel. 72 01 00-1, -3.
Paul Stradiņš Universitätsklinik:
Pilsoņu 13, Tel. 706 96 01,
www.stradini.lv.
Kinderklinik: Vienības 45,
Tel. 704 24 24, 753 64 66.
Zahnklinik: DS Medical Centre,
Elizabetes 57, Tel. 722 99 42.
Orthopädische Klinik: Duntes 12/22,
Tel. 739 25 63.
AIDS Centre: Lielā Kiļjānu 7,
Tel. 737 22 75, 754 37 77,
www.aids.lv.
Apotheken: Rudens Aptieka,
Ģertrūdes 105/1, Tel. 724 43 22
(24 Stunden),
Vecpilsētas Aptieka, Audēju 20,
721 33 40.

■ **Sport**

Schwimmen
20 Kilometer vom Zentrum entfernt,
direkt hinter dem Ortsschild von
Jūrmala, liegt das größte Erlebnisbad
Nordeuropas. Eine sehr viel kleinere
Version findet sich gegenüber der
Altstadt, auf der anderen Seite der
Daugava und ist in wenigen Minuten
zu erreichen: Aquapark ›Akvalande‹,
Mukusalas 45–47, Tel. 762 97 00,
www.akvalandija.lv, Mo–Do 11–22
Uhr, Fr–So 10–23 Uhr. Tageskarte 3
LVL.
Manche große Hotels, wie das ›Radis-
son‹ gegenüber der Altstadt, erlauben
auch Nicht-Hotelgästen die Nutzung
ihres Schwimm- und Wellnessbereichs:

›Radisson SAS‹, Kuģu 24,
Tel. 706 11 24. Tageseintritt ca. 8 LVL.

Aktivtourismus
Angeln, Reiten, Kanufahren, Wandern
und viele weitere Angebote für den
aktiven Urlaub auf dem Land hat
›Lauku ceļotājs‹ im Angebot. Das unter
anderem von der EU geförderte
Projekt gibt auch zwei sehr zu empfeh-
lende kleine Reiseführer für Aktivtourismus und Urlaub auf dem Bauernhof
heraus. Das Personal spricht hervorragend Deutsch. Zu erreichen ist ›Lauku
ceļotājs‹ direkt gegenüber der Altstadt
am anderen Ufer der Daugava:
Kuģu 11, 1. Stock, Tel. 761 76 00,
www.traveller.lv. Mo–Fr 9–18 Uhr,
Sa 10–14 Uhr (Eingang Uzvaras bulv.).
Außerhalb der Hochsaison andere
Öffnungszeiten.

Kanu- und Wassertourismus
Campo, R. Blaumaņa 22/24,
Tel. 922 23 39, www.campo.lv,
www.laivas.lv (Club). Laden für Kanubedarf mit angeschlossenem Wassersportclub im Rīgaer Zentrum. Informationen zu Leihbooten, Unterkünften,
organisierten Touren und Routen. Die
dazugehörige Website ist mehrspra-
chig; sie bietet erste Informationen
und Tourenvorschläge.

Golf
Ozo Golf Club, Mīlgrāva 16,
Tel. 739 43 99, www.ozogolf.lv.
Am See Kišezers nördlich der Innen-
stadt gelegener 18-Loch-Platz.

Go-Kart
Kartinga Halle, Eizenšteina 2,
Tel. 755 18 16, www.m-co.lv.

Heißluftballon
Altius, Mukusalas 41, Tel. 761 16 14,
www.altius.lv. Flüge finden in
der Regel im Gauja-Nationalpark bei
Sigulda statt.

Fallschirmspringen
Rīga Extreme Sports Club, Spilves 1,
Tel. 942 52 10.

■ **Einkaufen**

Nahrungsmittel
Beste und interessanteste Adresse ist
der Zentralmarkt am Bahnhof, 8–17
Uhr. Nebenan befinden sich Einkaufs-
zentren mit längeren Öffnungszeiten:
›Stockmann's‹, 13. janvara bulv. 8,

9–22 Uhr oder ›Origo‹, Stacijas
laukums 2, 10–22 Uhr.

Bücher
In Lettland gibt es keine Grossisten,
weshalb das Angebot in den Buchläden allein von Verlagen und Verlags-
vertretern abhängt. Ein Besuch unterschiedlicher Läden lohnt sich also.
›Jana Rozes‹ ist die größte Buchhan-
delskette im Baltikum mit funktionie-
rendem Online-Shop und Versand:
K. Barona 5, Tel. 728 42 88,
www.jr.lv. Mo–Sa 10–19 Uhr.
Der größte Buchladen des Baltikums
ist ›Valters un Rapa‹, Aspazijas 24,
Tel. 760 16 42, www.valtersunrapa.lv.
Mo–Fr 9–21, Sa 10–21, So 10–16 Uhr.

Musik
Der größte Musikladen im Baltikum
ist ›Randoms‹, Kaļķu 4, Tel. 722 52 12,

Auf dem Markt

Frisch aus lettischen Wäldern

www.randoms.lv. Mo–Fr 10–22, Sa, So 12–22 Uhr. Eine gute Auswahl klassischer Musik, Volksmusik, Instrumente und Souvenirs gibt es bei ›Upe‹, Vāgnera 5, Tel. 722 52 12. Mo–Fr 11–19, Sa 10–15 Uhr.

Souvenirs und Antiquitäten

Souvenirläden gibt es in der Altstadt an jeder Ecke. Bernsteinschmuck, Lederartikel, Keramik und Kunsthandwerk gibt es außerhalb der Altstadt und dann nochmal außerhalb Rīgas deutlich billiger. Wirkliche Antiquitätenläden sind im Zentrum wegen der hohen Mieten nicht mehr zu finden, vereinzelt werden gut restaurierte Objekte zu überteuerten Preisen angeboten. Nicht weit außerhalb der Altstadt liegen interessantere, vollgestopfte Läden: ›Retro‹, Tallinas 54, Tel. 731 53 06. Mo–Fr 10–17, Sa 10–14 Uhr.
›Galerija‹, Dzirnavu 53, Tel. 728 29 78.

Mo–Fr 10–19, Sa 11–17 Uhr.
›Del Arte‹, Stabu 54, Tel. 729 27 17.

Fotografie

Es gibt unzählige Fotogeschäfte für Digitalfotografie und Farbbildfotografie, aber es kann schwierig werden, auch nur einen brauchbaren Diafilm zu finden. Es gibt einen einzigen guten Laden für professionelle Fotografie, nahe der Alberta iela: ›Baltijas Foto Serviss‹, Pulkveža Brieža 3, Tel. 732 47 93, www.bfs.lv.

Nachtverkauf

Einige wenige Mini-Supermärkte haben rund um die Uhr geöffnet, doch auch dort darf nach 22 Uhr kein Alkohol mehr verkauft werden. Publikum und Gegend sind mitunter etwas gewöhnungsbedürftig:
›Visbija‹, Brīvības 68, Tel. 722 93 55.
›Avots‹, Čaka 12, Tel. 728 18 28.
›Delikatesen‹, Šķūņu 7, Tel. 722 27 06.
Es gibt auch Tag und Nacht geöffnete Tankstellen mit kleinen Shops.

Das Meer beginnt unmittelbar vor den Toren Rīgas, im Seebad Jūrmala. Durch das leicht hügelige Landesinnere winden sich kanutaugliche Flüsse, es gibt nette Provinzstädte, Burgruinen der Kreuzritter und immer wieder Gutshöfe, von denen viele schloßähnlichen Charakter haben.

Der Westen

Jūrmala

Etwa 25 Kilometer vor Rīga liegt das größte Seebad des Baltikums mit einem 32 Kilometer langen, breiten und im Hochsommer sehr belebten Sandstrand. Jūrmala ist für seine Holzarchitektur bekannt: Man findet neben einfachen Sommerhäusern beeindruckende, reich mit Ornamenten verzierte Villen. Als Bausünden sind auch Hotelburgen sowjetischer Bauart erhalten geblieben, zum Teil entstanden bereits westlichen Qualitätsstandards entsprechende Hotels.

Der Ort steht nach wie vor bei reichen und weniger reichen Russen hoch im Kurs, das Publikum ist heute dennoch recht international. Esten, Litauer und Skandinavier stellen die meisten nichtrussischen Gäste. Freizeitangebote rund ums Wasser gibt es jede Menge – vom riesigen Erlebnisbad ›Akvaparks‹ bis hin zum exklusiven Yachtclub. Im Westen Jūrmalas liegt der Kurort Ķemeri, in dem seit über 200 Jahren Schwefelquellen, Heilschlamm aus dem nahegelegenen Moor und weitere natürliche Ressourcen zu therapeutischen Zwecken genutzt werden. Aufgrund von Spekulationen und Fehlentscheidungen verkommt der Kurort jedoch zusehends. Der Ķemeri umgebende Nationalpark mit seiner landschaftlichen Vielfalt und einem Hochmoor, das man sich über Holzstege erwandern kann, ist aber eindeutig einen Besuch wert.

Stadtgeschichte

Im 12. Jahrhundert befand sich an der Mündung des Flusses Lielupe ein bedeutendes semgalisches Handelszentrum. Nachdem der Deutsche Orden in Rīga Fuß gefaßt und einen Außenhandel nach seinem Geschmack eingerichtet hatte, wurde auf Erlaß des Papstes jeder Handel im konkurrierenden Handelszentrum unterbunden. Die alte semgalische Stadt verschwand, und bis ins frühe 19. Jahrhundert hinein gab es westlich von Rīga nur noch unbedeutende Fischerorte. Als in Deutschland die ersten Seebäder populär wurden, entwickelte sich auch in den Fischerorten nahe Rīga diese frühe Form des Tourismus.

Die ersten Unterkünfte bauten die Fischer noch selbst. Nachdem 1877 die Eisenbahnlinie Rīga–Tukums in Betrieb genommen wurde, begannen die Ortschaften an der Küste schnell zu wachsen. Die Mehrzahl der Sommerhäuser waren zwischen Mai und September permanent bewohnt, und noch für die 1930er Jahre ist belegt, daß sich zu Beginn des Sommers zahllose Familien mit Möbeln, Koffern

Holzarchitektur in Jūrmala

und allen anderern für die schönsten Wochen des Jahres benötigten Gegenständen auf den Weg von Rīga nach Jūrmala machten.

Die meisten der herausragend schönen, in Holzarchitektur ausgeführten Villen wurden zwischen 1880 und 1920 von bedeutenden Jugendstilarchitekten realisiert. Im frühen 19. Jahrhundert hatten außerhalb Rīgas die einengenden Bauvorschriften Rīgas nur begrenzte Gültigkeit, und Bauherren wie Architekten machten ausgiebigen Gebrauch von ihrer gestalterischen Freiheit.

Holz war das bevorzugte, naturnahe und zur Freizeitkultur passende Baumaterial. Die meisten der zwei- und mehrstöckigen Villen erhielten eine von Holzsäulen getragene Veranda, die Kapitelle der Säulen waren reich mit Schnitzwerk verziert, und die Fassaden wurden mit Ornamenten geradezu überladen. Mit ihren kleinen Türmchen, den individuell gestalteten Dachformen und oft farbigen Fenstern wurden die Residenzen des gehobenen Bürgertums zu so etwas wie der verspielten Variante der Gutshofarchitektur. Die individuelle Gestaltung des Hauses und die Großzügigkeit des Gartens spiegelte sich in der Innenarchitektur. Das Haus wurde als Gesamtkunstwerk gesehen, und die historisierende Fassade fand in den mit Möbeln, Bildern und Nippes überfüllten Räumen ihre Entsprechung. Bemerkenswert ist, daß noch 1939 nur etwa die Hälfte der Gebäude an die öffentliche Stromversorgung angeschlossen war – sommerliche Helligkeit bis 23 Uhr machte eine elektrische Beleuchtung nicht zwingend notwendig.

Die vor Rīga stehende Front des Ersten Weltkriegs hinterließ in Jūrmala deutliche Spuren, und die Kuranlagen im Ortsteil Ķemeri wurden fast vollständig zerstört.

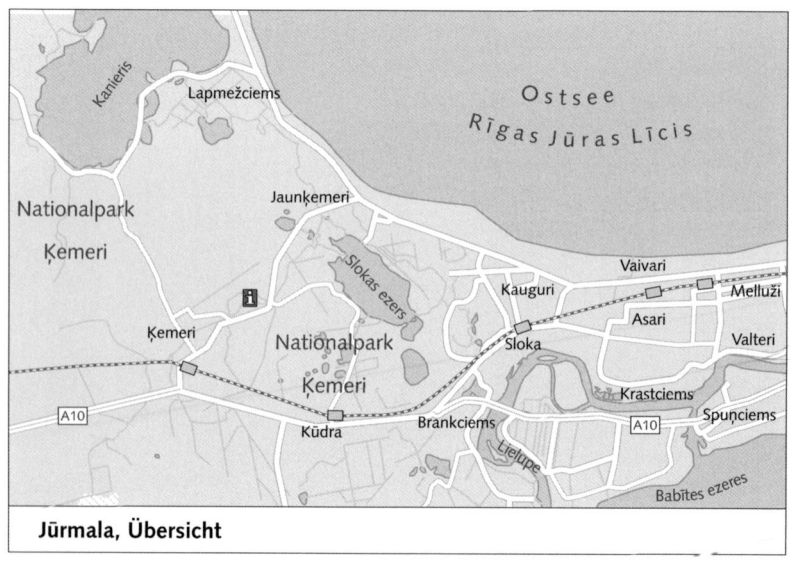

Jūrmala, Übersicht

Im Zweiten Weltkrieg logierten Führungspersönlichkeiten der Reichswehr und der sowjetischen Armee in den Villen. Die Zeit der sowjetischen Besatzung brachte den Massentourismus, und es entstanden häßliche Hotelburgen, die das Stadtbild bis heute stören. In den 1980er Jahren sah man ein, daß dem architektonischen Erbe und dem historischen Stadtbild Jūrmalas Rechnung getragen werden muß, und es wurde ein Baustopp verhängt. Sehr schnell nachdem Lettland sich aus der Sowjetunion verabschiedet hatte, meldeten Alteigentümer Besitzansprüche auf die Villen ihrer Vorfahren an – mit allen Konsequenzen, die aus Ostdeutschland gut bekannt sind. Mitte der 1990er Jahre führten Mitglieder unterschiedlicher Mafiaorgansiationen einen regelrechten Bandenkrieg und sprengten sich gegenseitig ihre neuerworbenen Villen in die Luft.

Heute ist Jūrmala ein friedliches, bei allen Bevölkerungsschichten beliebtes Seebad mit Übernachtungspreisen zwischen 8 LVL für ganz einfache Unterkünfte, 20 bis 50 LVL für die Mittelklasse, und für diejenigen, die es sich leisten können, deutlich über 400 LVL für eine Luxussuite. Die Strände haben heute das EU-Zertifikat der ›Blauen Flagge‹. Voraussetzung dafür sind eine wöchentlich kontrollierte Wasserqualität, saubere Strände, eine gute Infrastruktur mit Duschen, stationären WCs und Einrichtungen für Behinderte.

Jūrmala ist die flächenmäßig zweitgrößte Stadt Lettlands und besteht aus 15 ineinander übergehenden, teils sehr unterschiedlichen Ortschaften. Die wichtigsten, von Ost nach West gesehen, sind Lielupe, Bulduri, Dzintari, Majori und Dubulti sowie der Kurort Ķemeri.

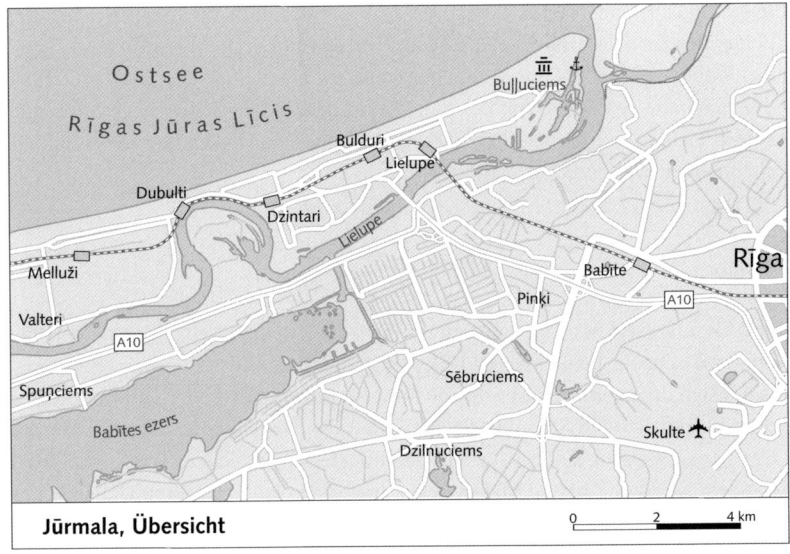

Jūrmala, Übersicht

Die Badeorte

Lielupe

Der östlichste Stadtteil Jūrmalas liegt an der Mündung der Lielupe. Zur Meerseite hin dominieren moderne Hotels. Am Ortsende in Richtung Osten, in Buļļuciems, kommt man zum Freilichtmuseum. Dort wird die Welt der Fischerorte aus der Zeit vor dem 19. Jahrhundert anhand von Gebäuden, Alltagsgegenständen und Booten lebendig. Es gibt Führungen und geräucherten Fisch. Am Ufer, ebenfalls östlich des Ortes, führt ein Wanderweg durch den Ragakapa-Naturpark. Am Wegrand sind 300 Jahre alte Kiefern und eine 18 Meter hohe Düne zu sehen. Zur Flußseite hin befinden sich die bedeutendsten Yachtclubs Lettlands und ein auch für internationale Tuniere genutzter Tennisplatz.

Bulduri

Unübersehbar liegt ›Akvaparks‹, das größte Erlebnisbad Nordeuropas, nahe der Autobahn. Dort gibt bis zu 108 Meter lange Wasserrutschen, einen Tropenwald, ein nachgebautes Piratenschiff für die Kinder, ein Wellenbad mit 1,5 Meter hohen Wellen und einen Bereich für Erwachsene mit Wasserbar, Wellnessbereich und Solarium. Im 19. Jahrhundert bekam der beliebte Ferienort von Adel und Intellektuellen zunächst den Namen Edinburga, zu Ehren der Eheschließung zwischen der Tochter des Zaren Alexander II. und dem Herzog von Edinburgh (1874). Am Rand eines Waldparks, an der Grenze zum benachbarten Stadtteil Dzintari, steht die 1889 erbaute Kirche des Ortes. Auf der dem Fluß zugewandten Seite des Ortsteils gibt es einen kleinen dendrologischen Park mit botanischem Garten, der zur in Bulduri beheimateten Gärtnerschule gehört.

Dzintari

Auch Dzintari war vom 19. Jahrhundert bis zum Zweiten Weltkrieg eine beliebte Sommerfrische für Leute mit Geld. Der Ortsteil glänzt mit zahlreichen repräsentativen Villen unterschiedlichster Stilrichtungen. Bezugspunkte der Holzarchitektur waren eklektizistische Stile der Neugotik und des Neoklassizismus, vieles in der Ornamentik stammt jedoch aus der traditionellen bäuerlichen Architektur. Fast schon im nächsten Ortsteil Majori liegen die beiden bedeutendsten Gebäude des Ortes: Das sehr schön renovierte Jugendstilhotel ›Pegasus Pils‹ in der Jūras 60 mit seinem markanten Turm zählt zu den wirklich außergewöhnlichen Hotels in Jūrmala. Direkt nebenan steht seit 1897 Jūrmalas Konzerthalle ›Dzintari‹. Die heutige Fassung der Konzerthalle stammt aus dem Jahr 1936; sie wurde 1960 um eine im Garten gelegene Open-Air-Bühne erweitert. Inzwischen ist es Tradition geworden, daß die Besucher klassischer und anderer Konzerte sich am späten Abend an den Strand begeben, um in festlicher Kleidung den Sonnenuntergang zu beobachten. Neben dem regelmäßig hier spielenden Lettischen Symphonieorchester und dem Kammermusikensemble Gidon Kremers waren unter anderem auch Patricia Kaas, Candy Dulpher, andere Größen des Jazz sowie Gruppen aus Pop und Rock zu Gast.

Majori

Der Ortsteil ist das unangefochtene touristische Zentrum Jūrmalas. An der Flußseite kommen die Ausflugsboote von der Rīgaer Altstadt an. Die Jomas iela, eine Querstraße hinter der an den Dünen entlangführenden und von schönen Villen gesäumten Jūras iela gelegen, ist eine Fußgängerzone mit Restaurants, Straßencafés, Live Musik, Souvenirläden und Hotels aus dem frühen 20. Jahrhundert. Mitte Juli findet dort ein Straßenfest mit Kleinkunst und Straßenumzug statt.

Im Kulturzentrum Jūrmalas, Jomas iela 35, finden Ausstellungen und Open-Air-Konzerte statt. 1870 errichtete ein Herr Horn an dieser Stelle das erste Hotel

Am Campingplatz und Erlebnisbad ›Nemo‹ in Vaivari

Majoris, das auch schon eine Open-Air-Bühne hatte. Es brannte 1913 leider ab. Dort, in Horns Garten, fand 1896 die erste öffentliche Filmvorführung in Lettland statt. Der Strand wird von einem markanten scheeweißen Gebäude, der von E. Racene 1916 erbauten Schwimmhalle dominiert. Zu Beginn des 20. Jahrhunderts konnte man dort ein Bad in aufgeheiztem Meerwasser nehmen. Auch in sowjetischer Zeit diente das Gebäude als Kurhaus.

Im Stadtmuseum in der Tirgoņu iela 29 gibt es schöne historische Fotos, Exponate zur Unterwasserarchäologie und für Modeinteressierte eine sehenswerte Sammlung von Schwimmanzügen. Kulturinteressierten ist das Jānis-Rainis-Museum zu empfehlen: Im Sommerhaus Plieksana iela 5–7 verbrachten der Schriftsteller und seine Frau Aspazija ihre letzten Lebensjahre.

In der Turaides iela 11 befindet sich ein Technikmuseum für Oldtimer und Motorräder, das Ende August eine Oldtimerparade veranstaltet. Auf der westlichen Seite Majoris liegt am Strand Marienbad, das 1870 erbaute älteste Sanatorium des Stadtteils. Der leitende Arzt war damals Dr. K. J. Nordström, der Physiotherapie, Klimatherapie, das Sägen von Holz und Barfußspaziergänge am Strand im Angebot hatte.

Dubulti

In Dubulti nähert sich eine Schleife der Lielupe bis auf 300 Meter dem Meer. Diese schmale Stelle mußten jahrhunderelang alle Handelsreisenden passieren, die von Kurzeme aus auf dem Weg nach Rīga waren. An eben dieser Stelle befand sich seit

Am Strand von Jūrmala

dem 17. Jahrhundert ein Gasthaus. Im 19. Jahrhundert gab es einen wohl einmaligen Service für die Badegäste: Man konnte sich einen ›Badewagen‹ mieten, der von einem Pferd auf eine im Meer gelegene Sandbank gezogen wurde. Wer wieder zurückwollte, mußte sich mit einem Fähnchen bemerkbar machen. Heute finden in Dubulti alljährlich nationale und internationale Tuniere in Beachvolleyball und Frisbee statt. Auf der Flußseite Dubultis, am Meierovica prospekts 20, steht seit 1903 das reich mit Schnitzereien verzierte zweistöckige Museum der Schriftstellerin und Feministin Aspazija. Direkt gegenüber dem Bahnhof von Dubulti ist die 1909 vom Jugendstilarchitekten Wilhelm Bockslaff entworfene Kirche zu sehen.

Melluži, Azari und Vaivari

Diese Orte westlich von Dubulti sind mehrheitlich von kleinen privaten Sommerhäusern dominiert. Repräsentative Villen findet man hier selten. In Vaivari gibt es als Alternative zum teuren ›Akvaparks‹ in Lielupe das Erlebnisbad ›Nemo‹ mit Wasserrutschen, Sauna und Tretbootvermietung. Zur Flußseite geht die Bebauung in Azari und Vaivari hinter der Bahnlinie in Schrebergärten über.

Sloka

Die knapp 40 Kilometer von Rīga entfernte Stadt Sloka ist die älteste Ansiedlung des Küstenabschnitts und hat noch einen historischen Ortskern. Durch Sloka führte der Handelsweg von Rīga nach Preußen. Ab Mitte des 17. Jahrhunderts wurden dort auch Glasartikel und Werkzeuge produziert. Zu sowjetischen Zeiten wurde Sloka zu einem bedeutenden Industriestandort mit einer Zellstoff- und Zellulosefabrik. Ihre Abwässer wurden noch in den 1980er Jahren ungeklärt über die Lielupe in die Ostsee geleitet, was im April 1988 zu Massenprotesten der Umweltschutzbewegung führte: 2000 Menschen blockierten die Zufahrten zum Betrieb und forderten die Klärung der Abwässer. Die Fabrik ist seit vielen Jahren stillgelegt. Man sieht auch wieder alte Fischer, die in der Lielupe Aale, Lachse und viele andere Fischarten fangen.

Der Kurort Ķemeri

Zur Zeit könnte man meinen, man hätte in Ķemeri das Ende der Welt erreicht: Alle Sanatorien des Ortes sind, abgesehen vom großen Kurhaus mit seiner frischrenovierten, markanten weißen Fassade, völlig verfallen. Die Kleinarchitekturen im Park sind in einem miserablen Zustand, der ehemals sehr schöne Pavillon besteht

Einer ungewissen Zukunft sieht das Sanatorium von Ķemeri entgegen

nur noch aus einem Metallgerippe. Wer durch den Ort fährt, könnte meinen, die Bevölkerung bestünde ausschließlich aus über 70jährigen Invaliden, die sich mühsam mit selbstgebauten Rollstühlen durch den ansonsten völlig entvölkerten Ort bewegen. Hin und wieder sieht man Obdachlose, die sich auf Bänken ausruhen – sie wurden, um die touristisch besser frequentierten Ortsteile Jūrmalas aufzuwerten, nach Ķemeri umquartiert.

Diese Zustände scheinen in einem reich mit natürlichen Ressourcen gesegneten Kurort unerklärlich, jedoch ist die Erklärung ganz einfach: Irgendwie wurden mit Geld, dessen Herkunft unbekannt ist und das über arabische Länder nach Lettland floß, ausgewählte Sanatorien aufgekauft. Zwischen den Investoren, die gerüchteweise große Hotels aufbauen wollten, und der Stadt Jūrmala kam es zu Streitigkeiten bezüglich vereinbarter Auflagen, was zu einem vollständigen Baustopp führte. Unter anderem fühlten sich die Investoren nicht für die Parkanlagen und die Infrastruktur außerhalb der Sanatorien verantwortlich, was zum vollständigen Verfall des Ortes führte. Vielleicht ist es auch so, daß durch weiteres Verrotten der Bausubstanz der Preis noch weiter gedrückt werden soll, und daß Ķemeri eines Tages doch wieder zu dem bedeutenden Kurort werden wird, der er einmal war. Aber das ist reine Spekulation.

Die Sanatorien Ķemeris könnten sehr unterschiedlichen Behandlungsmethoden anbieten: Zunächst einmal gibt es schwefelhaltiges, salziges Bromwasser, dessen Quellen bis zu 1000 Meter unter der Oberfläche liegen. Man könnte also trinkbares, natriumhaltiges Mineralwasser verabreichen. Der Kurort ist von einem Hochmoor umgeben, das zwischenzeitlich zum Nationalpark erklärt wurde. Daher könnten auch Moorbäder in allen Varianten angeboten werden. Nach wie vor sind auch das Angebot von zu therapeutischen Zwecken erwärmtem Meerwasser und die reine Lufttherapie denkbar.

Die Quellen des Ortes tauchen bereits in der lettischen Folklore als ›Heilige Quellen‹ auf: Der Überlieferung nach erreichte ein Schiffbrüchiger den Strand nahe Ķemeri. Als er sich erschöpft unter einem Baum niederließ, wurde er von einer Schlange gebissen, woraufhin er ohnmächtig wurde. Als er wieder erwachte, bemerkte er, daß seine Wunden durch das Wasser einer seltsamen Quelle geheilt worden waren. Für die ersten Jahre des Kurortes ist belegt, daß Waldarbeiter Wannen aus Eichenholz zimmerten und diese mit dem Wasser aus den Quellen füllten. Die Patienten kamen damals, um rheumatische Erkrankungen und Hautkrankheiten heilen zu lassen. 1838 wurde das erste richtige Sanatorium eröffnet. Ķemeri entwickelte sich zu einem bedeutenden, auch über die Grenzen Lettlands hinaus bekannten Kurort, in dem international bekannte Ärzte praktizierten. Die behandelbaren Krankheitsbilder sind Erkrankungen des Bewegungsapparats, rheumatische Beschwerden, Stoffwechselstörungen, Hautkrankheiten, Herz-Kreislauferkrankungen und Erkrankungen des Nervensystems.

Der Nationalpark Ķemeri

Der den Kurort umgebende Nationalpark hat eine Fläche von 38 000 Hektar; im Westen grenzt er an das Regionalzentrum Tukums. Man findet Heilquellen, Moore, Seen, Wälder, Dünen und Heidelandschaften. An der Küste gibt es, abseits vom Trubel der Seebäder, ruhigere Küstendörfer und frisch geräucherten Fisch. Wanderwege führen durch die mit Kiefern bestandene Dünen- und Küstenlandschaft, die noch in ihrer ursprünglichen Form erhalten ist. Auf dem unmittelbar hinter der Küste gelegenen Kaņieris-See werden vom Nationalparkzentrum organisierte naturkundliche Bootsfahrten angeboten, die insbesondere für Vogelfreunde ein herausragendes Erlebnis sind. Für einen Nationalpark nicht selbstverständlich ist, daß auf dem See und überall sonst im Nationalpark auch geangelt werden darf. Lizenzen hierfür werden vom Informationszentrum ausgegeben. Mit Glück und Geduld fängt man vielleicht sogar einen großen Lachs. Ins nordwestliche Ende des Sees mündet der durch Sumpf- und Waldlandschaften fließende Fluß Slocene, dessen Ufer streckenweise von steilen Dolomitabbrüchen gesäumt ist. Im Süden des Kaņieris-Sees findet man Küstenmoore und schwefelhaltige Quellen mit deutlich rostfarbenem Wasser.

Unmittelbar am Informationszentrum zwischen Jaunķemeri und Ķemeri, das im 4. Stock einer ehemaligen Fabrik zu finden ist, erstreckt sich ein Erlenbruch, durch den ein 600 Meter langer Holzsteg führt. Ein anderer drei Kilometer langer Holzsteg führt durch das nahegelegene große Moor, das südlich des Ortes

Fischer am Kaṇieris-See

Ķemeri liegt und nicht ganz einfach zu finden ist: Südlich von Ķemeri nach links auf der A10 etwa 100 Meter Richtung Ventspils, und links einem Schild zum Friedhof folgen, dann ist man nach 2,5 Kilometer durch den Wald am Moor. Es ist verboten (und lebensgefährlich) die Holzstege zu verlassen. Vor allem im Hochsommer sollte man die Wasserflasche nicht vergessen.

Zahlreiche Wanderwege führen durch die umliegenden Wälder-, Moor- und Seenlandschaften. Eine Beschilderung existiert kaum, weshalb Informationen aus dem Nationalparkzentrum, Karte und Kompaß ein Muß sind. In der unberührten Natur des Nationalparks gibt es neben dem fast ausgestorbenen Seeadler und Uhus viele andere selten gewordene Tiere wie Wölfe, Biber, Elche, Schwarzstörche und unzählige Wasservogelarten. Auf Wunsch werden vom Inforamtionszentrum als Erlebnis der besonderen Art spätabendliche Fledermausführungen organisiert. Selbstverständlich sollte sein, daß mitgebrachte Hunde an die Leine gehören. Zelten und Lagerfeuer sind nur an besonders gekennzeichneten Plätzen gestattet, und auch sonst sollte man sich strikt an die Regeln des Naturschutzes halten. Im Nationalpark kann man sehr gut einige Tage verbringen; Informationen zu Führungen und Exkursionen sind im Nationalparkzentrum erhältlich. In der Nähe des westlichen Endes des Babītes-Sees, südlich der A9, kommt man zum Ložmētejkalns (Maschinengewehrberg). An dieser Stelle fanden in den Jahren 1916/1917 Kämpfe zwischen der deutschen Wehrmacht und der zaristischen Armee statt. Ein Aussichtsturm, ein kleines Museum (Tel. 722 37 43) und rekonstruierte Schützengräben erinnern an die Kriegshandlungen.

ℹ **Jūrmala Tourism Information Centre**, Majori, Lienes 5, Jūrmala LV-2015, Tel. 714 79 04, www.jurmala.lv. Mo–Fr 9–19 Uhr, Sa 10–17 Uhr, So 10–15 Uhr.
► Private Touristeninformation:

Jomas 42, Majori, Jūrmala LV-2015, Tel. 776 42 76, jurmalainfo@mail.bkc.lv. 1.6.–31.8. Mo–Fr 9–19 Uhr, Sa/So 11–20 Uhr; 1.9.–31.5. Mo–Fr 9–17 Uhr.
► Informationszentrum Ķemeru

Nationalpark: Meža māja, Ķemeri, Jūrmala LV-2012, Tel. 7730078. Mo–Fr 8.30–17 Uhr. Das Informationszentrum findet man wenig naturnah im Verwaltungsgebäude eines ehemaligen Industriegeländes im 4. Stock.

 Taxistand am Bahnhof in Majori. Tel. 8008070, 7755588, 7755577, 7752500.

 Von und nach Rīga fährt etwa halbstündlich ein Zug, der auch die einzelnen Stadtteile Jūrmalas miteinander verbindet. Der Zug fährt von Jūrmala aus weiter nach Tukums.

 Zwischen Rīga und Jūrmala verkehren Fernbusse, die am zentralen Busbahnhof in Rīga abfahren und z.B. nach Tukums, Talsi und Roja fahren. Sie halten in Jūrmalas Stadtteil Dubulti. Außerdem fahren alle 5 Minuten Minibusse von Rīga nach Jūrmala und zurück: Sie tragen die Nummern 7020, 7021 und 7022. Abfahrt in Rīga gegenüber dem Bahnhof, Ziel ist ebenfalls Dubulti.

 Eine schöne, aber der Abfahrtzeiten wegen nicht sehr praktische Variante ist das Schiff: Es fährt zwischen 1.5. und 1.10. am Wochenende an einer Anlegestelle vor dem Rīgaer Schloß los. Ziel ist die Anlegestelle in Dubulti. Abfahrt in Rīga ist um 11 Uhr, um 13.30 Uhr geht es schon wieder zurück.

 In Jūrmala gibt es im Grunde drei Sorten von Hotels: Reno-vierte Häuser der Jahrhundertwende, sowjetische Hotelburgen der 70er und 80er Jahre und Neubauten. Von den ehemals sowjetischen Hotelburgen, auch wenn sie inzwischen westlicheren Standard haben, ist eher abzuraten.

▶ Hotel ›Jūrmala Spa‹, Jomas 47/49, Majori, Tel. 7784400, www.hoteljurmala.lv. Mitten im Zentrum Jūrmalas wurde ein sowjetisches Hotel der 70er Jahre so gründlich umgebaut, daß man eigentlich von einem Neubau sprechen muß. Es entstand ein in jeder Beziehung angenehmes Wellnesshotel mit viel Service auf hohem Niveau und internationalem Publikum. Das sehr große Hotel verfügt auch über verschiedene Konferenzräume. DZ inklusive medizinischem Check-Up und freiem Eintritt in Sauna und Pool ca. 50 LVL; Nebensaison ein Drittel billiger.

▶ ›Villa Joma‹, Jomas 90, Majori, Tel. 7771999, www.villajoma.lv. Innen modern renoviertes Hotel aus dem frühen 20. Jahrhundert an der Promeniermeile Jūrmalas. Sehr gutes Restaurant. Im empfehlenswerten, beliebten Hotel gibt nur 16 Zimmer. DZ in der Hauptsaison 40 LVL, Zwischensaison 30 LVL, sonst 25 LVL.

▶ ›Majori‹, Jomas 29, Jūrmala, Tel. 7761380. Das in Holzarchitektur ausgeführte Jugendstilhotel zählt zu den schönsten seiner Art in Jūrmala. Restaurant und Sommerterrasse. EZ 40 LVL, DZ 50–100 LVL;

in der Nebensaison billiger.

▸ ›Jūras Banga‹, Majori, Juras 30,
Tel. 776 23 91, www.jurasbanga.lv.
Kleines, familiäres und recht preis-
wertes Hotel. Die Holzvilla aus dem
19. Jahrhundert steht direkt an der
Flaniermeile Jūrmalas, und zum
Strand sind es 100 m. DZ 20–50 LVL.

▸ Hotel ›Eiropa‹, Jūras 56, Majori,
Tel. 776 22 11, www.eiropahotel.lv.
Schlichtes Hotel in moderner Archi-
tektur 100 Meter vom Strand
entfernt. Familienfreundlich, ruhige
Nebenstraße, Spielplatz, Sauna,
Fitnessräume, Restaurant. DZ 50
LVL, Nebensaison 40 LVL.

 Camingplatz ›Nemo‹,
Atbalss 1, Vaivari,
Tel. 773 23 50, www.nemo.lv.
Zum etwas abseits gelegenen Campingplatz ›Nemo‹ gehört ein Erlebnisbad mit langen Rutschen, das
deutlich billiger als ›Akvaparks‹ ist
und auch der nicht zeltenden Öffentlichkeit zur Verfügung steht. Zum
Strand sind es wenige Meter, und
in einem Festzelt gibt es fast jeden
Abend Programm, sehr oft Karaoke.
Für Zelthasser gibt es auch kleine
feste Häuschen zu mieten. Person 2
LVL, kleine Holzhäuser zwischen 5
LVL für eine Person und 30 LVL für
acht Personen. Zelt 1 LVL, Wohnmobil 8 LVL. Eintritt ins Erlebnisbad
2,50 LVL pro Tag.

▸ Campingplatz ›Valensija - M‹,
Lienes 36–38, Majori, Tel. 910 41 74.
Weniger Infrastruktur als ›Nemo‹,
dafür aber fast im Zentrum des
belebten Stadtteils Majori.

 Abseits der Hotels hat sich in
Jūrmala noch keine wirklich
eigenständige Restaurantszene entwickelt. Reichlich gehobene Restau-
rantkultur gibt es im eine halbe
Stunde entfernten Rīga, doch auch
einige Hotelrestaurants Jūrmalas,
die alle in Majori liegen, gelten als
wirklich gut:

▸ ›Eiropa‹, Jūras 56, Majori,
Tel. 776 22 11.

▸ ›Villa Joma‹, Jomas 90, Majori,
Tel. 777 19 99.

▸ ›Majori‹, Jomas 29, Majori,
Tel. 776 13 80.

▸ ›Jūrmala Spa‹, Jomas 47/49,
Majori, Tel. 778 44 20.

▸ ›Baltic Beach‹, Jūras 23/25, Majori,
Tel. 714 99 20

▸ ›Pegasa Pils‹, Jūras 60, Majori,
Tel. 776 11 49
In Majori und Dubulti gibt es
zahlreiche Bistros, Straßencafés und
Kneipen, die Gerichte zwischen
akzeptabler Qualität und Fast Food
anbieten. Anders als Rīga hat
Jūrmala keine lebendige kulturelle
Szene, die Hauptattraktion sind
ja schließlich Strand und Meer. Eine
Ausnahme ist die Konzerthalle
Dzintari.

Stadtmuseum Jūrmala,
Tirgoņu 29, Majori,
Tel. 776 47 46. Di–So 11–17 Uhr.

▸ Oldtimermuseum, Turaidas 11,
Majori, Tel. 926 33 29.

▸ Freilichtmuseum, Tīklu 1a,
Bulduri, Tel. 775 49 09.

▸ Azpazija-Haus ›Dubultos‹, Z.
Meierovica prospekts 20, Majori,

Tel. 7769 4445. Mo 14–19 Uhr,
Di–Do 11–16 Uhr, Sa 11–16 Uhr.
▸ Literaturmuseum Jānis Rainis und
Aspazija, J. Pliekšāna 5–7, Majori,
Tel. 776 4495. Mi–So 11–18 Uhr.
▸ Museum Lapmežciems, Fischerei-
museum im Ķemeri Nationalpark,
Liepu 4, Lapmežciems,
Tel. 316 3230. Mo, Mi, Do 10–16
Uhr, Di 9–16 Uhr, Fr 9–14 Uhr.

 Dzintari Konzerthalle,
Turaidas 1 (Dzintari, am
Ende der Jomas iela), Tel. 776 2092,
www.dzk.lv. Die ersten Konzerte
fanden 1891 statt. Zu einem wichti-
gen Ort klassischer Musik wurde die
Konzerthalle in sowjetischer Zeit: Im
beliebten Seebad spielten alljährlich
die Musikgrößen aus Moskau und
Petersburg. Die Tradition klassischer
Konzerte wurden nach 1991 bei-
behalten. Heute gibt es auch Jazz,
Rock, Pop und Folkloristisches.
Kartentelefon 776 2005. Karten-
vorverkauf auch über die beiden
Ticketagenturen Lettlands:
Biļežu Paradīze, Tel. 737 1000 oder
Biļešu Serviss, Tel. 710 5220.
Folkmusik Festival ›Baltic String‹,
Mitte Juni.
Tanzfestival ›Arabesque‹, Ende Juni.

 Līvu Akvaparks, Viestura 24,
Tel. 775 5636,
www.aquapark.lv, Mo–Fr 12–22 Uhr,
Sa/So 10–22 Uhr. Das größte Erlebnisbad Nordeuropas liegt von Rīga
kommend direkt rechts am Ortsein-
gang Jūrmalas. Eintritt Erwachsene:
2 Stunden 6 LVL, 4 Stunden 11 LVL,
Tag 12,90 LVL. Eintritt Kinder:

2 Stunden 4,90 LVL, 4 Stunden
8,10 LVL, Tag 9,50 LVL.
▸ Camingplatz ›Nemo‹, Atbalss 1,
Vaivari, Tel. 773 2350,
www.nemo.lv. Mit maximal 2,50 LVL
pro Tag das deutlich günstigere
Erlebnisbad mit langen Rutschen. Es
bietet aber auch sehr viel weniger
an Attraktionen.

 Radverleih ›ABC‹, Juras 24,
Majori, Tel. 911 9091.

 Kanutouren: Ķemeri
nacionālais parks, Jaun-
ķemeru ceļš, Ķemeri, ›Meža māja‹,
Tel. 773 0200, www.kemeri.gov.lv.
▸ Angeln und Bootsverleih: Am
Kaņieris-See gibt es einen Angler-
klub, der jeden Tag schon sehr früh
am Morgen geöffnet hat. Man wird
direkt am Bootsverleih nicht immer
jemanden finden, der eine andere
Sprache als Lettisch spricht, aber es
ist dort wirklich nett. Eine Fotogalerie
zeigt Angler mit großen Lachsen und
anderen besten Fängen.
Tel. 925 3514. Anglerlizenzen gibt
es im Nationalparkbüro.
▸ Segeln: Das Zentrum für Ostsee-
segler ist Lielupe. Hafeninformatio-
nen, Koordinaten und Ansprech-
partner für Lettland unter www.
latviancoast.lv.
▸ Speedboat, Wasserski, Parasailing:
Gästehaus ›Smaidas‹, Lapmežciems, Ragaciems, Tel. 318 1253,
926 5552.

 Krankenhaus: Vienības
prospekts 19, Bulduri,
Tel. 775 4076. Apotheke: Jomas 41,
Majori, Tel. 776 4413.

Westliches Zemgale

Die Burgruine in Bauska ist eine der beeindruckendsten des Baltikums mit schön renovierten Innenräumen und einer stimmungsvollen ständigen Ausstellung. Das 20 Kilometer entfernte Schloß Rundāle gilt mit seinen repräsentativen Räumen und einem formalen Garten nach französischem Vorbild als lettisches Versailles. Im unterschiedliche Naturräume umfassenden Naturpark Tērvete kann man wandern, Wasservögel beobachten und Boote leihen. Kleine Holzzwerge und Märchenfiguren bevölkern die Wälder, es gibt großzügig angelegte Spielplätze und viele weitere Attraktionen für Kinder. In Auce gibt es ein Gutsschloß zu sehen, in Dobele eine Burgruine. In den Wäldern stößt man auf seltsame mythologische Orte und für heilig gehaltene Quellen.

Besondere touristische Angebote der Region sind eine von Bauska ausgehende 130 Kilometer lange Fahrradroute sowie Übernachtungsmöglichkeiten in den renovierten Gutshöfen Mežotne, Vilce und Vecauce. Rund um Jelgava gibt es Angebote zu Reiten, Sport und Extremsport. Im Juli findet in Bauska und Rundāle ein Festival Alter Musik statt.

Wer nicht in der Region übernachten will, erreicht Rīga binnen einer Autostunde. Angrenzende interessante Orte sind der Nationalpark Ķemeri nordöstlich von Jelgava und das Schloß Jaunpils westlich von Dobele.

Bauska

Die nahe dem Zusammenfluß von Mēmele und Mūsa gelegene Burgruine ist die bedeutendste Attraktion des 12 000 Einwohner zählenden Bauska. Die 1447 errichtete, ursprünglich fünftürmige Burg gilt als letzter bedeutender Neubau des Deutschen Ordens. Gotthard Kettler, der letzte Großmeister des Ordens, baute Ende des 16. Jahrhunderts die von einer durchgehenden Mauer umgebene Wehrburg zu einer Residenz im Stil des Manierismus um. Die Wände waren mit Tapisserien und Ledertapeten ausgekleidet, und es gab prächtig gestaltete Kachelöfen. Die einfache, für damalige Verhältnisse luxoriöse Stimmung der Innenräume dürfte die heutige ständige Ausstellung recht authentisch und gut treffen. 1706 wurde die Burg von den Russen während des Großen Nordischen Krieges zerstört; die Wiederaufbauarbeiten begannen 1973. Es gibt Aussichtsplattformen, die einen schönen Blick über die Landschaft bieten und ein Restaurant.

Auf dem einzigen Platz im Stadtzentrum kommt man zur Touristeninformation. Auf der anderen Seite der großen Straße liegt das Stadtmuseum. Die ständige Ausstellung thematisiert die Geschichte von Juden und Deutschen, und es gibt einen

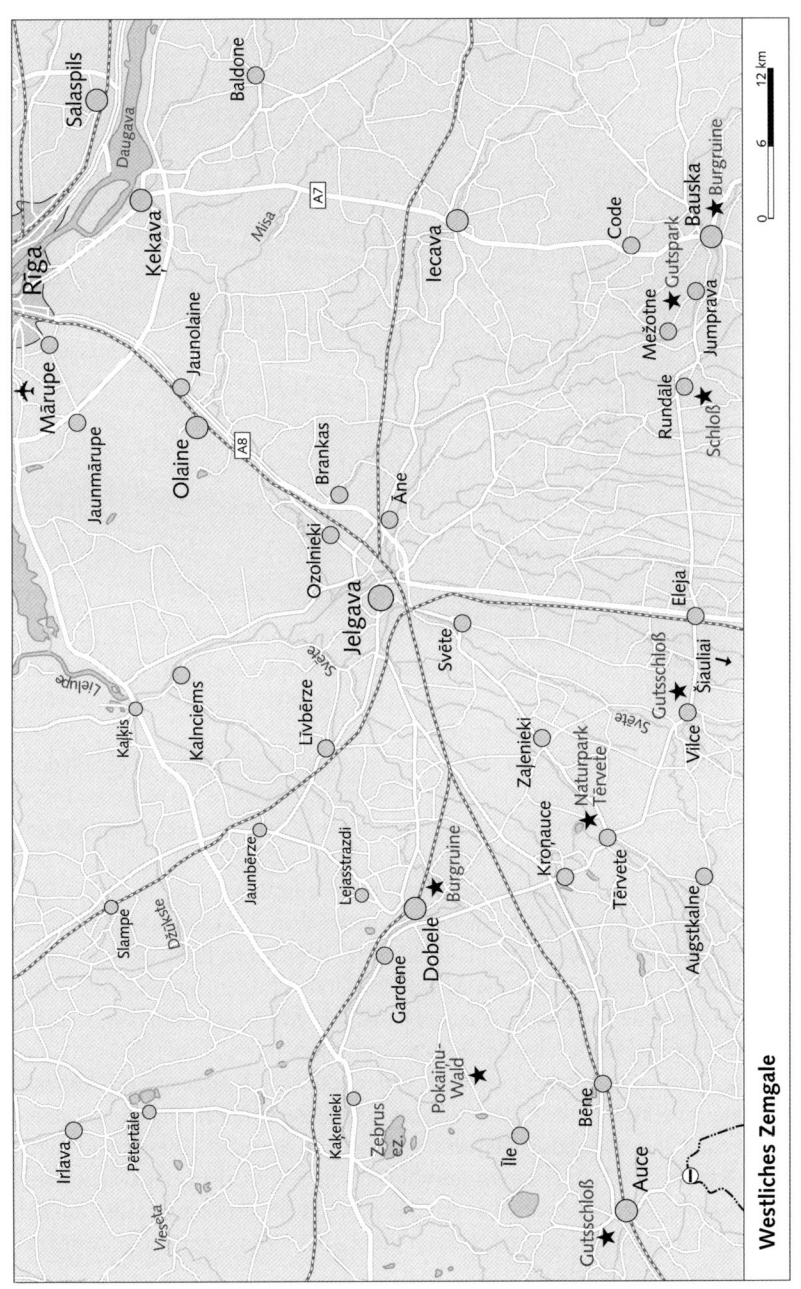

Westliches Zemgale

Landschaft bei Bauska

Friseursalon der 1930er Jahre. Im 19. Jahrhundert hatte sich Bauska zu einem Handelszentrum mit 42 Prozent jüdischer Bevölkerung entwickelt. Zu Beginn des Zweiten Weltkriegs verließen die Deutschbalten Bauska, und die jüdische Bevölkerung fiel den Nationalsozialisten zum Opfer.

Der Turm der lutherischen Heiliggeistkirche (Sv. Gara baznica) in der Pludona iela, die recht wehrhaft wirkt, ist mit Schießscharten versehen. Im barocken Innenraum findet man einen schönen Orgelprospekt, aufwendig gestaltete Epitaphe und eine Rokokokanzel aus dem 18. Jahrhundert.

Am nördlichen Ortsende Bauskas führt eine kleine Straße über Jumprava nach Mežotne. In Jumprava gibt es einen eher unscheinbaren Gutshof, doch der dazugehörige Park mit seiner am Flußlauf stehenden künstlichen Ruine ist sehenswert. Hinter der Ruine befindet sich die sehenswerte Grabstätte der Familie, zu der früher auch ein steinerner, im Freien stehender Sarkophag gehörte. Er wurde von Soldaten der Roten Armee nur so zum Spaß in die Luft gejagt.

Der Straße weiter folgend, erreicht man nach sechs Kilometern den Gutshof Mežotne, in dessen zweitem Stock sich heute ein Hotel befindet, und der von einem der besterhaltenen Landschaftsparks Lettlands umgeben ist. Dieser wird durch einen Bach in zwei Teile getrennt: den waldähnlichen Winterpark und den lichteren Sommerpark. Kleine Wasserfälle verbinden ein System angelegter Teiche, auf den Wiesen weiden Schafe, und von einigen Stellen aus bieten sich schöne Ausblicke auf das Flußtal der Lielupe.

Schloß Rundāle

Rundāle ist das bedeutendste barocke Architekturdenkmal Lettlands. Das Schloß mit seinen 138 Räumen und einer Gesamtfläche von fast 7000 Quadratmetern ist ein Geschenk der Zarin Anna Ivanovna an ihren Günstling Johann von Biron, der dem verarmten kurländischen Landadel entstammte. Der Hofarchitekt der Zarin, Batolomeo Francesco Rastrelli, wurde mit dem Bau beauftragt – von ihm stammt auch das Winterpalais in Petersburg. Mehr als 1000 Arbeiter und Handwerker begannen 1735 mit den Bauarbeiten. Im Juni 1737 wurde das Dach gedeckt, und im gleichen Jahr erhielt Johann von Biron den langersehnten Titel des Herzogs von Kurland. Weil er auch in Jelgava, der damaligen Hauptstadt Kurlands, ein repräsentatives Schloß haben wollte, zog er Baumaterial und Arbeiter aus Rundāle ab und beauftragte Rastrelli mit dem Bau eines zweiten riesigen Schlosses. Rundāle stand 1740 kurz vor seiner Vollendung, doch von seiner Sommerresidenz hatte Johann von Biron vorerst nicht viel: Er wurde im Todesjahr seiner Gönnerin für 22 Jahre in die Verbannung geschickt. Nach seiner Rückkehr im Jahr 1763 wurde der Innenausbau in Angriff genommen. Rastrelli, der es im Zeitalter des Rokoko zu Weltruhm gebracht hatte, konnte bedeutende Künstler aus ganz Europa verpflichten: Von den Italienern Francesco Martini und Carlo Zucci stammen fast alle Wand- und Deckengemälde. Für die Stuckarbeiten gewann man den Berliner Johann Michael Graff. Seine prächtige Residenz bezog Johann von Biron im Jahr 1768.

Bausubstanz und Inneneinrichtung des Schlosses litten in den folgenden Jahrhunderten erheblich: Der Napoleonische Krieg hinterließ 1812 seine Spuren, im

Schloß Rundāle

Oldtimerausstellung bei Rūndale

Ersten Weltkrieg wurde Rundāle ein Lazarett der deutschen Armee, und in sowjetischer Zeit wurde das Schloß zum Internat. Viele wertvolle Kunstgegenstände wurden verschleppt, die Bausubstanz wurde dem schleichenden Verfall preisgegeben. 1972 wurde mit den Renovierungsarbeiten begonnen, die bis heute andauern: Nahezu das gesamte Erdgeschoß ist eine Baustelle, doch das ohnehin prächtigere obere Stockwerk ist schon beeindruckend genug. Führungen finden mehrmals täglich in deutscher und englischer Sprache statt.

Die Schloßbesichigung führt an den reichverzierten, geschnitzten Geländern und den üppigen Wandmalereien des östlichen Treppenhauses vorbei hinauf in den Goldenen Saal, den Prunksaal des Schlosses. Dort hielt Johann von Biron seine Audienzen ab. Das fast 200 Quadratmeter große Deckengemälde stammt von Francesco Martini und Carlo Zucci. Zu sehen sind mit viel Pomp ausgeschmückte Allegorien auf die für zeigenswert gehaltenen Tugenden das Auftraggebers.

Aus dem Goldenen Saal kommt man in die Große Galerie, die von einem Nacht und Morgendämmerung darstellenden Wandbild geschmückt ist. In diesem langgestreckten Raum wurde getafelt: Die Bediensten brachten Speisen und Getränke über ein Treppenhaus aus der im Keller gelegenen Küche.

Über die Große Galerie gelangt man in den Weißen Saal, der als Fest- und Tanzsaal diente. Den durch fünf Spiegelfenster viel helleren und freundlicher wirkenden Saal zieren Allegorien auf Jagd, Landwirtschaft und die vier Elemente. An den Saal schließen sich vier Kabinette an, von denen das ovale Porzellankabinett mit Stücken aus China und Japan sicher das Beeindruckendste ist.

Im Südflügel befinden sich die Gemächer des Herzog. Besonders sehenswert ist das gleich am Anfang liegende Rosenzimmer, das mit kolorierten Stuckarbeiten von Rosen, Blattwerk und anderen Blumen verziert ist. An der Decke zeigt ein Gemälde die Blumengöttin Flora. Im Westflügel residierte die Herzogin; unter anderem gibt es ein üppig ausgestattetes Boudoir. Das Schloß ist von einem Park umgeben, der den formalen Gärten des französischen Absolutismus nachempfunden ist, und der an seinen Rändern in einen Wald übergeht.

 Touristeninformation, Ratslaukums 1, Bauska LV-3901, Tel. 392 37 97, www.bauska.lv. 1.5.–30.9. Mo–Fr 9–18 Uhr, Sa/So 10.30–15.30 Uhr; 1.10.–30.4. Mo–Fr 9–17 Uhr.

 Tel. 968 61 16; 98 526 64.

 Slimnicas 11. Bus nach Rīga etwa halbstündlich.

 Hotel ›Kungu Ligzda‹, Rīgas 41, Bauska, www.kungu.lv, Tel. 392 40 00. DZ 25 LVL, mit Restaurant.

▸ ›Mežotnes Pils‹, Mežotne, Tel. 396 07 11, www.mezotnespils.lv. DZ 25–80 LVL. Schön restaurierter Gutshof mit Sauna und vielen anderen Extras. Restaurant und Konferenzräume.

▸ ›Straumēni‹, Rundāles pag., westlich von Bauska, Tel. 395 02 64, 910 93 88, www.straumeni.et.lv. Pro Person 10–12 LVL. Gasthaus mit Restaurant, Bootsverleih und Sauna.

 Schloßrestaurant Rundāle, Tel. 922 73 69. 1.5.–31.10. 10–18 Uhr; 1.11.–30.4. 10–17 Uhr.

 Burgmuseum Bauska, Kalna 16, Tel. 392 37 93. 2.5.–30.9. 9–19 Uhr; 1.10.–31.10. 9–18 Uhr.

▸ Stadtmuseum Bauska, Kalna 6, Tel. 392 21 97.

▸ Museum Schloß Rundāle, Pilsrundāle, Bauska LV-3921, Tel. 396 21 97, www.rpm.apollo.lv. Juni–Aug. 10–19 Uhr; Mai, Sept. und Okt. 10–18 Uhr; Nov.–Apr. 10–17 Uhr.

 1. Juliwochenende Festival mittelalterlicher Musik in Bauska und Rundāle. 2. Juliwochenende Festival der Countrymusik in Bauska. Anfang September Stadtfest Bauska.

 Lielmežotne, p/n Mežotne, Mežotnes pag., Bauskas raj., LV-3918, Tel. 392 89 40, 658 72 11.

 Gästehaus ›Arāji‹, Mežotnes pag., Tel. 947 50 07.

Tērvete

Für den vielleicht schönsten Themenpark Lettlands braucht man eigentlich einen ganzen Tag. Tērvete ist ein Paradies für Kinder und Spaziergänger. Das Gelände ist recht weitläufig, gut ausgeschildert, aber man sollte unbedingt am Eingang einen Lageplan besorgen. Um möglichst schnell in den für Kinder besonders interessanten Zwergenwald zu kommen, nimmt man aus Bauska kommend, den in Richtung Dobele gelegenen Nebeneingang. Gegenüber dem Parkplatz am Haupteingang liegen Touristeninformation, Kiosk, Aussichtsturm, das Geschichtsmuseum und eine schöne Dorfkirche. Das Museum Sprīdīši liegt 300 Meter vom Parkplatz entfernt in Richtung Dobele. Sprīdīši ist der Titelheld eines der bekanntesten lettischen Märchen, das von Anna Brīgadere verfaßt wurde, und das in Lettland jedes Kind kennt: Der kleine Junge Sprīdīši hatte eine böse Stiefmutter, die ihn zu harter Arbeit zwang. Eines Tages macht sich Sprīdīši auf, um das Land des Glücks zu suchen.

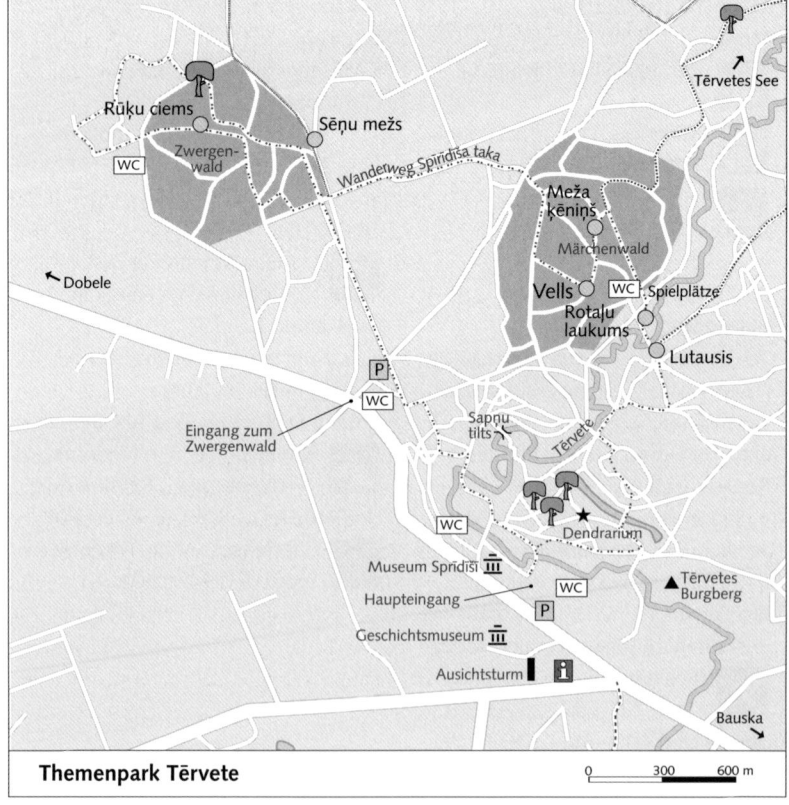

Themenpark Tērvete

0   300   600 m

Im Zwergenwald

Er besiegt einen Riesen und besteht weitere Abenteuer. Als er eine Burg vor der Macht des Teufels rettet, wird ihm vom König die Hand seiner Tochter versprochen. Sprīdīši arbeitet für den König, wird von ihm betrogen und kehrt mit Hilfe eines Zauberrings in seine Heimat zurück. Denn er hat verstanden, daß man nur zu Hause glücklich werden kann.

Figuren aus diesem und aus anderen Märchen der Schriftstellerin bevölkern den Märchenwald: Bis zu drei Meter hohe Holzstatuen mit ausdrucksstarken Gesichtern lassen die Märchenwelt mitten im Wald lebendig werden. Der Park wird vom kleinen Fluß Tērvete durchzogen, über den schön gestaltete Brücken führen, und an dessen Ufern sich Spielplätze mit allerlei Gerätschaften und einige Picknickplätze befinden. Es gibt bis zu 30 Meter hohe, 300 Jahre alte Bäume, ein Dendrarium mit exotischem Gehölz und das mäandernde Flüßchen, das in einen Stausee mündet. Der Schwanensee mit seinen drei Inseln wird von zahlreichen Wasservögeln bevölkert; es gibt einen Turm zur Vogelbeobachtung und eine ornithologische Forschungsstation. Einen guten Kilometer westlich des Märchenwalds kommt man in den Zwergenwald: Zwischen den Bäumen stehen hölzerne Zwerge unterschiedlichster Gattungen und Berufe, es gibt Zwergensiedlungen, eine Mühle und sogar ein Zwergenklo (auch für menschliche Zwerge benutzbar).

Tērvete ist auch aus historischer Sicht interessant: Zu Beginn des 13. Jahrhunderts war der Ort die Hauptstadt des semgalischen Königreichs. Die Burg Tērvete wurde vom Deutschen Orden 1272 erobert; 1279 wurde sie von den Semgalen zurückeroberot. Angesichts der ständigen Bedrohung durch den Orden zog sich der semgalische König Nameisis nach Litauen zurück, von wo aus er seine Angriffe gegen den Orden plante und durchführte. Nameisis unterwarf sich nie einer fremden Macht, und ein Zeichen des unbeugsamen Freiheitswillens ist der Nameisisring, der noch heute von vielen Letten getragen wird: Es ist ein vielfach in sich gewundener Silberring mit drei übereinanderliegenden Strängen. Der innerste steht für die eigene Lebenslinie, der mittlere für die Einbindung in die menschliche Gemeinschaft, der äußere für die göttliche Ordnung. Von den beiden Burgen zeugen heute nur noch die sich gegenüberliegenden Burgberge. Die Ordensburg wurde 1701 von Schweden zerstört.

Vor Einbruch der Dunkelheit sollte man genau wissen, wo man ist, sonst wird es im dunklen Wald gar zu gespenstisch. Etwas zu essen gibt es im Museum Sprīdīšī und im Gästehaus Laima (vom Park aus Richtung Bauska); im Park selbst gibt es nichts. Im Zentrum des Dorfes Kroņauce, fünf Kilometer nördlich des Naturparks, gibt es eine Bierbar, wo man frisches Bier der Brauerei Tērvete verkosten kann.

 Touristeninformation, Pagasta ēka, Tērvete, Dobeles rajons, LV-3728, Tel. 376 34 72, www.tervetesnov.lv. Mo–Fr 9–17 Uhr.
▸ Naturpark Tērvete: Tel. 376 33 85.

 Gästehaus ›Sprīdīšī‹, Tērvetes pag., Dobeles rajons, LV-3728 Tērvete, Tel. 653 26 91. Direkt am Park gelegen.
▸ Gästehaus ›Kliņģeri‹, Tērvetes pag., Dobeles rajons, LV-3728 Kronauce, Dobeles rajons, LV-3728, Tel. 376 85 67, 940 42 27.
▸ Gutshof ›Blankenfelde‹, LV-3025 Vilce, Tel. 970 14 96. Als Hotel hergerichteter Gutshof mit angrenzendem Park östlich von Tērvete.
▸ Gutshof ›Vecauce‹, Akadeēmijas 11, Auce LV-3708, Tel. 374 53 02. Die Alternative zum Gutshof Blankenfelde in Richtung Westen.

 Nördlich des Naturparks Tērvete gibt es Zeltplätze am Stausee. Kontakt dort oder über die Touristeninformation, Tel. 376 33 85.

 Anna-Brīgadere-Museum Sprīdīšī, Tērvete, Dobeles rajons, LV-3728, Tel. 376 34 72, 376 33 52, www.spridisi.valsts.lv. 1.5.–31.10. 10–17 Uhr.
▸ Tērvete-Museum für Frühgeschichte, Jērumi, Tērvetes LV-3728, Tel. 989 68 04.

 Im Park Tērvete gibt es die Möglichkeit mit oder ohne Anleitung zu reiten, auch Kutschfahrten sind im Angebot. Kontakt über die Touristeninformation, Tel. 376 33 85.

Auce

Das neugotische Gutsschloß im Ortsteil Vecauce wurde 1845 nach Entwürfen des Berliner Architekten Friedrich Scheel fertiggestellt. Nach seiner Renovierung wurde es zu einem Kulturzentrum mit Hotel, Restaurant sowie einer Galerie für Kunst und Kunsthandwerk. Fünf Kilometer westlich von Auce liegt der Ort Ķevele, der für seine heiligen Quellen (Ķeveles avoti) bekannt ist. Die sieben beieinanderliegenden Quellen, um die sich Mythen und Legenden ranken, und denen heilende Kräfte zugesprochen werden, entspringen drei Kilometer nördlich des Ortes.

Von Auce aus geht es über den Ort Īle nach Dobele. Fünf Kilometer hinter Īle erreicht man den Wald von Pokaiņu mit seinen Wanderwegen. Der Wald, in dem viele Eichen und Linden stehen, ist bekannt für seine botanische und ornithologische Vielfalt, eine große Zahl unterschiedlicher geologischer Formationen und für seine extrem mineralhaltigen Quellen. Das Beeindruckendste sind die zu Terrassen und Bändern angeordneten Steine, und niemand weiß, wer die Landschaft zu welchem Zweck so ausgestaltete: Historiker, Geologen und Heiler haben unterschiedlichste Theorien aufgestellt. Jedenfalls behauptet man, daß von den Steinen des Waldes eine besondere Art von Energie ausgeht.

 Touristeninformation, Jelgavas 1a, Auce LV-3708, Tel. 37455 06, www.auce.lv. Mo–Fr 9–17 Uhr.

 ›Vecauces pils‹, Akadēmijas 11, Auce LV-3708, Tel. 374 53 02.

Dobele

Die bedeutendste Sehenswürdigkeit Dobeles ist die am Ufer des Flusses Bērze gelegene Ruine der Ordensburg. Gerüchte über vergrabene Goldschätze und unterirdische Gänge halten sich hartnäckig, obwohl bisher noch niemand etwas gefunden hat. In der Ruine soll ein städtisches Kulturzentrum entstehen. Im Stadtzentrum gibt es einen Marktplatz mit Cafés und Restaurants.

Die heutige Fassung der evangelischen Stadtkirche stammt aus dem Jahr 1907; innen sind das Altarbild zu den Ereignissen auf Golgotha (1864), einige Gräber berühmter Deutschbalten und eine Gedenktafel für die Gefallenen des Ersten Weltkriegs zu sehen. Die römisch-katholische Kirche ist ein 2003 fertiggestellter Neubau. Vom Marktplatz erreicht man am Ufer der Bērze das Heimatmuseum.

Am nördlichen Stadtrand Dobeles liegt der Lāču diķis, ein kleiner See mit einer romantischen kleinen Halbinsel, auf der es einen Zeltplatz und eine Sauna gibt. Zwei Kilometer nordöstlich liegt ein weiterer einsamer Badesee mit Zeltplatz, der Gaurata ezers.

 Touristeninformation,
Slokas 23, Dobele LV-3701,
Tel. 372 39 32, www.dobelesrp.lv.

 Tel. 956 29 20, 972 10 21.

 Stācijas 1, Tel. 372 35 01.
Halbstündlich nach Rīga.

 Hotel ›Dobele‹, Uzvaras 2,
Dobele, LV-3701,
Tel. 372 12 29.

 Heimatmuseum Dobele,
Brīvības 7, Dobele LV-3700,
Tel. 372 17 41. Mi 12–18 Uhr,
Do–Sa 11–16 Uhr.

Jelgava

Das heute 66 000 Einwohner zählende Jelgava ist eine Industriestadt mit durchgehender Autobahnverbindung nach Rīga; aus touristischer Sicht hat die Stadt nicht viel zu bieten. Zwischen 1574 und 1795 war Jelgava (dt. Mitau) die Hauptstadt des Herzogtums Kurland. Vor allem im 17. Jahrhundert, unter Herrschaft des schwedischen Herzogs Jakob, erlebte Jelgava dank einiger Manufakturen und als wichtiges Handelszentrum eine wirtschaftliche Blüte. Zwischen 1738 und 1772 entstand am Ufer der Lielupe anstelle der Burg des Deutschen Ordens ein Barockschloß, das von seiner Größe her dem in Rundāle nicht nachsteht. Entwurf und Bauleitung hatte, wie in Rundāle, der Petersburger Hofarchitekt Rastrelli. Das Beeindruckendste am Schloß sind die Fassaden. Innen befindet sich heute die Argarwissenschaftliche Universität Lettlands, und von den aufwendigen Stuckarbeiten des Berliners Johann Michael Graff ist ebenso wenig erhalten wie von den Wand- und Deckengemälden italienischer Meister. Nach telefonischer Absprache kann jedoch die Grabkammer der Herzöge von Kurland besichtigt werden, in der auch der letzte Großmeister des Deutschen Ordens, der 1587 verstorbene Gotthard Kettler, liegt.

Während des Zweiten Weltkriegs verlor Jelgava zwei Drittel seiner Bevölkerung, und die Stadt wurde zu 90 Prozent zerstört. In sowjetischer Zeit entwickelte sich Jelgava zu einer bedeutenden Industriestadt. Eines der wenigen erhaltenen historischen Gebäude ist die spätbarocke Akadēmia Petrina aus dem Jahr 1775, die als Universität geplant wurde. Damals war die Gründung einer Universität noch von einer Genehmigung durch den Papst abhängig, und dem gerade erst (und nur vor-

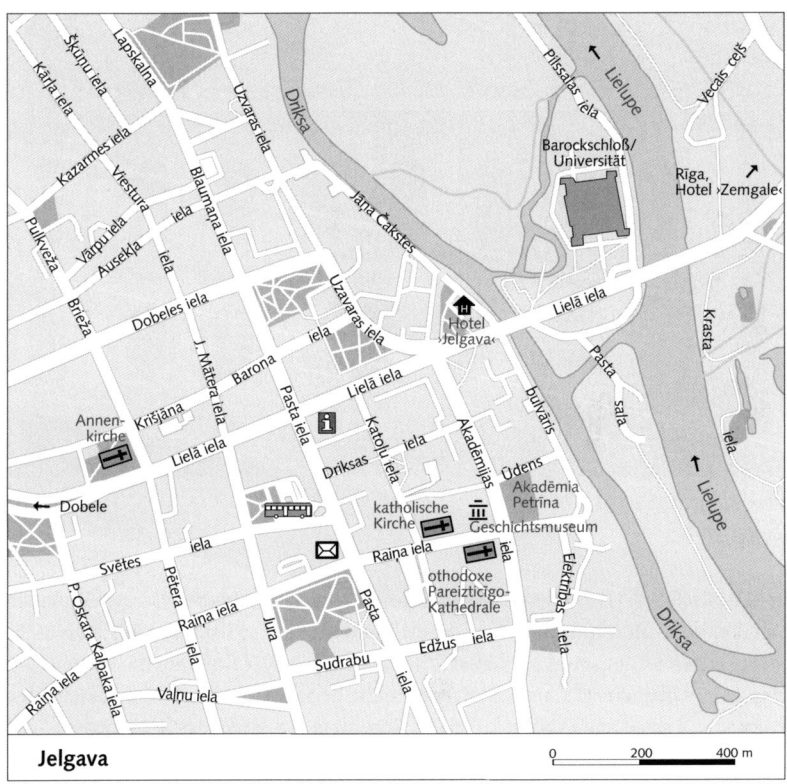

Jelgava

0   200   400 m

übergehend) katholisch gewordenen Kurland wurde diese Anerkennung verweigert. Viele bedeutende Persönlichkeiten Lettlands erhielten dort ihre Ausbildung: der Sammler der lettischen Volkslieder Krišjānis Barons, der Begründer des lettischen Theaters Ādolfs Alunāns, und der erste Präsident des unabhängigen Lettland, Jānis Čakste. Der Physiker Theodor Gotthus entdeckte in der Akadēmia Petrina 1818 die chemischen Grundlagen der Fotografie. An die berühmten Studenten erinnert heute das im Gebäude untergebrachte Stadtmuseum. Dort sind auch einige Gemälde von Ģederts Elias, einem lettischen Malers des Realismus, zu sehen. Das Museum strahlt bis heute einen gewissen spätsowjetischen Charme aus.

In unmittelbarer Nähe der Akadēmia Petrina steht die orthodoxe Pareizticīgo-Kathedrale, von der aus bereits die katholische Stadtkirche zu sehen ist. Über die an der Kirche rechts abgehende Katoļu iela erreicht man das Stadtzentrum mit einer kleinen Fußgängerzone und der Hauptstraße Lielā iela, an der sich die Touristen-information und einige Restaurants befinden.

Das Barockschloß in Jelgava

Die Lielā iela stadtauswärts Richtung Westen entlang kommt man zur Annenkirche mit dem Altarbild ›Christus und die Samariterin‹ (1910) von Jānis Rozentāls, dem bedeutendsten lettischer Maler des beginnenden 20. Jahrhunderts. Noch weiter westlich stehen einige wenige Holzhäuser, die den Zweiten Weltkrieg überstanden haben, und die einen Eindruck von der Bebauung der Vorkriegszeit geben.

 Touristeninformation, Pasta 37, Jelgava LV-3001, Tel. 302 27 51, www.jelgava.lv, www.jrp.lv. Mo 8–18 Uhr, Di–Do 8–17 Uhr, Fr 8–15.30 Uhr.

 Tel. 800 80 44, 950 32 32, 308 32 00.

 Stacijas 1. Zug nach Rīga etwa jede Stunde.

 Pasta 26. Bus nach Rīga alle 5–10 Minuten.

 Hotel ›Jelgava‹, Lielā 6, Jelgava LV-3001, Tel. 302 61 93, www.hoteljelgava.lv. DZ 19–27 LVL. Einfaches Hotel mit postsowjetischem Charme.

► Hotel ›Zemgale‹, Skautu 2, Jelgava LV-3002, Tel. 300 77 07, www.zemgale.info. DZ 26 LVL.

► ›Blankenfelde Muiža‹, Vilce LV-3025, Tel. 970 14 96. In Vilce, 20 km südlich, gibt es einen als

Hafenimpressionen aus Pāvilosta; Der Strand von Saulkrasti, eine Stunde von Rīga entfernt; Campingplatz in Nordkurzeme

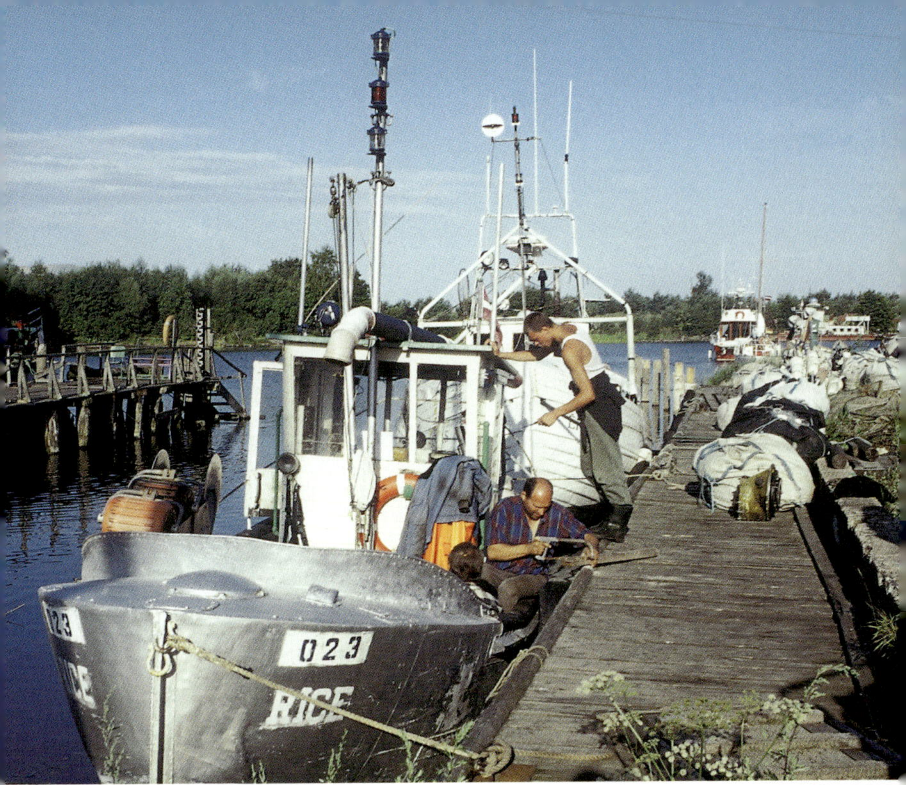
023
023
RICE

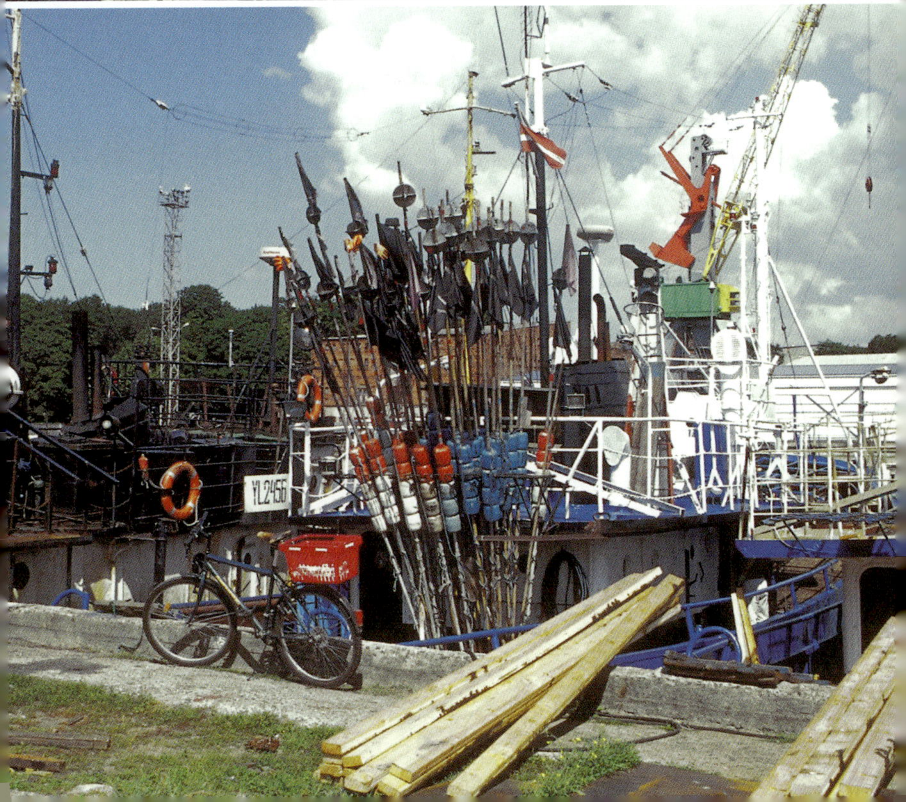
YL2456

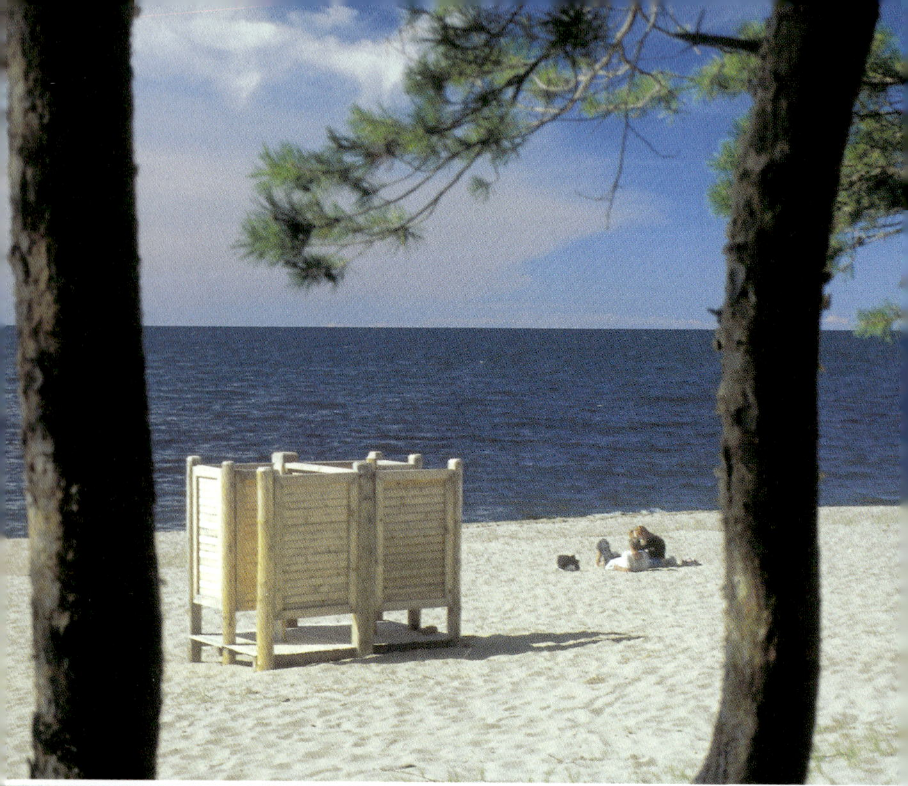

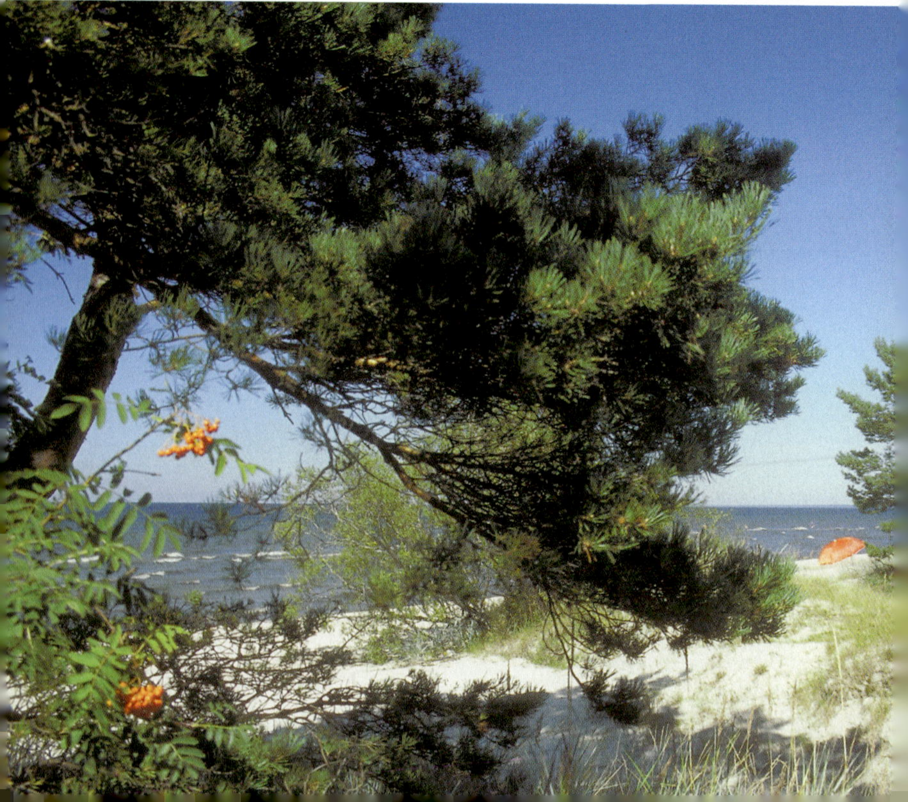

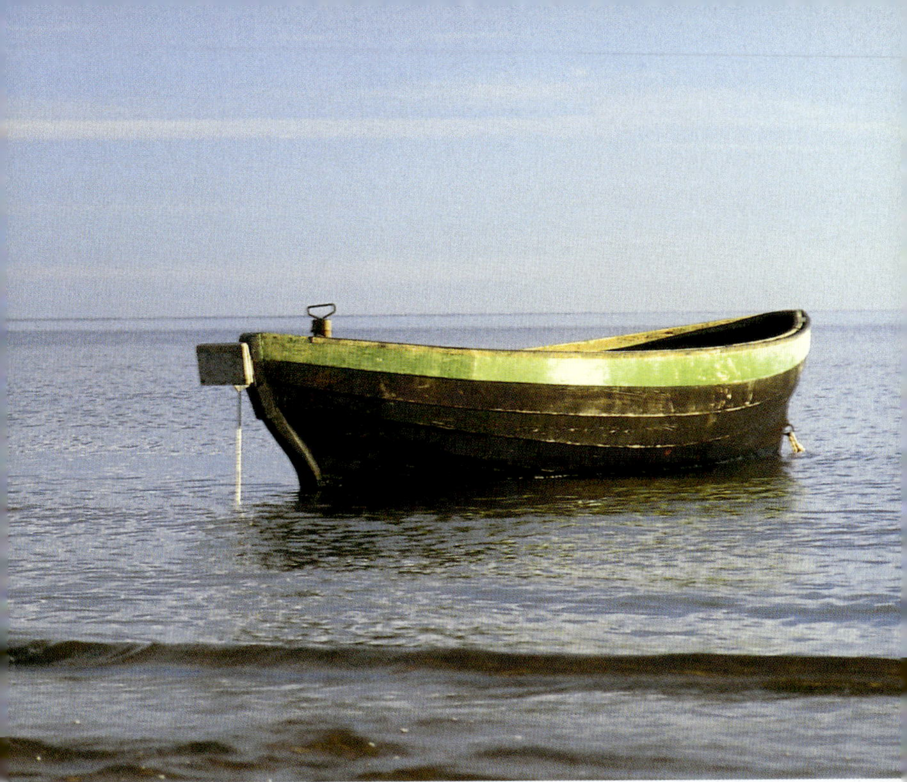
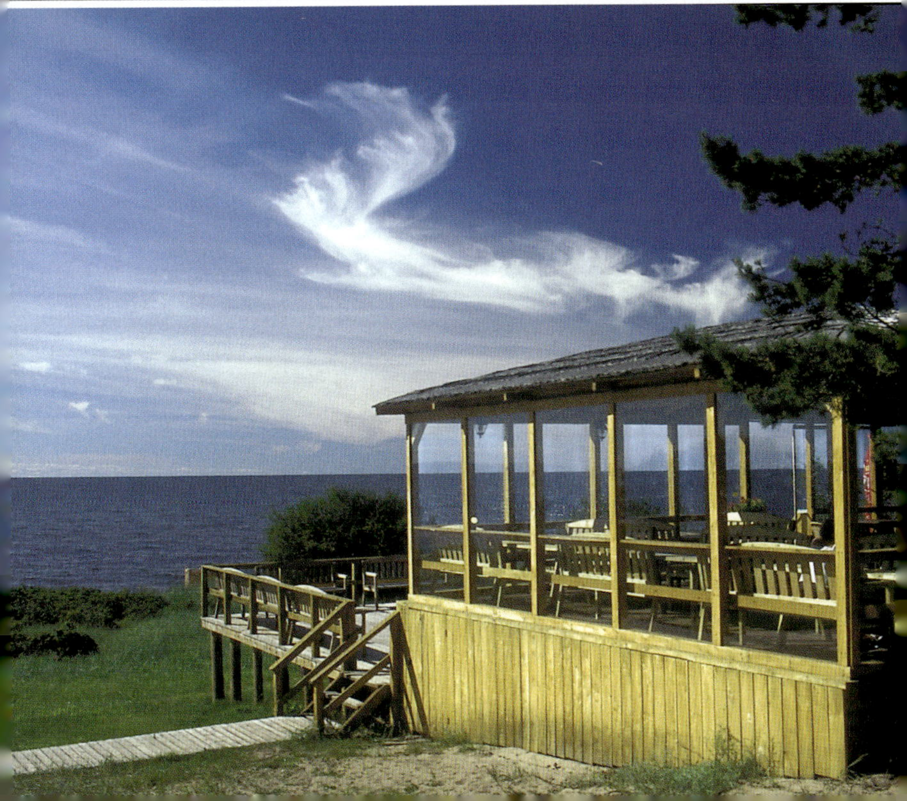

Straßencafé in der Fußgängerzone von Jelgava

Hotel hergerichteten Gutshof mit angrenzendem Park.

 Schloß Jelgava, Besichtigung der Grabkammer der Herzöge Kurlands nach telefonischer Absprache: Tel. 300 56 17, 9–16 Uhr.

▸ Ģederts Eliass Jelgava History and Art Museum, Akadēmijas 10, Tel. 302 33 83, www.jvmm.lv. Mi–So 10–17 Uhr.

▸ Lettisches Museum für Eisenbahngeschichte, Filiale Jelgava, Stācijas 3, Jelgava LV-3000, Tel. 584 24 94, 724 24 94 Mi–Sa 10–15 Uhr. Kleines, im Wohnhaus eines Bahnwärters untergebrachtes Museum, das nur wenige Außenexponate zeigt.

 Anfang Februar Eisskulpturenfestival, Osterwanderung im Schloßpark, Ende August Stadtfest.

 Princis, (im Vorort Ozolnieki), Cenu pag., Jelgavas rajons, LV-3042, Tel. 305 70 56.

 Wasserski am See in Ozolnieki: Ūdensslēpošana Ozolniekos (wenige Kilometer nordöstlich von Jelgava), Tel. 305 05 22, www.udenssleposana.lv.

 Airport of Jelgava, Fallschirmspringen, Jelgavas lidlauks, Jelgava, LV-3001, Tel. 950 16 92. Rafaero, Flüge mit motorgetriebenem Gleiter, Aviacijas 49, Jelgava, LV-3004, Tel. 911 20 87.

Benutzbares Fischerboot am Privatstrand; Restaurant in Saulkrasti, nachmittags in der Nebensaison; Leuchtturm in Mersrags

Die Küste Kurzemes

Kurzeme hat die schönsten Küsten Lettlands; an manchen Stellen hat sich eine bis zu 20 Meter hohe Steilküste gebildet. Diese wechselt sich mit flachen Küstenabschnitten ab. Meist beginnen die Wälder unmittelbar hinter dem Strand. Die meisten Strände waren in sowjetischer Zeit Sperrgebiet und sind entsprechend unberührt, doch an manchen Stellen liegen die Hinterlassenschaften früherer Badegäste herum. Am Thema Müllvermeidung muß in Lettland noch gearbeitet werden. Mittlerweile kommt man leider nicht mehr überall ans Meer, denn einige schöne Küstenabschnitte befinden sich in Privatbesitz. Nördlich von Tukums und südlich von Liepāja gibt es Lagunen mit zahlreichen Wasservögeln. Die Kleinstädte Tukums und Talsi etwas abseits der Küste warten mit kleinen historischen Ortskernen, mit Gutshöfen und einer für Wanderungen und Radtouren geeigneten Umgebung auf. Es gibt auch einige kleinere Seen. Im Nationalpark Slītere und westlich davon gibt es sehr einsame Strände. Im Hinterland des Nationalparks kommt man zu Wäldern, Mooren, verlandeten ehemaligen Küstenabschnitten und Gewässern aller Art. Die Küstenstadt Ventspils hat sich als Transferhafen für russisches Öl zu einer prosperierenden Stadt mit rund 50 000 Einwohnern entwickelt. Liepāja zählt etwa 100 000 Einwohner und war im Zarenreich und in der Sowjetunion der wichtigste russische Militärhafen der Ostsee. Die Stadt gilt als Hauptstadt der lettischen Rockszene, und sie zog in den letzten Jahren immer mehr Künstler und Musiker an, die dem

Dünenwald nördlich von Roja

Kurzeme

0   20   40 km

Kommerz der Rīgaer Altstadt entfliehen wollten. Liepāja hat auch einen schönen Stadtstrand; die Strände nördlich und südlich der zweitwichtigsten Stadt Lettlands sind noch schöner und sogar in der Hauptsaison relativ leer.

Die im Kapitel enthaltenen Ortsbeschreibungen folgen einer Route, die an der Küste entlangführt, und die kleinere Abstecher in die Regionalzentren des Landesinneren einschließt. Die meisten beschriebenen Orte liegen weit von Rīga entfernt, und man sollte sich am besten vorab um Übernachtungsmöglichkeiten kümmern. Wer nur von Rīga nach Liepāja möchte, fährt besser durch das Landesinnere.

Tukums

Das 20 000 Einwohner zählende Tukums erreicht man an Jūrmala vorbei über die A10. Im 11. Jahrhundert vertrieben die Kuren die mit den Esten verwandten Liven. 1253 vertrieb der Deutsche Orden die Kuren und errichtete eine Ordensburg, um die wichtige Handelsstraße zwischen Rīga und Ostpreußen zu sichern. Die Lage an dieser Straße war Segen und Verhängnis zugleich: Das blühende Handelszentrum wurde in den vielen Kriegen immer wieder zerstört. Paradoxerweise war eines der wichtigen in Tukums angesiedelten Gewerbe die Eisengießerei, und es wurden auch Kanonen gegossen. Tukums war während des Bauernaufstands von 1905 ein Zentrum des Widerstands gegen die deutschbaltischen Gutsherren. In sowjetischer Zeit befand sich der Nähe der Stadt ein Militärflughafen, und der Lärm der Tieflieger veranlaßte damals etliche Bürger der Stadt zum Umzug in ruhigere Gefilde.

Das Stadtzentrum ist ein von historischen Gebäuden gesäumter, weitläufiger Marktplatz. Direkt am Platz steht der quadratische Turm des Ordensschlosses, in dem heute das Stadtmuseum untergebracht ist. Kindern wird die Geschichte der Stadt mit Puppen nahegebracht. Die unter der Burg befindlichen unterirdischen Gänge wurden inzwischen zugemauert, denn besonders geschichtsinteressierte Kinder haben sich immer wieder darin verlaufen.

Auch die evangelische Kirche steht direkt am Marktplatz; vom Turm aus eröffnet sich eine schöne Aussicht. Die Orgel stammt aus dem Jahr 1769, das Altarbild des gekreuzigten Christus entstand 1859. Die protestantische Gemeinde spendete den Katholiken 1896 ein ihr gehörendes Grundstück, damit diese ihr eigenes Gotteshaus bauen konnte. Das Äußere der Kirche ist sehr zurückhaltend gestaltet, ihr Innenraum fällt etwas großzüger aus. Hinter der katholischen Kirche stehen einige traditionelle Holzhäuser aus dem 19. Jahrhundert.

Das nahegelegene 1936 erbaute Kunstmuseum war das erste Museum seiner Art außerhalb Rīgas. Die Sammlung konzentriert sich auf den Impressionismus und andere Kunstrichtungen des 20. Jahrhunderts.

Stadtauswärts in Richtung Westen kommt man zum Stadtpark, zu einem alten deutschen Friedhof und zu einem Friedhof für die Gefallenen des Zweiten Weltkriegs. Einen knappen Kilometer stadtauswärts, am Bahnhof ›Tukums 2‹, wurde eine Gedenkstätte für die Opfer der sowjetischen Deportationen errichtet: Senkrecht stehende Eisenbahnschwellen mit eingravierten Namen erinnern an diejenigen, die Tukums in Richtung Sibirien verlassen mußten.

Östlich des Stadzentrums steht im Vorort Durbe der gleichnamige klassizistische Gutshof, der 1821 nach Plänen von Johann Georg Berlitz entstand. Innen ist in historischem Ambiente eine Geschichts- und Kunstausstellung zu sehen. Eine Sonderausstellung ›Der Lette und sein Meister‹ klärt über die Lebensumstände unter deutschbaltischer Herrschaft auf. Im Keller befindet sich die Töpferwerkstatt von

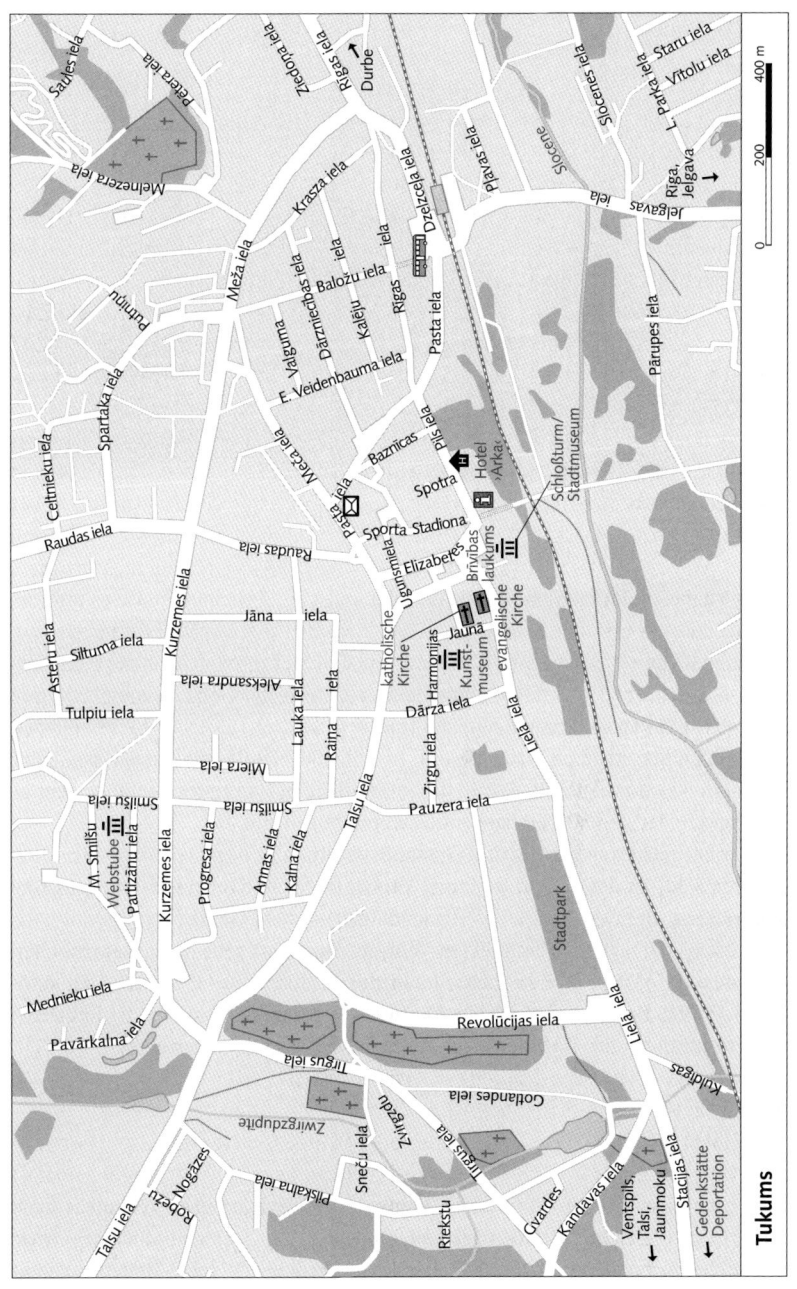

Tukums

Schloß Jaunmoku

Velga Melne, in der man praktische und theoretische Einsichten in dieses traditionelle Handwerk bekommen kann.

Einen Kilometer weiter östlich liegt der Gutshof Šlokenbeka, der in der Geschichte der Stadt eine bedeutende Rolle spielte: Der kastellartige Gebäudekomplex wurde 1484 gebaut; in seinen Mauern fand die Stadtbevölkerung wiederholt bei feindlichen Angriffen einen sicheren Unterschlupf. Im Innenhof gibt es ein gutes Restaurant. In einem Nebengebäude ist das lettische Straßenmuseum untergebracht, in dem es Straßenschilder und allerlei Baugeräte zu besichtigen gibt.

Der beeindruckendste der drei Gutshöfe von Tukums liegt acht Kilometer westlich der Stadt an der A10 in Richtung Ventspils. Jaunmoku wurde 1901 als Sommerresidenz und Jagdschloß des Rīgaer Bürgermeisters George Armitstead nach Entwürfen des Jugendstilarchitekten Wilhelm Bockslaff gebaut. Im neugotischen Backsteinschloß gibt es eine Ausstellung zur Geschichte des Gebäudes, ein gutes Hotel und ein Restaurant. Außerdem befindet sich dort die Zentrale der lettischen Forstverwaltung, die eine interessante Ausstellung zusammengestellt hat.

Engure-See

Von Tukums aus geht es über einen Umweg, der zunächst über Vecmokas nach Kaive führt, auf kleinen Straßen ans Meer. In Kaive steht, wenig nördlich des Ortes, die größte Eiche des Baltikums. Sie hat einen Umfang von zehn Metern, ist über

1000 Jahre alt und hat schon etliche Blitzeinschläge überlebt. Sie gilt als die Eiche der Ahnen und als heiliger Baum. Von Kaive aus geht es über Laimini, einen Ort mit katholischer Kirche und Gutshof, nach Zentene. Dort gibt es im Park des Gutshofs exotische Baumarten, einen Schwanenteich und eine kleine Grotte. Drei Kilometer südöstlich von Zentene kommt man in Dzirciems zu einem Molkereimuseum, in dem man einiges über Milch- und Käseproduktion lernen kann und auch selbst Hand anlegen darf. Im in Richtung Osten gelegenen Rideļi steht eine noch betriebene und zu besichtigende Windmühle. Dort gibt es auch Unterkunftsmöglichkeiten, etwas zum Essen und einen Bootsverleih für den benachbarten See. Von Rideļi aus geht es nach Engure ans Meer, das von Tukums aus natürlich auch über einen direkteren Weg zu erreichen ist.

Nördlich des Ortes liegt der Engure-See, der drittgrößte See Lettlands. Die Ufer des lagunenartigen Gewässers sind mit Schilf bewachsen und versumpft, am See nisten 164 verschiedene Arten von Wasservögeln. Am Ostufer gibt es eine ornithologische Forschungsstation und einen Aussichtsturm, dazwischen wurde ein Gehege für wilde Kühe und Wildpferde angelegt. Weitere Aussichtstürme zur Vogelbeobachtung sind am Nordende des Sees in Mersrags und am Westufer in Kūļciems. Ein 3,5 Kilometer langer Orchideenpfad führt durch die Landschaften des südlichen Ufers. Der fischreiche See ist auch bei Anglern beliebt. Wassertouristen finden auf der See- und auf der Meerseite ein vielfältiges Angebot. In den Küstenorten Engure und Mersrags gibt es eine funktionierende touristische Infrastruktur.

 Touristeninformation Tukums, Pils 3, Tukums LV-3101, Tel. 312 44 51, www.tukums.lv/turisms. 1.6.–1.8. Mo–Fr 9–18 Uhr, Sa 9–14 Uhr, So 10.30–14 Uhr; 1.5.–1.6., 1.9.–1.10. Mo–Fr 9–18 Uhr, Sa 9–14 Uhr; 1.10.–1.5. Mo–Fr 9–17 Uhr.
▸ Mersrags: Dzintaru iela 1, LV-3284 Mersrags, Tel. 323 54 07, mersrags@navigator.lv.

 Tel. 800 00 82, 941 88 61.

 Bei An- und Abreise mit der Bahn muß man darauf achten, den richtigen Bahnhof zu nehmen. Tukums hat zwei Bahnhöfe mit den Namen ›Tukums 1‹ (Zentrum) und ›Tukums 2‹ (westliche Vororte). Die alle 2 Stunden verkehrenden Züge nach Rīga halten an beiden.

 Dzelzcela 2a. Etwa stündlich nach Rīga.

 Hotel ›Arka‹, Pils 9, Tukums, Tel. 312 57 47, www.infoline. lv/arka. Mit Restaurant, Bierkeller und Billiardsaal.
▸ Gutshof ›Šlokenbeka‹, Milzkalne, Smārdes pag., Tel. 314 43 19.
▸ Burghotel ›Jaunmoku‹, Ventspils šosejas 75. km, Tel. 310 71 26, www.jaunmokupils.lv. Unterkunft in einem der schönsten Gustshöfe Lettlands. Restaurant und Reiterhof.

▸ Gästehaus und Campingplatz ›Sveikuļi‹, Tel. 923 20 26, www.
sveikuli.lv. Einfache Unterkunft mit Radverleih, Sauna und vielen anderen Angeboten nördlich von Tukums, direkt am Jumprava-See.

▸ Villa ›Elizabete‹, Juras 88, Engure LV-3113, Tel. 911 75 10, www.
villaelizabete.lv. Am Engure-See mit Radverleih.

 Kempings Abragciems, Engures pag., Abragciems, LV-3113, Tel. 316 16 68. Am Engure-See.

▸ Kempings Vecupe, Engures pag., LV-3113, Tel. 316 17 40, 911 36 23.

 Stadtmuseum, Brīvības laukums 19a, Tukums, Tel. 312 43 48, www.tukumamuzejs.lv. Di–Sa 10–1 Uhr, So 11–16 Uhr.

▸ Webstube, Smilšu 12, Tukums, Tel. 312 55 39. Mi 15–18 Uhr, Do 11–15 Uhr. Traditionelle Webkunst kann man hier bewundern und selber machen.

▸ Tukuma Muzejs (Kunstmuseum), Harmonijas 7, Tukums, Tel. 312 36 52, www.tukumamuzejs.lv. Di–Sa 10–17 Uhr, So 11–16 Uhr.

▸ Museum Schloß Durbe, Mazā Parka 7, Tukums, Tel. 312 26 33, 312 36 94. Di–Sa 10–17 Uhr, So 11–16 Uhr.

▸ Museum Jaunmoku (Gutshof und Lettisches Waldmuseum), Jaunmoku pils, Tukums, Tel. 312 45 72, www.lvm.lv. 16.4.–14.10. 10–18 Uhr; 15.10.–15.4. 10–17 Uhr.

▸ Molkereimuseum, Bisnieki, Zentenes pag., LV-3123, Tel. 314 24 73, 10–17 Uhr.

▸ Windmühle Rideļi, Kontakt: Ingūna Jātniece, Engures pag., Tel. 912 01 90.

▸ Naturpark Engure, Bērzciems, Engures pag. Tel. 947 44 20, www.
eedp.lv oder www.engure.lv.

▸ Mersrags: Saieta nams, Rožu iela 16, Tel. 323 59 95. Kleines Museum zu den bei kurländischen Fischern gebräuchlichen Hauszeichen. Auch im Leuchtturm gibt es ein kleines Museum.

 Jaunmoku pils, Tukums LV-3101, Tel. 310 71 26, www.lvm.lv.

 Velo Serviss, 14 Raiņa 14, Tukums, Tel. 643 44 48.

▸ Villa Elizabete, Jūras 88, Engure, Tel. 911 75 10, www.villaelizabete.lv.

▸ Kempings Abragciems, Engure, Tel. 316 16 68, 923 93 21.

 Engure Lake 1st Boat Station, Bērzciems, Engures pag., Tel. 911 34 39.

▸ Das Schiff ›Merko‹, Heimathafen Engure, bietet Ausfahrten im Golf von Rīga, Tel. 914 81 24.

 10 km von Tukums entfernt kommt man am Milžu kalns zu einem kleinen Hügel mit Liften. Restaurant, Sauna und Unterkunft. Alpinski: Tel. 622 23 33, www.milzkalns.lv. Langlauf, ebenfalls am Milžu kalns: Tel. 969 75 35.

 Krankenhaus: Raudas 8, Tukums, Tel. 312 22 09. Apotheke: Raudas 8, Tukums, Tel. 318 11 12.

Talsi und Roja

Vom Fischerort Mersrags aus führt die Route über Upesgriva ins 25 Kilometer
landeinwärts gelegene Talsi, und von dort wieder an die Küste bei Roja zurück.
Auf halbem Weg zwischen Upesgriva und Talsi liegt der klassizistische Gutshof
Vandzene mit Ahorn- und Eschenalleen, einem großen Teich und Aussichten auf
den Fluß Šķēde. Das 11 000 Einwohner zählende Talsi wurde auf neun Hügeln
erbaut, in der Stadtmitte gibt es einen See. In Talsi vertrieben im 10. Jahrhundert
die Kuren die Liven, der Deutsche Orden schleifte die kurische Burg um 1231 eine
Ordensburg zu bauen, die wiederum Anfang des 18. Jahrhunderts im Nordischen
Krieg zerstört wurde.

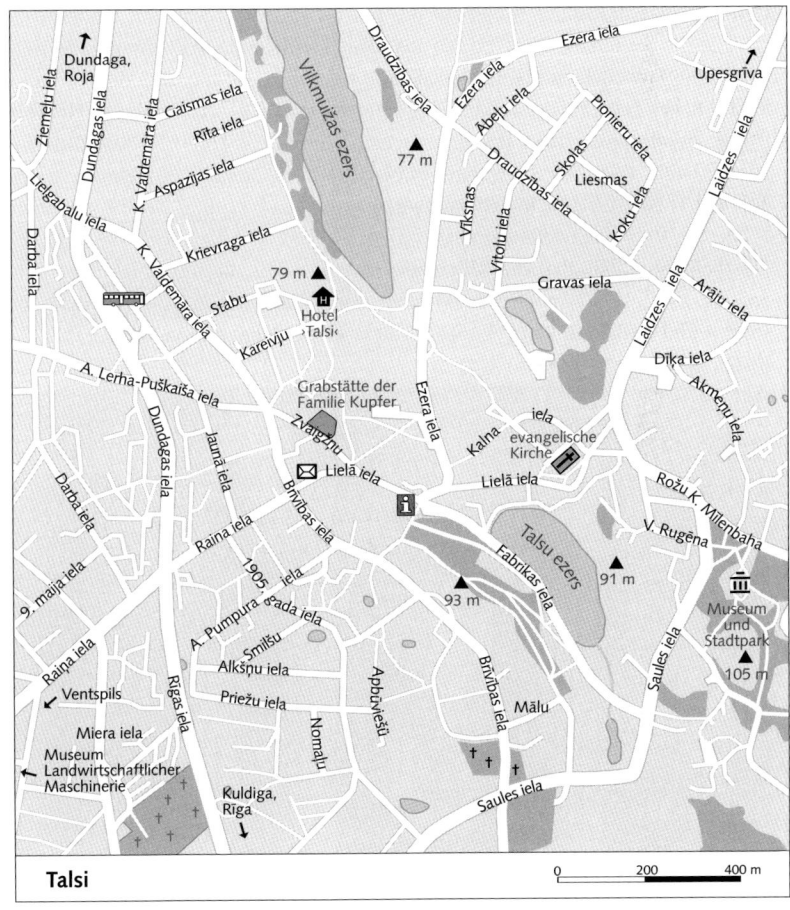

Talsi

0   200   400 m

Heute ist Talsi eine prosperierende lettische Kleinstadt, in der man den Wechsel zur Marktwirtschaft schneller bewältigt hat als anderswo. Die Touristeninformation ist die zentrale Anlaufstelle für Informationen über das nordöstliche Kurzeme; sie befindet sich nahe dem Ufer des Stadtsees im Kulturhaus. Oberhalb liegt in der Zvaigžnu iela die Grabstätte der Familie Kupfer, ein auffälliger klassizistischer Bau. Von dort oben bietet sich ein schöner Blick auf die Stadt; auch ein Spaziergang durch die kleinen Gassen lohnt sich. Wieder herunter und die Pilsētas entlang erreicht man die evangelische Kirche, die auf einem steilen Hügel steht. Innen gibt es aufwendig gestaltete Gedenktafeln und das Altargemälde ›Christi Himmelfahrt‹ aus dem Jahr 1871. Auf einem Hügel nordöstlich der Kirche stand früher die Ordensburg, von der heute nichts mehr erhalten ist, aber von oben aus sieht man den Vilkmuižas-See.

Das nahegelegene Regionalmuseum Talsi ist von einem kleinen Park umgeben und im neoklassizistischen Stadthaus des Barons Firk untergebracht. Erwähnenswert sind die archäologischen Funde aus dem Vilkmuižas ezers: Miteinander verschmolzene Schmuck- und Kultgegenstände weisen darauf hin, daß die Kuren in vorchristlicher Zeit Feuerbestattungen durchgeführt haben – ein deutlicher Hinweis auf ihre Zugehörigkeit zum skandinavischen Kulturkreis. Über die Ausfallstraße nach Ventspils, Richtung Südwesten, erreicht man im Ortsteil Lauktehnika in der Celtnieku 11 ein Museum, in dem landwirtschaftliche Maschinen des beginnenden 20. Jahrhunderts ausgestellt werden.

Östlich von Talsi, über die Milenbaha stadtauswärts, liegt ein Naturpark mit hügeliger, abwechslungsreicher Landschaft und vielen kleinen Seen, wo man gut wandern und radfahren kann. In Stūrisi steht es eine ganz besondere Kirche, die

Wohnhaus im Zentrum von Talsi

Campingplatz bei Roja

früher zur dortigen Heilanstalt für Leprakranke gehörte. In der Kirche werden in Schränken Wachsabgüsse von Gesichtern und Körperteilen derjenigen verwahrt, die Lepra, Syphillis und andere heute heilbare oder ausgestorbene Krankheiten bis zum Endstadium durchlitten haben.

Von Talsi aus geht es in Richtung Roja nach Norden. Auf halber Strecke liegt der Ort Valdemārpils. In der dortigen Barockkirche sind aufwendige Holzschnitzereien an Altar und Kanzel zu sehen. Zwei Kilometer westlich von Valdemārpils stehen und hängen im Naturpark Lauma große Holzskulpturen von Tieren, die bei Kindern sicher für Begeisterung sorgen werden. Es gibt auch einen Zeltplatz, über den naturkundliche Führungen angeboten werden. Am östlichen Ufer des benachbarten Sasmakas-Sees gibt es im Waldmuseum eine beachtliche Sammlung von Geweihen. Direkt am See liegt eine geschmackvolle, moderne Pension mit vielfältigem Sportangebot.

Roja hat 3000 Einwohner und ist ein bedeutendes Fischereizentrum. Zur Jahrhundertwende gab es sogar eine Schule für Seeschiffahrt, und einige Schüler waren später als Kapitäne auf den Weltmeeren unterwegs. Das selbstbewußte Städtchen hat ein Ortseingangsschild, das dem Rīgas in seiner Größe nicht nachsteht, und Anfang des 20. Jahrhunderts gab es sogar ein Sinfonieorchester. Von der maritimen Tradition zeugen heute zwei Museen: Im Fischereimuseum wird die Geschichte des Fischfangs und der dazugehörigen Industrie durch historische Fotografien und Exponate unterschiedlichster Art lebendig. Ein kurioseres Museum ist die nicht weit entfernte Privatsammlung von Modellsegelschiffen, von denen einige so groß sind, daß sie einen Platz im Garten bekommen haben. Direkt vor Roja gibt es schöne Strände, in der Stadt gibt es viel geräucherten Fisch, und am Freitag ist von 7 bis 14 Uhr Markt. Ein Erlebnis der besonderen Art sind Fahrten zur elf Quadratkilometer großen estnischen Insel Ruhnu, die in der Rīgaer Bucht weit draußen im Meer liegt. Das sich auf die offene See begebende Schiff faßt zwölf Personen.

Südlich von Roja liegen bei Kaltene viele Findlinge am Strand. Nordwestlich, zwei Kilometer vom Meer entfernt, gibt es mysteriöse Steinwälle, die aus Findlingen errichtet wurden, und deren Bedeutung nicht ganz klar ist. Sie waren früher einmal viel höher, aber die praktisch bereitliegenden Steine wurden zum Bau von Molen, zur Befestigung von Leuchttürmen und für den Straßenbau verwendet. In Kaltene gibt es eine hübsche Dorfkirche, und direkt am Meer liegt das empfehlenswerte Gästehaus ›Akmeni‹. Nördlich von Roja trennen Küstenstraße und Meer ein guter Kilometer bewaldeter Dünen. Dahinter gibt es paradisisch schöne und menschenleere Strände. Sehr zu empfehlen ist der Campingplatz ›Plaucaki‹ auf halbem Weg nach Kolka. Bei Purciems führt ein Wanderweg ins Naturschutzgebiet der ›Weißen Düne‹; gut fünf Kilometer hinter Melnsils erreicht man hinter den kiefernbestandenen Dünen eine Steilküste.

 Touristeninformation Talsi: Lielā 19/21, Talsi LV-3200, Tel. 322 41 65, www.talsi.lv. Hauptsaison Mo–Sa 9.30–13 Uhr, 13.30–17.30, Sa 10–14 Uhr; Nebensaison Mo–Fr 9.30–13 Uhr, 13.30–17.30.

▸ Roja: Selgas 33, Roja LV-3264, Tel. 323 20 54, rojatic@inbox.lv.

▸ Mersrags: Dzintaru 1–9, Mersrags LV-3284, Tel. 323 54 07, www.mersrags.lv.

 In Talsi: Tel. 610 10 01, 864 44 40.

 Dundagas iela 15, Talsi. Etwa stündlich nach Rīga.

Hotel ›Talsi‹, Kareivju 16, Talsi, Tel. 323 20 20, www.hoteltalsi.lv. DZ 25–35 LVL.

▸ Hotel ›Rezidence‹, Vandzene LV-3281, Tel. 329 11 70,

www.hotelrezidence.lv. DZ ca. 20 LVL. Feuerwehrmuseum im Hotel von 10–18 Uhr geöffnet.

▸ Hotel ›Ezerkrasti‹, Valdemārpils LV-3260, Tel. 913 34 42. Nettes, modern eingerichtetes Hotel direkt an einem See nördlich von Talsi. Balkone, Bootsverleih und andere Sporteinrichtungen. DZ 15–20 LVL.

▸ Hotel ›Roja‹, Jūras 6, Roja LV-3264, Tel. 323 22 26; 947 76 02, www.rojahotel.lv.

▸ Gästehaus ›Akmeni‹, Kaltene LV-3265, Tel. 326 88 65, www.cesare.lv. DZ 20 LVL, direkt am Meer mit Veranda.

 Naturpark Lauma, Īves pag., LV-3261, Tel. 640 32 40, www.laumas.lv. Zeltplätze und Blockhütten zum Übernachten. Lehrpfad für Kinder, Trimm-Dich-Pfad,

Exkursionen, Veranstaltungen. Der Naturpark ist zugänglich: 1.5.–30.9. von 10–21 Uhr.

▶ Campingplatz ›Plaucaki‹, Pūrciems, Rojas pag., Tel. 326 71 38, 326 96 54. Neben Zelt- und Caravanplätzen gibt es auch kleine Holzhütten zu mieten.

 Regionalmuseum Talsi, K. Milenbaha 19, Talsi, Tel. 323 22 13. 1.4.–31.10. Di–So 11–17 Uhr; 1.11.–31.3. Di–So 11–16 Uhr.

▶ Landmaschinenmuseum Kalēji, Celtnieku 11, Talsi, Tel. 328 13 43. Mo–Fr 9–17 Uhr, Sa/So nach Absprache.

▶ Kirche Stūrisi (Leprosium): Tel. 322 41 65.

▶ Waldmuseum Valdemārpils, Dižoli, Valdemārpils pag., LV-3260, Tel. 327 61 20. 1.5.–31.10. Di–Sa 9–19 Uhr, So nach Absprache; 1.11.–30.4. nach Absprache.

▶ Fischereimuseum Roja, Selgas 33, Roja LV-3264, Tel. 326 95 94. Di–Sa 10–18 Uhr.

▶ Ausstellung von Modellsegelbooten, Celtnieku 5, Roja, Tel.

943 43 45. Besichtigung nach Anmeldung; Spenden erwünscht (Privatsammlung).

 Amatas, Lazdas 18, Balgales pag.,LV-3287, Tel. 323 91 32, 652 59 46.

 Runči, Ziemeļu 28, Talsi, Tel. 949 65 12.

Hotel ›Roja‹, Jūras 6, Roja LV-3264, Tel. 323 22 26; 947 76 02, www.rojahotel.lv.

 Mersrags Port Authority, LV-3284, Tel. 323 54 87, www.mersraga-osta.lv.

▶ Roja Port Authority, Ostas 1, Roja LV-3264, Tel. 326 99 57, www.rojaport.lv.

▶ Ausfahrten zum Fischen auf der Ostsee über das Hotel ›Roja‹ (siehe oben).

▶ Schiffsausflug auf die Insel Ruhnu in der Rīgaer Bucht, Ostas 1, Roja, Tel. 326 99 57, 643 48 13. Pro Person 15 LVL.

 Krankenhaus: V. Ruģēna 7, Tel. 322 33 50. Apotheke: V. Ruģēna 4, Talsi, LV-3201, Tel. 322 46 01.

Kolka und Nationalpark Slītere

An der Landspitze vor Kolka kreuzen sich die Wellen der Rīgaer Bucht und der Ostsee. Es macht Spaß, die Stelle zu suchen, an der im flachen Wasser die Wellen aufeinandertreffen, aber es ist dringend davon abzuraten, weit ins Meer hinauszuschwimmen, denn es gibt starke Strömungen. Die See ist dort oft rauh, und der Strand ist von den ins Wasser hängenden Ästen des Waldes geprägt. Im Meer sind die Überreste eines alten Leuchtturms zu sehen.

Nationalpark Slītere

0   2   4 km

In Kolka selbst ist das Altarbild der evangelischen Kirche sehenswert, das die bedeutende zeitgenössischen Künstlerin Helēna Henrihsone 1993 der Gemeinde schenkte. Nebenan steht die russisch-orthodoxe Kirche, ein quadratischer Bau mit roten Ziegeln und in die Außenwand eingelassenen Feldsteinen. 1982 wurde die Kirche ein Opfer des Vandalismus, doch heute sind im grundrenovierten Gebäude wieder einige wertvolle Ikonen zu sehen.

Im Ort gibt es ein Kulturzentrum des mit den Esten verwandten Volksstamms der Liven. Im 17. Jahrhundert wurde das kleine Volk durch die Pest nahezu ausgelöscht, und die meisten Überlebenden wurden danach von Letten assimiliert. Dennoch bestehen nach wie vor etwa 100 Bürger Lettlands darauf, als Nationalität ›livisch‹ im Paß stehen zu haben. Die nationale Eigenart manifestiert sich in der im Alltag immer seltener gesprochenen livischen Sprache und in einer folkloristischen Ornamentik, die deutliche Bezüge zu skandinavischen Kulturen hat. Es gibt einen finnischen Dokumentarfilm mit dem Titel ›The last of the Livonians‹. Von einer Dichterin gelesene und im British National Film and Sound Archive aufbewahrte Texte bewahren den Klang der vom Aussterben bedrohten Sprache.

In einem Abstand von etwa zwei Kilometern zum Meer verläuft an der Westküste eine Schotterpiste in Richtung Ventspils. Der von Kolka aus gesehen erste Ort ist Vaide, wo es eines der skurrilsten Museen Lettlands gibt: Der Förster Edgars Hausmanis präsentiert auf dem Dachboden seines Hauses eine Sammlung von mehr als 500 Geweihen, darunter 350 von Elchen. Es sind keine Jagdtrophäen, sondern Fundstücke, die er im Lauf seiner 35jährigen Tätigkeiten für den Umweltschutz im Nationalpark Slītere zusammengetragen hat. Zu den Exponaten gehören Skurrilitäten wie ein selbstgebauter, aus elf Geweihen zusamengesetzter Stuhl, aber auch Zeugnisse tragischer Ereignisse: Unter anderem ist der Schädel eines besonderen Elchs zu sehen, der sich zu Lebzeiten ohne Scheu auf den Straßen von Vaide bewegte und von den Einheimischen schlicht ›Draugs‹ (Freund) genannt wurde. Er verfing sich jedoch in Telegrafendrähten und starb. Der Förster beklagt, daß er immer weniger wirklich schöne Geweihe findet: Die Jagd auf die schönsten Tiere läßt nur diejenigen Elche überleben, deren Geweihe wenige Enden haben. In der Nähe des Museums gibt es einen romatischen Seerosenteich, einen Zeltplatz und das Meer.

Der acht Kilometer von Vaide entfernte Ort Mazirbe ist das Zentrum livischer Kultur; im August gibt es ein folkloristisches Kulturfestival. Nahe dem Strand findet man einfache Pensionen und einen Campingplatz. Košrags östlich von Mazirbe und Sīkrags westlich von Mazirbe sind ruhige, kleinere Orte mit ein wenig touristischer Infrastruktur, einer Bebauung, die eher einem Freilichtmuseum ähnelt und sehr schönen Stränden; in Sīkrags steht auch ein Leuchtturm.

Zum bekanntesten Leuchtturm des Slītere-Nationalparks (Šlīteres bāka) kommt man von Mazirbe aus in Richtung Dundaga, fünf Kilometer landeinwärts. Er steht seit 1849 auf einer Hügelkette beim Ort Šlītere, die den Rand des baltischen Eissees markiert, und er erhebt sich so 59 Meter hoch über den Meeresspiegel. Wer den Turm besteigt, kann sich einen guten Überblick über den Nationalpark verschaffen und bei gutem Wetter die estnischen Inseln Saaremaa und Ruhnu sehen. Am Leuchtturm gibt es Wanderwege, die in die Landschaften des Nationalparks führen. Die Abhänge der Hügelkette haben, wie viele Stellen des Nationalparks, urwaldähnlichen Charakter. Es gibt mannshohe Farne, und der Boden ist im Spätsommer von Waldbeeren und Pilzen bedeckt. An den kleinen Bächen finden sich Biberburgen, es gibt auch noch einzelne Wölfe. Häufiger sind Widschweine, Elche und Dachse; auch vielen seltenen Vogelarten wie Auerhähnen und dem Wiedehopf kann man begegnen. Eine geologische Besonderheit sind mehrere hundert verlandete Dünen (kangari), zwischen denen lange, versumpfte Täler (vigas) liegen. Viele Stellen des Nationalparks sind frei zugänglich. Das Totalreservat der Blauen Berge von Slītere, der Küste des ehemaligen Baltischen Eissees, kann jedoch nur im Rahmen einer

Weg zum Strand

übrigens recht informativen Führung betreten werden. Nahe dem Leuchtturm gibt es ein Forsthaus mit Ausstellung und Informationszentrum; die Zentrale der Nationalparkverwaltung befindet sich in Dundaga.

Im Slītere-Nationalpark, dessen Geschichte 1921 als Naturreserrvat begann, wurden nach 1991 drei Zonen ausgewiesen: Eine absolute Sperrzone, in der die Natur sich selbst überlassen bleibt, eine Zone für wissenschaftliche Forschungen und eine Zone zur wirtschaftlichen Nutzung. Um die zur wirtschaftlichen Nutzung freigegebenen Flächen zu vergrößern, wurden, wahrscheinlich von Leuten, die auf Reprivatisierungen von Grund und Boden hofften, 1992 Waldbrände gelegt. Hinzu kommt, daß sich in den letzten Jahren Millionäre in den Nationalpark eingekauft haben: Sie erwarben unter dem Vorwand, den Tourismus fördern zu wollen, 51 Prozent der Anteile der für die Entwicklung des Nationalparks zuständigen staatlichen Gesellschaft, und gleich dazu natürlich auch eigenen Grund und Boden. Seitdem verfolgen sie, teils aus Desinteresse, teils um ihren einsam und schön gelegenen Grundbesitz zu schützen, eine Politik, die den Tourismus eher behindert als fördert.

Dundaga

Dundaga, zehn Kilometer südlich von Slītere, ist vor allem durch sein 1249 erbautes Ordensschloß bekannt, das an einem kleinen See liegt und von einem Park umgeben ist. Von der ursprünglichen Bausubstanz sind noch die mehr als zwei

Meter dicken Mauern erhalten. Im recht großen Gebäudekomplex sind die lokale Kunst- und Musikschule und die Touristeninformation des Nationalparks Slītere untergebracht. Am Nordwestturm ist noch das Wappen der Familie Osten-Sakken zu sehen, denen das Anwesen einmal gehörte. Eine Sage berichtet von einer Burgherrin, die versehentlich eine Zwergenhochzeit störte, und die von diesen zur Strafe in den meterdicken Mauern lebendig begraben wurde. Angeblich spukt sie bis heute nachts als ›Grüne Dame‹ durch die langen Gänge. Es gibt auch Geschichten über die auf den Mauern wachsende Birke und über Elfenhochzeiten. Im Schloßpark steht ganz profan die ›Geldeiche‹, die in der Zwischenkriegszeit die lettische 100-Rubel-Note zierte.

Der berühmteste Exillette Dundagas war Arvids Blumentals, der ethnologische Forschungen bei den australischen Aborigines durchführte, und der später als ›Crocodile Harry‹ über 10 000 Krokodile erlegte. An das große Schlachten erinnern ein im Park stehendes Denkmal und der Hollywoodfilm ›Crocodile Dundee‹, der auf Motive seiner Lebensgeschichte zurückgreift.

Kulturgeschichtlich bedeutsam ist die 1766 erbaute evangelische Kirche der Stadt mit ihrem barocken Interieur, dem Altarbild ›Ostermorgen‹ des bedeutenden lettischen Impressionisten Jānis Rozentāls und einer Orgel, die von einem ortsansässigen Bauern namens Ansis Dinbeģis gefertigt wurde, und die für ihren besonderen Klang bekannt ist.

 Touristeninformation Dundaga, Pils 14, Dundaga LV-3270, Tel. 32 37 8 51, pils@dundaga.lv.
▸ Informationszentrum Slītere-Nationalpark, Dakterlejas 3, Dundaga LV-3720, Tel. 329 10 66 (Exkursionen und Information), www.slitere.gov.lv, slitere@mail.bkc.lv. Mo–Fr 8.30–17 Uhr.
▸ Informationszentrum im Leuchtturm Slītere, Tel. 324 92 11. 1.5.–31.10. Mi–So 10–18 Uhr.

Busverbindung zwischen Rīga und Kolka, bzw. Dundaga etwa 5x täglich.

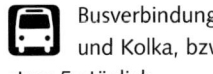 ›Uši‹, Tel. 929 34 83. Etwa 5 km südlich von Kolka am Meer. Radverleih.
▸ Pension ›Krūziņi‹, Dundaga, Tel. 917 49 44, www.kruzini.viss.lv.
▸ Frühstückspension ›Jaunlīdumi‹, Lapmežciems, Dundagas pag., Tel. 946 75 56, www.jaunlidumi.viss.lv. Abseits der Küste im Hinterland des Nationalparks Slītere.

 ›Kalēji‹, Mazirbe, Kolkas pag., Tel. 324 83 74, www.kaleji.viss.lv.

 Schloß Dundaga, Pils 14, Dundaga, Tel. 323 78 60, 324 20 93, www.dundaga.lv. 15.5–31.10. Mo–Fr 10–12 und 13–16 Uhr, Sa/So 11–16 Uhr. Kulturzentrum und Schloßbesichtigung. Ein dort beheimatetes,

EU-gefördertes Projekt soll die Identität der Volksgruppe der Liven und den Ökotourismus stärken: www.zalaisnovads21.lv.

▸ Livisches Informationszentrum Kolka, Kolkas pag.,LV-3275, Tel. 327 72 67, www.zalaisnovads21.lv. 1.5–31.10. Di–So 10–18 Uhr.

▸ Leuchtturm Šlītere, südwestlich von Mazirbe. Heute im Hinterland

und nicht an der Küste gelegen. Besteigung möglich, Tel. 324 92 11.

 Hotel ›Ūši‹, Tel. 929 34 83. Etwa 5 km südlich von Kolka am Meer.

▸ Jauntilmāci, Košrags, Kolkas pag., Tel. 9412974.

 Krankenhaus: Pils 6, Dundaga, Tel. 323 23 05. Apotheke: Pils 6, Dundaga, Tel. 324 24 52.

Ventspils

Auf der Fahrt von Mazirbe nach Ventspils wird man mit 50 Kilometer guter Schotterpiste konfrontiert, auf der man immerhin mit 60 bis 80 Stundenkilometern vorankommt. An der Küste ist auf diesem Abschnitt so gut wie nichts: Einzelne Bauernhöfe liegen zwischen Wald und Meer. Im Ort Miķeļtornis steht der 62 Meter hohe und damit höchste Leuchtturm des Baltikums; in Strandnähe gibt es einige wenige schöne Campingplätze, einfache Gasthäuser und Wochenendhäuser in Privatbesitz. Weiter in Richtung Ventspils geht links die Straße nach Irbene ab, wo ein gigantisches Radioteleskop aus sowjetischer Zeit mit den dazugehörigen Nebengebäuden zu sehen ist. Das Ensemble ist ziemlich verfallen und wirkt, so mitten im Wald gelegen, absurd bis gespenstisch. Weiter an der Küste entlang kommt man in Oviši zum für Besucher geöffneten ältesten Leuchtturm Lettlands. Auf dem gesamten Küstenabschnitt zwischen Kolka und Ventspils lohnt es sich, einfach zu versuchen irgendwie durch den Wald ans Meer zu kommen: Die Strände sind oft sehr schön, und sie sind tatsächlich menschenleer.

Ventspils ist Boomtown: Die Stadt hat dank einer Pipeline aus den sibirischen Ölfeldern den größten Ölhafen der östlichen Ostsee, was sich der von Schröder und Putin geplanten Direktleitung wegen wahrscheinlich bald ändern wird. Vorerst lenkt noch ein Erdölmillionär als Bürgermeister die Geschicke der Stadt, und er hat, zugegebenermaßen, auch viel fürs Gemeinwohl getan: Die Straßen im Zentrum sind adrett und sauber, es gibt eine nennenswerte Kulturförderung, und insgesamt macht das 45 000 Einwohner zählende Ventspils einen sehr dynamischen, vielerorts fast schon westeuropäischen Eindruck.

Im Stadtzentrum steht die 1290 erstmals urkundlich erwähnte, renovierte Burg des Deutschen Ordens, die heute das Stadtmuseum und ein gutes Restaurant beherbergt. Bei Restaurierungsarbeiten wurden Wandmalereien aus dem 15. bis

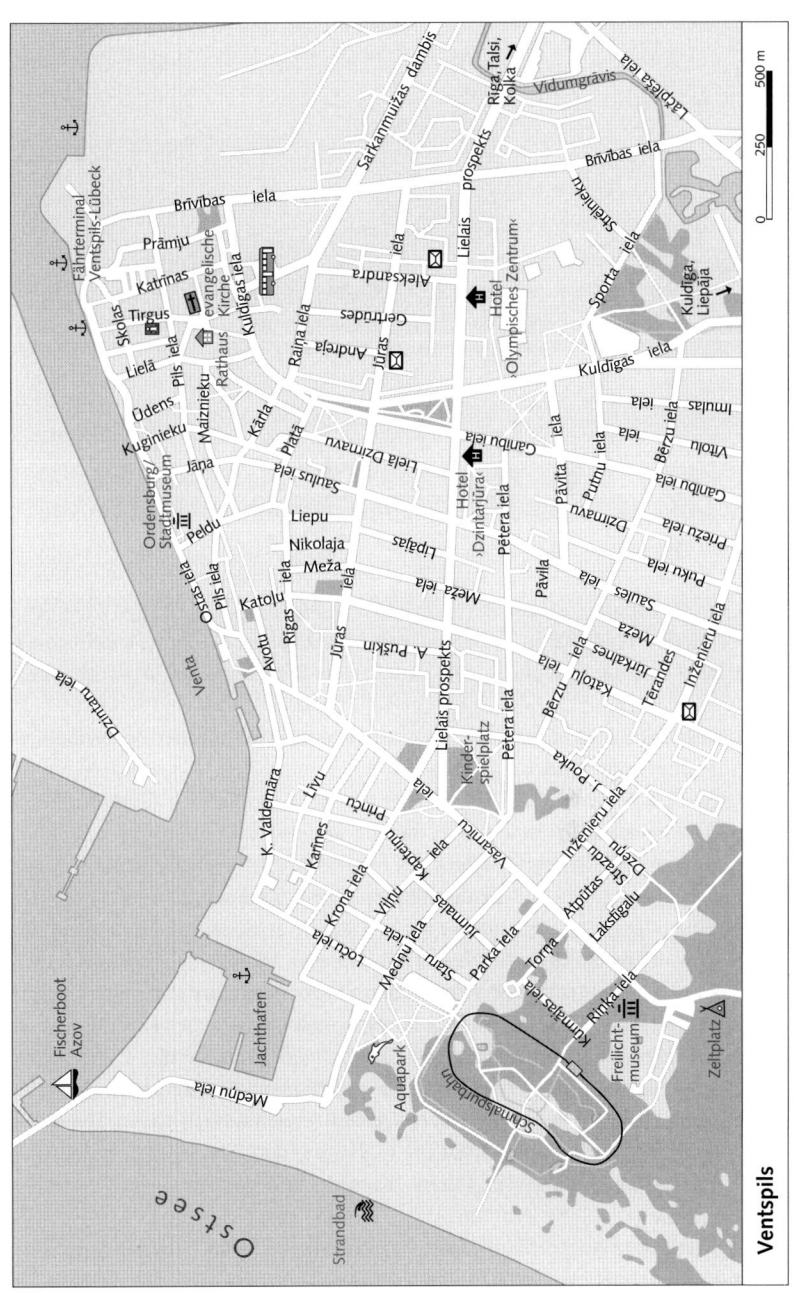

Ventspils

Burg Ventspils

17. Jahrhundert entdeckt. In Ventspils ist man stolz auf die moderne, multimediale Ausstellung zur Stadtgeschichte. Die kastellartige Burg wurde im 18. Jahrhundert als Kirche genutzt. Im 19. Jahrhundert befanden sich dort auch eine Schule und ein Gefängnis, später kam sogar noch ein heute nicht mehr erhaltener Beobachtungsturm für Schiffslotsen hinzu.

Neben dem Ordensschloß ist deutlich zu sehen, woher das Geld der Stadt kommt: Das moderne Gebäude der Verwaltung des Freihafens bietet einen reizvollen Kontrast zum historischen Gemäuer des Schlosses. Das Ufer der Venta hat sich zu einer Promeniermeile mit Skulpturen und Springbrunnen entwickelt, von der aus man einen schönen Blick auf die großen Schiffe, die Ölterminals, und auf das ab und an vorbeikommende Ausflugsschiff ›Hercogs Jēkabs‹ hat. Es ist nach dem kurländischen Herzog schwedischer Abstammung benannt, der im 17. Jahrhundert Manufakturen einrichtete, und der über seine Kolonien vor der Küste Gambias und auf Tobago im transkontinentalen Sklavenhandel mitmischte. Unter seiner Regentschaft entstand auch eine Werft, auf der 79 Handels- und 44 Kriegsschiffe gebaut wurden, die alle aufwendig mit Holzschnitzereien verziert waren. Die Zunft der Holzschnitzer von Ventspils war im 17. Jahrhundert überregional bedeutend; von ihnen stammen auch viele Altäre, Kanzeln und Orgelprospekte lettischer Kirchen.

Am Marktplatz steht die klassizistische evangelische Kirche aus dem Jahr 1835; direkt gegenüber befindet sich das ehemalige Rathaus. Nicht weit vom Marktplatz entfernt kommt man in die Kūldigas iela, eine Fußängerzone mit Geschäften und mehreren Restaurants.

Westlich der Altstadt liegt der Stadtteil Ostgals mit kopfsteingepflasterten Straßen und einer für die Mitte des 19. Jahrhunderts charakteristischen Holzarchitektur. Die Bebauung entstand damals unter anderem, um Dünenwanderungen zu verhindern.

Weiter in Richtung Westen liegen die Attraktionen des Meeres: Ein ethnographisches Freilichtmuseum mit Fischerhöfen, Räucherstuben, Netzhäusern und einer Windmühle zeigt Alltag und Traditionen der Fischer. Es gibt eine umfangreiche Sammlung von Fischerbooten und die größte Sammlung von Ankern im Baltikum. Durch das Gelände fährt an den Wochenenden eine Schmalspurbahn, die früher zwischen Fischerdörfern der Ostsee verkehrte, und deren Lokomotive 1916 in Deutschland gebaut wurde. Der Zug wird bis zu 20 Stundenkilometer schnell und ist vor allem bei Kindern beliebt. Für Kinder besonders interessant ist auch der nahegelegene Aquapark, ein Erlebnisbad mit Rutschen, Sprungtürmen und anderen typischen Einrichtungen eines großen Erlebnisbades.

Der benachbarte Strand entspricht internationalen Umweltstandards und zeichnet sich durch kontrollierte Wasserqualität und eine ausreichende Infrastruktur mit Duschen, WCs und Umkleidekabinen aus. Nördlich des Strandes liegt an der Hafenmole das Fischerboot ›Azov‹ aus den 1960er Jahren, dessen Deck für die Besichtigung freigegeben ist. Auf dem Weg zurück in die Stadt kann man noch bei den großzügig angelegten Kinderspielplätzen mit über 40 Spielgeräten an der Pētera iela vorbeischauen. Dort gibt es auch zu Fischen, Enten und anderen

Familienfest am Hafen von Ventspils

Figuren drapierte Blumenkunst zu sehen. In den Hallen des Olymischen Zentrums südlich der Altstadt finden Konzerte, Festivals aller Art und auch internationale Sportveranstaltungen statt.

Es gibt zwei Möglichkeiten, Ventspils in Richtung Süden zu verlassen: Im Landesinneren liegen das hügelige Bergland Kurzemes mit guten Möglichkeiten für ausgedehnte Touren zu Fuß, zu Rad oder mit dem Kanu. Dies alles läßt sich gut von der recht schönen Kleinstadt Kuldīga aus organisieren. Die im folgenden beschriebene Tour führt aber weiter an der Küste entlang. Nahe dem Dorf Užava steht an der Steilküste einer der schönsten Leuchttürme Lettlands, in der Brauerei Užava wird ökologisch korrektes Bier produziert.

 Touristeninformation, Tirgus 7, Ventspils LV-3601, Tel. 362 22 63, www.tourism. ventspils.lv oder www.ventspils.lv. 1.5.–30.9. Mo–Fr 8–19 Uhr, Sa 10–17 Uhr, So 10–15 Uhr; 1.10.–30.4. Mo–Fr 8–17 Uhr, Sa/So 10–15 Uhr.
▸ Führungen durch die Stadt organisiert die Firma ›Tobago‹, Raiņa 16, Tel. 362 40 03.

 Tel. 800 98 88, 800 91 00.

 Europcar, Hotel ›Vilnis‹, Talsu 5, Tel. 362 22 80.

 Kuldīgas 5. Busverbindung Rīga–Ventspils etwa stündlich.

 Fähre Ventspils–Lübeck in Ventspils: Plostu 7, Ventspils LV-3600, Tel. 36 075 93, www.dfdstorline.lv. In Lübeck: DSDF Tor Line, Traveweg 6, D-23569 Lübeck, Tel. 04 51/39 92 70.
▸ Fähre Ventspils–Saaremaa (Estland) 4–6x wöchentlich zwischen 17.5.–21.8. Tel. 360 71 84, www.slkferries.ee

 Hotel ›Dzintarjūra‹, Ganību 26, Tel. 362 27 19, www.dzintarjura.lv. Etwas schräge Inneneinrichtung, DZ 20–30 LVL.
▸ Hotel im Olympischen Zentrum Ventspils, Lielais Prospekts 33. Tel. 362 80 32. DZ 10–16 LVL.
▸ Hotel ›Vilnis‹, Talsu 5, Tel. 366 88 80, www.vilnis.lv. Schickes, modernes Hotel nördlich der Venta im Stadtteil Strīķciems; DZ ca. 50 LVL.
▸ Hotel ›Ostiņa‹, Dzintaru 32, Tel. 360 78 10, hotel.ostina@apollo.de. Ebenfalls nördlich der Altstadt, in der Nähe des ›Vilnis‹ gelegen.
▸ Pension ›Upmalnieki‹, Užavas pag., LV-3627, Tel. 362 63 21, 625 75 17. Einfache Pension 30 km südlich von Ventspils am Meer. Sauna, Zeltplatz.

 ›Piejūras kempings‹, Vasarnīcu 56, Ventspils, Tel. 362 79 25, www.camping. ventspils.lv. In Strandnähe beim Freilichtmuseum.
▸ Pension und Camping ›Kīvītes‹, Vārves pag., Tel. 680 18 15. Drei Kilometer von Ventspils, direkt am Ufer der Venta. Sauna, Wassersport.

Schloßrestaurant ›Melnais Sivēns‹, Jāṇa 17, Ventspils, Tel. 362 23 96, www.sarkans.lv. Restaurant im Keller des Ordensschlosses. Ableger der Szenedisco ›Sarkans‹ in Rīga.

► ›Livonija‹, Kuldīgas 13, Tel. 362 22 87. Gutes Restaurant und Straßencafé in der Fußgängerzone. Disco im Bierkeller.

 Ordensburg (Stadtmuseum und Geisterkeller), Jāṇa 7, Tel. 362 62 88, www.ventspilsmuzejs.lv. 1.5.–31.10. 9–18 Uhr; 1.11.–30.4. 10–17 Uhr.

► Ethnographisches Küsten-Freilichtmuseum, Riṇķa 2, Tel. 362 44 67, www.ventspilsmuzejs.lv.

 In der Saison findet beinahe jedes Wochenende irgendein Festival statt. Informationen über die Tourismuszentrale oder auf www. de.eventguide.lv. Mitte Juni Rockfestival, Anfang Juli Meerfest, Anfang August Stadtfest.

 45-Minuten-Hafenrundfahrt mit der ›Hercogs Jēkabs‹. Anlegestelle an der Kreuzung Ostas/ Tirgus iela in Ventspils. 1.5.–31.10. ca. 5–7x täglich. Tel. 362 25 68.

 ›Akvaparks Ventspils‹, Medṇu 19, Tel. 366 58 53, www. ocventspils.lv. 1.5.–30.9. 10–22 Uhr.

➕ Krankenhaus: Talsu 39a, Tel. 366 55 99. Apotheke: J. Poruka 13, Tel. 362 26 32.

Jūrkalne

Bei Jūrkalne gibt es eine bis zu 20 Meter hohe Steilküste. Ort und Strand sind recht belebt, in der Gegend gibt es zahlreiche Campingplätze, und es geht oft alles andere als ruhig zu. Nahe der Küstenstraße steht eine kleine Dorfkirche, die von einem Kapitän als Dank für seine Rettung auf schwerer See gestiftet wurde. Nördlich des belebten Strandes steht ein den zahlreichen Letten gewidmetes Denkmal, die Ende des Zweiten Weltkriegs vor der erneuten sowjetischen Besatzung flohen: Sie versuchten von der kurländischen Küste aus mit mehr oder weniger brauchbaren Booten die schwedische Insel Gotland zu erreichen. Über den Fluß Riva führt eine schöne historische Holzbrücke. Weiter südlich bei Ulmane kommt ein weiteres und touristisch weniger erschlossenes Stück Steilküste.

Pāvilosta

Pāvilosta ist ein kleines, 1300 Einwohner zählendes Fischerdorf an der Mündung der Saka mit guter touristischer Infrastruktur. Bei der Stadtplanung wurde darauf geachtet, daß alle Straßen in Richtung Meer führen. Der Ort ist für seinen stetigen, im Winkel von ca. 20 Grad auf die Küste treffenden Wind bekannt, und genau deshalb ist er bei Seglern und Surfern sehr beliebt. Pāvilosta setzt heute sehr auf den Tourismus. Früher gab es im Ort eine Brauerei und eine Fischfabrik; erstere existiert nicht mehr, und die Fischfabrik läuft auf Sparflamme. In den Restaurants gibt es statt dessen frischen oder frisch geräucherten Fisch, der von den Kuttern an Land gebracht wird: Hering, Butt, Barsch, Dorsch, Sprotten und viele andere, die auf unterschiedlichste Art zubereitet werden. In einigen Gärten sieht man noch heute kleine Hütten, in denen Fisch geräuchert wird. Der Strand ist, vor allem etwas abseits des Ortes, sehr weitläufig und leer. Die unberührten Dünenlandschaften stehen unter Naturschutz.

An der Küste, zehn Kilometer südwestlich von Pāvilosta, steht der Leuchtturm Akmensrags an einem einsamen Strand, der über sandige kleine Straßen mit dem Auto nur schwer zu erreichen ist. Die Landspitze Akmensrags zählt zu den schönsten Küstenlandschaften Lettlands. Sie ragt ins Meer hinaus, weil dort der Untergrund aus Stein und nicht wie ringsum aus Sand ist.

Im weiter südlich gelegenen Vērgale sind eine kleine Dorfkirche und ein Gutshof (heute Grundschule) zu besichtigen. Von der Straße nach Liepāja geht es dort nach rechts in den am Meer gelegenen Ort Ziemupe. In den kiefernbestandenen Dünen am Strand sind schöne Zeltplätze und Gasthäuser zu finden. Ein botanischer Pfad führt durch den in Lettland seltenen Wacholderbestand; es gibt eine unter Naturschutz stehende graue Düne. In Ziemupe steht eine turmlose evangelische Kirche, denn früher war es verboten, Türme in der Nähe von Küsten zu bauen: Seefahrer hätten sie mit Leuchttürmen verwechseln können.

Die Ostsee bei Pāvilosta

Etwa 15 Kilometer südlich von Vērgale führt von der Straße nach Liepāja ein Weg nach links zu einer Straußenfarm. Auf dem Anwesen mit dem Namen ›Jozdreijas‹ gibt es Führungen über Leben und Verhalten der Vögel (Tel. 655 81 64). Man hat die in Europa fast einmalige Chance, ein ganz besonderes Omelett serviert zu bekommen oder ein Straußenei mit nach Hause zu nehmen. Von dort sind es nur noch wenige Kilometer bis Liepāja.

 Touristeninformation Pāvilosta, Dzintaru 1, Pāvilosta LV-3466, Tel. 349 82 76, 912 18 94, www.pavilosta.lv.
▸ Touristeninformation Vērgale, Vērgales pagasta padome (im Bürgermeisteramt), Liepājas raj., LV-3463, Tel. 943 71 66, 631 49 25, vergaletic@apollo.lv.

 Buslinie Liepāja–Pāvilosta–Jūrkalne–Ventspils. Je ein Bus frühmorgens, mittags und abends.

 ›Āķagals‹, Dzintaru 3, Tel. 916 15 33, www.akagals.lv. Wenige Schritte zum Meer. Restaurant, Radverleih.
▸ ›Vēju paradīze‹, Smilšu 14, Tel. 644 66 44, www.vejuparadize.lv.
▸ Pension und Campingplatz ›Laikas‹, Ziemupe, Vērgales pag., Liepājas rajons, LV-3462, Tel. 943 23 14, 349 54 65, www.laikas.lv. 20 km südlich von Pāvilosta ruhig am Meer gelegen. Blockhaus, Hostel, Campingplatz.

 Am nördlichen Ortsende Pāvilostas nahe der Aussichtsplattform, Tel. 349 82 176. Viel schöner ist der in Richtung Liepāja gelegene Campingplatz ›Laikas‹ in Ziemupe.

 Heimatmusuem Pāvilosta, Dzintaru 1, Tel. 349 82 76. 15.5.–15.9. Mi–Fr 11–17 Uhr, Sa/So 12–16 Uhr; 16.9.–14.5. Di–Fr 11–17 Uhr, So 12–16 Uhr.

 Am 3. Samstag im Mai Stadtfest.
Beim Fischerfest am 2. Juliwochenende wird Pāvilosta mit Fahnen und Blumen geschmückt. Neptun und Nixen steigen aus dem Meer und halten eine Ansprache. Es gibt auch sportliche Wettbewerbe.

 Pāvilosta Port Authority, Dzintaru 2a, Tel. 348 63 09, pavilosta@mail.anet.lv.
▸ Ausflug mit Fischern oder auf die schwedische Insel Gotland: Quer über die Ostsee fährt ein zwölf Personen fassendes Boot nach Gotland. Tel. 348 63 09, 946 33 51; Hin- und Rückfahrt 60 LVL.
▸ Man kann auch mit ortsansässigen Fischern auf Fang gehen; Organisation über die Touristeninformation oder den Yachthafen.

 ›Burusports‹, Kalna (am Parkplatz am Strand), Pāvilosta, Tel. 863 93 75, www.burusports.lv.

Liepāja

Liepāja gilt als zweitwichtigste Stadt Lettlands. Ein langer Sandstrand nahe dem Zentrum lockt im Sommer Stadtbevölkerung und Touristen. Im benachbarten Strandpark gibt es vielfältige Sportangebote und eine große Freilichtbühne. Dort finden häufig Konzerte statt, und Mitte August wird seit mehr als 30 Jahren alljährlich das wichtigste lettische Rockfestival veranstaltet. In den ehemaligen Kasernen im Stadtteil Karosta ist ein großes alternatives Kulturzentrum entstanden. Ein paar hundert Meter weiter gibt es ein Gefängnis, in dem man sich bei Brot und Wasser einsperren lassen kann. Es gibt heruntergekommene Plattenbauten aus den 1960er Jahren und eine gigantische russische Kathedrale. Die historische Altstadt hat einen schönen Markt, große Kirchen und viel Holzarchitektur der Jahrhundertwende. Liepāja ist die einzige Stadt Lettlands, die neben Rīga ein nennenswertes Nachtleben hat. Es gibt Theater, Kinos und Diskotheken. Die Gourmetküche hat dagegen in der Stadt, in der man sich viel bodenständiger als in Rīga gibt, nicht wirklich Fuß fassen können.

Stadtgeschichte

Die Geschichte Liepājas läßt sich auf ein Fischerdorf zurückverfolgen, das zwischen einem sumpfigen, aus einem Haff entstandenen Binnensee und dem Meer lag. Erst 1625 erhielt der sich nur langsam zu einem Handelszentrum entwickelnde Ort das hanseatische Stadtrecht. In zaristischer Zeit, im frühen 18. Jahrhundert, wurde der Hafen ausgebaut, und Liepāja wurde in zu einem wichtigen eisfreien Exporthafen Rußlands. Der rapide wirtschaftliche Aufschwung kam mit der Einrichtung einer über die Ukraine nach Rußland führenden Eisenbahnlinie. Vor allem die Schwerindustrie wurde nach der Errichtung des einzigen Stahlwerks des Baltikums immer wichtiger. 1899 fuhr eine der ersten Straßenbahnen Europas durch die Stadt, und es gab heftige Proteste der Droschkenkutscher gegen das neumodische, 15 Kilometer schnelle Fortbewegungsmittel. Ab 1906 gab es ein Schiff, daß regelmäßig zwischen Liepāja und New York verkehrte.

Die Kombination von Schwerindustrie, Hafen und Eisenbahnanbindung machte Liepāja in den Augen des Zaren Nikolaus II. zu einem idealen militärischen Stützpunkt: Um die Jahrhundertwende entstand nördlich des historischen Stadtzentrums ein Kriegshafen (Karosta) mit gigantischen Befestigungsanlagen. Noch vor dem Ersten Weltkrieg wurden in Liepāja die ersten russischen U-Boote gebaut. Auch das zivile Liepāja entwickelte sich um die Jahrhundertwende prächtig: Am Strandpark entstanden aufwendig mit Zierbrettern verschönerte Holzvillen, die Kirchen der

Stadt wurden umgebaut und vergrößert, und 1909 entstand mit dem Pētertirgus eine beeindruckend schöne Jugendstilmarkthalle.

Nach dem Ersten Weltkrieg, als die Rote Armee Rīga besetzt hatte, war Liepāja vorübergehend lettische Hauptstadt: Die erste unabhängige Regierung Lettlands unter Kārlis Ulmanis hatte Rīga mit dem Schiff verlassen müssen. Nach der Unabhängigkeitserklärung der Ersten Lettischen Republik verlor die Stadt an Bedeutung: Die ökonomisch wichtigen Eisenbahnverbindungen ins neue Sowjetreich waren nun unterbrochen. Die russische Armee hatte Liepāja verlassen, und in der Zwischenkriegszeit zählte Liepāja noch etwa 60 000 Einwohner. Die Stadt nahm, wie ganz Lettland, vor dem Zweiten Weltkrieg einen respektablen wirtschaftlichen Aufschwung, der in Liepāja vor allem von Stahlindustrie und Maschinenbau getragen wurde.

Das historische Zentrum Liepājas wurde im Zweiten Weltkrieg nahezu vollständig zerstört. Von der traditionellen Holzarchitektur sind in Strandnähe einige schöne Villen übriggeblieben. In sowjetischer Zeit war Liepāja für Ausländer nicht zugänglich; Letten brauchten häufig eine Sondergenehmigung. In Karosta lagen viele Schiffe der sowjetischen Marine und U-Boote, und in den 1960er Jahren wurden dort reichlich Plattenbauten für Soldaten und ihre Angehörigen gebaut. Südwestlich von Liepāja, bei Vaiņode, sind die Reste einer unterirdischen sowjetischen Raketenabschußrampe zu besichtigen. Heute gibt es Fährverbindungen nach Westeuropa, und Liepāja ist stolz darauf, elf Partnerstädte zu haben. 1997 wurde der Hafen für eine Dauer von 20 Jahren zur Freihandelszone erklärt. Seitdem fließt viel internationales Kapital in die Stadt. Handel, traditionelle Industrien und nicht zuletzt der Tourismus haben sich in den letzten Jahren gut entwickelt.

Der Hafen von Liepāja

Faschismus in Liepāja

1939 wurden die in Liepāja lebenden Deutschbalten von den Nationalsozialisten zur Umsiedlung nach Deutschland gezwungen. Anfang 1941 lebten auch 9000 Juden in Liepāja. Es gab zwei große Synagogen, jüdische Schulen, Sportvereine und Organisationen aller Art. Die deutsche Wehrmacht marschierte am 29. Juni 1941 ein. Bereits in den ersten Wochen der Besatzung wurden bei gezielten Hausdurchsuchungen etwa 2000 Juden erschossen. Die jüdische Bevölkerung mußte sich im Sommer 1941 jeden Morgen auf einem zentralen Platz der Stadt sammeln. Von dort aus wurden Männer und Frauen an verschiedene Stellen zur Zwangsarbeit verteilt. Am 24. Juli 1941 wurden 3000 von ihnen, vor allem Männer, zum Leuchtturm an der Hafenmole transportiert, wo sie exekutiert wurden. Zwischen dem 14. und 16. Dezember 1941 wurden insgesamt 2749 Menschen, vor allem Frauen und Kinder, zusammengetrieben und auf Lastwagen in die Dünen von Šķēde gebracht. Dort, in Strandnähe, waren bereits Massengräber ausgehoben worden. Die Opfer mußten ihre Kleider ablegen und warteten mit Blick auf die bereits Erschossenen auf ihre Hinrichtung. Fotos eines deutschen Offiziers und Filmmaterial belegen die Ereignisse. Bei den Hinrichtungen leisteten lettische Faschisten umfangreiche Hilfestellung. Wie viele Menschen in Šķēde umgebracht wurden, ist nicht ganz klar, offizielle Schätzungen sprechen von 19 000. In den Dünen, wo der wandernde Sand noch in den 70er Jahren Menschenknochen freilegte, wurde im Juni 2005 eine Gedenkstätte eingerichtet.

Erich Handke war für die Klärung der ›Judenfrage‹ in Liepāja zuständig, zeichnete sich durch herausragende Brutalität aus und lebte mangels erreichbarer aussagewilliger Zeugen jahrzehntelang unbehelligt in einer süddeutschen Kleinstadt. Eine wirklich schillernde Figur ist Herberts Cukurs, der in den 1930er Jahren Transkontinentalflüge mit selbstgebauten Flugzeugen absolvierte und in Lettland als Nationalheld gefeiert wurde. 1941 schloß er sich freiwillig dem Mordkommando von Viktors Arajs an, der gewissermaßen als führender Kopf der lettischen Variante der SS gilt. Cukurs Rolle in der Spezialeinheit ist unklar; Überlebende berichten jedenfalls von seiner aktiven Beteiligung an Mord und Folter. Sein Exilland Brasilien weigerte sich nach dem Krieg, den sich inzwischen respektabel gebenden Geschäftsmann Cukurs auszuliefern. 1965 wurde der Kriegsverbrecher im Rahmen einer spektakulären Aktion vom israelischen Geheimdienst in Uruguay liquidiert. Über sein Leben gibt es Bücher und demnächst einen Dokumentarfilm von Carl Biorsmark. Informationen zum Holocaust in Lettland und anderswo: www.yadvashem.org; Augenzeugenberichte www.jewishgen.org.

Historisches Zentrum und Stadtpark

In der Regel erreicht man die Altstadt Liepājas von Norden über den Kanal kommend, von wo aus sich schöne Blicke auf den Hafen bieten. Geradeaus in der Lielā iela steht linker Hand die Dreifaltigkeitskirche, die 1758 die für die deutsche Bevölkerung der Stadt errichtet wurde. Die recht große, dreischiffige Hallenkirche hat ein schönes Rokoko-Interieur in weiß und gold. Hauptattraktion ist aber die Orgel, die mit mehr als 7000 Pfeifen sogar noch größer ist als die im Rigaer Dom. Sie wurde 1780 vom Meister Heinrich Andreas Contius in siebenjähriger Arbeit fertiggestellt. Gegen eine Spende gibt es Führungen durch die Kirche und auf den Kirchturm.

Ein paar Meter weiter erreicht man im Gebäude des Hotels ›Liva‹ die Touristeninformation. Halblinks kommt man zum Rosenplatz, dem beliebtesten Treffpunkt für Verabredungen. In der Zivju iela steht ein modernes Gebäude, in dem das Rockcafé ›Pablo‹ samt Gitarrenausstellung untergebracht ist. Dort gibt es jeden Abend Livemusik.

In der Kungu iela 24 steht das sogenannte ›Peterhaus‹, eines der ältesten noch erhaltenen Häuser der Stadt. 1697, also unmittelbar vor dem von ihm angezettelten Nordischen Krieg, übernachtete dort Zar Peter der Große. Nebenan, in der Kungu iela 26, nächtigte zwei Jahre später sein Gegner, der schwedische König Karl XII. In diesem Haus befindet sich heute ein Souvenirladen, in dem unter anderem die mit 126 Metern längste Bernsteinkette der Welt besichtigt werden kann.

Über die Zivju iela geht es an einigen Speicherhäusern vorbei zur direkt am Markt stehenden, 1587 errichteten Annenkirche. Sie ist die älteste Kirche der Stadt und wurde zur Jahrhundertwende vom deutschstämmigen Stadtarchitekten Max Paul Bertschy umgebaut. Im Inneren der Kirche beeindruckt der sechs Meter breite und zehn Meter hohe barocke Altar aus dem Jahr 1697. Er ist eines der bedeutendsten barocken Kunstwerke Lettlands und ein Werk von Nikolas Seffren, einem Holzbildhauer aus Ventspils, der neben den Altären vieler lettischer Kirchen auch Interieurs von Schiffen gestaltete. Der gegenüberliegende Marktpavillon wurde 1909 nach einem Entwurf von Max Paul Bertschy

Markt und Markthallen in Liepāja

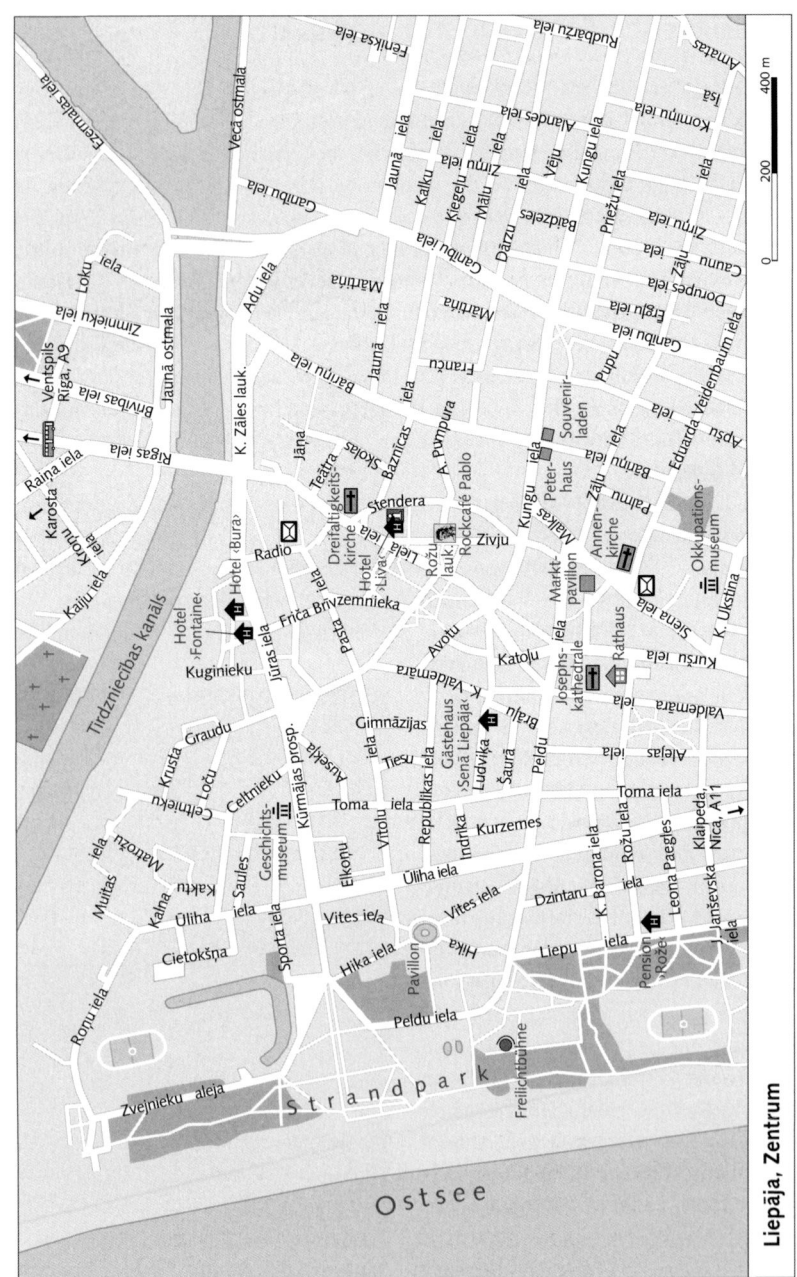

Liepāja, Zentrum

fertiggestellt. Am südwestlichen Ende des Marktes steht in der Rožu 5 das ebenfalls von Bertschy entworfene Rathaus.

Auf der gleichen Seite des Marktes kommt man zur Josephskathedrale, dem Sitz des katholischen Erzbischofs. Unter zaristischer Herrschaft wurde Ende des 19. Jahrhunderts der größer werdenden katholischen Gemeinde die Lizenz zum Bau einer neuen, großen Kirche verweigert. Die schon damals an gleicher Stelle stehende kleine Kirche wurde daraufhin kurzerhand überbaut. Über einem Seitenaltar der Kirche hängt ein Schiffsmodell: Fischer und Seeleute spendeten im 19. Jahrhundert häufig solche Modelle, um für sichere Wege auf See zu bitten.

Über die Peldu iela erreicht man den großen Strandpark. In den Straßen am Park stehen noch einige schöne Holzvillen des ausgehenden 19. Jahrhunderts;

Der Barockaltar in der Annenkirche

es gibt auch einen hübschen Pavillon. Der Strandpark selbst bietet neben einer großen Freilichtbühne viele Freizeiteinrichtungen wie Skatepark, Minigolf und Kinderspielplätze. Vom Pavillon läuft man direkt auf die historische Badeanstalt zu, deren von dorischen Säulen getragenes Gebäude 1902, wie könnte es anders sein, von Bertschy entworfen wurde. Dahinter liegt der Strand, und nach Norden hin erreicht man die am Meer stehende Statue einer wartenden Frau. Der Strand selbst ist weitläufig, mit guter Infrastruktur ausgestattet und für einen Stadtstrand recht sauber. Die Wasserqualität wir laufend geprüft und erfüllt die EU-Richtlinien für das Qualitätszeichen der Blauen Flagge. Wer leerere Strände sucht, wird etwa 15 Kilometer weiter südlich oder nördlich fündig werden.

Karosta

Karosta ist sicher einer der seltsamsten Orte, die man in Europa finden kann. Ab 1890 begann hier Zar Alexander III. nördlich von Liepāja für die stolze Summe von 45 Millionen Rubel einen Kriegshafen errichten zu lassen, ein Werk, das sein Nachfolger Zar Nikolaus II. 1904 vollendete: Viele Kasernen, ein Offizierskasino, eine Reithalle, eine riesige Garnisonskirche und massive Befestigungsanlagen. Es ist eine

Ironie der Geschichte, daß sich Nikolaus II. dazu entschloß, die Befestigungsanlagen anläßlich des Abschlusses eines deutsch-russischen Freundschaftsvertrags vor dem Ersten Weltkrieg im Jahr 1908 zu sprengen. Am nördlichen Ende Karostas sieht man die Überreste der voreiligen Aktion: Mauern, Treppen und Häuser versinken dort langsam im Meer. Andere Kasernen stehen noch und werden sehr unterschiedlich genutzt: Die einen hat die lettische Marine übernommen. Andere Kasernen waren dem Verfall preisgegeben. Sie waren lange ein beliebtes Rückzugsgebiet für

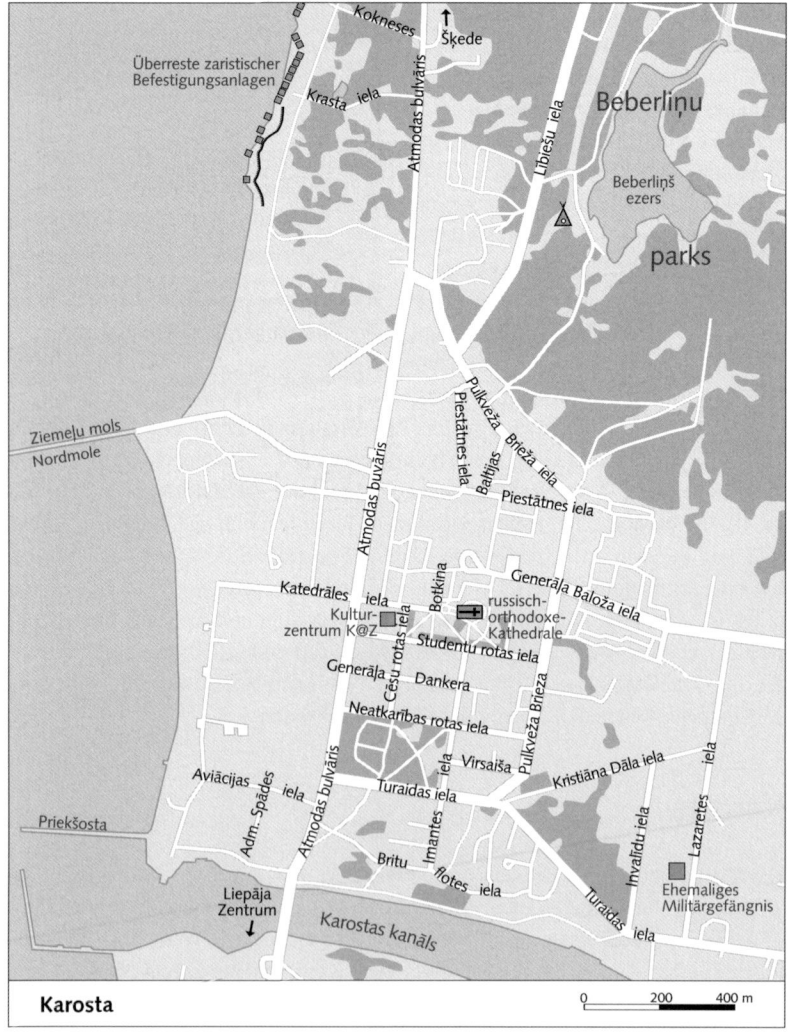

die desillusionierten Jugendlichen der umliegenden Plattenbausiedlung: Nach dem Rückzug der sowjetischen Marine wuchsen sie in einer von Arbeitslosigkeit und Kleinkriminalität geprägten Atmosphäre auf. Lange Zeit weigerten sich Taxifahrer aus Liepāja standhaft, Karosta überhaupt nur anzufahren. Die Wende kam, als engagierte Künstler einen Vertrag mit der Stadt schlossen und versprachen, die leeren Kasernen zu renovieren und in ein Kulturzentrum zu verwandeln. Auflage der Stadt für die mietfreie Nutzung war, daß ständig weiter renoviert wird.

Plattenbauten und die Kathedrale von Karosta – der größte Kuppelbau des Baltikums

Es blieb nicht nur bei der Renovierung, denn die Künstler kamen mit der in den Plattenbauten ansässigen Bevölkerung viel besser zurecht als die offizielle Politik. Für die bis dahin von offizieller Seite vernachlässigte Bevölkerung wurde im Kulturzentrum ein Kindergarten mit alternativen pädagogischen Konzepten eingerichtet, der Aufwand für Behördengänge wurde durch die Einrichtung einer ›Außenstelle‹ des Bürgermeisteramts reduziert. In Karosta existiert heute eine politische Partei, die sich sowohl als Kunstprojekt als auch als realpolitische Kraft versteht: Ironisch auf die Traditionen des untergegangenen Arbeiter- und Bauernstaates Bezug nehmend wurde eine Rentnerin aus den umliegenden Plattenbauten zur Großen Vorsitzenden gewählt. Mitglieder der Partei sind sowohl Leute aus der ziemlich verfallenen Plattenbausiedlung als auch Mitglieder der Künstlerkolonie. Selbstverständlich hängen überall Porträts der Großen Vorsitzenden; es gibt auch eine Ahnengalerie für Lenin, Stalin, Gorbatschow und andere Helden der Sowjetunion.

Die Bevölkerung des Stadtteils profitiert tatsächlich von der ungewöhnlichen Symbiose; ein Teil des Projekts tourt als ›Social Art‹ mit Ausstellung und mobiler Sauna durch Europa. Für die Heimat wurde das Konzept des ›Culture based tourism‹ entwickelt: Es gibt ein Hostel mit einfachster Einrichtung und Wireless LAN, einen Fahrradverleih, einen Surfbrettverleih, eine auf hohem künstlerischen Niveau arbeitende Galerie und etliche Projekte, die landesweit und auch international Beachtung finden. Das meiste ist nicht nur intelligent, sondern auch ausgesprochen lustig. Ärger mit der örtlichen Polizei gab es allerdings wegen der Teller, die in der Cafeteria auf den Tisch kommen: Sie seien den offiziellen Verbotsschildern des lettischen Straßenverkehrs zu ähnlich und müßten verboten werden.

Weniger lustig geht es im ehemaligen Militärgefängnis zu, wo ein geschäftstüchtiger Unternehmer auf die makabre Idee kam, einen Erlebnispark zu etablieren. Es gibt unterschiedliche Stufen des Grauens: Man kann an einer Führung durch Zellen und Folterkammern teilnehmen, die von der zaristischen, deutschen und sowjetischen Armee genutzt wurden. Zur Führung gehört auf Wunsch auch eine authentische Mahlzeit mit Wasser und Brot. Man kann im Gefängnis auch übernachten. Wer es ganz hart mag, kann selbst erleben, wie man in Isolationshaft behandelt wurde: Schlafentzug, gleißend helles Licht und Demütigungen rund um die Uhr. Die passenderweise auch auf Deutsch gegebene Show ist nichts für zart besaitete Gemüter, und selbst der Veranstalter warnt ausdrücklich davor, Kinder unter 14 Jahren der gezeigten Brutalität auszusetzen. Ein anderer Veranstalter bietet in Karosta auf verlassenen Kasernengeländen als Liveversion des Computerspiels ›Counterstrike‹ die Sportart Paintball an. Es gibt auch Führungen im Licht von Taschenlampen durch verlassene Militärgelände mit wohlkalkulierten Überaschungseffekten. Selbstverständlich kann man sich bei Tageslicht auch selbst auf die Suche nach den gesprengten und zum Teil schon halb im Meer versunkenen militärischen Anlagen nördlich der Anlagen machen. Zu beachten ist dabei allerdings, daß einige Gebäude einsturzgefährdet sind und daß sich eventuell andere Besucher dort aufhalten, die man eigentlich lieber nicht treffen wollte.

Wer vom Kriegstourismus genug hat, sollte sich unbedingt die russisch-ortho-

Die Große Vorsitzende

doxe Kathedrale ansehen. Der höchste Kuppelbau des Baltikums stammt von den Petersburger Architekten Sergej Gelenzovski und Vasilij Kosjakov. Die Garnisonskirche wurde 1903 von Zar Alexander III. persönlich eingeweiht, während des Ersten Weltkriegs von den Deutschen geplündert, und in sowjetischer Zeit wurde sie als Lager- und Sporthalle genutzt. Von der ursprünglich aufwendigen Innenausstattung ist daher wenig erhalten, doch man hat sich nach 1991 bemüht, den riesigen Innenraum wieder angemessen auszustatten. Ähnlich monumental wie die Kirche ist die Reithalle der Marine ausgefallen, in der früher wöchentlich Vorführungen vor bis zu 4000 Zuschauern stattgefunden haben.

Nördlich von Karosta liegt der bei Touristen und Einheimischen gleichermaßen beliebte Park Beberliņi mit einem kleinen See, auf dem man schwimmen und Boot fahren kann. Es gibt dort auch Kinderspielplätze und einen Campingplatz. Drei Kilometer nördlich des Parks liegen die Dünen von Šķēde, wo in zwölf Massengräbern etwa 19 000 von Deutschen und lettischen Faschisten erschossene Juden und Kriegsgefangene begraben liegen – kein guter Platz für ein sommerliches Badevergnügen. Eine Attraktion besonderer Art ist die Nordmole des Hafens. Wenn das Meer ruhig genug ist, kann man fast zwei Kilometer weit hinauslaufen und hat, während sich die Wellen zu den Füßen brechen, einen guten Blick auf Karosta und Liepāja.

 Touristeninformation Liepāja, Lielā 11, Liepāja LV-3401, Tel. 348 08 08, www.liepaja.lv. 1.6.–30.9. Mo–Fr 9–19 Uhr, Sa 10–19 Uhr, So 10–15 Uhr; 1.10.–31.5. Mo–Fr 9–17 Uhr.
▸ Tourismusagentur ›Latvia Tours‹, Lielā 11, Liepāja LV-3401, Tel. 342 71 73, www.latviatours.lv. Stadtführungen, Exkursionen, Gruppen- und Geschäftsreisen.
▸ Aktuelle Veranstaltungen unter www.de.eventguide.lv, www.hbf.lv, über die Touristeninformation oder an den Vorverkaufsstellen: Bilešu serviss, in der Hansabanka-Filiale, Tirgoņu 18, Mo–Fr 9–17 Uhr oder Sala XL Trade Centre, Klaipedas 62, Tel. 343 17 78.
▸ Līgo, Liepāja Tourist Club, Graudu 34, Tel. 342 64 03, 654 05 39. Radfahren, Wandern und Kanuwandern in Liepāja und ganz Kurzeme. Geführte Touren, Verleih und Verkauf von Sportgeräten.

 Tel. 800 00 33, 348 88 88.

 Liepājas autoosta, Stacijas laukums. Nach Rīga etwa jede halbe Stunde.

 Pension ›Roze‹, Rožu 37, Tel. 342 11 55, www.parkhotel-roze.lv, DZ 28–49 LVL. Jugendstilhaus 100 Meter vom Meer, nahe dem Zentrum.
▸ ›The Fontaine Hotel‹, Jūras 24, Tel. 342 09 56, www.fontaine.lv. DZ 20 LVL. Beliebtes, etwas schräges Hotel mit moderner Infrastruktur. Es gibt ein ›Elvis-Zimmer‹.

▸ Hotel ›Bura‹, Jūras 22,
www.hotelbura.lv Tel. 340 48 58,
DZ 30–42 LVL. Modernes Hotel
mit viel Holz und Glas in Hafennähe,
10 Gehminuten zum Strand.

▸ Hotel ›Līva‹, Lielā 11, www.liva.lv,
Tel. 342 01 02, DZ 15–45 LVL.
Groß und direkt über der Touristen-
information im Zentrum gelegen.
Die Fassade ist nicht sehr einladend,
doch die Zimmer sind renoviert.

▸ ›Senā Liepāja‹, Brāļu 2 und Ludvika
8, Tel. 653 64 55. Übernachtung pro
Person 7,50 LVL; 10 Gehminuten
zum Meer.

▸ Hostel ›K@2‹ (in Karosta), Katedrāles 2, Tel. 627 08 50, www.karosta.lv.
Charmantes, sehr alternatives Hostel
der lokalen zeitgenössischen Kunstszene. Wenn die Rezeption nicht
besetzt ist, findet man wahrscheinlich jemanden im Café im Hinterhof
(Tel. 686 75 56). Galerie, Tandem-
verleih, mobile Sauna, Surfbretter,
Events. Vom Zentrum aus mit den
Microbussen 1 und 3 zu erreichen.

▸ ›Sīpoli‹, p/n Bernāti, Nīcas pag.,
LV-3471, Tel. 346 08 33. Ferienhaus
mit Kamin, Garten und Teich in
Meernähe südlich von Liepāja.

 ›Beberliņi‹, Lībiešu 4
(Sportpark am Nordende
von Karosta), Tel. 617 37 74,
beberlini@inbox.lv. Lebhafter Zeltplatz, vielfältiges Sportangebot,
Bootsverleih; 700 Meter zum Strand.
Buslinien 3,8. Microbusse 1,2,3,6.

 Restaurant-Bar ›Ilze‹,
Graudu 23, Tel. 342 38 14.
In einem Gewölbekeller gelegenes

Restaurant mit traditioneller lettischer Küche. Sa/So Livemusik.
9–24 Uhr, So 12–24 Uhr.

▸ ›Vecais kapteinis‹, Dubelšteina 14,
Tel. 342 55 22, 12–1 Uhr. Antik-
maritime Einrichtung. Grillspezialitä-
ten, traditionelle lettische Küche.
Sa Livemusik.

▸ Café ›Balta Bīze‹, Kurmājas prospekts 8/10, Tel. 342 45 88. 7.30–
24 Uhr; Sa/So 9–24 Uhr. Tagsüber
beliebtes Selbstbedienungsrestau-
rant, abends Gourmetküche.
Gerichte aus frischen Zutaten der
Saison, echter italienischer Kaffee.
Freitags Unterhaltungsprogramm,
Kinder- und behindertenfreundlich.

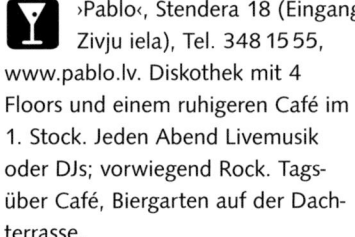 ›Pablo‹, Stendera 18 (Eingang
Zivju iela), Tel. 348 15 55,
www.pablo.lv. Diskothek mit 4
Floors und einem ruhigeren Café im
1. Stock. Jeden Abend Livemusik
oder DJs; vorwiegend Rock. Tagsüber Café, Biergarten auf der Dachterrasse.

▸ ›The Fontaine Palace‹, Dzirnavu 4,
Liepāja LV-3401, www.fontainepa-
lace.lv. Liveclub. Mo–Fr Rock, Sa/So
Jazz und Blues. Der beste Ort für
Alternative Music. Sommerterrasse.

▸ ›Big 7‹, Baznicas 14, Liepāja LV-
3401, Tel. 342 73 18, www.big.lv.
Große Tanzfläche, Stripease, Wasserpfeifen, Spielautomaten, Cocktails,
Restaurant.

 Geschichts- und Kunstmu-
seum Liepāja, Kūrmājas prospekts 16–18, Tel. 342 26 04,
www.liepajasmuzejs.lv. 1.6.–31.8.
Mi–So 11–18 Uhr; 1.9.–31.5. Mi–So

10–17 Uhr. Für 5–9 LVL Führungen durchs Museum oder Stadtführungen, Tel. 342 23 27, 343 36 04.

▸ Okkupationsmuseum, K. Ukstiņa 7/9, Tel. 342 02 74, www.liepajasmuzejs.lv. Ausstellung zu den Zeiten der deutschen und sowjetischen Besatzung 1940–1989. Mi–Sa 10–18 Uhr.

▸ Galerie Maja, Veca ostmala 22, Tel. 914 46 96. Do–Fr 11–19 Uhr, Sa/So 11–15 Uhr. Moderne Kunst, Souvenirs.

▸ Liepāja Latvian Society House, Rožu laikums 5/6, Tel. 342 49 95. Wechselausstellungen, Konzerte, Veranstaltungen aller Art.

▸ K. Māksla, Katedrāles 2, Liepāja LV-3402, Tel. 345 71 54. Ausstellungsräume des alternativen Kulturzentrums in Karosta, in dem auch Hochkultur und überregional diskutierte, kontroverse Ausstellungen zu sehen sind. Wenn geschlossen ist, im Café im Innenhof melden.

▸ Militärgefängnis ›Karosta Cietums‹, Invalīdu 4, Karosta, Tel. 636 94 70, www.karostacietums.lv. 10–18 Uhr.

 Liepāja Symphony Orchestra, Graudu 50, Tel. 342 55 88, www.lso.apollo.lv Sinfonieorchester, das in der Vergangenheit unter anderem an interessanten Orten in Karosta spielte.

▸ Liepājas teatris, Teatra 4, Tel. 342 21 21, www.teatris.liepajanet.lv Das älteste professionelle Theater Lettlands bietet auch Führungen durch Hinterbühne und Werkstätten. Nettes, ab 9.30 Uhr geöffnetes Café.

▸ Puppentheater, Zivju 1, Liepāja, LV-3401, Tel. 342 52 29 Kino Balle, Rožu laikums 5/6, Tel. 348 06 83, www.kinoballe.lv.

▸ Das ganze Jahr über finden in Liepāja viele Festivals und Kulturveranstaltungen statt. Anfang März Internationales Festival der Klaviermusik, Anfang Juli Meerfest, Ende Juli Baltic Beach Party, Ende Juli Sandskulpturenfestival, Mitte August Rockfestival Liepājas dzintars (wichtigstes Rockfestival Lettlands), Mitte September Internationales Festival der Orgelmusik.

 Līgo, Liepāja Tourist Club, Graudu 34, Tel. 342 64 03. Velo service and rental, Kungu 20, Tel. 342 44 24.

▸ Remo, Zemnieku 3, Tel. 653 57 03.

▸ Madame Velosipeed (in Karosta), Katredales 2, Liepāja, Tel. 627 08 50, 625 57 25, www.karosta.lv. Tandems und wiederhergerichtete Fahrräder.

 Hafenrundfahrt mit der Yacht ›Palsa‹, Fr 18 Uhr, Sa/So 12, 14 und 18 Uhr, Tel. 342 72 27. Auch Fahrten zur schwedischen Insel Gotland. Anlegestelle im alten Hafen (Veca ostmala), nahe der Brücke.

 Windsurfing, Kitesurfing, Wakeboarding: Katedrales 15 (Container am Strand), Tel. 949 94 90, 342 50 75, www.rietumkrasts.lv. Eine sportliche Initiative des Kulturzentrums K@2 aus der Katedrales 2.

 Krankenhaus: Slimnīcas iela 25, Tel. 340 32 55. Apotheke: Slimnīcas iela 25, Tel. 342 68 09.

Naturschutzgebiet Pape

15 Kilometer südlich von Liepāja erreicht man den Strand von Bernāti, wo nahe dem westlichsten Punkt Lettlands längere Spaziergänge in den Kiefernwäldern möglich sind. Der Ort ist touristisch gut erschlossen. Im benachbarten Nīca gibt es nicht viel zu sehen, doch das Restaurant ›Nicava‹ ist sehr zu empfehlen. Ebenfalls sehr zu empfehlen sind Kanutouren auf dem Fluß Barta: Man kann Lachse fangen, und Zeltplätze gibt es auch. Der langsam fließende Fluß windet sich etwa 40 Kilometer lang zwischen dem Liepāja-See und der litauischen Grenze durch waldreiches Gebiet, als besondere Überaschung für Kanuwanderer gibt es auch einen zwei Meter hohen Wasserfall. Das am Meer gelegene Jūrmalciems ist ein typisches kleines Fischerdorf mit Pier und Netzhäusern. Der Tourismus hat dort in Form eines Souvenirladens und einiger kleinerer Pensionen Einzug gehalten. Einen knappen Kilometer südlich des Ortes erhebt sich die höchste Düne Lettlands, die ›Balta kapi‹, 34 Meter hoch über das Meer.

Rucava liegt kurz vor der lettisch-litauischen Grenze, und wer im Grenzgebiet spazierengeht, sollte daran denken, einen Paß dabeizuhaben. Zwei Kilometer östlich des Ortes kommt man zur mitten in blühenden Wiesen gelegenen heiligen Quelle von Rucava, einer heidnischen Kultstätte. Die touristischen Hauptattraktionen liegen jedoch in Richtung Meer im Naturpark Pape: Rund um den versumpften, lagunenartigen See kann man Dünen, Moore, Feuchtwälder und Wiesenlandschaften erwandern. Um herauszufinden, wo die Wanderwege entlangführen und wo man

Kanuwandern im Naturschutzgebiet Pape

Boote mieten kann, sollte man zunächst das Informationszentrum aufsuchen. An der Küste wurde eine ornithologische Station eingerichtet, in der jeden Herbst mehr als 50 000 Zugvögel beringt werden. Im Herbst können auch Fledermäuse beobachtet werden. Mit Unterstützung des WWF wurden früher im Baltikum einheimische Tiere wieder eingebürgert: Wildpferde, Wisente und Auerochsen. Die letzten der etwa 1,20 Meter hohen Wildpferde starben in Lettland im Mittelalter aus. Man jagte sie, weil sie die Felder zerstörten und damit den Ertrag der Bauern minderten. Die Tiere im recht weitläufigen Gebiet selbst zu finden ist fast unmöglich, aber man kann sich einer vom Naturhaus organisierten Führung anschließen. Bei allen Unternehmungen im versumpften Gelände ist das Mückenspray ein absolutes Muß. Am wenig abwechslungsreichen, flachen Strand steht ein 30 Meter hoher Leuchtturm. Südlich des Naturhauses liegt das Gehöft Vitolnieki, ein Freilichtmuseum, in dem Alltag und Kultur der Fischer dargestellt werden. Südlich des sehr großen Moores von Nida kommt man zu einem Kieselstrand, der sich auf litauischer Seite fortsetzt. Das belebte, sehr volle litauische Seebad Palanga, auch die Stadt selbst ist sehenswert, liegt knapp 20 Kilometer hinter der Grenze.

 Nica Information Centre, Bārtas 6, Liepājas raj., LV-3473, Tel. 346 90 49, 949 45 19, dzintara_taka@apollo.lv.

▶ Rucava Tourism Information Centre, Rucava, Liepājas raj., LV-3477, Tel. 349 47 66, rucava.tic@inbox.lv.

▶ Pape Information Centre, Nature House, Rucava, Liepājas raj., LV-3477, Tel. 349 48 59, www.wwj.lv. Thematische Führungen zu den Wildpferden Tel. 349 43 25, 948 97 75; Ornithologische Führungen Tel. 349 43 26, www.bartava.a4.lv.

 Pension ›Villa Alma‹, Bernāti, Nīcas pag., LV-3471, Tel. 342 30 27, www.villaalma.viss.lv. Auf halbem Weg zwischen Liepāja und Pape. Neue, modern eingerichtete Pension. Ruhig im Kiefernwald gelegen, wenige Schritte zum Meer.

▶ Gästehaus ›Bajari‹, Rucavas pag., LV-3477, Tel. 349 45 37, 920 73 23. Nettes, abseits des Meeres gelegenes kleines Gästehaus mit Zeltplatz.

▶ Gästehaus ›Nida 1‹, Nida, Rucavas pag., LV-3477, Tel. 928 89 39, 946 42 79. Gästehaus und Zeltplatz am Kieselstrand.

 Freilichtmuseum Vītolnieki, Tel. 349 43 12. Täglich 9–17 Uhr, Mo und Do geschlossen.

 Bauernhof Smiļgas, Nīca, Tel. 346 00 25, 964 95 83. Reitstunden, Ausritte am Strand.

 Bootsverleih: Naturhaus Pape, Rucavas pag., Tel. 349 48 59, Nīcava, Nīca, Tel. 949 45 19, 937 97 54, www.bartava.a4.lv.

 Ausfahrten mit Fischerbooten: Jūrmalciems, Nīcas pag., Tel. 940 55 46.

Bernstein –
das Gold der Ostsee

Bernstein, lettisch ›dzintars‹, ist das beliebteste Rohmaterial der lokalen Schmuckindustrie. In einigen spezialisierten Schmuckläden, vor allem aber im Rīgaer Kunstgewerbemuseum und im nahegelegenen Bernsteinmuseum ist zu sehen, was alles aus dem relativ weichen Rohmaterial gemacht werden kann: Schiffe, Uhren, Truhen, Teufel. Eigentlich ist Bernstein gar kein Stein. Er ist leichter als Wasser, und letztlich nichts anderes als das gehärtete Harz urzeitlicher, subtropischer Kiefernwälder, die einst den Ostseeraum bedeckten. Bernsteinschmuck gibt es seit der Jungsteinzeit. Für die im Baltikum

Bernsteinspieluhr
(Bernsteinmuseum Rīga)

siedelnden Völker wurde dieser Schmuck zu Zeiten des römischen Reichs zum einem sehr wichtigen Handelsgut: Über die sogenannten Bernsteinstraßen, an denen die ersten befestigten Marktplätze der Region entstanden, fand das goldfarbene, transparente Material seinen Weg bis nach Rom und Ägypten. Den Völkern der Antike galt Bernstein als heilig: Er hatte nicht nur die Farbe der Sonne, sondern sprühte dank elektrostatischer Eigenschaften manchmal Funken und war brennbar. So wurde der ›Lichtstein‹ dann in der antiken Mythologie in engen Zusammenhang mit dem Kult um den Sonnengott Helios gebracht.

Gewonnen wurde Bernstein zunächst durch Sammeln am Strand und das ›Bernsteinfischen‹: Weil Bernstein leichter als Wasser ist, gelangt er bei stürmischer See mit Tang vermischt vom Meeresboden an die Oberfläche. Dort wurde er früher mit Köchern und Netzen abgefischt. Die Bernsteinfischer hatten während der stürmischen Jahreszeit am Strand Hütten aufgebaut, wo die gegen kaltes Wasser schützende Woll- und Lederkleidung über offenem Feuer trocknete.

Zwischen dem 13. und dem 16. Jahrhundert hatten sich Preußen und Kreuzritter das Monopol auf den an der Ostsee gefundenen Bernstein gesichert: Die Bernsteinfischer mußten ihre Beute den Inspektoren des Bernsteinkontors abliefern, und dank häufiger Hausdurchsuchungen blieb

Steilküste bei Jūrkalne

nach harter Arbeit nichts als die unausweichliche Erkältung. Im Zeitalter des Barock kam das Königsberger Bernsteinkontor, über das der Rohstoffhandel kontrolliert wurde, in den Besitz preußischer Fürsten. Farblich sorgfältig aufeinander abgestimmte Bernsteinplättchen wurden auf Spiegelrahmen, Schränke, Kronleuchter und Prunksessel geklebt. Die künstlerische Arbeit mit dem leicht zu bearbeitenden Material, und sogar das Aufkleben selbst waren ein fester Bestandteil der Erziehung preußischer Prinzen. Die Werke derjenigen Meister, die ihr Handwerk wirklich auch beherrschten, gingen als Geschenke an fast alle führenden Höfe Europas. Das bekannteste Beispiel aus dieser Zeit ist das im Zweiten Weltkrieg verschollene Bernsteinzimmer.

Einen bislang letzten Höhepunkt erlebte zu Kunst und Politkitsch verarbeiteter Bernstein im Nationalsozialismus: Das aus dem Harz vorgeschichtlicher Wälder entstandene Material paßte dank seiner erdverbundenen Entstehungsgeschichte und seiner regionalen Herkunft perfekt zur Blut-und-Boden-Ideologie des deutschen Faschismus. Als besonders wertvoll galten zu allen Zeiten klare Steine mit sogenannten Inklusen, den gut konservierten Insekten und Pflanzen des vor 50 Millionen Jahren zuendegegangenen Erdzeitalters des Eozän. Doch muß man wirklich kein Naturwissenschaftler sein, um Steine mit echten Inklusen von braunen Glasperlen mit Fliegen aus dem Hier und Jetzt unterscheiden zu können.

Kurzeme – das Landesinnere

Kurzeme besteht zu einem großen Teil, aber eben nicht nur aus Küste. Die Sehens-würdigkeiten des Landesinneren werden entlang einer sehr schönen West-Ost-Route und einer etwas weniger schönen, aber dafür deutlich schnelleren Ost-West-Route beschrieben: Die schönere Nordroute führt durch eine hügelige, waldreiche, von Flüssen durchzogene Landschaft. Das Tal der Abava wurde zum Naturpark erklärt. Dieser Fluß und die durch Kuldīga fließende Venta eignen sich hervorragend für Kanutouren und Uferwanderungen. In Kuldīga ergießt der mit 250 Meter breite-ste Wasserfall Europas, der allerdings nur zwei Meter hoch ist. Kuldīga hat eine romatische kleine Innenstadt mit viel Holzarchitektur. In der Umgebung gibt es künstliche Sandstenhöhlen und einige schöne Gutshöfe. Der Ort Sabile wartet mit dem nördlichsten Weinberg der Welt auf. Aizpute ist eine weitere lettische Kleinstadt mit viel Holzarchitektur.

Die Südroute folgt in umgekehrter Richtung dem schnellsten Weg von Liepāja nach Rīga. Es gibt viel weniger zu sehen als auf den Routen, die über Kuldīga oder an der Küste entlang führen. Wirklich schön sind die Seenlandschaft bei Durbe und die gut restaurierte Burg Jaunpils, und in der man auch übernachten kann. Von historischem und für einige Deutsche sicher auch von persönlichem Interesse sind die infolge des Zweiten Weltkriegs angelegten Soldatenfriedhöfe in Saldus, Zante und Lestene.

Der nördlichste Weinberg der Welt in Sabile

Kandava

Von Rīga kommend, geht es über Jūrmala und Tukums in Richtung Ventspils; direkt an der Strecke liegt fünf Kilometer hinter Tukums das Schloß Jaunmoku. Kandava gilt als Tor zum Naturpark Abava und hat eine recht gut erhaltene historische Altstadt. Das auffälligste Zeugnis vorchristlicher Kultur ist der grasbewachsene Burgberg nördlich der Altstadt: Kandava war vor Ankunft des Deutschen Ordens die Hauptstadt des kurischen Fürstentums Vanema. Im Stadtmuseum sind noch einzelne Reste dieser Kultur zu sehen. Am Rand der Altstadt steht als letzter Rest der Ordensburg ein fast quadratischer, überdachter Pulverturm mit zwei Meter dicken Mauern. Quer durch die Gassen der Altstadt erreicht man den Pestberg. Er erinnert an die Pestepidemie, die dem Nordischen Krieg folgte. In der evangelischen Kirche sind die barocke Kanzel und der Beichtstuhl sehenswert; beide wurden im 17. Jahrhundert von einem aus Ventspils stammeden Meister geschaffen. Das 1855 entstandene Altarbild ›Kreuzigung Christi‹ stammt von Karl Arnoldi, der damals als Professor an der Kunstakademie Dresden lehrte. Das Wahrzeichen Kandavas ist die Brücke über die Abava: Sie wurde 1873 gebaut und ist die älteste Steinbrücke Lettlands. An der Abava führen erste Wege durch sumpfiges Gelände.

Viel schöner ist das Flußtal jedoch acht Kilometer weiter stadtauswärts in Richtung Sabile: An der Flußmündung der Imula in die Abava beginnt ein zehn Kilometer langer Wanderweg, der die Imula flußaufwärts und am parallel laufenden Fluß Amula wieder flußabwärts führt. Auf dem Weg liegen unter anderem ein Wasserfall, eine Wassermühle, ein Burgberg und die Überreste eines Gutshofs. Es gibt sogar einen Findling und eine Höhle, um die sich Legenden mit dem Teufel ranken. In der Teufelshöhle kann man mit viel Glück und etwas Licht versteinerte Panzerfische entdecken. Etwas weiter in Richtung Sabile liegt der Sportkomplex ›Zviedru cepure‹ mit Sommerrodelbahn, Skipiste, Reitmöglichkeit und Bootsverleih. Auch im nahegelegenen Gasthaus ›Imula‹ bekommt man etwas zu essen; man kann dort auch übernachten sowie Kanus und Fahrräder leihen. Für Kinder gibt es einen kleinen Märchenwald.

 Touristeninformation, Kūrorta 1b, Kandava LV-3120, Tel. 318 11 50; 926 34 75, www.kandava.lv. 1.5.–1.10. Mo–Fr 9–18 Uhr, Sa/So 10–17 Uhr; 1.10.–1.5. Mo–Fr 9–17 Uhr, Sa 10–14 Uhr.

 Über die Touristeninformation. Der Taxifahrer der Stadt spricht nämlich keine Fremdsprachen.

 Kandavas stacija (Bebrupe), 7 Kilometer nördlich von Kandava, Tel. 311 68 03.

 Etwa 15 unterschiedliche Ost-West-Verbindungen täglich: Rīga–Tukums–Kuldīga–Liepāja.

Hotel ›Pils‹, Pils 7,
Tel. 312 49 19, 912 08 05,
www.viss.lv. Kleines Haus am
Stadtrand, Übernachtung 20 LVL.
▶ ›Indāni‹, Kandavas novads,
Tel. 925 92 72. Am Waldrand,
Angebot zu ›Ferien auf dem Bauern-
hof‹, Reitmöglichkeit, 8 LVL.
▶ ›Plosti Tourist Centre‹, 9 km von
Kandava in Richtung Sabile,
Tel. 312 32 37, 954 55 06,
www.plosti.lv. Großes Erholungs-
zentrum, Bootsverleih, Fischen,
Sauna, Zeltmöglichkeit.

 Teteriņi, Daigones 14a,
Kandava, 947 60 83,
912 60 99.

 Stadtmuseum, Talsu 11,
Kandava, Tel. 318 20 64,
941 72 55, Mo–Fr 9–16 Uhr, Sa
10–14 Uhr.

 Velotūre, Sabiles 6, Kandava,
Tel. 941 58 42, 925 99 12.

 Krankenhaus: Zīļu 1,
Tel. 318 22 03. Apotheke:
Sabiles 7, Tel. 318 24 15.

Sabile und das Tal der Abava

Im Zentrum Sabiles erhebt sich seit dem 14. Jahrhundert der nördlichste Weinberg der Welt. Er gehört heute der Stadt, und die Vielzahl der unterschiedlichen Rebsorten ist erstaunlich. Der Wein ist nicht im freien Handel erhältlich, kann aber anläßlich des in der zweiten Julihälfte stattfindenden Weinfests verkostet werden. Direkt neben dem Weinberg gibt es einen zweiten Berg, auf dem in vorchristlicher Zeit eine kurische Burg stand. Heute befindet sich dort oben ein Aussichtspunkt, von dem aus die dank des fruchtbaren Moränenbodens sehr agrarisch geprägte Gegend gut zu überblicken ist. In sowjetischer Zeit gab es in Sabile eine Konservenfabrik, in der sehr viele Einwohner der Stadt Arbeit fanden. Den Sprung in die Marktwirtschaft überlebte die Fabrik nicht, weshalb es bis heute eine recht hohe Arbeitslosenquote gibt. Im historischen Zentrum steht die Synagoge der Stadt, die 1890 erbaut wurde und der jüdischen Gemeinde bis 1941 als Gotteshaus diente. Es ist geplant, dort ein historisches Museum und eine Konzerthalle einzurichten. Eine Besonderheit der kleinen Stadt ist der bis heute recht große Bevölkerungsanteil von Roma, die gut in die Gesellschaft integriert sind.

Auf dem Gelände des ehemaligen Gutshofs Pedvāle, am südlichen Stadtrand Sabiles, hat der Bildhauer Ojārs Feldbergs ein Open-Air-Museum für Skulpturen moderner Kunst geschaffen, das überregionale Bedeutung hat. Dort finden regelmäßig Ausstellungen, Workshops zu traditioneller und moderner Kunst und sogar internationale Symposien zu Land Art und anderen Themen statt. Man kann dort auch übernachten. Eine Sammlung deutlich skurrilerer Art hat Alfons Elerts in seinem Privathaus in der Blaumaṇa iela 4 zusammengestellt: Unzählige mehr oder weniger nützliche Gegenstände und Spielzeuge sind dort neben einer beeindrukkenden Sammlung von 3000 Strümpfen zu bewundern; originelle Spenden werden gerne entgegengenommen.

Das Tal der Abava ist nördlich Sabiles besonders schön: Etwa fünf Kilometer stadtauswärts erreicht man ›Abavas rumba‹, etwa zwei Meter hohe Stromschnellen. Nahe dem über das Dolomitgestein fließenden Wasserfall gibt es einen kleinen Campingplatz. Kanuwanderer finden nördlich der Stromschnellen einen wieder schiffbaren Fluß, der sich durch waldreiche Landschaften windet. Die Abava fließt viele Kilometer lang durch unbewohntes Gebiet: Nur in Renda, etwa auf halber Strecke der 70 Kilometer zwischen Sabile und der Mündung Abava/Venta, gibt es Einkaufsmöglichkeiten und Restaurants. Man muß also genügend Proviant mitnehmen und einige Sicherheitsmaßnahmen treffen. Auf Notrufe per Mobiltelefon kann man sich nicht verlassen, denn es gibt meistens kein Netz. An den Ufern wurden einfache Zeltplätze für Selbstversorger eingerichtet. Für die Strecke gibt es ein kleines Booklet mit Kanuwanderkarten von Ints Lukss; Basisinformationen auch über www.campo.lv.

Mit dem Auto erreicht man von Sabile aus in Richtung Kuldīga zunächst den kleinen Ort Renda, der durch seine über den Fluß führende Brücke und das am Wasser gelegene Restaurant auffällt. Im Ort gibt es eine evangelische Kirche, einen Burgberg und einen Gutshof mit angegliedertem Park. Nördlich von Renda kann man über Schotterpisten einen Abstecher zum Usmas-See machen, wo es an den dicht bewaldeten Ufern einige Campingplätze und an manchen Stellen sogar Sand-

Die Stromschnellen der Abava

strand gibt. Touristische Infrastruktur findet man vor allem am Nordufer, die Fahrt am Seeufer dorthin ist allerdings recht mühsam. Der große See hat insgesamt neun Inseln, auf der drei Kilometer langen Insel Vikūža gibt es sogar zwei Häuser, und dort entspringt auch ein kleiner Fluß. Im Ort Usma steht die aus zwölf einzelnen Stämmen zusammengewachsene ›Abgottlinde‹, der mythische Kräfte zugesprochen werden. Vor Usma liegt die Insel Moricsala, die dank eines Eichenwalds 1912 zum ersten Totalreservat Lettlands erklärt wurde. Die Zeit, in der die Kühe des Gutshofs Usma per Floß zum Weiden nach Moricsala übersetzten, war damit vorbei. Der See lockt Segler und Motorbootfahrer gleichermaßen.

 Touristeninformation, Pilskalna 6, Sabile LV-3294. Tel. 325 23 44, www.sabile.lv. 1.5.–31.10. Mo–Fr 10–17 Uhr, Sa 10–15 Uhr.

 Etwa 15 unterschiedliche Ost-West-Verbindungen täglich: Rīga, Tukums, Kuldīga, Liepāja.

 ›Imulas‹, Sabiles novads, Talsu rajons, LV-3294, Tel. 312 36 47, 919 64 94, www.imulas.lv. Rustikales Gästehaus am Ufer der Abava, auf halber Strecke zwischen Kandava und Sabile.

 Synagoge, Strautu 4, Sabile, Tel. 325 22 49.

▸ Pedvāle-Freilichtmuseum (moderne Skulpturen), Pedvāle, Sabile LV-3294, Tel. 325 22 49, 913 33 74, www.pedvale.lv. 1.5.–31.10.

9–20 Uhr. Am südlichen Stadtrand von Sabile.

▸ Zeķu krogs saules darža, Blaumaņa 4, Sabile, Tel. 325 27 89. Privatsammlung kurioser Gegenstände; 3000 Strümpfe. Mai–Okt. 10–20 Uhr.

▸ Öko- und Kräuterfarm: Fr. Māra Bergmane klärt über die Heilkraft von Kräutern sowie über Medizin und Glaubensgrundsätze unserer Vorfahren auf. Zu kaufen gibt es unter anderem besondere Kräuterkissen für Katzen. Māra Bergmane, Renda, Bauernhof Upmaļi, Tel. 655 55 32.

 Krankenhaus: Rīgas 43, Tel. 325 23 01. Apotheke: Ventspils 1/3, Tel. 325 22 00.

Kuldīga

Kuldīga ist eine der schönsten Städte Lettlands: Viele historische Häuser stehen mit ihren Hauswänden direkt an einem Bach, der durch die romatische Innenstadt fließt. Sie wurden im Stil der traditionellen Holzarchitektur erbaut und sind mit Ornamenten verziert; charakteristisch sind die kleinen Fenster über den Türen. Der

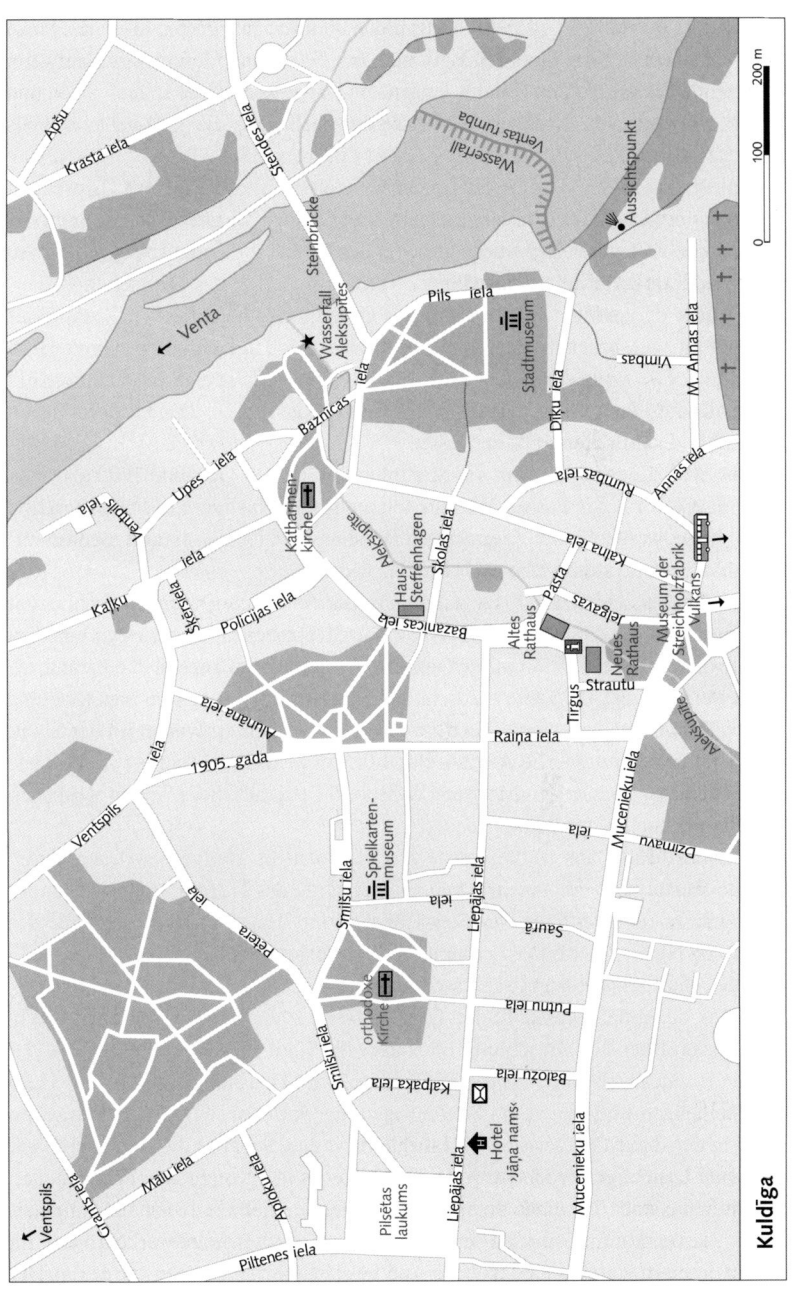

Kuldīga

Wasserfall der Venta ist mit 250 Metern der breiteste in Europa, aber nur ganze zwei Meter hoch. Am Wasserfall kann man mit Glück und Geschick flußaufwärts wandernde Lachse mit den Händen fangen: die Fische werden der starken Strömung wegen zurückgespült. Nördlich des Wasserfalls sieht man die 1874 gebaute Backsteinbrücke, die zu den längsten ihrer Art in Europa gehört.

Küldiga lag im 13. Jahrhundert an der Handelsstraße, die Rīga mit Ostpreußen verband, entwickelte sich rasch zu einem bedeutenden wirtschaftlichen und politischen Zentrum, und 1247 wurde am Ufer der Venta eine Ordensburg gebaut. Ab 1378 war Kuldīga Mitglied der Hanse. Nach dem Zerfall des Deutschen Ordens 1561 wurde dem letzten Großmeister des Ordens, Gotthard Kettler, Kurland als Herzogtum zugesprochen. Er wählte das Ordensschloß in Kuldīga zu seinem Herrschaftssitz. Die Rolle der Hauptstadt währte jedoch nur wenige Jahrzehnte; 1617 wurde die Residenz nach Jelgava verlegt. Die Kriege des 20. Jahrhunderts haben im Stadtbild kaum Spuren hinterlassen.

Der Stadtrundgang beginnt am Stadtmuseum, dessen Gebäude 1900 als russischer Pavillon auf der Pariser Weltausstellung stand. Nachdem er seine Funktion erfüllt hatte, wurde er vom Zaren einem Händler aus Liepāja verkauft, demontiert und anschließend stückweise nach Kuldīga geliefert.

Auf dem benachbarten Hügel, auf dem früher einmal die Ordensburg stand, hat die lettische Bildhauerin Līvija Rezevska einen Skulpturengarten angelegt. Von dort oben eröffnet sich ein schöner Blick auf den Wasserfall, der angeblich entstand, als der Teufel versuchte, die Venta zuzuschütten. Am Ufer entlang gelangt man Richtung Norden hinter der Backsteinbrücke zum zweiten berühmten Wasserfall der Stadt: 4,5 Meter tief stürzt der die Altstadt durchfließende Bach Aleksupite in die Tiefe und bildet damit schon den höchsten Wasserfall Lettlands. Sein Wasser wird auch von einer benachbarten Mühle genutzt.

Von der Mühle aus stadteinwärts erreicht man die Katharinenkirche, deren heutige Bausubstanz im wesentlichen aus der Mitte des 17. Jahrhunderts stammt. Innen gibt es einen schönen barocken Holzaltar mit dazugehöriger Kanzel. Beides wurde von Nikolaus Seffrens, Lettlands bedeutendstem Bildhauer des Barock, 1663 gefertigt. Deckenmalerei und Säulenschmuck stammen von ortsansässigen Meistern, und dank der guten Akustik finden Orgelkonzerte statt. Vom neugotischen Kirchturm aus eröffnet sich ein schöner Blick über die Stadt.

Die Baznicas iela führt ins eigentliche Zentrum: Hausnummer 17 ist das Haus des ehemaligen Bürgermeisters Steffenhagen, der vor dem schwedisch-polnischen Krieg in den dicken Mauern des 17. Jahrhunderts eine Schatztruhe einmauern ließ, die heute besichtigt werden kann. In der Baznicas iela 5 steht das 1670 gebaute, älteste heute noch in seiner ursprünglichen Form erhaltene Holzhaus Kuldīgas. Wenig weiter kommt man zu einem charakteristischen Fachwerkbau, der im 17. Jahrhundert von Herzog Jakob als Apotheke in Auftrag gegeben wurde. Vor der

Apotheke erstreckt sich der Rathausplatz, auf dem im Mittelalter der Pranger stand. An gleicher Stelle errichteten die Sowjets, sehr zur Belustigung der Einwohner, eine Leninstatue. Das Neue Rathaus wurde 1860 im Stil der Neorenaissance errichtet. Direkt am Rathausplatz stehen weitere Häuser aus dem 17. Jahrhundert.

Die an der Nordseite abgehende Liepājas iela ist eine Fußgängerzone mit einigen Geschäften und Cafés, die zum Teil in historischen Gebäuden untergebracht sind. Nördlich der Liepājas iela kommt man zum Spielkartenmuseum und zur in einem kleinen Park stehenden orthodoxen Kirche. Ein weiteres interessantes Museum ist das der Streichholzfabrik ›Vulkans‹, die schon zu zaristischen Zeiten produzierte und neben den unvermeidlichen Streichholzschachteln eine interessante Fotosammlung besitzt. Man findet es südlich der Altstadt gleich am Anfang des Industriegebietes.

Vier Kilometer nordöstlich des Zentrums liegt der Naturpark Riežupe, in dem es einige kleinere Wasserfälle und künstlich angelegte Sandsteinhöhlen zu sehen gibt. Das größte zusammenhängende Höhlensystem Lettlands entstand durch den Abbau von Quarzssanden, die zur Glasherstellung verwendet wurden. Am Ufer des kleinen Flusses kann man schön spazierengehen. Drei Kilometer von den Höhlen entfernt erhebt sich der Burgberg von Alt-Kuldīga, auf dem in vorchristlicher Zeit eine der größten Burgen des Baltikums stand. In westliche Richtung erreicht man die Städte Īvande, Ēdole und das fast schon am Meer gelegene Alsunga: In Īvande ist ein Gutshofkomplex zu besichtigen, in dem man heute auch übernachten kann. Sehenswert sind außerdem die Wassermühle und die Kirche. In Ēdole steht seit 1276 eine gut erhaltene Burg, die im 16. und 19. Jahrhundert durch Anbauten erweitert wurde, und die von einem Landschaftspark mit Mühlteich umgeben ist. In einem

In der Fußgängerzone von Kuldīga

Badespaß am breitesten Wasserfall Lettlands

Haus am Rand des Parks wirkte der lettische Aufklärer Krišjānis Valdemars. In der Nähe der Burg steht die evangelische Kirche mit sehenswertem barocken Schnitzwerk. Südlich von Ēdole gibt es einige kleinere Seen, auf denen man einmal abseits der Flüsse Boot fahren und fischen kann. Im zehn Kilometer entfernten Alsunga steht eine zur Schule umgebaute Ordensburg. Sehenswerter ist die prächtige barocke Innenausstattung der 1623 erbauten katholischen Kirche. Neben dem Stadtmuseum gibt es in Alsunga noch das Privatmuseum eines Holzschnitzers, der sich auf die künstlerische Nachbildung von Wasservögeln spezialisiert hat.

 Touristeninformation, Baznīcas 5, Kuldīga, LV 3301, Tel. 332 22 59, 933 44 03, www.kuldiga.lv. Hier organisiert man auch den Kontakt zu Bootsverleihern und vermittelt ›The Soviet Charm Show‹, eine Tour mit alten sowjetischen Autos oder Jeeps; angereichert mit verschiedenen Showelementen.

 Stacijas 2. Täglich mehr als 10 Verbindungen nach Rīga, Liepāja und Ventspils.

 Tel. 800 80 89.

 Hotel ›Jāņa nams‹, Liepājas 36, Kuldīga, Tel. 332 34 56. Kleines, familiäres Hotel.
›Sauleskalni‹, Kurmāle pag., Tel. 680 60 54, www.sauleskalni.com. Am südlichen Stadtrand von Kuldīga. Reiten, Naturpfad, Vogelbeobachtung.
► Gutshof Īvande, Īvandes pag., LV-3313, Tel. 916 86 26. Jugendherberge.

▸ Schloß Ēdole, Ēdoles pag.,
LV-3310, Tel. 334 51 32, 923 11 51,
kuldīga-travel@apollo.lv. Gästehaus
und Jugendherberge.

▸ ›Lejastiezumi‹, Rendas pag.,
Kūldigas raj., LV-3319, Tel.
334 73 79. Abge-legenes, schön
restauriertes Fachwerkhaus am Wald
mit Sauna und Zeltplätzen.

 ›Nabīte‹, Padure pag.,
LV-3321, Tel. 945 89 04.

 Bezirksmuseum Kuldīga,
Pils 5, Tel. 332 23 64.
Di–So 11–17 Uhr.

▸ Streichholzfabrik Vulkans, Jelgavas 45, Tel. 332 41 13. Mo–Fr
7–14 Uhr.

▸ Spielkartenmuseum, Smilšu 10,
Tel. 332 43 47. Mo–Sa 10–16 Uhr

▸ Schloß Ēdole, Ēdoles pag., Kulīgas
raj., LV-3310, Tel. 654 99 21.
Mi–So 12–17 Uhr.

 Veckuldīgas zirgaudzētava,
Dārzniecības 3, Kuldīgas,
Tel. 332 26 11. Auch Reitstunden
und Kutschfahrten.

▸ Jokas, Turlava pag, Tel. 642 81 74.

Auf halbem Weg zwischen Aizpute
und Kuldīga. Reiten, Fischen,
Vogelbeobachtung, Campingplatz.

▸ Sauleskalni, Kurmāle pag.,
Tel. 680 60 54, www.sauleskalni.com.

 Velonoma, Baznīcas 5,
Kuldīga, Tel. 332 22 59,
933 44 03, tourinfo@kuldiga.lv.

 Pārventas parks Bootsverleih,
Ziedoņa 34, Tel. 636 19 79,
info@parventasparks.lv.

▸ Virkas muiža, Apšu 2, Tel. 922 90 12.
Auch Unterkünfte.

▸ Rafts and Canoe Boats, Virkas 19,
Tel. 332 32 74, 927 32 02.

▸ Avoti, Rendas pag., Tel. 928 37 65.
Zvirgzdu-See: Bootsverleih Ķiši
Tel. 922 21 03.

▸ Bootsverleih Ezermaļi,
Tel. 912 28 70. Von Ēdole aus 11 km
nach Süden. Campingplätze am See.

 Krankenhaus: Aizputes 22,
Kuldīga LV-3301,
Tel. 337 40 00. Apotheke: Baznīcas 9,
Kuldīga LV-3301, Tel. 332 24 74.

Aizpute und Umgebung

Aizpute ist eine malerische, typisch lettische Kleinstadt mit Ordensburgruine. Zwischen dem 14. und 16. Jahrhundert war Aizpute Hansestadt und Sitz des Bischofs von Kurland. Nördlich der Burgruine kommt man zu einer Wassermühle aus dem 19. Jahrhundert; das Stadtbild ist von viel Holzarchitektur geprägt. Auch eine der Hauptattraktionen des Ortes hat mit Holz zu tun: In der Ožu gatve 31 steht eine Burg aus Brennholz. Der Bildhauer Eduards Dambergs gestaltet jedes Jahr, ganz ohne Nägel oder andere verbindende Elemente, eine immer wieder modifizierte mehrstöckige Konstruktion aus Holzscheiten, die begehbar ist und die von außen

Brennholzburg von Eduards Dambergs in Aizpute

gesehen tatsächlich schloßartigen Charakter hat. Im Garten sind Betonskulpturen des Künstlers zu sehen, der gegen eine kleine Spende gerne Zutritt in sein Reich gewährt. Es liegt am Ortsausgang in Richtung Kazdanga.

Der kleine Ort Kazdanga hat als Zeugen einer bedeutenderen Vergangenheit gleich vier Burgberge, auf denen früher kurische Burgen standen. Der recht große Gutshof war 14 Generationen lang Hauptsitz der Familie Manteuffel. Sehenswert ist der dendrologische Park, der größte seiner Art in Lettland: 127 Baumarten, sehenswerte Kleinarchitekturen und 20 Teiche, darunter der erste Fischteich Lettlands.

Nördlich von Aizpute liegt der Ort Apriķi, in dem eine der schönsten Kirchen Kurzemes mit einem Interieur aus dem Rokoko steht. Im barocken Gutshof von Apriķi sind heute eine Grundschule und ein kleines Museum untergebracht; es lohnen sich auch Abstecher in die seenreiche Umgebung. Von Aizpute sind es noch etwa 40 Kilometer bis nach Liepāja.

Zwischen Grobiņa und Skrunda

Wer Liepāja in Richtung Rīga verläßt, kommt zunächst nach Grobiņa. Abseits der großen Durchgangsstraße gibt es ein historisches Zentrum mit einer Ordensburgruine, die von einer parkähnlichen Landschaft umgeben ist. Stadteinwärts steht eine evangelische Kirche. Über die Lielā iela, 400 Meter nach Osten, erreicht man ein der lettischen Dichterin Zenta Mauriņa gewidmetes Museum. Die für die lettische Literatur wichtige Schriftstellerin emigrierte nach dem Zweiten Weltkrieg nach Deutschland und ist vor allem durch autobiographische Schriften bekannt geworden. Von Grobiņa aus ist auch das Westufer des Liepāja-Sees zu erreichen, wo im von Grasland und Sümpfen geprägten Naturschutzgebiet Vitīni Pferde und Kühe ausgewildert wurden. Diese können mit Glück von einem Ausichtsturm aus beobachtet werden. Von Grobiņa in Richtung Skrunda fahrend erreicht man Durbe, administrativ gesehen die kleinste Stadt Lettlands. Es gibt eine von außen schlichte, innen barock ausgestaltete Dorfkirche und die Ruine einer deutschen Ordensburg. Landschaftlich schön ist der recht große See, an dessen Ufer sich der Landschaftspark Liguti befindet. Man findet dank der Nähe zu Liepāja einige Möglichkeiten zur Freizeitgestaltung.

Zwischen Durbe und Skrunda kommt man acht Kilometer vor Kalvene zu einer Außenstelle des Rīgaer Zoos mit dem Namen Čiruļi. Es gibt Bären, Wölfe und Luchse sowie die größte in Gefangenschaft lebende Herde von Kiang-Pferden. Samstags und sonntags um 14 Uhr kann man Falknern bei ihrer Arbeit zusehen. Das 20 Kilometer entfernte Skrunda ist vor allem duch die von den Sowjets noch bis Ende der 90er Jahre betriebene Radaranlage bekannt, über die der Funkverkehr der sowjetischen U-Boot-Flotte im Atlantik lief. Ein Tip für alle, die sich besonders für die Hinterlassenschaften des Kalten Kriegs interessieren: Im 40 Kilometer südlich von Skrunda gelegenen Vainode kann man Überreste von Abschußrampen der SS-20 und der dazugehörigen technischen Anlagen besichtigen.

In Skrunda selbst gibt es außer einer mehrfach umgebauten Holzkirche nicht viel zu sehen, doch lohnt sich ein Abstecher ins etwa 15 Kilometer südlich gelegene Nikrāce: Dort fließt der schnellste Nebenfluß der Venta, der auf einer Strecke von zwölf Kilometern immerhin ein Gefälle von 64 Höhenmetern hat. Unter den Kanuten Lettlands gelten Abschnitte dieses kleinen Flusses gewissermaßen als Königsstrecke. Am von unterschiedlichen Gesteinsformationen gesäumten Flußufer führt ein Wanderweg entlang, es gibt auch einen Burgberg und mehrere große Findlinge zu sehen. In Richtung Rīga gibt es auf der Strecke zwischen Skrunda und Saldus keine Sehenswürdigkeiten.

 Liepājas 13, Skrunda. Busverbindung Rīga–Liepāja öfter als einmal in der Stunde.

 Gut ›Kalnamuiža‹, Sieksāte, Rudbāržu pag., Kuldīgas raj, Tel. 651 86 60, www.kalnamuiza. viss.lv. Sehr schön renovierter Gutshof mit toller Sauna und kleinem Schwimmbad. Geschmackvolle Zimmer, viel Blumendekoration. Ein Geheimtip. Von Liepāja kommend, kurz vor Skrunda linker Hand in der Nähe mehrerer kleiner Seen.
► Gästehaus ›Sārtā vēža spīlēs‹,

Liepājas 25, Skrunda, LV-3326,
Tel. 333 31 06, 981 67 15.

 Zenta-Mauriņa-Museum, Liela
iela 84, Grobiņa,
Tel. 349 04 16.

 Kalvenes Zoo Cīruļi, Cīruļi,
p/n Ilmāja, Kalvenes pag.,
LV-3442, Tel. 652 75 49, 938 69 63.
1.4.–31.10. 10–18 Uhr; 1.11.–31.3.
10–17 Uhr.

Saldus

Die kurische Burg das heute 13 000 Einwohnern zählenden Saldus wurde erst im 15. Jahrhundert durch eine Ordensburg ersetzt. Mitte des 17. Jahrhunderts gab es unter Herzog Jakob einen wirtschaftlichen Aufschwung, und Textilien aus Saldus fanden via Ventspils den Weg über die Ostsee. Nach dem Nordischen Krieg wütete die Pest, und auch den Zweiten Weltkrieg durchlebte die Stadt nicht unbeschadet: Die Frontlinie zwischen Russen und Deutschen verlief durch Stadt und Region. Die mit den Kampfhandlungen zusammenhängenden Ereignisse gingen unter dem Namen ›Kurländischer Kessel‹ in die Militärgeschichte ein: Im Oktober 1944 wurden 32 deutsche Divisionen, eine lettische Division und 300 000 lettische Zivilisten, die vor der Roten Armee westwärts geflohen waren, in Kurzeme von russischen Truppen eingekesselt. Die sechs Angriffe der Roten Armee wurden unter massiven Verlusten abgewehrt: Man schätzt auf russischer Seite 400 000 Tote, auf deutscher und lettischer Seite 50 000. Während und nach dem Krieg wurden die Soldaten meist an Ort und Stelle oder auf kleineren Friedhöfen der Region begraben. Vor allem mit den deutschen Gräbern wurde in sowjetischer Zeit wenig respektvoll umgegangen, und Schändungen waren an der Tagesordnung. Südlich von Saldus wurde, wesentlich mitgetragen von der Bundesregierung und der Deutschen Kriegsgräberfürsorge, ein deutscher Soldatenfriedhof angelegt. Das Thema ist kein rein historisches, denn es werden noch immer Tote gefunden und umgebettet. Man rechnet damit, daß bis zum Jahr 2007 etwa 30 000 Gräber angelegt werden. In der Gedenkstätte liegt ein

Deutscher Soldatenfriedhof südlich von Saldus

Namensbuch aus, doch kennt man natürlich nicht die Namen aller gefundenen Toten. 25 Kilometer nordöstlich von Saldus gibt es in Zante ein Kriegsmuseum, das für sich in Anspruch nimmt, über die Realitäten des Ersten und Zweiten Weltkriegs zu informieren. Unter anderem gibt es Panzer und Flugzeuge zu besichtigen, wer will, kann sogar ganz ›authentisch‹ in einem Bunker übernachten.

Auch in Saldus gab es, in der Rozentala iela, einmal einen deutschen Soldatenfriedhof. Weil die ›Freifläche‹ so günstig am Stadtrand lag, erbauten die Sowjets auf dem Friedhof einen mehrstöckigen Plattenbau, der heute zusehends verfällt. Von den dortigen Gräbern zeugt heute noch ein einfaches Holzkreuz auf der Wiese davor. Gleich nebenan steht der moderne Rundbau der neuen katholischen Kirche. Am der Stadt zugewandten Ende der Straße steht, gegenüber dem Stadtmuseum, die orthodoxe Kirche. Im Stadtmuseum sind neben Exponaten zur Stadtgeschichte frühe, noch dem Realismus verpflichtete Porträts und Stadtansichten von Jānis Rozentāls, dem bedeutendsten Maler des lettischen Impressionismus, zu sehen. Vom Museum werden Führungen zu unterschiedlichen Themen angeboten.

Das Zentrum von Saldus wird vom ehemaligen Marktplatz dominiert, der heute den Namen Kalpaka laukums trägt. Kalpaks war Ende des Ersten Weltkriegs der erste Oberbefehlshaber einer unabhängigen lettischen Armee und fiel zwischen Saldus und Skrunda im Kampf. Das heutige Saldus ist zum Glück friedlich, es gibt eine niedrige Arbeitslosenquote und relativ wenig Tourismus. Der sich durch die Stadt windende Fluß Cicere ist von parkähnlichen Grünanlagen gesäumt. Sehenswert ist die evangelische Kirche mit teilweise barocker Inneneinrichtung. Stadtauswärts in Richtung Rīga kommt man zum Kalnsētas Park, der an den Ufern der Cicere angelegt wurde. Im waldreichen, romantischen Park gibt es eine Freilichtbühne und einen Gutshof; das dortige Hotel ›Kalnsētas‹ ist die wahrscheinlich beste Übernachtungsmöglichkeit der Stadt. Noch weiter außerhalb in Richtung Rīga erreicht man den fast zehn Kilometer langen, schmalen Ciceres-See. Vor allem das Ostufer ist gut mit Freizeit- und Übernachtungsmöglichkeiten ausgestattet.

 Touristeninformation, Striķu 3, Saldus LV-3800, Tel. 380 74 43, 380 72 80, www.salduspilseta.lv, befand sich 2005 in Renovierung.
▶ Zweistündige Stadtführungen und Führungen zu anderen Themen organisiert das Stadtmuseum, Tel. 388 15 47.

 Tel. 924 64 49, 948 03 81.

 Jelgavas iela 2. Busverbindung Rīga–Liepāja öfter als einmal in der Stunde.

 Hotel ›Kalnsētas‹, Kalnsētas 20, Tel. 382 38 49, kalnsetas@saldus.lv.
▶ Hotel ›Demians‹, Rīgas 10a, Tel. 382 10 77, www.perlite.lv

▶ Gästehaus ›Radi‹, Brocēni, Lielciceres pag., Saldus raj., Tel. 953 82 30, www.radi.lv. Gästehaus mit Campingplatz am See Lielcicere, Bootsverleih und Sauna.

 Stadtmuseum und Jānis-Rozentāls-Museum, Striķu 22, Saldus LV-3800, Tel. 388 16 03. Di–So 10–16 Uhr.

▶ Deutscher Soldatenfriedhof Saldus (Vācu karavīru kapi), sechs Kilometer südlich des Stadtzentrums in Richtung Ezere. Kontakt für tiefergehende Inforamtionen vor Ort: SIA Saldus LC, Kūldigas 69, Saldus LV-3801, Tel. 380 72 85. Kontakt in Deutschland: Volksbund Deutsche Kriegsgräberfürsorge e.V., Werner-Hilpert-Straße 2, 34112 Kassel, Tel. 05 61/700 90, www.volksbund.de.

▶ Imkerei: Der Imker Jānis Vainovskis zeigt seine 150 Bienenstöcke, es gibt Honigwein und Kerzen zu kaufen. Wer möchte, kann sich einen Imkeranzug anziehen und in die praktische Arbeit einführen lassen. Jānis Vainovskis, Blīdenes pag., Bauernhof Kares, Tel. 949 79 03.

▶ Kurzemes Kriegsmuseum, Skolas 8a, Zante LV-3134, Tel. 315 66 99. Di–So 10–17 Uhr

 Zvejnieki, Brocēni, Lielcicere pag., Saldus raj., LV-3801, Tel. 386 51 95, 948 97 40. Der Bauernhof liegt sechs Kilometer südlich von Saldus in Richtung Striķi.

 Krankenhaus: Slimnīcas 3, Saldus, LV-3801, Tel. 388 15 62. Apotheke: Slimnīcas 3, Saldus, LV-3801, Tel. 380 71 57.

Jaunpils

Von Saldus aus geht es in Richtung Rīga bis zur Kreuzung mit der Straße nach Jaunpils, an der Entscheidungen zu treffen sind: In Jaunpils steht eine der schönsten Burgen des Baltikums, südlich geht es am Zebrus-See vorbei ins westliche Zemgale, geradeaus geht es auf dem schnellsten Weg nach Jūrmala und Rīga. Die Ordensburg Jaunpils wurde 1301 erbaut, ist auf drei Seiten von einem Mühlteich umgeben und war früher auf der vierten Seite durch einen breiten Graben geschützt. 1607 wurde sie dem Geschmack der Epoche entsprechend umgebaut. 1905 litt die Bausubstanz beträchtlich unter dem Bauernaufstand, der sich vor Ort gegen die Gutsherren der Familiendynastie Recke richtete. Im Keller sind die alten gotischen Kreuzgewölbe erhalten; in diesen Räumen befindet sich heute ein Museum. Die Architektur der Burg enspricht der ursprünglichen Anlage als Konventsbau mit großem Innenhof; einige Zimmer wurden als Hotel und Herberge hergerichtet. Es gibt ein wirklich gutes Restaurant, in dem tradtionelle lettische Gerichte und mittelalterliche Küche auf den Tisch kommen. An vielen Wochenenden finden Veranstaltungen zur mittelalterlichen Kultur statt. Der barocke Altar und die Kanzel der benachbarten Kirche stammen aus dem Jahr 1648; vom Turm aus eröffnet sich ein schöner Blick auf Burg und Umgebung. Südlich von Jaunpils gibt es am Kartavkalns, unterhalb der Stelle, an der früher einmal die kurische Burg stand, Wanderwege. Sie führen unter anderem an nach archäologischen Erkenntnissen neu aufgebauten Gebäuden aus der Zeit vor den Kreuzzügen vorbei.

Lestene ist von Jaunpils aus über eine kleine staubige Straße zu erreichen. Auf dem lettischen Ehrenfriedhof liegen Soldaten, die gemeinsam mit den Deutschen Ende des Zweiten Weltkriegs gegen die heranrückende Rote Armee kämpften. Auf dem Friedhof liegen auch Mitglieder der Ehrenlegion, die sich schon zu Kriegsbeginn freiwillig zur SS

Burg Jaunpils

gemeldet hatten und beim Holocaust eine unrühmliche Rolle spielten. Jedes Jahr am 16. März, dem Jahrestag der Ehrenlegion, findet dort eine rechtsextremistische Gedenkveranstaltung statt.

Durch schöne einsame Landschaften erreicht man Dzukste, wo es einen Friedhof für die Gefallenen des Ersten Weltkriegs und eine Kirchenruine gibt. Etwa sechs Kilometer östlich kommt man vor einem Bahnübergang zu einem dem lettischen Autor Puškaits gewidmetem Märchenmuseum.

 Touristeninformation Tukums, Pils 3, Tukums LV-3101, Tel. 312 44 51, www.tukums.lv

 Verbindung von Jaunpils nach Tukums etwa 5x täglich.

 Schloß Jaunpils, Tel. 944 78 59, www.jaunpils.lv. Unterkunft zwischen 5 und 20 Lat.

 Schloßmuseum Jaunpils, Tel. 310 70 81, 310 70 82,

www.jaunpilspils.lv, Mo–So 10–17 Uhr.

Über das Jahr verteilt unterschiedliche Veranstaltungen rund um mittelalterliche Kultur, Tel. 633 65 13. Unterkunft: Tel. 944 78 59.

▶ Kriegsmuseum Zante, Skolas 8a, Zante LV-3134, Tel. 315 66 99. Di–So 10–17 Uhr (20 Kilometer nordwestlich von Jaunpils).

Auch nördlich von Rīga gibt es schnell erreichbare Strände; nordöstlich liegt der Gauja-Nationalpark mit seinen Burgruinen, Gutshöfen und Badeseen. Weiter nach Osten kommt man in die schönen, einsamen Gegenden des Hochlands von Vidzeme.

Der Norden

Der Gauja-Nationalpark

Nach der Rīgaer Altstadt ist der Gauja-Nationalpark die beliebteste touristische Destination Lettlands. Seinen Namen bekam er vom mit 452 Kilometer längsten und schönsten Fluß des Landes, der Gauja, die sich durch ein bis zu 85 Meter tiefes Urstromtal windet. An vielen Stellen ist das Flußufer von roten Sandsteinfelsen gesäumt. Abseits der Flüsse des Nationalparks erstreckt sich eine hügelige, an vielen Stellen mit dichten Laubwäldern bestandene Landschaft, die im Herbst eine unglaubliche Farbenpracht entfaltet. Es gibt aber auch offene Flächen, Moore und Seen. Der Nationalpark existiert seit den 1930er Jahren, erhielt 1974 seine heutigen Grenzen und ist das größte zusammenhängende Naturschutzgebiet im Baltikum. Es gibt sehr viele geschichtlich bedeutende Stätten: Bei Araiši wurde eine steinzeitliche Pfahlbausiedlung rekonstruiert; in Sigulda, Turaida und Cēsis stehen bedeutende Burgruinen. Sie wurden zum Teil in ihrer baulichen Substanz soweit wieder ergänzt, daß in ihnen relativ häufig Kulturveranstaltungen stattfinden, zu denen auch Besucher aus dem nur etwa 70 Kilometer entfernten Rīga kommen. Valmiera im Norden, eigentlich schon außerhalb des Nationalparks gelegen, gilt als administratives Zentrum. Die vorgeschlagene Route führt zu den bedeutendsten Sehenswürdigkeiten und zu einigen ausgewählten abgelegenen Orten. Auch abseits der beschriebenen Route gibt es viel zu sehen. Eigentlich kann man im Gauja-Nationalpark Wochen verbringen, ohne sich zu langweilen. Wer nicht vor Ort übernachten will, kommt recht bequem binnen etwa einer Stunde nach Rīga zurück.

Sigulda

Sigulda feiert im Jahr 2007 das 800jährige Stadtjubiläum und erstreckt sich zu beiden Ufern der Gauja, wobei die eigentliche Stadt östlich der Gauja liegt. Durch das dicht bewaldete Flußtal führen Wanderwege zu den Burgen Krimulda und Turaida, die der Burg Sigulda gegenüberliegen. Schon lange vor dem 13. Jahrhundert verliefen durch Sigulda Handelsstraßen ins altrussische Reich, nach Pskov und Novgorod, denn die steil abfallenden Hänge begünstigten den Bau uneinnehmbar erscheinender Burgen. Der Deutsche Orden schleifte die Holzburgen der Lettgalen und errichtete im 13. Jahrhundert drei mächtige Ordensburgen. Wenig später wurde die Gauja zur Genze zwischen den Gebieten des Rīgaer Bischofs und des Deutschen Ordens. Wie in Rīga kam es auch in Sigulda zu gewalttätigen Auseinandersetzungen um ökonomische Interessen, die auch die Bausubstanz in Mitleidenschaft zogen. Die drei Burgen, die im Nordischen Krieg nach 1700 endgültig zu Ruinen wurden, sind heute in sehr unterschiedlichen Zuständen: Die Burg Sigulda wurde in dem Zustand

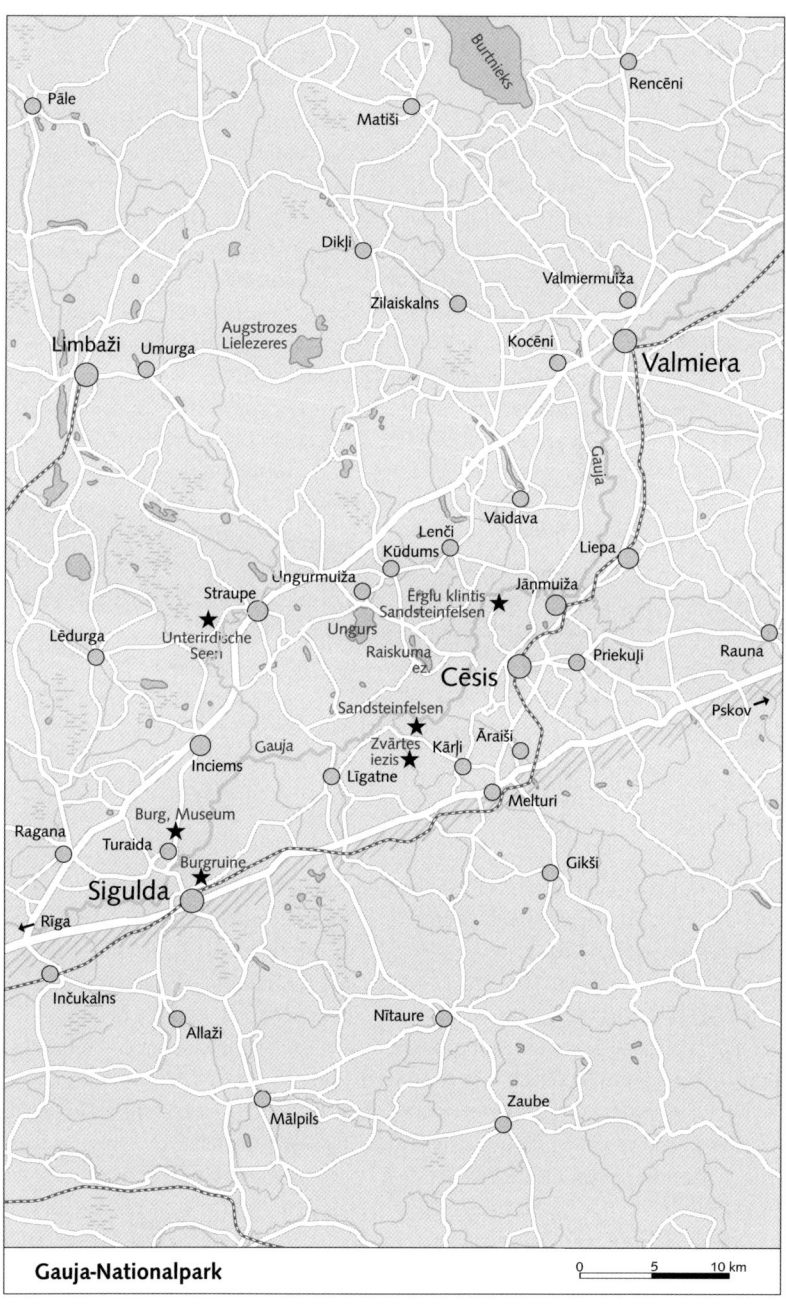

Gauja-Nationalpark

0   5   10 km

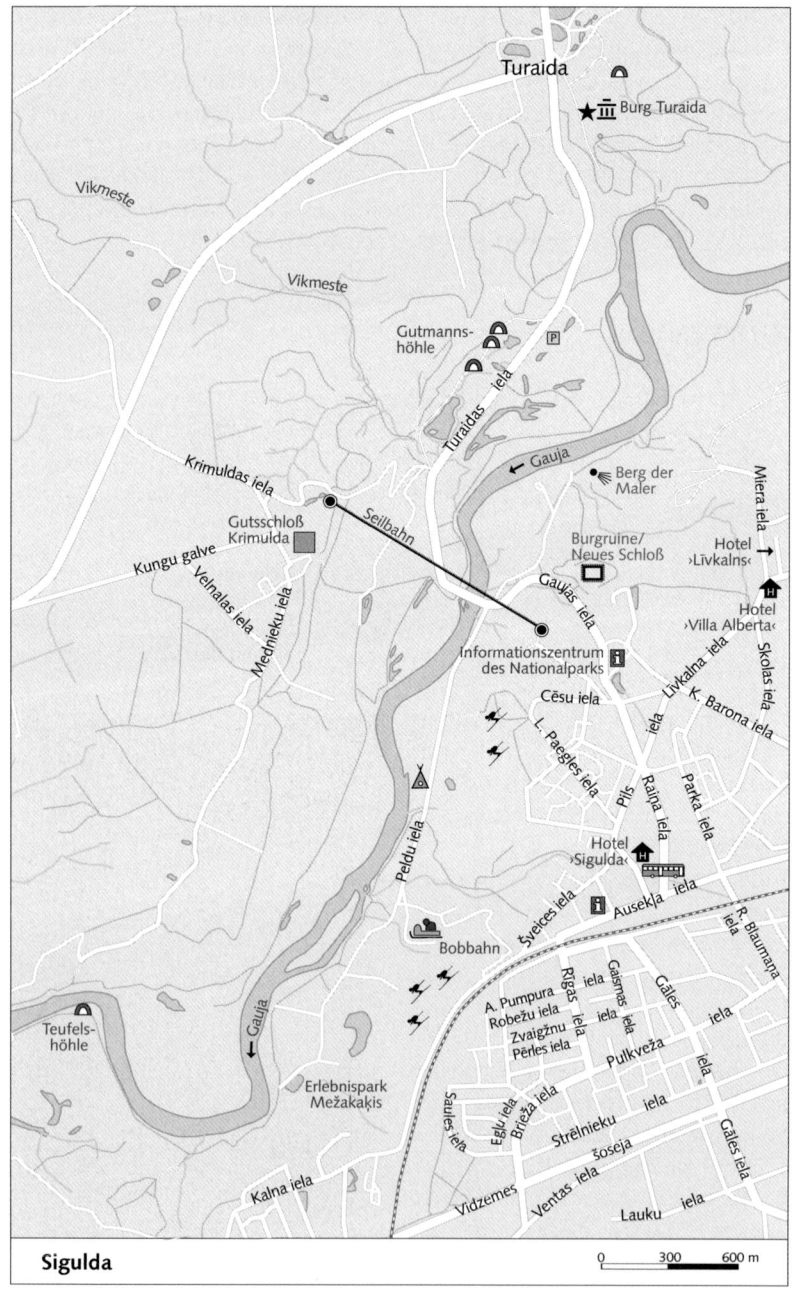

Turaida

Burg Turaida

Vikmeste

Vikmeste

Gutmanns-
höhle

P

Turaidas iela

Krimuldas iela

← Gauja

Berg der
Maler

Seilbahn

Gutsschloß
Krimulda

Burgruine/
Neues Schloß

Hotel
›Līvkalns‹

Miera iela

Kungu galve

Velnalas iela

Mednieku iela

Gaujas iela

Hotel
›Villa Alberta‹

Informationszentrum
des Nationalparks

Cēsu iela

Livkalna iela

K. Barona iela

Skolas iela

L. Paegles iela

Pils iela

Peldu iela

Raiņa iela

Parka iela

Hotel
›Sigulda‹

Ausekļa iela

Bobbahn

Šveices iela

A. Pumpura
Robežu iela

Rīgas iela

Gaismas iela

Gāles iela

R. Blaumaņa iela

Zvaigžņu iela
Pērles iela

Pulkveža iela

Teufels-
höhle

Gauja

Erlebnispark
Mežakaķis

Saules iela

Eglu iela

Brieža iela

Strēlnieku iela

Šoseja

Gāles iela

Kalna iela

Vidzemes

Ventas iela

Lauku iela

Sigulda

0   300   600 m

belassen, den sie nach dem Nordischen Krieg hatte. Krimulda wurde durch einen Gutshof ersezt, Turaida wurde eher wieder aufgebaut als renoviert. Diese Burg ist von einem Museumspark umgeben, in dem es einiges zu sehen gibt. Die Strecken zwischen den Burgen sind, mit Besichtigungen, im Rahmen einer eintägigen Wanderung zu Fuß machbar (Rundweg etwa acht Kilometer). Wer am gleichen Tag auch noch den Abstecher zu den Sandsteinfelsen und zur Teufelshöhle die Gauja flußaufwärts machen will (Rundweg ebenfalls etwa acht Kilometer), muß sich wirklich sehr beeilen. Die Wege sind recht gut ausgeschildert.

Rundgänge

Der ›Stadtrundgang‹ beginnt am Informationszentrum des Gauja-Nationalparks. Dort erhält man Informationen zum Nationalpark und zu Führungen, Karten, Kulturprogramme, aktuelle Broschüren von Kanu- und Radverleihern, zu Sportangeboten und Übernachtungsmöglichkeiten. Die Touristeninformation im Stadtzentrum von Sigulda hat ein etwas anderes Angebot, das mehr auf Grundbedürfnisse wie Übernachten, kommerzielle Anbieter von Leistungen aller Art und auch auf andere Regionen Lettlands hinausgerichtet ist.

Die pittoreske, hoch über dem Gaujatal gelegene Burgruine Sigulda wird häufig als Freilichtbühne genutzt. Die quadratischen Steinplatten der Mauern gelten als typisch für die Architektur des Schwert-brüderordens, der die Burg zwischen 1207 und 1226 erbaute. Dem Grundkonzept fast aller Burgen dieser Zeit liegt ein quadratischer Grundriß mit großem Innenhof zugrunde. Innen fanden im Fall einer Bedrohung Menschen wie Waren Schutz vor den Angreifern. Die meisten Burgen wurden mit Vorburgen und hölzernen Anbauten, in denen Handwerker und Händler ihren Platz hatten, ergänzt. Auch in Sigulda gab es unterirdische Gänge, die die Hauptburg mit den heute nicht mehr stehenden Vorburgen verbanden – sie sind heute zugeschüttet. Hinter der Burgruine gibt es einen ersten Aussichtspunkt. Etwas weniger Menschen als dort trifft man am 400 Meter in Richtung Norden gele-

Das Neue Schloß in Sigulda

An der Gutmannshöhle

genen ›Berg der Maler‹, von dem aus bedeutende lettische Landschaftmaler wie
Vilhelms Purvins und Jānis Rozentāls den Blick auf das Gaujatal und seine Burgen
verewigt haben. Ganz in der Nähe liegt der romantische Waldfriedhof Siguldas.

Zurück, an der Burgruine vorbei, erreicht man das Neue Schloß. Es wurde 1878
von Fürst Kropotkin als Sommerresidenz anstelle der abgerissenen Vorburgen der
Ordensburg erbaut. In der Zwischenkriegszeit diente es als Haus des Lettischen
Schriftstellerverbandes.

Auf der anderen Seite der Ausfallstraße kommt man in der Poruka iela 14 zur
Seilbahn, die in der Saison zwischen 10 Uhr und 18.30 Uhr halbstündlich über die
Gauja nach Krimulda fährt. Anstelle der Burg Krimulda wurde 1854 ein Gutsschloß
mit den dazugehörigen Nebengebäuden wie Ställen und Scheunen errichtet. Der
Gebäudekomplex dient heute als Sanatorium für an Tuberkulose erkrankte Kinder
und Erwachsene; die Betten werden im Sommer manchmal an die gute und frische
Luft des Kurorts gestellt. Ins Tal führt ein Wanderweg. Unten geht es an kleinen
Seen vorbei zu drei linker Hand liegenden kleinen Höhlen, von denen die dritte, die
Gutmannshöhle, die Bekannteste ist: Sie ist mit 14 Metern Tiefe und 9 Metern Höhe
für lettische Verhältnisse schon recht groß; in der Höhle entspringt eine Quelle mit
trinkbarem Wasser. Die vielen Inschriften an den Wänden wurden von Liebenden
hinterlassen, die von einer tragischen Geschichte inspiriert wurden, denn dort
fand die Liebe zwischen Maja, der ›Rose von Turaida‹ und dem deutschstämmigen
Schloßgärtner Viktors Heils ihr tragisches Ende: Mit einem Trick lockte der pol-

nische Offizier Jakubovski die von ihm begehrte Maja in die Gutmannshöhle. Sie hatte es gewagt, seinen Heiratsantrag zurückzuwiesen. Um der Vergewaltigung zu entgehen, behauptete Maja, daß ihr Halstuch seinen Träger unverwundbar mache und daß sie es Jakubovski schenken würde – falls er ihr nichts antun würde. Um die magische Kraft der Unverwundbarkeit zu testen, solle er versuchen ihr den Kopf abzuschlagen. Maja starb, und statt Jakubovski wurde ihr Geliebter Viktor des Mordes verdächtigt. Das Geständnis eines Zeugen bewahrte Viktor Heils vor der drohenden Exekution. Seiner toten Geliebten errichtete er im Schloßpark von Turaida ein Grab. Diese Geschichte hat einen wahren Kern, denn in Rigaer Archiven wurden tatsächlich Akten des dazugehörigen Mordprozesses gefunden.

Von der Gutmannshöhle aus führt der Wanderweg zur Burg Turaida und dem angegliederten Museumspark. Mit der originalen Bausubstanz hat die dort zu sehende Burg nicht mehr viel zu tun, was die Bedeutung der historisch fundierten Ausstellungen im Gebäude nicht wirklich schmälert. Neben der Burgruine in Bauska ist Turaida die beste Adresse, wenn man wissen will, wie die Herren Kreuzritter im Spätmittelalter gelebt haben. Vom Turm aus eröffnen sich schöne Ausblicke auf die Umgebung. Im Park steht eine sehenswerte Kirche, es gibt eine Ausstellung zur Frühgeschichte und natürlich das Grab der ›Rose von Turaida‹. Lange bevor die Burg der Kreuzritter gebaut wurde, befand sich auf dem Berg Jelgavkalns, dem heutigen Dainas-Park, eine heidnische Kultstätte. Der Dainas-Park selbst besteht aus 15 großen Skulpturen des Bildhauers Indulis Ranka, die 1985 anläßlich des 150sten Geburtstags von Krišjānis Barons, dem Archivar der mündlichen Überlieferungen

Die Burg Turaida

Wer genügend Mut mitbringt, erlebt auf der Bobbahn spannende Minuten

des lettischen Bauernstandes, aufgestellt wurden. Vom Schloßpark aus geht es den gleichen Weg bis zur Gutmannshöhle zurück. Nach Überquerung der Landstraße geht es über den Parkplatz und eine von Radfahrern vielgenutzte Stecke durch den Wald entlang bis zur Brücke über die Gauja. Von dort führt ein kurzes Stück Landstraße zurück zur Burg Sigulda.

Ein zweiter etwa acht Kilometer langer Wanderweg führt von Krimulda durch dichte Wälder nach Süden, zu den bizarren Sandsteinformationen der ›Teufelshöhle‹ am Ufer der Gauja. Der Parkplatz nahe der Teufelshöhle kann über Krimulda auch mit dem Auto angefahren werden. In einer direkt in die Gauja abfallenden Sandsteinwand gibt es eine 19 Meter tiefe, dunkle Höhle, aus der früher ein kleiner Bach entsprang. Es ist verboten und wäre auch schwierig, die Höhle zu betreten, aber vom gegenüberliegenden Flußufer aus hat man einen schönen Blick. Der Weg führt am Ostufer der Gauja entlang zur weltbekannten Bobbahn Siguldas. Dort, wo früher die sowjetische Nationalmannschaft trainierte, finden nach wie vor internationale Wettbewerbe statt. Mutige Touristen können an den Winterwochenenden rund 100 Stundenkilometer schnell mit einem Piloten in die Tiefe rasen. Im Sommer bewältigen die Strecke abenteuerlich aussehende, viersitzige Seifenkisten namens ›Vučko‹.

Von der Bobbahn sind es nur wenige hundert Meter ins Zentrum, wo es die städtische Touristeninformation, Restaurants, Banken und Einkaufsmöglichkeiten gibt. Wirklich Sehenswertes gibt es dort nicht. Aber die Stadt hat weitere Attraktionen, die mit Sport zu tun haben: Für lettische Verhältnisse ist Sigulda Bergland. Es gibt Skipisten, die man auch im Sommer mit skateboardähnlichen Brettern mit großen Rollen herunterfahren kann. Interessant ist auch der Erlebnispark Mežakaķis, südwestlich der Bobbahn im Wald gelegen: Auf diesem ganz besonderen Waldspielplatz für Kinder und Erwachsene kann man seine Geschicklichkeit beim Balancieren und Entlanghangeln proben und versuchen, insgesamt 46 verschiedene Hindernisse zu meistern. Es gibt auch schwere Strecken, die einiges an Geschicklichkeit verlangen. Die ›bergige‹ Landschaft ist auch unter Rennradfahrern und Mountainbikern sehr beliebt. Die schönste Art, sich sportlich zu betätigen, sind jedoch Kanufahrten auf der Gauja und auf anderen Flüssen des Nationalparks. Die meisten in diesem Zusammenhang aktiven Firmen sitzen entweder direkt in Sigulda oder in der näheren Umgebung. Oft wird der Service angeboten, daß man mit dem Kanu flußabwärts fährt und gemeinsam mit dem Boot vom Verleiher mit dem Auto zurückgeholt wird.

Etwas ganz Besonderes und nicht gerade billig sind Flüge mit dem Heißlufballon über die Landschaften des Gauja-Nationalparks, die man allerdings schon lange im voraus buchen sollte – vor allem, wenn man in der Hauptsaison unterwegs ist.

 Touristeninformation, Valdemāra 1a, Sigulda LV-2150, Tel. 797 13 35, www.sigulda.lv. Hauptsaison 10–19 Uhr, Nebensaison 10–17 Uhr.

▸ Informationszentrum Gauja-Nationalpark, Baznīcas 3, Sigulda LV-2150, Tel. 780 03 88, www.gnp.gov.lv. 1.4.–31.10. 9.30–18 Uhr; 1.11.– 31.3. 10–16 Uhr.

 Tel. 797 39 64, 924 26 94, 920 94 80.

 Raiņa 3, 797 21 06. Etwa halbstündlich nach Rīga.

 Hotel ›Sigulda‹, Pils 6, www.hotelsigulda.lv, Tel. 797 22 63, DZ 40–76 LVL. Mit Restaurant, Sauna und Schwimmbad. Historische Inneneinrichtung.

▸ Hotel ›Līvkalns‹, Līvkalni 3, Pēteralas iela, Sigulda LV-2150, Tel. 797 09 16, www.livkalns.lv, DZ 35–

60 LVL. Restaurant, Sauna, Reiten, Kinderspielplatz.

▸ Hotel ›Villa Alberta‹, Livkalna 10a, Sigulda LV-2150, Tel. 797 10 60, www.zl.lv/villaalberta, DZ 45–75 LVL. Restaurant, Sauna, Reiten, Fitnessraum.

 ›Siguldas pludmale‹, Peldu 1, Sigulda LV-2150, Tel. 797 37 24, www.makars.lv. Mit Bootsverleih. Auch geführte Kanutouren und Rückholservice von Booten, Rafting.

 Museum Turaida, Turaidas 10, Tel. 797 14 02. Hauptsaison 9.30–18 Uhr, Nebensaison 10–17 Uhr.

▸ Museum zu Landwirtschaft und Bodenreform, Muiža, Malpils pag., Rīgas raj., LV-2152. Knapp 20 km südlich von Sigulda. Ausstellung zur Landreform und zur Enteignung der

Deutschbalten nach dem Ersten Weltkrieg. Umfangreiche Sammlung geodätischer Instrumente. Mo–Fr 9–16 Uhr, Sa 9–12 Uhr.

 Burusports, Mazā Gāles 1, Tel. 797 20 51, www.burusports.lv.

▶ Tridens, Cēsu 12, Tel. 964 48 00.

 Makars, Peldu 2, Sigulda LV-2150, Tel. 797 01 64, 924 49 48, www.makars.lv. Verleih von Kanus, Kanadiern und Raftingbooten. Geführte Touren und Rückholservice. Am Campingplatz ›Siguldas pludmale‹.

▶ Rāmkalni, Inčukalna pag., Rīgas raj., Tel. 797 72 77, 910 02 80, www.ramkalni.lv. Westlich von Sigulda, nahe der Abzweigung der A3 nach Valmiera gelegen. Bootsverleih, Skipiste, Volleyballfelder und vieles mehr direkt am Ufer der Gauja.

 Seilbahn über die Gauja, Poruka 14, Tel. 797 25 31. 10–12 Uhr zur vollen Stunde, 12.30–18.30 Uhr halbstündlich. In der Nebensaison ist die letzte Fahrt schon um 16 Uhr.

 Bobbahn, Šveices 13, Tel. 797 38 13, 918 53 51. An den Wochenenden, wenn keine Wettbewerbe sind, kann man mit einem Fahrer rund 100 km/h schnell durch die Röhre sausen. Im Winter auf Kufen, im Sommer auf Rädern in einem Viersitzer namens Vučko.

▶ Sommerrodelbahn, Inčukalna pag., Rīgas raj., Tel. 797 72 77, 910 02 80, www.ramkalni.lv. Westlich von Sigulda, nahe der Abzweigung der

A3 nach Valmiera gelegen. Die deutlich langsamere und kürzere Alternative zur großen Bobbahn.

▶ Bungee Jumping, Tel. 644 06 60, www.lgk.lv. Der 50 Meter tiefe Sprung von der Gondel der über die Gauja führenden Seilbahn kostet 20 LVL. Nach Schluß des Seilbahnbetriebs ab 18.30 Uhr bis niemand mehr will. Nacktspringer springen angeblich gratis.

▶ Erlebnispark ›Mežakaķis‹, Senču 1, Tel. 797 16 24, www.mezakakis.lv. Täglich ab 10 Uhr, letzter Einlaß 3 Stunden vor Dunkelheit. Erwachsene 9 LVL, Kinder 7 LVL.

▶ Motorsport (Off-Road): Makars, Peldu 2, Sigulda, www.makars.lv.

▶ Flüge mit Heißluftballon, Tel. 761 16 14, www.altius.lv. Mit etwa 120 LVL pro Person und einer Flugzeit von einer bis anderthalb Stunden nicht gerade billig. Büro in Rīga, Start meist in Sigulda, Landeplatz je nach Windrichtung.

 Turaidas staļļi, Turaidas 10, Sigulda LV-2150, Tel. 926 84 57. Täglich 11–20 Uhr.

 2007 viele Feierlichkeiten anläßlich der 800-Jahr-Feier. Mitte Mai Blumenfestival ›Maijas Diena‹ in Turaida, Ende Mai Stadtfest Sigulda, Ende Juni Klassikfestival der Kremerata Baltica, Ende Juli Opernfestival Sigulda, Ende August Livländische Tage und Blumenfestival in Turaida.

 Krankenhaus: Lakstīgalas 13, Tel. 797 69 33. Apotheke: Pils iela 3, Tel. 797 09 10.

Zwischen Sigulda und Cēsis

Von Sigulda aus geht es in Richtung Osten nach Līgatne. Nordwestlich des Ortes wurden 1975 die Naturpfade von Līgatne (Līgatnes dabas takas) angelegt; ein durch den dichten Wald führender Wanderweg, der an naturnahen Freigehegen vorbeiführt: Es gibt Luchse, Bären, Wisente, Wölfe, Elche, Biber, Eulen und viele andere mehr. Sie alle wurden, mehrheitlich krank und verletzt, hierhergebracht und zur Freude vieler Kinder der Obhut des Menschen unterstellt. Hunde dürfen auf dem knapp sechs Kilometer langen Weg nicht mitgenommen werden; Mountainbiking ist auch nicht erlaubt. Abseits der Nauturpfade führen Wanderwege zu den Flußlandschaften der Gauja, an deren Ufern Sandsteinformationen zu sehen sind. Als Alternative zum Fußmarsch oder zum Auto kann man sich beim Informationszentrum der ›Līgatnes dabas takas‹ Pferde leihen. In Līgatne selbst arbeitet bis heute Lettlands älteste Papierfabrik, die nach Absprache besichtigt werden kann. Nördlich des Ortes fährt die letzte der früher gebräuchlicheren Gaujafähren über den Fluß.

Nicht am Fluß entlang, sondern zurück nach Līgatne und wieder nach Norden erreicht man in Skałupe eine ehemals hochgeheime sowjetische Kommandozentrale, die neun Meter unter der Erde liegt. Die dazugehörige Ausstellung zeigt unter anderem Szenarios auf, aus denen klar wird, welche Auswirkungen im Kriegsfall die Sprengung von Wasserkraftwerken für die Städte Lettlands gehabt hätte. Der Bunker war mit einem eigenen Kraftwerk, einer eigenen Wasserversorgung und einem vom Telefonnetz unabhängigen Direkttelefon in den Kreml ausgestattet.

Der Sandsteinfelsen Zvārtes iezis und die Hexenwiese

Naturpfad Līgatne

Von Līgatne aus östlich kommt man nach etwa fünf Kilometern in Richtung Kārli am Ufer der Amata zu einem der schönsten Sandsteinfelsen Lettlands: Zvārtes iezis. Hoch oben auf dem Felsen sollen dem Volksglauben nach früher Teufel und Hexen wilde Feste gefeiert haben. Unterhalb des Felsens liegt die Hexenwiese, auf der seltene Kräuter gedeihen. Am Zvārtes iezis beginnen Wanderwege, die durch das Flußtal zu weiteren Sandsteinformationen und kleinen Höhlen führen; diejenigen in Richtung Norden sind schneller zu erreichen.

In Richtung Süden erreicht die Amata den Ort Kārli. Südlich der Ortschaft gibt es mitten in der Natur liegende Gästehäuser. Unter Kanuten ist das wildromantische Tal der Amata zwischen Kārli und Melturi sehr beliebt, doch muß man bei Niedrigwasser im Hochsommer auch damit rechnen, das Boot mal ein paar Meter tragen zu müssen. Auch entlang dieser Ufer gibt es schöne Wanderwege.

In Āraiši wurde auf einer kleinen Insel des gleichnamigen Sees eine Wasserburg der Lettgalen aus dem 9. Jahrhundert nach Christus rekonstruiert. Man hatte an dieser Stelle bei Ausgrabungen Reste von Häusern und gut erhaltene Kulturschichten mit Tongefäßen und Schmuck entdeckt. Gegenüber der altlettgalischen Siedlung steht die Kirche von Āraiši. Einer Überlieferung nach soll sie während der Bauzeit im 13. Jahrhundert immer wieder nachts abgebrannt sein. Um den vermeintlichen Fluch zu bannen, soll daraufhin die Tochter des Baumeisters bei lebendigem Leib eingemauert worden sein. Solche Geschichten gibt es über viele lettische Kirchen und Gutsschlösser, doch bei Renovierungsarbeiten fand man 1791 im Mauerwerk der Kirche von Āraiši tatsächlich ein menschliches Skelett.

Die holländische Windmühle des Ortes kann nach Absprache mit dem Besitzer des dazugehörigen Hofes besichtigt werden (Tel. 92 382 08). Viele kleine Wege führen von Āraiši aus durch die beeindruckend schöne Landschaft. Wer Glück hat, findet unterwegs auch eine Unterkunft, denn dank der im Gauja-Nationalpark immer zahlreicher werdenden Gäste haben einige Bauern den Tourismus als Nebenerwerb entdeckt.

Der Biberkrieg

In Lettland ist Krieg zwischen Bibern und Menschen ausgebrochen. Die niedlichen Tiere waren, wie in fast ganz Europa, Ende des 19. Jahrhunderts praktisch ausgestorben. Aus Norwegen und Rußland wurden in den späten 1920er Jahren erste Exilbiber ins Land geholt. Heute stellen sie mit 150 000 Einwohnern eine Bedrohung für ganz Lettland dar: Infolge eines ungehemmten Staudammbaus setzen sie regelmäßig Ackerflächen und Waldstücke unter Wasser. So versuchen sie, Ackerflächen in Sumpfgebiete zurückzuverwandeln und die lettische Forstwirtschaft zum Erliegen zu bringen. In den gefluteten Wäldern sterben die Bäume, und sie fällen sogar gesunde Kiefern, die eigentlich als Rohmaterial für schwedische Möbelhäuser dienen und den Lebensunterhalt lokaler Waldbauern sichern. Bei Küldiga, wo die Biber am ältesten werden, fluteten sie bereits ein Prozent der Waldflächen. Zu sowjetischen Zeiten wurde speziell ausgebildeten Biberjägern noch 150 Rubel für einen Pelz gezahlt, was in einer guten Saison sogar für den Kauf eines Autos reichte – wenn es denn gerade ausgeliefert werden konnte. Weil die Jagd auf den Biber nur wenig zur Existenzsicherung beiträgt und weil es gemessen an der Zahl der Biber viel zu wenige lizensierte Jäger gibt, werden jährlich nur 8000 der staatlicherseits eigentlich erlaubten 24 000 Exemplare erlegt. Wer als Grundbesitzer mit einem widerrechtlich, da eigenmächtig getöteten Biber erwischt wird, muß hohe Strafen zahlen. Dennoch dürfte die Dunkelziffer recht hoch sein.
In ihrer Verzweiflung sind betroffene

Junge Biber

Die junge Amata ist durchaus bibertauglich

Letten dazu übergegangen, sich an die Dämme heranzumachen. Es bringt allerdings wenig, so einen Damm einfach einzureißen, denn die Biberfamilie wird ihn binnen eines Tages mit neu gefälltem Holz wieder aufgebaut haben, und dann wäre wieder ein Stück wertvollen Waldes verschwunden. Daher kam man auf die Idee, unter den Dämmen Kanäle zu bauen, durch die das Wasser abfließt. Der Effekt solcher Maßnahmen ist, daß der Biber kurz und heftig versucht den Damm zu reparieren, frustriert aufgibt und sein Domizil wenig entfernt im Grundstück des benachbarten Waldeigentümers aufschlägt. Was natürlich auch manchmal Zwist unter den Menschen sät.

Nicht alle Letten sind den Bibern feindlich gesonnen: Im Naturschutzgebiet Teiči, einem großen Moorgebiet in der Nähe von Madona, halfen Biber durch die Schließung der von Menschen angelegten Drainagen bei der Renaturierung. Die gleiche Arbeit machen sie in dem an Estland grenzenden Biosphärenreservat Nordvidzemes, wo sie kreativ und unaufgefordert wertvolle Biotope für viele Tier- und Pflanzenarten anlegen. Dort im Norden leisten sie sogar einen bedeutenden Beitrag zur Verständigung von Esten und Letten: Sie haben bereits etliche der 1991 errichteten Grenzpfähle gefällt.

Im Nachbarland erregte eine Aktion der Gattung besondere Aufmerksamkeit: Bibern war es gelungen, einen großen Baum auf eine Elektrizitätsleitung fallen zu lassen, was einen Kurzschluß verursachte, durch den wiederum übriggebliebene Munition aus dem Zweiten Weltkrieg zur Explosion gebracht wurde. Ob das Bombenentschärfungskommando überlebt hat, ist nicht bekannt.

In der Nähe von Tukums, halfen Biber bei der Aufdeckung eines Wirtschaftsverbrechens: Ein findiger Lette hatte die Erdölpipeline nach Ventspils angezapft, um zur Deckung des Privatverbrauchs und als Geschäftsmodell eine acht Kilometer lange eigene Leitung zu legen. Die Biber bissen diese Leitung durch. Aufgrund des überraschenderweise in lettischen Gewässern entdeckten Erdöls konnte der Sachverhalt schließlich aufgeklärt werden.

Cēsis

Bis zum 12. Jahrhundert war Cēsis (Wenden) ein bedeutendes kulturelles und politisches Zentrum der Lettgalen und Liven. Ihre Länder hießen Idumeja und Tālava, und in der Region Cēsis standen 27 Burgen. Der Schwertbrüderorden errichtete 1206 gegenüber der lettgalischen Burg in Cēsis eine eigene Festung. 1237 wurde Cēsis zur Residenzstadt des Statthalters des Deutschen Ordens, die Burg wurde erweitert, und gleichzeitig mit dem Einzug der großen Politik verschärften sich die Konflikte zwischen Kreuzrittern und Lettgalen: Im Jahr 1272 legte sich ein schwer verletzter lettgalischer König auf die weiße Fahne, mit der er vor dem Deutschen Orden kapitulierte. Wo der König lag, blieb die Fahne weiß, oben und unten war sie tiefrot in Blut getränkt – und dies ist dann auch die patriotische Geschichte zur rot-weiß-roten lettischen Nationalflagge. Unter deutscher Herrschaft wurde Cēsis eine bedeutende Hansestadt mit eigenem Münzrecht.

Der Niedergang der Stadt, die zeitweise annähernd so bedeutend wie Rīga war, begann, als die Truppen Iwans des Schrecklichen Cēsis 1577 verwüsteten. Es folgten Stadtbrände in den Jahren 1671 und 1686. Im Nordischen Krieg verwüsteten die Sachsen 1701, die Schweden 1702 und die Russen 1703 die Stadt. Die Pestepidemie von 1710 hinterließ nur wenige Überlebende. Die Bevölkerung lebte mehr oder weniger wie auf dem Dorf, als der russische Graf Bestuschjew-Rjumin 1747 ein Dekret erließ, das den Einwohnern verbot, ihre Häuser wieder aufzubauen. Die Straßen wurden gepflügt, und Weizen wurde ausgesät. Obwohl es 1762 nur noch etwa 70 Gebäude gab, verlieh Katharina die Große Cēsis wieder das Stadtrecht, und in der zweiten Hälfte des 18. Jahrhunderts begann dann auch der Aufschwung: Es entstanden wieder städtische Häuser in barockem und klassizistischem Stil. In der zweiten Hälfte des 19. Jahrhunderts zog die Stadt Vorteile aus ihrer Lage an der Eisenbahnlinie Rīga–Pskov. Es entstanden Industriebetriebe und eine bis heute bedeutende Brauerei. Dank der schönen Umgebung wurde Cēsis zu einem beliebten Kurort des russischen Adels. Der Erste Weltkrieg verschonte die Stadt weitgehend, der Zweite Weltkrieg und die sowjetische Besatzung hinterließen dagegen deutliche Spuren. In der Zeit der Unabhängigkeitsbewegung war der Turm des Neuen Schlosses der erste Ort in Lettland, an dem wieder die rot-weiß-rote lettische Nationalfahne gehißt wurde.

Das heutige Zentrum von Cēsis ist mit einem Durchmesser von etwa 500 Metern recht übersichtlich. Es ist sicher geschickt, zunächst die sehr gut ausgestattete Touristeninformation in der Pils iela 1 aufzusuchen, die neben Tips zu aktuellen Kulturveranstaltungen auch viele Detailinformationen zum Nationalpark bereithält. Der Touristeninformation steht die städtische Ausstellungshalle gegenüber; sie ist in einer ehemaligen Remise der Burg untergebracht. Von dort aus sieht man bereits das Neue Schloß mit seinem markanten Turm, auf dem die lettische Fahne weht.

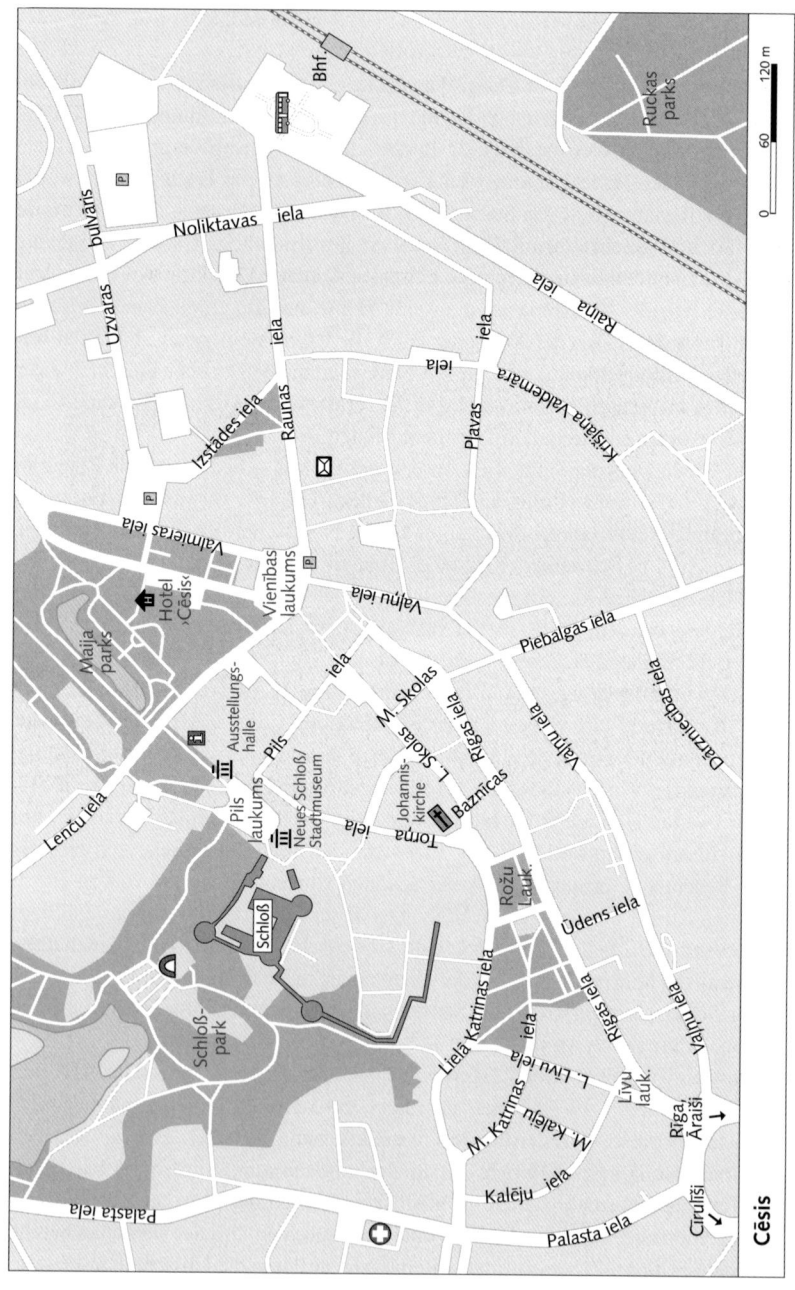

Bhf

Ruckas parks

Noliktavas iela

Uzvaras bulvāris

Raiņa iela

iela

Izstādes iela

Raunas iela

Krišjāņa Valdemāra iela

Plavas iela

iela

Valmieras iela

Hotel Cēsis

Maija parks

Vienības laukums

Valņu iela

Piebalgas iela

Dārzniecbas iela

Valņu iela

iela

M. Skolas

L. Skolas iela

Rīgas iela

Lenču iela

Ausstellungs-halle

Pils

Pils

Pils laukums

Neues Schloß/Stadtmuseum

iela

Johannis-kirche

Baznīcas

Torņa iela

Rožu Lauk.

Ūdens iela

Schloß

Schloß-park

Liela Katrīnas iela

L. Līvu iela

Rīgas iela

Valņu iela

M. Katrīnas iela

M. Kaļēju iela

Līvu lauk.

Rīga, Āraiši

Kaļēju iela

Palasta iela

Palasta iela

Cirulīši

Cēsis

0   60   120 m

In den neugotischen Gemäuern findet man heute ein Stadtmuseum, in dem es der
bewegten Geschichte wegen auch tatsächlich etwas zu sehen gibt. Bei Führungen
werden recht unterhaltsam die wichtigen und mitunter auch skurrilen Exponate
archäologischer Ausgrabungen präsentiert.

Gleich neben dem Neuen Schloß steht die mächtige Burgruine. Der ursprüngliche Bau war noch viel größer und hatte fünf Türme; die Mauern des am besten
befestigten Turms waren mehr als fünf Meter dick. Der so gesicherte Raum, im
heute noch stehenden Westturm gelegen, war Sitz des Ordensmeisters und diente
vorwiegend repräsentativen Zwecken. Er war für damalige Verhältnisse recht opulent

Floßfahrt auf der Gauja

ausgestattet. Der mit 34 Metern höchste Turm, der ›Große Hermann‹, steht leider
nicht mehr. Die Burg von Cēsis ist auch für archäologische Grabungen bekannt, bei
denen Kulturschichten der Zeit vor dem Nordischen Krieg freigelegt wurde – einige
der Exponate sind im Stadtmuseum zu besichtigen.

Unterhalb der Burgruine führt eine von Putten gesäumte Treppe hinunter in den
1812 angelegten Park, der von einem See und einer Freilichtbühne dominiert wird.
An der Nordwestseite des Parks wird in einer Schmiede traditionelles Kunsthandwerk gefertigt: Der Schmuck, dem archäologische Funde aus der Zeit vor der Christianisierung als Vorlage dienen, kann als Souvenir erworben werden. Es gibt auch
Informationen zur Kulturgeschichte und zu den Herstellungstechniken. Auf dem
Gelände der Burg finden häufig klassische und folkloristische Konzerte statt.

Schön renoviertes Haus hinter der Burg

Auch auf der Orgel der 1287 gebauten Johanniskirche werden Konzerte gegeben. Die Kirche war zur Zeit ihrer Entstehung die größte im nördlichen Baltikum.
Bedingt durch die zahlreichen Kriege und Stadtbrände wurde sie mehrfach umgebaut und erweitert. Auf der rechten Seite des Portals gibt es eine kleine Stufe: Wer
sich darauf stellt, befindet sich auf gleicher Höhe mit der Turmspitze der Petrikirche
in Rīga. Rechts des Portals zeigt eine 1744 in die Fassade eingelassene Sonnenuhr
die Zeit an. In der Kirche liegen viele bedeutende Persönlichkeiten des Ordensstaats
begraben. Das bedeutendste Kunstwerk im Innenraum ist eine Pietà von J. Keler,
der zu den Begründern der estnischen bildenden Kunst zählt. In sowjetischen Zeiten
waren die Kirchenfenster mit Fahnen verhangen, die das lettische Staatswappen
zierte. Ob die Sowjets schlicht nicht wußten, was da zu sehen war, ob es deren Statthalter im Rathaus stillschweigend duldeten oder ob es gar ein allseits akzeptierter
oppositioneller Akt war, wird wohl nie geklärt werden.

Südlich der Johanniskirche steht das älteste noch erhaltene Haus der Stadt, etwas
weiter ein Kaufmannshaus aus dem 19. Jahrhundert, und in der Rīgas iela 47 kommt
man zum sogenannten Komtessenhaus: In das zu Beginn des 18. Jahrhunderts
errichtete Gebäude wurden diejenigen Komtessen des zaristischen Hofs verbannt,
die nach der Verrichtung ihrer Dienste zu Geheimnisträgerinnen geworden waren,
und die man sicherheitshalber weit genug vom intriganten Hofstaat in Petersburg
entfernt wissen wollte. Der ebenfalls an der Rīgas iela gelegene Rosenplatz (Rožu
laukums), der ehemalige Marktplatz der Stadt, ist das eigentliche Stadtzentrum

mit einigen Cafés, Restaurants und Geschäften. Dort, wo früher Pranger und Stadtbrunnen zu finden waren, steht heute das sogenannte Chinesenhäuschen (Ķiniešu namiņš).

Die Umgebung von Cēsis

Die Route führt über die Lenču iela aus dem Stadtzentrum heraus nach Norden, zu den das Ufer der Gauja säumenden Ērģļu klintis (Adlerfelsen). Sie sind die höchsten Klippen am Ufer der Gauja. Westlich von ihnen gibt es einen am Ufer gelegenen Campingplatz. Es geht zurück ins Zentrum und von dort in Richtung Westen. Am westlichen Stadtrand hat man am Ufer der Gauja die Wanderwege von Cīrulīši angelegt, auf denen man etwas über die Entstehung des Gaujatals sowie über Fauna und Flora lernen kann. Dort enspringt auch die Heilquelle Svētavots. Am Hügel Zagarkalns gibt es einen Campingplatz mit vielen Sportmöglichkeiten; im Winter lockt sogar eine Ski- und Snowboardpiste.

Wenig weiter westlich liegt der Raiskums-See mit guter touristischer Infrastuktur, Bademöglichkeiten und Bootsverleih. Im den Gutshof umgebenden Park wachsen für Lettland seltene Korkbäume. Interessant ist auch das historische Gasthaus aus dem Jahr 1857: Im langgestreckten Gebäude mit seinem flachen Dach waren neben Schänke und Übernachtungsplätzen auch Pferdeställe und Scheunen untergebracht, in denen fahrende Händler ihre Ware unterbrachten. Mit dem Aufkommen der Eisenbahn verloren diese früher in Lettland weitverbreiteten Gasthäuser ihre Bedeu-

Am Ufer der Gauja nördlich von Cēsis

tung. Ein den gleichen Zwecken dienendes, recht gut erhaltenes Gebäude, diesmal allerdings in Holzbauweise, steht auf dem Gutshof im Nachbarort Auciems.

Weiter westlich kommt man zum Unguru-See. Nördlich des Sees liegt der Gutshof Umgurmuiža, dessen spätbarocke Gebäude inmitten eines schön angelegten, recht großen Landschaftsparks mit 40 Eichen und einigen exotischen Baumarten stehen. Zwischen 1728 und 1918 war Ungurmuiža der Stammsitz der deutschbaltischen Familie von Campenhausen. Schmuckstück des gesamten Ensembles ist das barocke Teehäuschen; darüber hinaus gibt es eine Wassermühle, Fischteiche und eine große Kornkammer. In einigen Gebäuden sind noch barocke Wandbemalungen erhalten, die restauriert werden. Ungurmuiža ist der letzte erhaltene Gutshof Lettlands in barocker Holzbauweise, die Renovierungsarbeiten gehen jedoch seit Jahren nur schleppend voran. Im ehemaligen Schulgebäude gibt es heute einfache Unterkunftsmöglichkeiten.

Etwas weiter der Straße nach Limbaži folgend führt rechts eine Lindenallee zur spätklassizistischen Familiengruft derer von Campenhausen. Über Kūdums und Lenči geht es weiter nach Vaidava.

 Touristeninformation Cēsis, Pils laukums 1, Cēsis LV-4100, Tel. 412 18 15, www.tourism.cesis.lv. Mo–Fr 9–18 Uhr, Sa/So 10–17 Uhr.

 In Cēsis: Tel. 413 09 61, 924 15 07.

 Stacijas laukums, Cēsis. Bahnverbindung nach Rīga ca. fünfmal täglich.

 Stacijas laukums, Cēsis, Tel. 412 27 62. Etwa zweimal die Stunde nach Rīga.

 Hotel ›Cēsis‹, Vienibas laukums 1, Cēsis LV-4101, www.hotelcesis.lv, Tel. 412 01 22, DZ 52–70 LVL. Im Zentrum von Cēsis, Restaurant, Sauna.

▸ Hotel ›Tigra‹, Ed. Veidenbauma 2, Priekuli, Cēsis LV-4126, Tel. 413 04 97, www.tigrahotel.lv, DZ 40 LVL. Modernes Hotel in einem Vorort von Cēsis; versteht sich als Sporthotel. Restaurant, Sauna.

▸ Gästehaus ›Lāču miga‹, Gaujas 22, Līgatne, Tel. 913 37 13, www.lacumiga.lv. Unterkunft in Holzbauweise mit Café.

▸ Bauernhof ›Avoti‹, Līgatne pag., Tel. 918 28 18, bumbieriss@yahoo.com. Im Naturpark Līgatne gelegener Bauernhof. Traditionelle Küche, eigene Imkerei, Bootsfahrten auf der Gauja.

▸ Bauernhof ›Rožkalns‹, Raiskums pag., Tel. 911 88 31. Bauernhof weslich von Cēsis, nahe dem See Raiskums im Wald gelegen.

▸ Gutshof Ungurmuiža, Raiskuma pag., Cēsu raj., LV-4148, Tel. 415 82 23. Übernachtungsmöglichkeit auf dem ehemaligen Gutshof im wiederhergerichteten Schulhaus.

›Cīrulīši‹, Mūrlejas 12, Cēsis, Tel. 41252 25, 92753 78, www.zagarkalns.lv.

▸ ›Unguri‹, Raiskums, Tel. 413 44 02. Unbegrenzt Zeltplätze, 40 Blockhütten, 4 Caravanplätze.

 Papierfabrik Līgatne, Pilsņu 1, Tel. 415 33 37. Besichtigung der ältesten Papierfabrik Lettlands, nach Voranmeldung.

▸ Wasserburg Araiši, Drabešu pag., Cēsu raj., LV-4140, Tel. 419 72 88. 1.5.–30.11. Mo–So 9–18 Uhr.

▸ Windmühle Araiši, Tel. 923 82 08. Besichtigung in der Saison von 9–18 Uhr; eventuell Voranmeldung nötig.

▸ Stadtmuseum Cēsis, Pils laukums 9, Tel. 412 26 15, 412 06 18, www.vvtc.lv. Di–So 10–17 Uhr.

▸ Museum des Gutshofs Ungurmuiža, Raiskuma pag., Cesu raj., Tel. 415 82 23. 1.5.–31.10. Di–So 9–18 Uhr.

 ›Eži‹, Lenču 5, Cēsis, Tel. 428 17 64, 942 88 46, www.ezi.lv. Radsport, Radverleih und andere sportliche Artikel. Im Laden ist unter anderem eine Radkarte zu einem 40 Kilometer langen Radweg entlang der Gauja zwischen Cēsis und Valmiera erhältlich. Die Firma tritt auch als Eventveranstalter auf: Im Angebot sind neben heute bekannten Sportarten auch Steinzeitfußball, Mammutjagd und Barny's Bowling.

▸ ›Sporta un tūrisma invetāra noma‹ Uzvaras bulv. 30, Tel. 942 32 70. Die Firma behauptet, alles liefern zu

können, was man sich wünscht: Fahrräder, Kanus und andere Boote, Pferde, etc.

 ›Līgatne Nature Trails‹, Līgatne, Tel. 415 33 13, 912 03 89. Im Winter auch Verleih von Schlitten.

▸ ›Zvārte Rock‹, Drabešu pag. Tel. 923 25 75. Reiten und Kutschfahrten am Zvārte-Felsen.

▸ ›Lickalni‹, Līgatne LV-4110. Tel. 952 99 55.

▸ ›Zaķiši‹, Amatas pag., Tel. 934 73 87.

 Bootsverleih ›Avoti‹, Līgatnes pag., Tel. 935 95 28.

▸ ›Cīrulīši‹, Mūrlejas 12, Cēsis, Tel. 927 53 78 und 412 52 25, www.zagarkalns.lv.

▸ ›Eži‹, Lenču 5, Cēsis, Tel. 428 17 64, 942 88 46, www.ezi.lv.

▸ ›Sporta un tūrisma invetāra noma‹, Uzvaras bulv. 30, Tel. 942 32 70.

 Im Jahr 2006 feiert Cēsis das 800jährige Stadtjubiläum, das mit vielen Veranstaltungen begangen wird (www.cesis.lv). Ende Mai Sängerfest in der Region Cēsis, Juli und August nahezu jedes Wochenende Musikveranstaltungen in der Schloßruine, Ende August großes Musikfestival.

 Krankenhaus: Slimnīcas 9, Tel. 410 70 61, Apotheke: Rīgas 7, Tel. 412 29 65.

Vaidava, Valmiera und Straupe

Nördlich von Cēsis liegt bei Vaidava ein langgestreckter, vier Kilometer langer und nur 500 Meter breiter See. Einer Legende nach soll er, wie viele lettische Seen, vom Himmel gefallen sein. Etwa sechs Kilometer östlich von Vaidava gibt es am Gaujaufer eine mächtige, weiße Sandsteinformation, den Sietiņiezis, was auf deutsch in etwa ›Sieb‹ bedeutet. Der seltsame Name kommt von den vielen kleinen Löchern im Stein, die das Werk einer ganz besonderen Bienenart sind. Am südlichen Ende des Felsens gibt es die zehn Meter tiefe Teufelshöhle, und ein Fußabdruck des lettischen Teufels soll auch in den Felsen zu erkennen sein. Zurück und etwa zwei Kilometer nach Süden erreicht man die roten Sandsteinfeldsen der Stoķu klintis. Dort gibt es neben einer kleinen Höhle auch noch eine Heilquelle.

Der Ort Vaidava ist ein Zentrum des traditionellen Kunsthandwerks: Die Keramikwerkstatt ›Rebeka‹ glänzt mit einer Verkaufsausstellung. Von überregionaler Bedeutung war jedoch bis ins frühe 20. Jahrhundert hinein die Herstellung fragil und elegant wirkender Stühle aus Birkenholz mit einer Sitzfläche aus Korbgeflecht. In guten Jahren entstanden im Dorf bis zu 1200 von ihnen in Handarbeit; sie wurden teilweise an finanzkräftige Abnehmer im zaristischen Rußland exportiert. Auf dem Bauernhof Lejasbergži gibt ein kleines privates Museum dazu. Am See wurde ein Naturpfad angelegt, im Ort und entlang des Westufers gibt es touristische Infrastruktur mit Gästehäusern und Bootsverleih.

Valmiera ist eine der bedeutenden Städte Lettlands: Es gibt eine Universität, ein Theater und auch sonst ein reichhaltiges kulturelles Angebot. Die gegenwärtige

Radtour im Gauja-Nationalpark

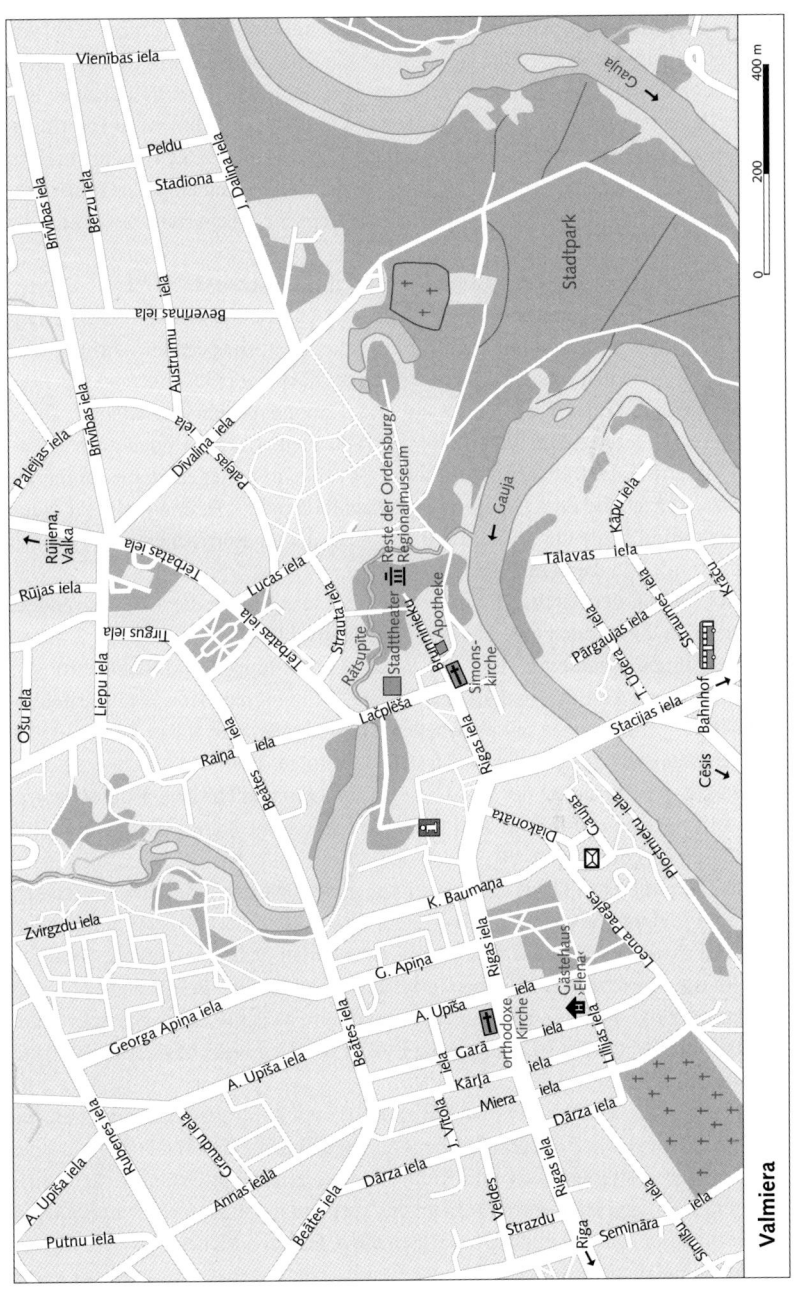

Valmiera

positive ökonomische Entwicklung basiert auf der außerordentlich großen Zahl von Kleinunternehmern: Nach Rīga ist Valmiera die lettische Stadt mit dem höchsten Anteil an Selbständigen. Es ist ein erklärtes Ziel der Stadt, Touristen dazu zu animieren, länger als nur einen Tag der Vidzeme-Rundfahrt in Valmiera zu verbringen – angesichts der sehr schönen Umgebung kein leichtes Unterfangen, vor allem da in der Stadt selbst nicht so sehr viel zu sehen ist. Vielleicht können ja die Touristiker vor Ort helfen: Die Universität Valmiera ist die einzige Hochschule Lettlands, die den Studiengang Touristik anbietet.

Die am Marktplatz stehende Simonskirche gilt als wichtigste Sehenswürdigkeit. Auf dem massiv wirkenden Backsteinturm gibt es eine Aussichtsplattform. Das Portal der Westfassade stammt noch aus der ersten Bauphase des 13. Jahrhunderts. Natürlich wurde auch diese Kirche mehrfach zerstört; zum Gedenken an den Nordischen Krieg hat man in die Nordwand zwei Kanonenkugeln eingemauert. Dank einer guten Orgel aus dem Jahr 1886, die 1886 Pfeifen zählt, finden auch klassische Konzerte statt. Der Innenraum selbst ist schlicht; zu sehen gibt es außer der barocken Kanzel und dem Orgelprospekt eigentlich nichts. In unmittelbarer Nähe der Kirche sind Reste der Ordensburg zu sehen, die im Nordischen Krieg ebenso zerstört wurde wie die Stadtmauer.

Direkt neben der Kirche, in der Bruņienieku iela 1, steht die 1735 gegründete Apotheke, in der es auch eine kleine Ausstellung gibt. Die Hausnummer 3 beherbergt das Regionalmuseum, das auch Wechselausstellungen und Stadtführungen veranstaltet. Um die Ecke, in der Lāčplēša iela 4, kommt man zum Stadttheater. Es ist eines der ganz wenigen professionellen Theater außerhalb Rīgas. Seit 1919 gibt es einen regulären Spielbetrieb mit festem Ensemble. Hier wirkte schon Rudolfs Blaumānis, der Begründer der lettischen psychologischen Novelle, als Dramaturg. Zurück zur Rīgas iela und in Richtung Westen kommt man zur 1877 erbauten orthodoxen Kirche.

Am Gaujaufer östlich der Simonskirche zieht sich der Stadtpark mit seinen Skulpturen, einem kleinen Friedhof, einer Freilichtbühne und steil abfallenden roten Sandsteinfelsen am Ufer entlang. Bevor man Valmiera verläßt, lohnt es sich, im Sportgeschäft ›Eži‹ vorbei zu schauen: Die rührige Belegschaft gibt eine Radwanderkarte heraus, organisiert Bootstouren, verleiht allerhand sportliche Gerätschaften und führt so interessante Events wie Steinzeitfußball, Mammutjagd und Barny's Bowling durch.

Auf dem Weg von Valmiera nach Rīga sieht man in Straupe eine direkt an der Straße, an einem See stehende Kirche. Die erste Fassung des Gebäudes war eine Kombination aus Ordensburg und Kirche. Der so gesicherte Ort entwickelte sich zu einem wichtigen Handelszentrum an der Verbindungsstraße zwischen Rīga und dem estnischen Tartu (damals Dorpat); an die befestigten Mauern wurden Vorburgen sowie Holzbauten der Händler und Handwerker angebaut. Straupe war sogar

Hansestadt, wurde jedoch nach der völligen Zerstörung im polnisch-schwedischen Krieg als Siedlung aufgegeben. Die Kirche wurde jedoch in barockem Stil wieder aufgebaut; nach und nach entwickelte sich die Struktur eines Gutshofs mit angebauten Wirtschaftsgebäuden. 1905 wurde das herrschaftliche Anwesen während des Bauernaufstands niedergebrannt. Nur ein Jahr später wurde es wieder aufgebaut und erhielt seine heutige Form. Heute befindet sich im Gebäudekomplex eine psychiatrische Klinik. Nach Voranmeldung (Tel. 942 67 05) kann jedoch die Kirche besichtigt werden, in der vor allem die Glasfenster des lettischen Malers und Grafikers Sigmunds Vidbergs aus dem Jahr 1941 sehenswert sind. Im Schloß-

In Straupe

park ist ein freistehender, barocker, hölzerner Glockenturm aus dem Jahr 1744 zu sehen.

Etwa vier Kilometer westlich von Straupe kommt man zu zwei kleinen unterirdischen Seen. Die Decke der Höhlen erreicht eine Höhe von bis zu drei Metern, doch um als Höhlenforscher tätig zu werden, muß man sich an manchen Stellen schon sehr bücken. Experten vermuten, daß das Höhlensystem viel weiter verzweigt, eventuell sogar drei Hektar groß ist. Eine genaue Untersuchung steht noch aus, denn die Decke ist an manchen Stellen einsturzgefährdet. Die Besichtigung erfolgt auf eigene Gefahr, und obwohl bisher noch niemand verlorenging, sollte man auf kleine Kinder besonders aufpassen. Entlang dem Fluß Brasla kann man schöne Wanderungen unternehmen. Rīga erreicht man von Straupe aus in etwa einer Stunde.

 Touristeninformation, Rīgas 10, Valmiera LV-4201, Tel. 420 71 77, www.valmiera.lv. Hauptsaison: Mo–Fr 9–19 Uhr, Sa/So 10–15 Uhr, Nebensaison Mo–Fr 9–18 Uhr. Gütersloh stellt viele Infos zur Region Valmiera bereit: www.partnerschaft-valmiera.de/partnerkreis.html.

▸ Unterirdische Seen südwestlich von Straupe. Kontakt über das in der Nähe gelegene Gästehaus ›Vējiņi‹, Tel. 935 41 89, www.pazemesezeri.viss.lv.

Tel. 800 70 88, 800 87 77.

 Stacijas laukums,
Tel. 582 72 32. Bahnverbindung Valmiera–Rīga etwa fünfmal täglich.

 Von Valmiera aus: Mazā stacijas, Tel. 422 47 28, mindestens zweimal die Stunde nach Rīga. Von Straupe aus etwa stündlich.

 Gutsschloß ›Dikļu‹, Dikļu pag., Valmieras raj., LV-4223, Tel. 420 74 80. Etwa 20 Kilometer westlich von Valmiera gelegener, sehr gut renovierter Gutshof mit schönen Zimmern, Wellnesseinrichtungen und Park. Geschichtlich ist der Gutshof von besonderer Bedeutung: Hier fand Ende des 19. Jahrhunderts das erste Sängerfest in Lettland statt. Führungen zu Architektur und Kulturgeschichte.

▸ ›Vidzeme‹, Ausekļa 31, Valmiera, Tel. 422 96 06, www.viesnicavidzeme.lv.

▸ Gästehaus ›Elena‹, Garā 8, Valmiera, Tel. 929 92 87. Kleines, familiäres Gästehaus.

▸ Gästehaus ›Mujāni‹, Mujāni, Kocēnu pag., Tel. 923 01 28. 10 Kilometer westlich von Valmiera an einem See gelegener Bauernhof. Reiten, Bootsverleih, Radverleih.

▸ Gästehaus ›Vējiņi‹, Straupes pag., Cēsu raj, LV-4152, Tel. 935 41 89, 917 36 54. Einfaches Haus mit Campingplatz direkt bei den unterirdischen Seen und am Fluß.

▸ Bei Straupe: ›Bērzi‹, Plācis, Straupes pag., Cēsu raj., LV 4152,

Tel. 413 22 29. Sehr rustikales Gasthaus im Blockhausstil mit Sauna und Billard.

▸ ›Ezermalas‹, Raiskums pag., Tel. 643 33 90. Modernes Haus am Unguru-See.

 ›Baiļi‹, p/n Murmuiža, Kauguru pag., Valmieras raj. LV-4224, Tel. 422 18 61, www.baili.lv. Zeltplatz an einem kleinen See wenig südlich von Valmiera. Kanuverleih, Skipiste.

 Museum der Region Valmiera, Bruņieku 3, Valmiera, Tel. 422 47 70. Di–Fr 10–17 Uhr, Sa 10–15 Uhr.

▸ Keramikwerkstatt: Rebeka, Ezera 2, Vaidava, Tel. 424 33 47.

▸ Bei Straupe: Museum des Gutshofs Ungurmuiža, Tel. 415 82 23, 942 47 57. 1.5.–31.10 10–18 Uhr.

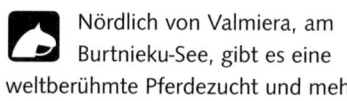 Stadttheater, Lāčplēša 4, Valmiera, Tel. 420 72 97.

▸ Kino Gaisma, Rīgas 19, Valmiera, Tel. 422 37 14.

 Nördlich von Valmiera, am Burtnieku-See, gibt es eine weltberühmte Pferdezucht und mehrere Reiterhöfe.

›Eži‹, im alten Wasserturm im Stadtzentrum, Valdemāra 1, Valmiera, Tel. 420 72 63, www.ezi.lv. Verleih von Fahrrädern, Kanus und Skiausrüstung.

 Krankenhaus: Jumaras 195, Valmiera, Tel. 422 92 52. Apotheke: Rīgas 16, Valmiera, Tel. 428 11 60. In Straupe: Braslas 1, Tel. 413 41 30.

Die Küste von Vidzeme

Von Rīga aus führt die A 1 an der Küste entlang in die estnische Hauptstadt Tallinn. Die Strände des etwa 100 Kilometer langen Küstenabschnitts sind wesentlich leerer als die in Jūrmala. Hinter dem Stadtrand von Rīga beginnen Ortschaften, in denen sich in den letzten Jahren gutsituierte Einwohner der Metropole niedergelassen haben, die das großstädtische Leben gegen die Nähe des Meeres eingetauscht haben. Wenig von der Küste entfernt liegt, von einem Park umgeben, der Gutshof Biriņi, der zu einem herausragend schönen Hotel umgebaut wurde. Der Badeort Saulkrasti, der sich 17 Kilometer am Meer entlang erstreckt, ist von Rīga aus sehr gut mit Bus und Bahn erreichbar. Oberhalb des langen, hinter bewaldeten Dünen liegenden Stadtstrands wird es praktisch menschenleer. In Richtung Norden folgen ein berühmter Strand mit großen Findlingen und die am Strand gelegenen Sandsteinhöhlen nördlich von Tūja. Salacgrīva ist eine Hafenstadt, von der aus viel lettisches Holz seinen Weg in Richtung Westen nimmt. Ainaži liegt direkt an der lettisch-estnischen Grenze. Dort ändert sich bereits die Vegetation: Landeinwärts gibt es Birkenwälder und weitläufige Moorgebiete, die zu einem viele Quadratkilometer großen Biosphären-reservat beidseits der Grenze erklärt wurden. Das Biosphärenreservat sowie das bei Kanuten und Wanderern beliebte malerische Tal der Salaca werden im Kapitel über Nordvidzeme (S. 337) beschrieben.

Saulkrasti

Unter dem schönen Namen Saulkrasti (Sonnenküste) wurden 1933 drei kleinere Ortschaften zu einer 17 Kilometer langen Küstenstadt zusammengefaßt. Früher lebte man dort ausschließlich vom Fischfang; in der zweiten Hälfte des 20. Jahr-hunderts wurden Fischereikombinate und eine Fischkonservenfabrik gegründet. Anders als in Jūrmala stehen in Saulkrasti kaum repräsentative Holzvillen, und auch schicke Hotels wird man vergeblich suchen. Stattdessen treten die Widersprüche der Übergangsgesellschaft in Form von kleineren verfallenden Gebäuden sowjetischer Zeit sowie Neu- und Umbauten zur Unterbringung von Touristen offen zutage. Mittlerweile ist dank einer sich stetig entwickelnden Infrastruktur und sehr schöner Strände der Tourismus die wichtigste Einnahmequelle.

Die Weiße Düne im südlichsten Stadtteil Pabaži ist 18 Meter hoch und wird von einer Aussichtsplattform gekrönt. Hier beginnt, an 170jährigen Kiefern vorbei, ein 3,5 Kilometer langer Wanderweg durch die Dünen. Im Ort Pabaži befindet sich das Lettische Fahrradmuseum mit einer auch einige Kuriositäten einschließenden umfangreichen Sammlung, die den kleinen Raum nahezu sprengt.

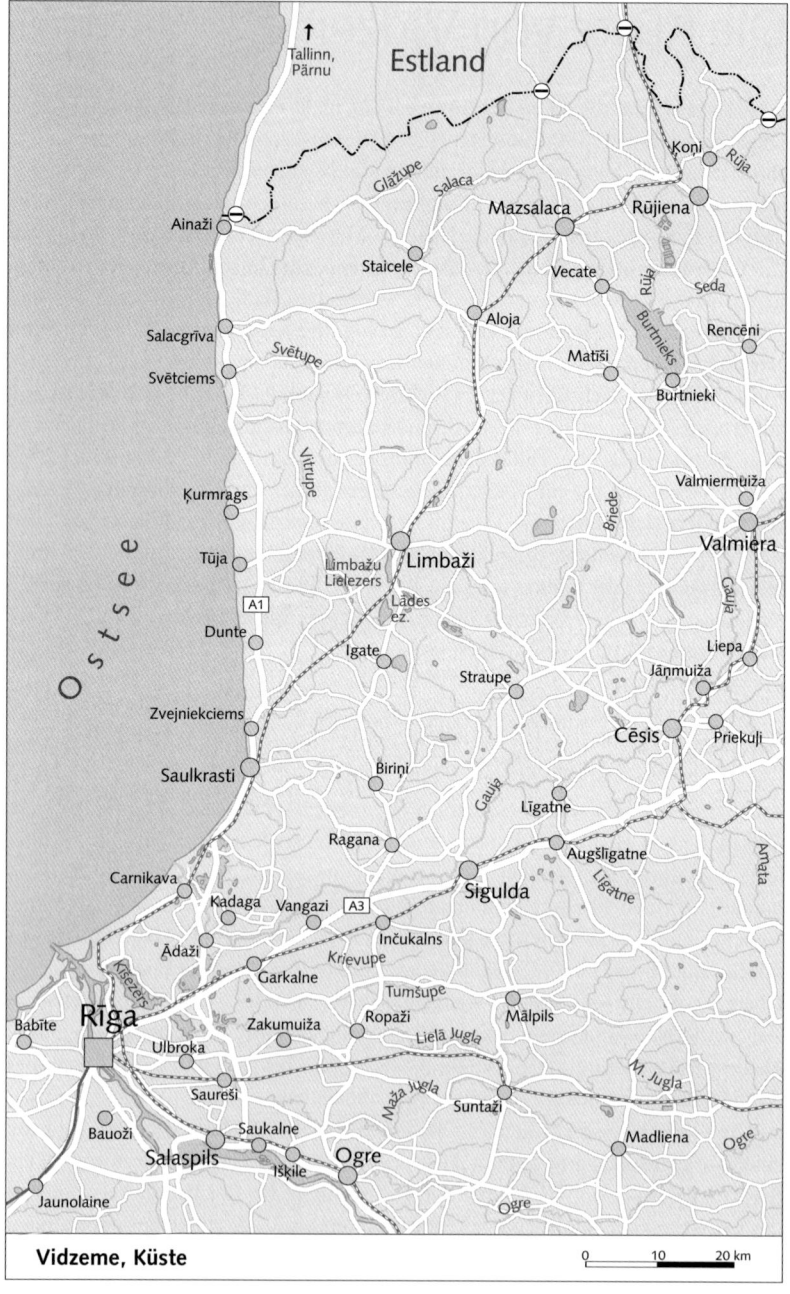

Vidzeme, Küste

0   10   20 km

In Pēterupe findet man die Touristeninformation, ein schönes Strandrestaurant, Möglichkeiten zu Wind- und Kitesurfing und einen Strand mit Umkleidekabinen, Volleyballfeldern und vielem mehr. Im Ort steht eine kleine Dorfkirche aus dem 19. Jahrhundert, in der es im August ein Orgelmusikfestival gibt. Die Freilichtbühne nördlich von Pēterupe ist unter anderem der zentrale Veranstaltungsort eines Ende Juli stattfindenden internationalen Jazzfestivals.

Der nördlichste Stadtteil Zvejniekciems hat weniger touristische Infrastruktur, bietet jedoch auch einen schönen Strand und einen direkt am Meer gelegenen Campingplatz. Nördlich davon beginnen Küstenabschnitte, an denen man das Meer

Am Strand bei Saulkrasti

praktisch für sich hat. Von Saulkrasti aus lohnt sich ein Abstecher ins 15 Kilometer weit im Landesinneren liegende Biriņi: Dort wurde der gleichnamige Gutshof zu einem herausragend schönen Hotel umgebaut, das von weitläufigen, gepflegten Parkanlagen umgeben ist und direkt an einem See liegt. Eine Übernachtung im hochherrschaftlichen Anwesen ist noch erschwinglich, man kann reiten, und es gibt einen Bootsverleih. Nördlich von Biriņi steht in Igate ein weiterer Gutshof der deutschbaltischen Dynastie derer von Pistohlkors. Das Anwesen ist heute ein ebenfalls an Park und See gelegenes gehobenes Hotel, jedoch weniger aufwendig hergerichtet.

Nördlich von Saulkrasti, im Ort Dunte, kommt man zum Münchhausen-Museum. Münchhausen lebte tatsächlich sechs Jahre lang als Offizier der russischen Armee in Lettland. 1744 heiratete er die Tochter des Gutsbesitzers des Ortes Dunte, die er in Rīga kennengelernt hatte. In der in Dunte gelegenen Schenke phantasierte er nicht über Ritte auf Kanonenkugeln, sondern über Abenteuer mit den Walen der Ostsee, aus denen er dank nahezu übermenschlicher Kräfte immer als Sieger hervorging. Die Schenke brannte 2003 ab, doch die Mühlteiche, die Wäscherei und das Gutshaus stehen noch. Hinzu kam eine Minigolfanlage. Im Museum, das vorübergehend im Gutshaus untergebracht ist, hängen Porträts des Helden neben viel weniger bedeutenden Wachsfiguren der lettischen Geschichte. Man kann auch über den Architekturentwurf zum Neubau des Museums staunen, der ein auf dem Giebel stehendes, begehbares Haus zeigt. Es wird nicht weit von der mit Walen bevölkerten Ostsee stehen.

Etwa 20 Kilometer nördlich des Museums erreicht man links der Straße durch den Wald den berühmten ›Steinigen Strand von Vidzeme‹. Nördlich des Parkplatzes Mantiņas kommt man bei der Strandwanderung zu einer sieben Meter hohen Sandsteinwand am Strand, in der sich mehrere kleine Höhlen befinden. Es gibt zahlreiche Findlingsfelder, Wacholderbüsche, andere genügsame Pflanzen und Fischerboote. Inzwischen gibt es auch immer wieder ein Schild, das auf Privatbesitz hinweist. Ob man sich davon beeindrucken läßt, sei jedem selbst überlassen. Per Gesetz gehören das Meer und von der Wasserlinie aus gesehen 20 Meter Strand nämlich allen – im Gegensatz zu den nicht eingezäunten Gärten und Grundstücken in den Dünen. Einen vergleichbaren, jedoch nicht ganz so schönen Küstenabschnitt gibt es noch einmal bei Svētciems, kurz vor der Stadt Salacgrīva.

 Touristeninformation, Ainažu 10, Saulkrasti LV-2160, Tel. 795 26 41, www.saulkrasti.lv Mai–Sept: Mo–Fr 9–18 Uhr, Sa 9–16 Uhr, Okt–April: Mo–Fr 9–17 Uhr.

 Tel. 923 18 86.

 A. Kalniņa 17, Tel. 795 15 35. Zugverbindung nach Rīga in etwa stündlich. Am nördlichen Ende des Ortsteils Pēterupe. Vom Bahnhof über die Biriņu iela sind es etwa 1,5 km Fußweg zum Meer.

 Busbahnhof neben dem Bahnhof in der A. Kalnina 17a, Tel. 795 15 51. Busverbindung Ainaži–Salacgrīva–Saulkrasti–Rīga etwa stündlich.

 Hotel ›Minzhausena Unda‹, Ainažu 74, Saulkrasti LV-2160, Tel. 795 51 98, www.minzhausenunda.lv. Rechts der A1 im Wald gelegen, 500 Meter zum Strand.

► Hotel ›Pie Maijas‹, Murjāņu 3, Saulkrasti-Pabaži LV-2160, Tel. 795 13 72, www.hotelmaija.lv. Mitten im Ortsteil Pabaži, in der Nähe der Weißen Düne gelegenes kleines Hotel.

► Hotel ›Biriņu pils‹, Biriņi, LV-4014, Tel. 406 62 22, www.birinupils.lv.

Ganz sicher eines der schönsten Hotels Lettlands mit gutem Preis/ Leistungsverhältnis. Perfekt renovierter Gutshof mit Neorenaissance-Interieur, Park und See. Bootsverleih, Radverleih und Reiterhof. Zimmer 36–94 LVL

▸ Hotel ›Igate pils‹, Igate, Vidrizi pag., LV-4013, Tel. 406 24 32. Weniger feudal ausgestattet als ›Biriņu pils‹, jedoch auch in einem schönen Park mit See gelegen und mit Preisen zwischen 20 und 45 LVL viel billiger. Bootsverleih.

 ›Jūras priede‹, Upes 56a, Saulkrasti-Zvejniekciems LV-2161, Tel. 795 47 80, www.juraspriede.lv. Am nördlichen Ortsrand, dort, wo die Bebauung aufhört.

 Lettisches Fahrradmuseum, Rīgas 44a, Saulkrasti-Pabaži LV-2160, Tel. 795 17 93, sguntis@one.lv, www.velomuseum.

▸ Münchhausen-Museum, Krogi, Liepupe, LV-4023, Tel. 402 03 33, www.minhauzens.lv. Mo–Sa 9– 18 Uhr. 8 Kilometer nördlich von Saulkrasti.

▸ Keramikwerkstätten: Nordöstlich von Saulkrasti, in Werkstätten bei Skulte, besteht die Möglichkeit, etwas über die Herstellung traditioneller lettischer Keramik zu lernen und selbst kunsthandwerklich tätig zu werden: Podniecības darbnīca Cepļi, Frau Ingrīda Žagata, Skulte LV-4025, Tel. 923 48 67, 406 56 16, cepli@tvnet.lv. Alternativ: Herr Arnis Preiss, Zelmeņi, Tel. 978 34 47.

 Izjādes, Upes 6, Saulkrasti-Zvejniekciems LV-2161, Tel. 678 58 44

 Hotel ›Marve‹, Rīgas 28, Saulkrasti-Pabaži LV-2160, Tel. 795 19 60, hotel-marve@apollo.lv

 ›Mare‹, Ainažu 13a, Tel. 955 55 80, www.aac.lv. Windsurfing und Kitesurfing mit und ohne Anleitung am nördlichen Ende des Stadtteils Pēterupe.

▸ ›Saulrieti‹, Raiņa 11, Saulkrasti-Pēterupe LV-2160, Tel. 795 14 00, 940 72 67, saulrieti@e-apollo.lv. www.saulrieti.viss.lv. Das Gästehaus verleiht Katamarane, es gibt Trampolins.

 Münchhausens Geburtstag im Mai, Stadtfest Mitte Juni, Jazzfestival Ende Juli (www. saulkrastijazz.lv), Orgelmusikfestival in der Kirche von Pēterupe im August.

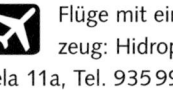 Flüge mit einem Wasserflugzeug: Hidroplāns, Ainažu iela 11a, Tel. 935 99 81. Nach telefonischer Voranmeldung; nur an den Wochenenden der Saison.

 Krankenhaus: Ainažu 34, Tel. 795 24 45. Apotheke: Ainažu 34, Tel. 795 28 92.

Gutshöfe

Überall in Lettland sind abseits der großen Städte prächtige Guthöfe zu sehen, die ihr heutiges Gesicht zumeist in der zweiten Hälfte des 19. Jahrhunderts erhielten. Ihre Entstehungsgeschichte beginnt im 14. Jahrhundert, als von den Hansestädten aus unter dem Schutz des Deutschen Orden die ländlichen Gebiete kolonisiert wurden. Auch wohlhabende Händler hatten Möglichkeiten, Landbesitz zu erwerben. Die in mittelalterlichen Dokumenten zuerst erwähnten ländlichen Gebäude waren Mühlen: Über sie steuerten, zunächst von Städten, Burgen und Klöstern aus, die deutschen Herren den Wirtschaftskreislauf der Getreideproduktion. Gleichzeitig entstanden Klöster unterschiedlichster Ordensgemeinschaften. Im Zuge der Reformation säkularisierte sich das Land zusehends, und gleichzeitig wurde die lettische Bevölkerung, Ideen der Profitmaximierung folgend, in die Leibeigenschaft geführt.

Die Blütezeit der Gutshöfe begann, nachdem der Livländische Krieg (1558–1582), Pestepidemien und der Nordische Krieg (1700–1721) ganze Landstriche entvölkert hatten. Dem deutschen Landadel sicherte Zar Peter der Große Anfang des 18. Jahrhunderts großzügige Privilegien zu. Im Einflußbereich großer Gutshöfe lebten in vielen Fällen mehr als 1000 Menschen.

In der Architektur verdrängten langsam die der Antike nachempfundenen klaren Linien des Klassizismus die illusionistischen Fassaden und opulent ausgestatteten Treppenhäuser des Barock. Die strenge Geometrie formaler barocker Gärten wich großzügigen Landschaftsparks mit Tempeln, Brücken, Seen, Pavillons und künstlichen Grotten. Ab Mitte des 19. Jahrhunderts hinterließ der Historismus in Lettland seine Spuren. Der Rückgriff in die Vergangenheit führte in der Architektur zu zwei miteinander verwandten Strömungen: Bei den ›Neo-Stilen‹ bezog man sich deutlich auf eine einzelne architekturhistorische Stilrichtung. Der Eklektizismus zitierte dagegen mehrere historische Stile gleichzeitig, die zu einem nur im einzelnen Bauwerk vertretenen Stilgemisch verschmolzen. Besonders populär wurde in Lettland die Neugotik: Die industrielle Fertigung von Ziegeln erlaubte eine Standardisierung des Bauprozesses, und Herrenhäuser, die sich stilistisch an der norddeutschen Backsteingotik und an verwandten Strömungen aus England orientierten, waren daher in der zweiten Hälfte des 19. Jahrhunderts relativ kostengünstig zu haben. Aber es gab auch in dieser Zeit Projekte, die eher dem Bau von Schlössern ähnelten: Cesvaine, im Norden Lettlands gelegen, wurde nach langer Bauzeit 1897 fertiggestellt und vereinigt Elemente aus Neugotik, Neorenaissance und Jugendstil. Dieser Gutshof, der zu den prächtigsten des Baltikums gehört, wurde durch einen Großbrand 2002 leider teilweise zerstört.

Gutshöfe galten den Sowjets als Ausdruck eines überwundenen Feudalismus. Sie wurden gezielt dem schleichenden Verfall preisgegeben oder absurden Nutzungsformen zugeführt. Der Gutshof Biriņi, wenig nördlich von Rīga pittoresk an einem kleinen See gelegen, entging einem solchen Schicksal: Er wurde in ein vorwiegend von hohen sowjetischen Funktionären genutztes Hotel umgebaut. Der Gutshof hieß in sowjetischen Zeiten auch anders, nämlich Kolcen. Die Russen wollten nämlich nicht daran erinnert werden, daß hier im 16. Jahrhundert Johan von Biring lebte, der halb Lettland von den Truppen Iwans des Schrecklichen befreite. Ihm folgten zwei weitere berühmte deutschbaltische Familien: Graf Mellin, der die ersten brauchbaren Karten Lettlands zeichnete, unterhielt im Gegensatz zu seinem Vorgänger geradezu freundschaftliche Beziehungen zum zaristischen Hof. Ihm folgte eine der berühmtesten deutschbaltischen Dynastien überhaupt, die Familie von Pistohlkors. Sie gab dem Anwesen in der zweiten Hälfte des 19. Jahrhunderts ihr heutiges Aussehen. Auch Gert von Pistohlkors, der in der zweiten Hälfte des 20. Jahrhunderts unangefochten bedeutendste Historiker zu Themen des Baltikums, gehört zu dieser Familie. Heute kann im schön renovierten Gutshof am See jeder übernachten, der bereit ist, auf dem Land den Preis eines gehobenen Rīgaer Hotels zu zahlen. Informationen gibt es über die Website www.pilis.lv. Im Fachbuchhandel ist auch eine besondere Straßenkarte des Verlags Jāņa Seta mit eingezeichneten Gutshöfen und kurzen Beschreibungen erhältlich; sie trägt den schönen Titel ›Palaces of Latvia‹.

Vestibül im Schloß Biriņi

Limbāzi

Im 14. Jahrhundert war das heute 9000 Einwohner zählende Limbāzi (dt. Lemsal) eine zur Hanse gehörende Stadt mit 400 Häusern, einem bedeutenden Markt und einer stattlichen Einwohnerzahl. Ab dem 17. Jahrhundert verlor Limbaži an Bedeutung, denn die größer werdenden Handelsschiffe konnten die Stadt nicht mehr über die Svētupe erreichen. Auch die Überfälle Iwans des Schrecklichen und Pestepidemien setzten ihr zu. Limbāzi entging dem Nordischen Krieg: Russische Truppen konnten wegen dichten Nebels die Stadt nicht finden, und nach einer Meldung an den Zaren über die Nichtexistenz des Ortes wurde sie aus der militärischen Planung gestrichen. Stattdessen verwüstete ein Stadtbrand 1748 die historische Bebauung.

Das Stadtzentrum wurde im 13. Jahrhundert kreisförmig um den Marktplatz angelegt, und diese Stadtplanung ist bis heute sichtbar. Es gibt klägliche Reste der deutschen Ordensburg zu sehen, von der vorchristlichen Vergangenheit des Ortes zeugt ein Burgberg. Die bedeutendsten Sehenswürdigkeiten der Stadt sind die Kirchen: Der barocke Altar der evangelischen Johanneskirche entstand 1785 und stammt von Rupert Bindenschuh; unter den drei Altargemälden ist das 1847 entstandene Werk ›Christi Himmelfahrt‹ das Bemerkenswerteste. Die neubyzantinische russisch-orthodoxe Kirche aus dem Jahr 1903 zählt zu den schönsten Kirchen ihrer Art in Lettland. Innen sind Ikonen und sakrale Gegenstände zu sehen, die in den Rang nationaler Kulturgüter erhoben wurden. Sehenswert ist auch das ehemalige Rathaus in der Burtnieku iela 4, in dem 200 Jahre alte Wandmalereien erhalten sind. Limbāzi ist von mehreren Seen umgeben, die in einer wenig abwechslungsreichen Landschaft liegen. Die Freizeitangebote sind eher dünn gesät.

Salacgrīva und Ainaži

Salacgrīva zählt 6000 Einwohner und hat heute wieder einen bedeutenden Hafen, über den viel lettisches Holz den Weg in die Kiefermöbelindustrien des Auslands nimmt. Der Raubbau am lettischen Wald ist seit der wiedererlangten Unabhängigkeit ein ernsthaftes Problem: Viele Letten, die ein Stück Wald besaßen, haben es nach der Reprivatisierung in den frühen 1990er Jahren kurzerhand abgeholzt, um kurzfristigen Profit aus dem gerade anlaufenden Exportgeschäft zu ziehen. Waldgrundstücke werden auch heute noch, bevorzugt nach Erbschaften, in Kapital verwandelt.

In Salacgrīva selbst gibt es nicht allzuviel zu sehen: Die evangelische und die orthodoxe Kirche entstanden beide Mitte des 19. Jahrhunderts. Die katholische Kirche ist ein Neubau aus dem Jahr 1997, dort finden in unregelmäßigen Abständen Orgelkonzerte statt. Im Stadtmuseum gibt es vor allem Exponate zur Geschichte des Hafens, zur Fischerei und zur Fischindustrie. Eine Fischkonservenfabrik ist nach wie vor einer der größten Arbeitgeber in der Stadt; verpackt werden vor allem Neunaugen: Die Fische schwimmen zum Laichen die Salaca hinauf und werden mit senkrecht im Fluß stehenden Fangzäunen abgefischt. Das Tal der Salaca zwischen dem 30 Kilometer entfernten Staicele und Salacgrīva zählt zu den schönsten Flußlandschaften Lettlands und ist an vielen Streckenabschnitten von roten Sandsteinfelsen gesäumt. Neben Wanderungen entlang des Gewässers sind auch von Anfängern gut zu meisternde Kanutouren sehr beliebt. Die meisten werden von Staicele aus organisiert, doch auch in Salacgrīva werden Kanuten unterschiedliche Serviceleistungen angeboten. Nördlich in Richtung Ainaži führt ein Wanderweg rechts der Straße zu den 200 Hektar großen Küstenwiesen (Randu pļavas), auf denen seltene und vom Aussterben bedrohte Blumen wachsen. Die extrem salzhaltigen Wiesen sind durch das langsame Zurücktreten des Meeres entstanden. Sie sind ein Brut- und Nistgebiet vieler Vogelarten, die mit Glück, Geduld und einem Fernglas von einem Aussichtsturm beobachtet werden können.

Ainaži, eine der lettischen Grenzstädte zu Estland, hat seine Bedeutung als Hafenstadt nahezu ganz verloren. Von einer glorreicheren Vergangenheit zeugt das Museum der Schule für Seeschiffahrt, der ersten ihrer Art in Lettland, die 3000 Absolventen hervorbrachte. Sie wurde 1865 von Krišjānis Valdemars gegründet, und es wurde nicht auf deutsch oder russisch, sondern auf lettisch und estnisch unterrichtet. Im Garten vor dem Museum liegen einige Anker. Weniger als 100 Meter von der lettisch-estnischen Grenze entfernt zeugt die verlandete Nordmole vom ehemaligen Hafen.

Steiniger Strand an der Küste von Vidzeme

Von Ainaži aus sind es neun Kilometer landeinwärts zum Ort Mērnieki, in dessen Nähe rote Sandsteinklippen einen der schönsten Abschnitte der Salaca säumen. Im Grenzgebiet zu Estland sollte man unbedingt einen Ausweis dabeihaben, um Unannehmlichkeiten zu vermeiden.

 Touristeninformation, Rīgas 10a, Salacgrīva LV-4033, Tel. 404 12 54, www.salacgriva.lv, saltic@latnet.lv. 15.5.–15.9. Mo–Fr 10–18 Uhr, Sa 10–15 Uhr, 16.9.–14.5. Mo–Fr 10–16.30 Uhr. Die Touristeninformation ist gleichzeitig das Informationszentrum für das Biosphärenreservat Nordvidzeme. Wer vorhat, ins von Hochmooren und einsamen Landschaften geprägte Biosphärenreservat Nordwestlettlands aufzubrechen, hier findet in Salacgrīva und eben nicht vor Ort die notwendigen Informationen. Direkter Kontakt Tel. 407 14 08 oder www.biosfera.gov.lv.

▸ Zwischen August und Oktober besteht in Salacgrīva die Möglichkeit, beim Fischen der Neunaugen mitzumachen und den Fang zu verkosten (3 LVL pro Stunde): Rīgas 10a, Salacgrīva, Tel. 404 12 54.

 Tel. 943 67 00 (in Salacgrīva).

 Busbahnhof in Ainaži: Valdemāra 38. Busverbindung Ainaži–Salacgrīva–Saulkrasti–Rīga etwa stündlich. Mit dem Bus kommt man jenseits der estnischen Grenze ins Seebad Pärnu und nach Tallinn.

 Hotel ›Brīze‹, Valmieras 7, Salacgrīva, Tel. 407 17 17,

935 59 95, www.brize.lv

▸ Pension ›Svētupe‹, Salacgrīva LV-4033, Tel. 404 14 69. Außerhalb Salacgrīvas am Ufer des Flusses Svētupe gelegen. Angelmöglichkeit, familienfreundlich.

▸ Motel ›Ainaži‹, Kr. Valdemara 82, Ainaži, Tel. 407 13 15, 407 11 14, www.dio.lv

 Camping ›Meleku līcis‹, Salacgrīva, Tel. 928 45 55, www.melekulicis.lv. An der A1, Kilometer 74.

 Stadt- und Fischereimuseum Salacgrīva, Sila 2, Salacgrīva, Tel. 407 19 81. Als besonderes Event werden vom Museum nächtliche Ausflüge auf Fischerbooten auf dem Fluß und der Ostsee angeboten. Mi–Fr 12–16 Uhr, Sa 10–14 Uhr

▸ Museum der Seefahrtschule Ainaži, Valdemāra 47, Ainaži LV-4035, Tel. 404 33 49, 15.5.–15.10. Mo–So 10–16 Uhr; 15.10.–15.5. Di–Sa 10–16 Uhr.

▸ Feuerwehrmuseum Ainaži, Valdemāra 69, Ainaži LV-4035, Tel. 404 32 80, Do–Sa 10–16 Uhr.

 Kanuverleih und Flöße für Fahrten auf der Salaca, Tel. 928 62 20 (Firma ›Maribu‹) oder Tel. 925 66 63 (Herr R. Spravņikovs).

 Apotheke: Rīgas 6, Tel. 407 17 35.

Der Norden von Vidzeme

Diese fast 300 Kilometer lange Reiseroute beginnt in Ainaži, der lettisch-estnischen Grenzstadt am Meer (Karte S. 322). Das Flußtal der Salaca ist von roten Sandsteinfelsen gesäumt, man kann Kanu fahren und wandern. In Mazsalaca säumt ein Wanderweg den Fluß, an dessen Wegrand Bildhauer den regionalen Mythen Gesicht und Gestalt gegeben haben, ein Teufelmuseum hat der Ort auch. Der südlich von Mazsalaca gelegene Burtnieku-See ist ein beliebter Badesee. Über Rūjiena, wo viel traditionelles Handwerk besichtigt werden kann, führt die Route weiter nach Valka (estn. Valga). Mitten durch die geteilte Kleinstadt verläuft die lettisch-estnische Grenze. Das Wandergebiet der Schluchten Kornetu Peļļu ist hügelig, hat dichte Wälder und vielen schöne kleine Seen. Die Tour endet in der Stadt Alūksne, die an einem der größten Seen Lettlands liegt. Ab dem 18. Jahrhundert entstand dort ein ausgesprochen schöner Uferpark mit vielen Kleinarchitekturen.

Mazsalaca

Acht Kilometer östlich von Ainaži kann man im Dorf Mērnieki das Auto stehenlassen. Flußabwärts erreicht man am Ufer stehende, bis zu 20 Meter hohe rote Sandsteinfelsen, die Sarkanas klintis, wo es auch einen Zeltplatz gibt. Die Wege am Ufer führen nicht sonderlich weit. Die beste Möglichkeit, die Landschaft kennenzulernen, ist aber ohnehin das Kanu. Dies wird hinter dem Ort Staicele, dem bekanntesten lettischen Storchendorf, sehr deutlich: Am eigentlich sehr schönen Fluß führt nur eine Schotterpiste entlang, und man kommt auch nicht gut ans Ufer. Nördlich dieser Schotterpiste beginnen weitläufige Sumpfgebiete, die Kernschutzgebiete des Biosphärenreservats Nordvidzeme sind. Sie erstrecken sich beiderseits der lettisch-estnischen Grenze. Diese Gegend ist so gut wie gar nicht durch Straßen erschlossen, und ohne fachkundige Führung kann sich man dort leicht verlaufen. Es soll dort Bären, Wölfe (und Werwölfe) geben.

Zu fast allen Orten Lettlands gibt es zahllose Mythen und Legenden. In Mazsalaca hat man ihnen in Form eines von Holzskulpturen gesäumten Märchenpfads, der in ganz Lettland bekannt ist, Gesicht und Gestalt gegeben. Die Figuren im Naturpark Skaņaiskalns erzählen Geschichten und Abenteuer aus dem Leben des mit außergewöhnlichen Kräften versehenen livischen Helden Kurbads, der gegen die Kräfte des Bösen, Ungeheuer und bösartige Elfen kämpft. Der Wanderweg beginnt an einem Parkplatz, und zunächst erreicht man die am Ufer der Salaca stehende Werwolfkiefer (Vilkaču priede). Der Stamm des Baumes ist etwas verwachsen, es gibt einen großen und einen kleinen Durchgang. Dem Volksglauben nach werden

Am Märchenlehrpfad von Skaņaiskalns

alle, denen es gelingt, sich dreimal durch die beiden Öffnungen zu winden, von ihren physischen Leiden befreit werden. Es gibt in der Überlieferung aber auch die Vorstellung, daß sich all diejenigen, die das Ritual bei Vollmond und an einem ganz bestimmten Tag des Jahres durchführen, in Werwölfe verwandeln. Flußabwärts kommt man zur an die Salaca hinunterführenden Traumtreppe: Die hundertjährigen Bäume am Wegrand galten als das Tor ins Reich des Schlafes und der Träume. Unten angekommen bietet sich von der Liebesbrücke aus ein schöner Rundblick auf die Flußlandschaft, und man darf sich dort auch etwas wünschen: Wer beim Wiederaufstieg die Zahl der Stufen richtig zählt und trotzdem seinen Wunsch nicht vergißt, soll gute Chancen auf seine Erfüllung haben.

Weiter flußabwärts kommt man zur 16 Meter langen Teufelshöhle (Velna ala). In ihrer Nähe finden sich einige weitere Sandsteinhöhlen, markante Aussichtspunkte wie die ›Teufelskanzel‹ und die in der Sandsteinwand entspringende Quelle Skābuma ķērne. Um all diese Orte ranken sich teuflische Geschichten und Legenden. Es gibt aber auch naturnähere Ideen wie die Vorstellung, daß, wenn man in der Mittsommernacht erstaunlicherweise blühende Farne sieht, dies nur Gutes verheißt: Man wird reich, verschlossene Türen werden sich öffnen, die Sprache der Tiere

Der mit 250 Metern breiteste Wasserfall Europas in Kuldīga
Moorlandschaft im Ķemeri Nationalpark; Bei Līgatne im Nationalpark Gauja

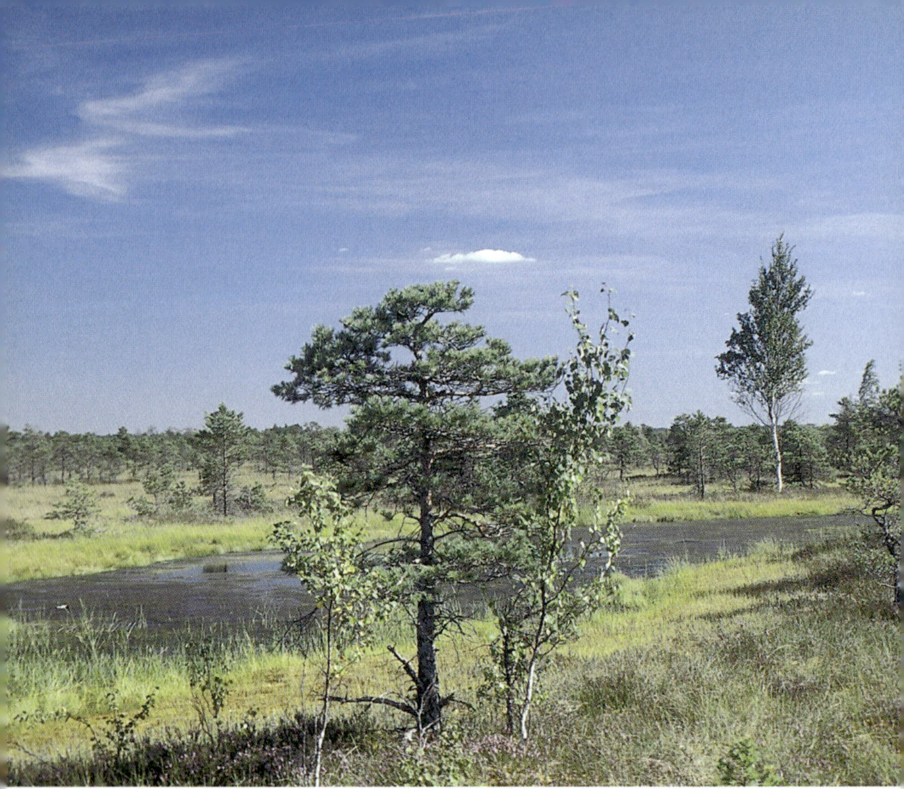

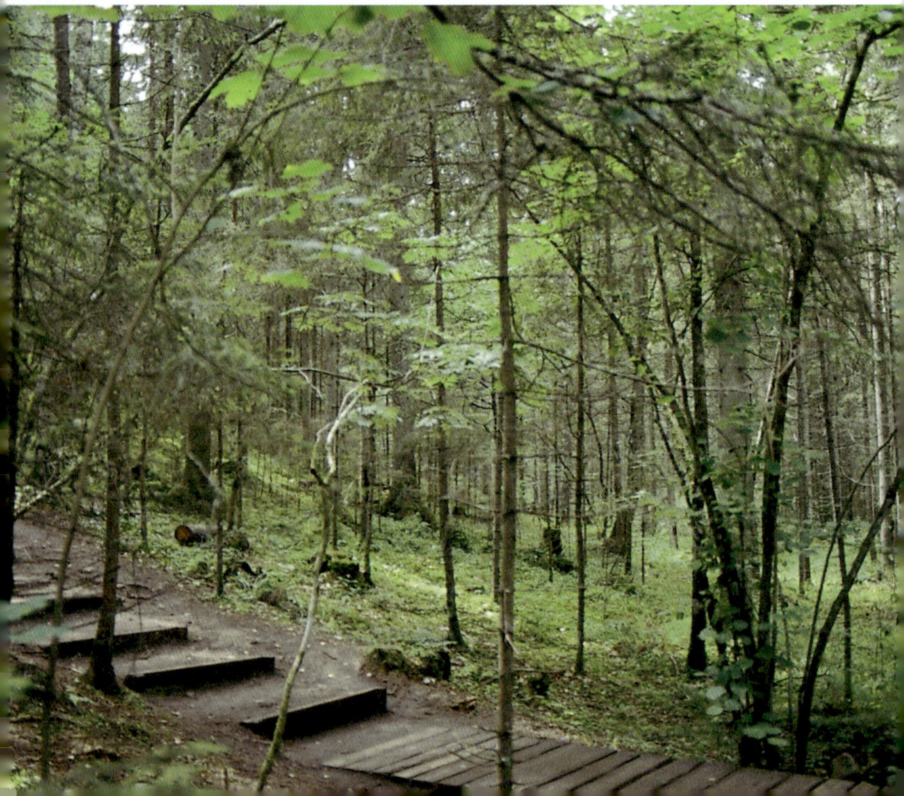

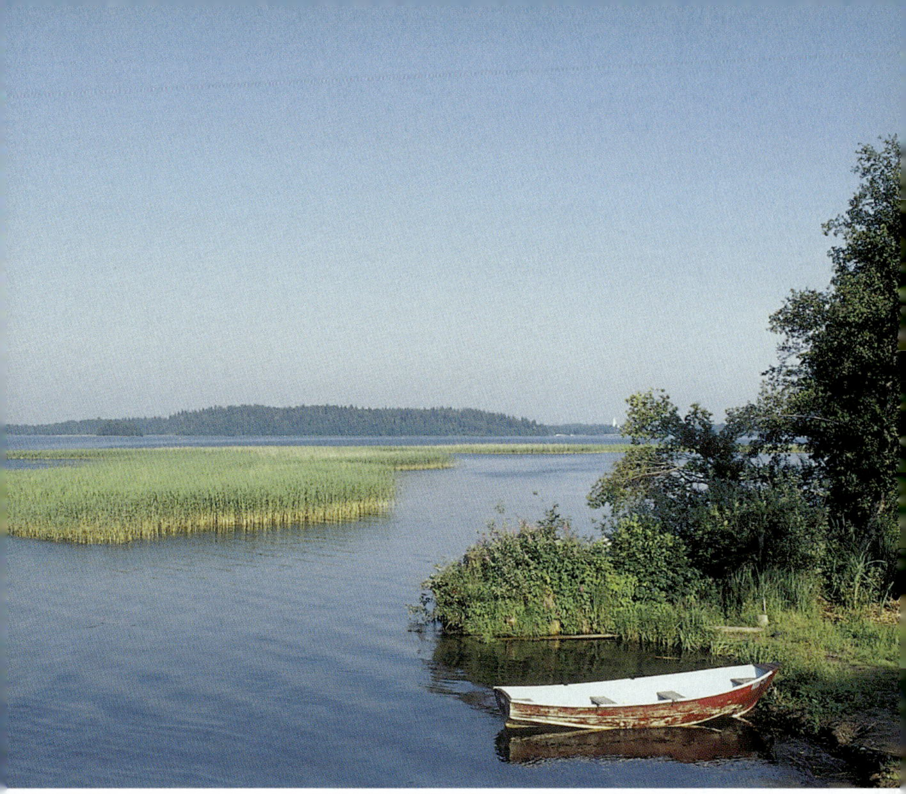

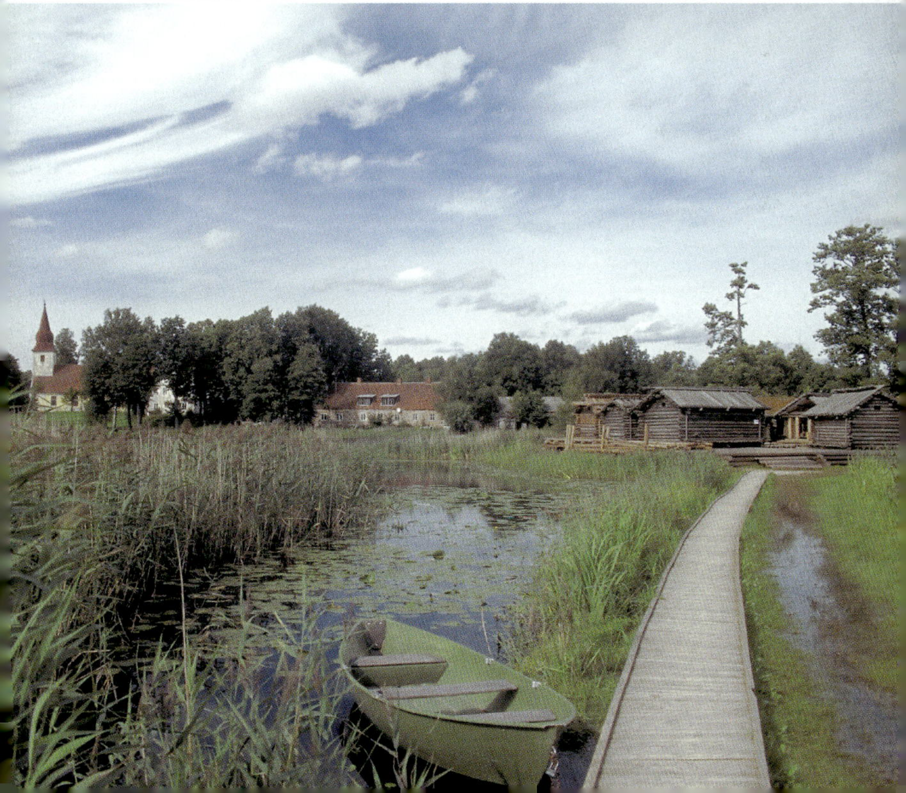

wird verständlich und selbstredend wird man auch Glück in der Liebe haben. Der Weg endet an einer Stelle, wo am gegenüberliegenden Ufer eine 35 Meter hohe Sandsteinwand zu sehen ist. Hier ist ein ganz besonderes Echophänomen zu beobachten: Das Echo kommt knapp 20 Meter rechts des Rufenden an, und es ist ein beliebter Spaß, diese Stelle zu zweit zu suchen.

Im Ort Mazsalaca befindet sich das Teufelmuseum von Valters Hirte (1913–1983), einem Holzbildhauer aus dem Volk, dessen Werk und Person in Lettland hoch geschätzt wird. Neben den vielen verschiedenen Teufeln gibt es auch karikaturistische Holzskulpturen berühmter lettischer Persönlichkeiten und Tierfiguren zu sehen. Regionalmuseum, Touristeninformation und ein kleiner Laden für kunsthandwerkliche Produkte sind im gleichen Haus untergebracht.

Holzteufel aus Mazsalaca

Dem Museum gegenüber bietet die Lettische Kulturstiftung einen detaillierten Einblick in die Geschichte der Familien der Straße und in die Geschichte des traditionellen Handwerks. Die neugotische Annenkirche im Zentrum wurde 1784 erbaut, 1890 erweitert und erhielt 1924 ihren heutigen Turm. Die Daugala-Apotheke ist in einem Gebäude des 19. Jahrhunderts untergebracht; die originale Inneneinrichtung ist noch erhalten. Ein dort erhältliches Produkt ist der süße Vitaminriegel ›Hematolgens‹: Er enthält unter anderem Kalbsblut und ist auch mit Schokolade überzogen erhältlich.

Noch ein Tip für alle Wasserwanderer: Für die Salaca gibt es, beispielsweise in der Fachbuchhandlung ›Jāņa sēta‹ in Rīga, eine sehr brauchbare lettische Wasserwanderkarte von Valdis Avotiņš und Ints Lukks (ISBN 9984-663-46-9).

Latgalische Seenlandschaften: Rekonstruierte Pfahlbausiedlung in Araiši
Der Erglu klintis (Adlerfelsen) am Gaujaufer nahe Cēsis

Touristeninformation Mazsalaca, Rīgas 1, Mazsalaca LV-4215, Tel. 425 17 81, tic.mazsalaca@inbox.lv. Mi–So 11–16. Unter anderem auch für den Burtnieku-See zuständig, der erst im folgenden Abschnitt beschrieben wird.

► Das Informationszentrum des Biosphärenreservats Nordvidzeme ist nicht vor Ort, sondern: Rīgas 7, Strenči LV-4730, Tel. 473 11 75, www.biosfera.gov.lv oder: Rīgas 10a, Salacgrīva LV-4033, Tel. 404 12 54.

► Die Stadt Gütersloh stellt viele Infos zur Region bereit: www.partnerschaft-valmiera.de/partnerkreis.html. Harsewinkel ist die deutsche Partnerstadt von Mazsalaca, und dank einer großzügigen Spende konnte das Krankenhaus des Ortes modernisiert werden.

 Zwei- bis dreimal täglich Rīga–Straupe–Valmiera–Mazsalaca–Rūjiena.

 Hotel ›Rozēni‹, Staicele, Tel. 403 32 33, 933 81 18, www.brize.lv, brize.hotel@apollo.lv. Zwischen Ainaži und Staicele, am Ufer der Salaca. Gehobenes Hotel mit Physiotherapie und Wellness. Gästehaus ›Pilskalni‹, Skaņkalnes pag., Tel. 936 71 87, 420 03 76. Abgelegenes, 2,5 Kilometer von Mazsalaca entferntes Bauernhaus.

► Gästehaus ›Rūjupes‹, Skaņkalnes pag., Tel. 420 03 10, 936 20 60. Gästehaus ›Lībieši 2‹, Skaņkalnes pag., Tel. 946 48 30. Am Ufer der Salaca mit Zeltplatz.

► Miks, Pērnavas 5, Mazsalaca, Tel. 425 19 59, 945 65 70, miks_mazsalaca@inbox.lv.

 ›Silmači‹, Tel. 942 95 00. Im Tal der Salaca; 0,5 km bis zum Naturpark Skaņākalns.

► ›Jaungrūbītes‹, Tel. 632 30 44. Am Grūbītes-See.

 Livisches Museum ›Pivalind‹, Lielā 14, Staicele, Tel. 685 76 09. Kleines Museum zur Geschichte des Volksstamms der Liven. Di–Sa 10–16 Uhr.

► Teufelmuseum, Rīgas 1, Mazsalaca LV-4215, Tel. 425 17 81. Mi–So 11–16 Uhr. Sammlung von lettischen Teufeln und karikaturistischen Figuren.

 In unregelmäßigen Abständen Open-Air-Konzerte im Naturpark Skaņaiskalns in Mazsalaca; mitunter wird dabei auch das beschriebene Echophänomen genutzt.

 Zeltplatz ›Avotkalni‹, Tel. 673 03 62, 936 47 30.

► Zeltplatz ›Rūjupes‹, Skaņkalnes pag., Tel. 420 03 10, 936 20 60.

► Gästehaus ›Lībieši‹, Skaņkalnes pag.,Tel. 946 48 30.

► Gumijas laivas – SIA ›Ferrits‹, Pasta 2, Mazsalaca, LV-4215, Tel. 425 18 79, 943 45 34.

 Krankenhaus: Parka 14, Mazsalaca, Tel. 425 13 13. Apotheke: Rīgas 11, Mazsalaca, Tel. 425 11 65.

Lettische Teufel

Als der schönste der Engel, Luzifer, aus dem Himmel verbannt wurde, verwandelte er sich der christlichen Lehre des Mittelalters zufolge in ein tierähnliches, sinnliches und den Menschen zur Fleischeslust verführendes Wesen. Er stand auch für die im Mittelalter als obszön empfundene Lust der Natur, sich in unendlichen Formen fortzupflanzen. Seine Maskeraden waren das Sinnbild alles Unverstandenen und des namenlosen Elends – Pest und Naturkatastrophen eingeschlossen.

Der lettische Teufel Velns hat mit den Teufeln der christlichen Mythologie nichts zu tun: Nach altlettischem Glauben erschuf er gemeinsam mit Gott die Welt. Intrigen im Himmel sind ebenso sein Werk wie die Lust daran, sich auf Erden gut zu unterhalten. Er nähert sich den Menschen, um im bäuerlichen Alltag, beim Hausbau und mitunter auch bei der Geldbeschaffung zu helfen – wofür er jedoch belohnt werden will. Er kann jede denkbare materielle Gestalt annehmen – auch die anderer Götter. Seine schwer berechenbaren und mitunter bösen Absichten sowie seine übernatürliche Kraft gehen Hand in Hand mit Torheit. So kommt es, daß er vom Menschen fast immer überlistet werden kann und in der Volkskunst eine beliebte Figur ist.Im Lauf der Jahrhunderte hat sich die Idee vom Velns unter dem Einfluß der christlichen Religion etwas stärker den uns bekannten Ideen über das Böse angepaßt.

Die deutschbaltischen Maskeraden des christlichen Teufels finden sich häufig über dem Hauseingang: Sie sollten böse Geister, die Pest und den frühen Tod abwehren. Die Teufel der Jugendstilhäuser, die meist von lettischen Architekten gebaut wurden, sind hingegen über die ganze Fassade verteilt und zitieren die volkstümliche Idee des lettischen Velns.

In ganz Lettland sind deshalb viele freundliche, oft sogar lachende Teufel zu sehen – an Giebeln, über Hauseingängen, als Wasserspeier und an Dachrinnen. In Maszalaca, im Teufelsmuseum des Holzbildhauers Valters Hirte, sind neben zahlreichen teuflischen Alltagsgegenständen karikaturistische Skulpturen bedeutender teuflischer Persönlichkeiten wie Lenin, Marx und Goethe zu sehen (www.ailab.lv/hirte).

Die weltweit größte Ansammlung von Teufeln gibt es jedoch im litauischen Kaunas, denn der litauische Velnias ist mit dem lettische Velns eng verwandt. Mit dem alten magischen Spruch ›Da, nimm nur und sammle dein Leben lang lauter Teufel‹ überreichte der litauische Schriftsteller Vaizgantas seinem Freund Zmuidzinavicius in Kaunas ein geschnitztes Exemplar der Gattung. Darauf hin habe der Teufel seinem potentiellen Hausherrn Reichtum, Gesundheit und ein langes Leben versprochen – sofern er mindestens einem Teufelsdutzend (13 Stück) in seinem Haus Obdach gewähre. Diese Bedingung ist in Kaunas mehr als erfüllt.

Burtnieku-See und Rūjiena

Von Mazsalaca führt die Route an die touristisch gut erschlossene Südküste des Burtnieku-Sees. Auf halbem Weg, im Ort Vecate, befindet sich das nördlichste Storchennest eines europäischen Weißstorchs. Östlich von Vecate, an der Mündung des Flusses Rūja in den Burtnieku-See, wurden die Überreste der größten steinzeitlichen Siedlung Nordeuropas entdeckt: Zwischen 5000 und 2000 vor Christus entstanden dort 315 Gräber, und sowohl die dauerhafte Besiedlung als auch die sich wandelnden Bestattungspraktiken geben wertvolle Aufschlüsse über den Kulturwandel dieser Zeit. Die Siedlung am See war ein bedeutendes religiöses Zentrum, das von livischen, estnischen und lettgalischen Stämmen gleichermaßen frequentiert wurde. Der kleine Ort Matīši, südlich von Vecate, ist vor allem seiner 1687 gebauten Kirche wegen sehenswert: Ihr Turm wurde dem der natürlich sehr viel höheren Petrikirche in Rīga nachempfunden. Fast schon am See liegt der Bauernhof Viļļēni: Dort können Hanfbutter und Käse verkostet werden.

Der Ort Burtnieku entstand aus einer 1284 gebauten Burg des Deutschen Ordens heraus. Zum heute noch stehenden großen Gutshof gehören ein Park mit 70 Baumarten, Kornspeicher und Pferdeställe. Pferde sind in Burtnieku ein großes Thema: Es gibt ein Museum für Pferdegeschirre und ein Gestüt von internationaler Bedeutung, in dem Stuten der Rassen Holsteiner, Trakehner und Lettisches Warmblut gehalten werden. Jedes Jahr werden etwa 40 Fohlen verkauft, die dann im Pferdesport Karriere machen. Zu den bekanntesten zählt Rusty, mit dem die

Gehöft in Nordvidzeme

deutsche Dressurreiterin Ulla Salzgeber Welt- und Europameisterschaften gewonnen hat.

Über Rencēni geht es weiter nach Rūjiena. Im Zentrum der Stadt steht in einer Grünanlage eine Skulptur des Bildhauers Kārlis Zemdaga. Sie stellt einen altlettischen Hornbläser dar, der im 13. Jahrhundert das Herannahen der Kreuzritter angekündigt haben soll. Es gibt in der Stadt keine herausragenden Bauwerke, aber viel handwerkliche Tradition: Schon russische Fürsten trugen Gewänder aus Stoffen, die in Rūjiena hergestellt wurden. Auch das Bäckerhandwerk hat eine lange Tradition. Beide Gewerke können in ihrer traditionellen Form in der Windmühle und der Schafwolle verarbeitenden Textilwerkstatt in Ķoņu, nördlich von Rūjiena, besichtigt werden. Es gibt einen Laden, und in der Mühle kann man sogar übernachten. Der Bauernhof Dzintari wird dagegen vor allem für Kinder interessant sein: Dort gibt es eine Kaninchenzucht und eine Sammlung von Oldtimern zu bestaunen.

Sāldejums ist der lettische Name für Eis, das gerne mit Honig, Nüssen, Schokolade und etwas Rīgas Balzams serviert wird. Aus Rūjiena kommt viel gutes Eis, doch hat sich die Fertigung im Zuge des Strukturwandels von Kleinbetrieben auf Fabriken verlagert.

In Richtung Valka erreicht man knapp nach dem Ort Naukšēni den rechts der Straße gelegenen Wanderweg Ječi. Weiter in Richtung Valka liegt nordöstlich des Ortes Kārki der Cepsis-See, wo sich ein Freigehege mit Hirschen befindet. In Ērģeme gibt es die Ruine einer Ordensburg zu sehen.

 Touristeninformation, Raiņa 3, Rūjiena LV-4240, Tel. 426 32 78, 946 48 88, www.rujiena.lv. Mo–Sa 9–17 Uhr.

 2–3x täglich Rīga–Straupe–Valmiera–Mazsalaca–Rūjiena.

 Hotel ›Tālava‹, Rīgas 12, Rūjiena LV-4240, Tel. 426 37 67. Hotel ›Burtnieki‹, Jaunatnes 9, Burtnieki, Tel. 425 64 33, 945 28 33.

 ›Ezerpriedes‹, Ezerpriedes, Valmieras rajons, Burtnieki LV-4206, Tel. 946 14 55, 638 74 23, www.ezerpriedes.lv. Großer Campingplatz am See, viel Infrastruktur, Bootsverleih.

 Stadtmuseum, Rīgas 34, Rūjiena, Tel. 426 31 75. Mo–Fr 12–17 Uhr, Sa 12–16 Uhr.

▶ Windmühle und Wollproduktion: SIA Ķoņu dzirnavas, Ķoņi LV-4247, Tel. 642 45 67, 426 42 60. Besichtigung traditionellen Handwerks und Übernachtungen.

▶ Bauernhof Dzintari: Kaninchenzucht und Oldtimerausstellung, Tel. 945 96 18.

▶ Produktion von Hanf und Hanfbutter: Alfrēds Bricis, Bauernhof Adzelvieži, Tel. 925 35 07. Traditionelle Produktionsweise mit Geräteausstellung, Mitmachmöglichkeit, Laden.

Burtnieku zirgaudzētava, Vintēnu 13, Burtnieku LV-4206, Tel. 656 27 03, www.burtnieki.com. Nicht einfach ein Reiterhof, sondern eine der internationalen Top-Adressen für Turnierpferde. Verkauf, Reitstunden, Ausritte, Kutschfahrten und auf Anfrage auch Kreuzungen mit nichtlettischen Stuten.

▶ Vitolu 6, Ērģemes pag., Tel. 624 69 39.

▶ Vaidelotes, Ērģemes pag., Tel. 633 99 72.

 Tirumkalni, p/n Rūjiena, Jeru pag., LV-4240, Tel. 426 30 68, 929 52 77.

 Rostes, Ķoņu pag., Tel. 946 60 08. Kanuverleih für die Rūja.

 Krankenhaus: Valdemāra 26, Rūjiena, Tel. 426 34 31.

Apotheke: Rīgas 3, Tel. 426 34 26.

Valka/Valga

Das Interessanteste und Kurioseste an Valka ist der Grenzzaun. Es ist nicht etwa so, daß zwischen den 1920 unabhängig gewordenen Esten einerseits und Letten andererseits ethnische, religiöse oder politische Konflikte geherrscht hätten. Man lebte recht friedlich und vorurteilsfrei zusammen. Aber 1920 wurden die von Esten und Letten so lange gewünschten Nationalstaaten endlich politische Realität. Um klare Verhältnisse zu schaffen, trennte die große Politik von oben herab das kleine multikulturelle Städtchen.

Zur Vermeidung von Grenzstreitigkeiten wurde sogar eine internationale Schiedskommission unter britischer Leitung eingesetzt, die anhand der ethnischen Zugehörigkeit den Grenzverlauf festlegen sollte. Das historische Zentrum Valkas kam infolgedessen auf die estnische Seite, und der lettische Teil der Stadt wurde gewissermaßen zu einem Vorort. Weil rund um die Kirche sehr viele Letten wohnten, kam aber immerhin die Stadtkirche auf die lettische Seite. In der Zwischenkriegszeit herrschte ein reger Pendelverkehr. Zu sowjetischen Zeiten verschwand die Grenze infolge der von allen gleichermaßen ungeliebten Besatzung der baltischen Staaten durch die Rote Armee. 1991 hatte man dann nichts Besseres zu tun, als den alten Grenzzaun wieder aufzubauen. Heute gibt es in Valka drei Grenzübergänge: einen innerstädtischen für Autos, einen innerstädtischen für Fußgänger und abseits der Stadt einen für den internationalen Durchgangsverkehr, den man nicht in der Stadt haben will. Für die russische Bevölkerung ist die Grenze heute kein Kuriosum, sondern ein ernsthaftes Problem: Sie benötigen als Nicht-EU Bürger bei jedem Grenzübertritt ein Visum, und illegale Grenzübertritte werden mit hohen Geldstrafen geahndet.

Valka - die lettische Stadt

Das Stadtmuseum Valkas hat für das lettische Vidzeme und die benachbarten estnischen Bezirke eine große kulturgeschichtliche Bedeutung: In seinen Mauern befand sich ab 1850 die Ausbildungsstätte für Lehrer, die in den Dorfschulen nicht etwa in Deutsch oder Russisch, sondern in Lettisch und Estnisch unterrichteten. Zu den lettischen Absolventen gehörten unter anderem Kārlis Baumanis, der vielleicht wichtigste Komponist traditioneller lettischer Chormusik, und der Lyriker Auseklis. Die zweite Sehenswürdigkeit Valkas ist die evangelische Kirche, die urkundlich erstmals 1477 als Katharinenkirche erwähnt wurde. Mehrfach brannte sie praktisch völlig ab; das letzte Mal 1907, als der brennende Turm durch das schon beschädigte Kirchendach fiel. An der Fassade sind noch Elemente des Barock und des Klassizismus erkennbar. Vom Turm aus hat man heute einen guten Blick auf die geteilte Stadt. In der Varoņu iela 31a gibt es einen deutschen Friedhof, auf dem im Jahr 1919 gefallene Soldaten der ›Landwehr‹ begraben sind. Diese hatte nach dem Ersten Weltkrieg die Idee, einen Estland und Lettland umfassenden Staat unter deutschbaltischer Führung zu errichten - woraus bekanntlich nichts wurde.

Valga - die estnische Stadt

Auf estnischer Seite überragt die 1787 vom Rīgaer Architekten Christoph Haberland entworfene Johanniskirche die Stadt. Sie ist ein schönes Beispiel für den Übergang vom Barock zum Klassizismus. Die Orgel wurde 1876 in Leipzig hergestellt; in unregelmäßigen Abständen finden klassische Konzerte statt. In der Kirche kamen früher an den Sonntagen zwei verschiedene Gemeinden zusammen: Die deutsch-lettische seit 1780, die estnische ab 1908. In der sehr politisch orientierten estnischen Gemeinde waren Pastoren aktiv, die bei der Findung Estlands als Kulturnation eine bedeutende Rolle spielten. Im roten Rathaus in der Kesk 11, das aus dem Jahr 1765 stammt, ist unter anderem die Touristeninformation untergebracht. Das Gebäude gilt als als eines der schönsten Beispiele für die klassizistische Holzarchitektur Estlands. In der Grundschule, Kesk 22, wurde 1919 das erste estnischsprachige Gymnasium eröffnet. Das Stadtmuseum befindet sich in der Vabaduse tänav 8. Valga ist trotz seiner reativ hohen Einwohnerzahl eine estnische Provinzstadt. Im Zentrum gibt es noch einige Häuser der Jahrhundertwende, die von einer kurzen Blütezeit der Stadt als Verkehrsknotenpunkt zeugen. Hier kreuzten sich die Linien Rīga–Valka–Tartu und Rīga–Pskov. Doch der internationale Bahnverkehr verlor mit dem Zerfall des zaristischen Rußland und dem Entstehen der neuen Nationalstaaten an Bedeutung. Zum Bau des heutigen Bahnhofsgebäudes wurden von den Sowjets nach dem Zweiten Weltkrieg deutsche Kriegsgefangene herangezogen.

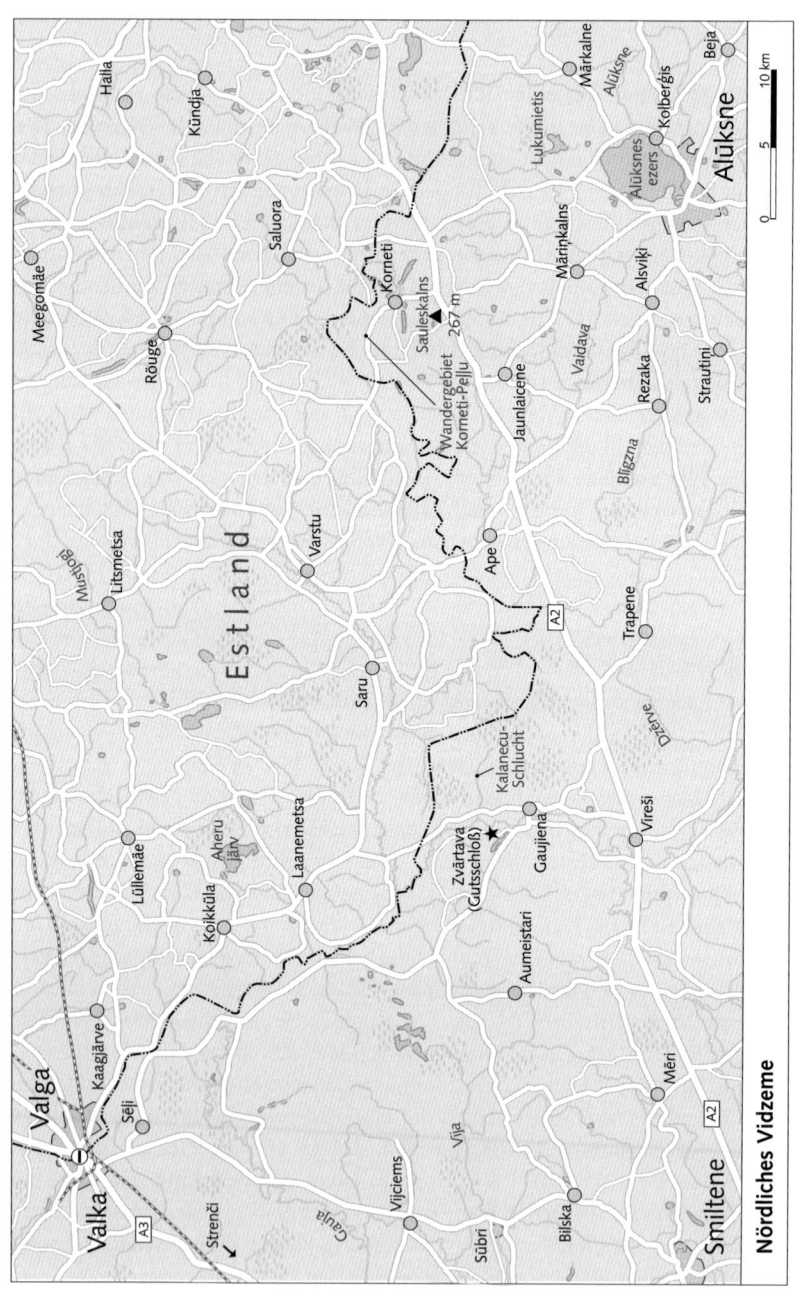

Der Eindruck, den man von Estland bekommt, wenn man nur Valga kennengelernt hat, täuscht: Bereits in der unmittelbaren Umgebung gibt es sehr schöne
Landschaften. Die Stadt Otepää ist ein beliebtes Wintersportzentrum, es gibt
schöne Wanderwege durch die sanften Hügel einer seenreichen Endmoränenlandschaft, und mit dem Pühajärv findet man dort auch den schönsten See Estlands. Im
20. Jahrhundert wirkten in diesem Ort unter anderem die russischen Schriftsteller
Aleksandr Solženicyn und Andrej Sacharov, die sich sehr offen gegen den Gulag
und Menschenrechtsverletzungen sowie für die Freiheit der Medien aussprachen.
Von dort sind es nur wenige Kilometer in die sehr lebendige Universitätsstadt Tartu,
die als das geistige Zentrum Estlands gilt. Tartu wurde im Nordischen Krieg so
vollständig zerstört, daß das gesamte Stadtzentrum im reinsten Klassizismus wie-
derauferstand. Die Touristeninformation in Valga hat einige Informationsbroschüren
und grobe Karten zu Estland.

Wer von Valka aus schnell zurück nach Rīga möchte, kommt über die Städte
Strenči und Smiltene. Strenči ist von dichten Wäldern umgeben; dort gibt es ein
Flößermuseum mit kryptischen Öffnungszeiten. Smiltene ist eine typisch lettische
Provinzstadt; in der Nähe gibt es einen See mit diversen Möglichkeiten der Freizeitgestaltung. Die Städte und Landschaften des Gauja-Nationalparks, durch die
man bei weiterer Fahrt nach Rīga zwangsläufig kommt, sind viel interessanter.
Die Route durch das nördliche Vidzeme ist in Valka noch nicht zuende: Weiter
südöstlich kommen noch das Wandergebiet Kornetu Peļļu mit vielen kleinen Seen
und die wirklich sehenswerte Stadt Alūksne.

 Valka (Lettland): Beverīnas 3,
Tel. 47075 22, www.valka.lv.
Mo–Fr 8–17 Uhr.
▸ Valga (Estland): Kesk 11, Tel.
003 72/766 16 99, www.valga.ee,
www.visitestonia.com.
▸ Smiltene: Dārza 3, Smiltene
LV-4729, Tel. 47075 75,
www.smiltene.lv. Mo–Fr 9–18 Uhr.
▸ Strenči und Informationszentren
Biosphärenreserrvat Nordvidzeme:
Rīgas 7, Strenči LV-4730,
Tel. 473 11 75, www.biosfera.gov.lv,
strencutic@inbox.lv, www.biosfere.lv.
Mo–Fr 10–17 Uhr.

Gaujiena, Ape und Kornetu Peļļu

Von Valka kommend, liegt noch vor Gaujiena das Gutsschloß Zvartava, ein beeindruckender Bau aus dem Jahr 1881. Vorbild waren englische Schlösser des Tudor-
Stils, beim Bau wurde viel Feldstein verwendet, und innen ist die historische

Ausstattung mit dunklen Holzarten vollständig erhalten. Auf Zvartava gibt es heute ein sehr empfehlenswertes Hotel, das eigentlich auch die beste ›Heimatadresse‹ für Exkursionen ins Wandergebiet der Kornetu-Peļļu-Schluchten ist. Außerdem nutzt die Union der lettischen Künstler das Gebäude für Seminare und Ausstellungen.

In Gaujiena gibt es ein dem Gründer der Lettischen Philharmonie gewidmetes Museum und ein Regionalmuseum, das im ehemaligen Gutshof des Barons von Wulf untergebracht ist. Nördlich von Gaujiena kommt man zur Kalamecu-Schlucht, in der es mehrere kleine Wasserfälle gibt und zur Höhle Markūzu, die zu den wenigen Dolomithöhlen Lettlands gehört.

Weiter in Richtung Osten erreicht man die hübsche kleine Kirche von Ape, die 235 Meter über dem Meer steht und die damit die höchstgelegene in Lettland ist. Die bedeutendste Attraktion Apes ist die größte Weißweide der Welt mit einem Umfang von mehr als acht Metern. Der wirklich sehr beeindruckende Baum wird jedes Jahr Anfang Juli im Rahmen eines folkloristischen Festivals gefeiert. Eine ganz andere Art Folklore sind die Motorrad- und Autorennen, die ebenfalls jährlich stattfinden.

Östlich von Ape liegt das Wandergebiet Kornetu Peļļu, eine abwechslungsreiche Moränenlandschaft mit vielen kleinen Seen. Die Touristeninformation befindet sich in Veclaicene, nördlich davon liegt der Ort Korneti mitten im Wandergebiet. Östlich von Korneti erreicht man zu Fuß den malerischen Ievas-See; durch einen Birkenwald hindurch geht es zum zwei Kilometer langen Raipalas-See. Südlich des Raipala-Sees liegt der eher einem Teich ähnelnde Mazāis-See. Im Fluß, der die Seenkette östlich von Korneti verbindet, gibt es noch die fast ausgestorbenen Flußperlmuscheln. Nördlich des Pilskalna-Sees stand früher eine livische Burg, und vom 247 Meter hohen Burgberg aus kann man sogar den höchsten Berg Estlands und des gesamten Baltikums sehen, den 318 Meter hohen Suur Munamägi. Im Abhang des Burgbergs entspringt die höchstgelegene Quelle Lettlands.

Nach Korneti zurück und von dort in Richtung estnische Grenze nach Norden kommt man am düster wirkenden, von Nadelwäldern umgebenen Melīšu-See zum Lielais baltiņu ezers (dt: großer weißer See), der dank seines 30 Meter tief abfallenden Kiesbodens beeindruckend

Die höchstgelegene Kirche Lettlands steht in Ape

Am Piskalna-See im Wandergebiet Kornetu Peļļu

klares Wasser hat. Der nördlich gelegene Mazāis baltiņu ezers gehört bereits zum Teil zu Estland. Die malerische Landschaft und die für lettischen Verhältnisse recht tiefen Seen, deren Grund oft in mehreren Stufen steil abfällt, ist für die lettische Mythen- und Sagenwelt von Bedeutung: Es gibt viele ursprünglich als heilig geltende Orte, und es soll neben vielen anderen Tieren sogar wieder wilde Pferde geben.

Für die Region ist die Touristeninformation in Alūksne zuständig. Es gibt aber auch kleinere Informationseinrichtungen vor Ort:
▸ Ape: Skolas 4, Tel. 432 22 72, 943 92 07, www.ape.lv, apeinfo@navigators.lv.
▸ Veclaicene: ›Vaiņagi‹, Tel. 436 61 60, veclaicene@aluksne.lv.

 Ape–Alūksne etwa 5 x täglich.

 ›Zvārtavas pils‹, Zvārtava, p/n Gaujiena, Gaujienas pag., Alūksnes raj., LV-4339,

Tel. 430 03 27. Ein imposantes, neugotisches Schloß mit Übernachtungsmöglichkeit.
▸ ›Raudiņi‹, p/n Veclaicene, Veclaicenes pag., Alūksnes raj., LV-4335, Tel. 436 61 81. Recht einfache Unterkunft im Wandergebiet.

 ›Smilģas‹, Korneti, Veclaicenes LV-4335, Tel. 941 05 43, Angelmöglichkeit.

 Anniņas – Jazeps Vitols Memorial Museum, Gaujiena LV-4339, Tel. 435 71 01. Jāzeps Vītols, dem Begründer der Lettischen

Philharmonie, gewidmetes Museum.
► Regionalmuseum ›Gaujienas pils-
drupas un pilsmuiža muzejs‹,
Gaujiena LV-4339.

 Anfang Juli Weißweidenfest
in Ape, 3. Samstag im Juli

Chorfestival im Jazeps Vitols Memorial Museum (Anniņas), Ende Juli
Motorradmeisterschaften ›Vaidavas
kauss‹ in Ape, Ende August Dorffest
in Ape.

Alūksne

Alūksne ist die bedeutendste Stadt des lettischen Nordens, zählt heute rund 11 000 Einwohner und liegt an einem der größten Seen Lettlands. Im 13. Jahrhundert befand sich hier an der Verbindungsstraße Rīga–Pskov ein wichtiges Handelszentrum, das der Deutsche Orden mit einer achttürmigen Burg sicherte. Diese war nur über eine Zugbrücke zu erreichen, an der Schenken und Gasthöfe für die Fernhändler standen. Von der Burg ist infolge der Zerstörungen des Nordischen Krieges nur noch eine Ruine übrig. Die Eichenpfähle der mittelalterlichen Zugbrücke tragen noch heute die Brücke zwischen der vorgelagerten Insel und der Stadt. Anfang des 19. Jahrhunderts legte Hermann Baron von Vietinghoff-Schell, inspiriert von der englischen Gartenarchitektur und der Kultur der Antike, am Seeufer den Stadtpark an. Das am nordöstlichen Ende des Parks gelegene Mausoleum der von Vietinghoffs wurde 1832 fertiggestellt. Ursprünglich gab es in der Mitte des Tempels vier nach den Himmelsrichtungen ausgerichtete Windharfen. Sie verschwanden jedoch schon 1865 wieder, denn ihr Lärm störte die Ruhe der Schloßbewohner. Der Alexanderpavillon stammt aus dem Jahr 1822 und wurde anläßlich des Besuchs von Zar Alexander I. erbaut. Später nahm in diesem Pavillon die Familie Vietinghoff, den Blick auf den See genießend, den morgendlichen Kaffee zu sich. Das Palmenhaus wurde in den 1880er Jahren nach Plänen des Rīgaer Architekten Christoph Haberland gebaut. Das der englischen Gotik nachempfundenen Gutsschloß, auch ›Neues Schloß‹ genannt, beherbergt heute das Stadtmuseum.

Wie viele andere Gebäude der Stadt wurde auch die heutige Fassung der evangelischen Kirche von Christoph Haberland entworfen. Sie steht des sumpfigen Untergrundes wegen auf 211 mächtigen Eichenstämmen, ist eine der bedeutendsten frühklassizistischen Kirchen Lettlands, hat einen 55 Meter hohen Turm und eine Orgel mit hervorragender Akustik. Berühmt ist die evangelische Kirche jedoch durch Johann Ernst Glück: Der Schüler Luthers wurde 1654 in Wettin bei Halle geboren. Er studierte in Wittenberg und Leipzig Theologie, um anschließend in Alūksne seinem Beruf als protestantischer Pastor nachzugehen. In achtjähriger Arbeit übersetzte er von hebräischen und griechischen Texten die Bibel ins Lettische. Seine Bibel-

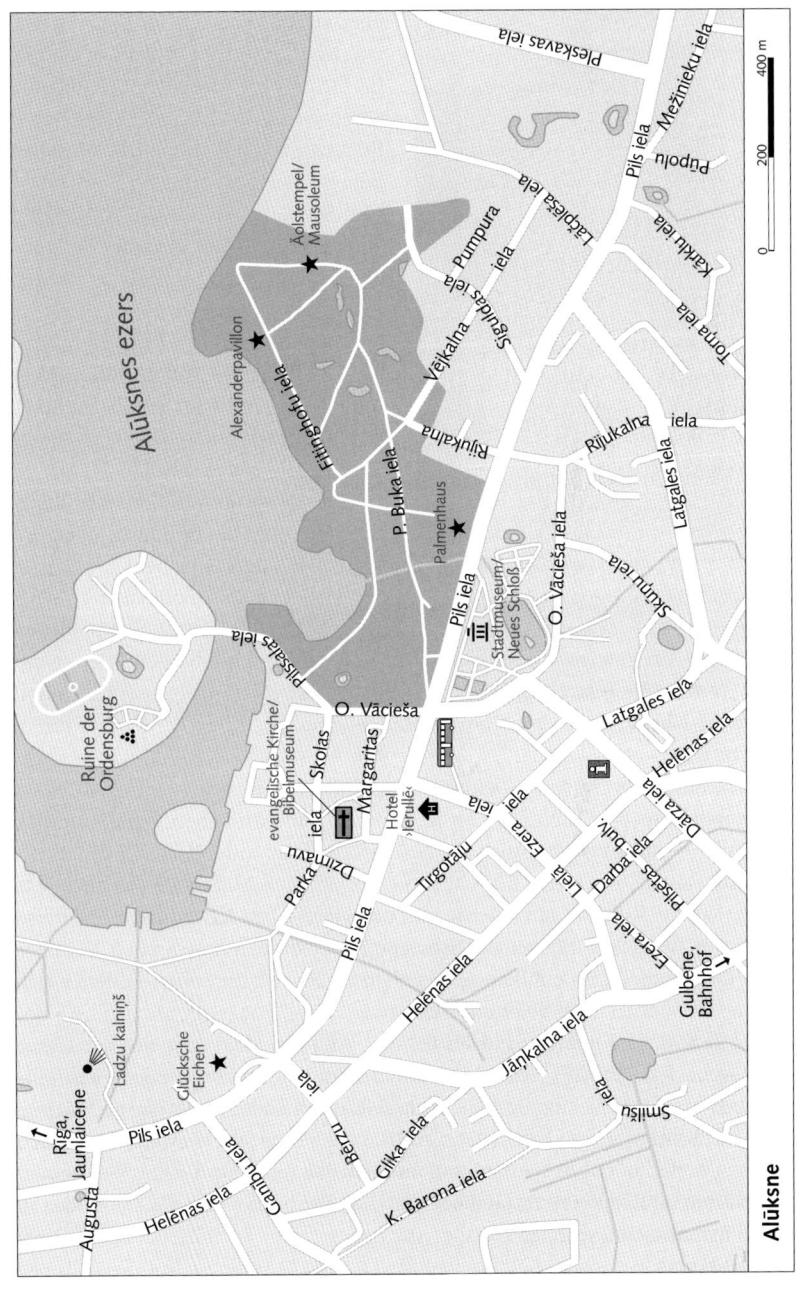

Alūksne

Häuser in der Innenstadt von Alūksne

übersetzung bedeutete für Lettland das, was die Luthersche Bibelübersetzung für Deutschland bedeutete: Es ging um Gottesdienste in verständlicher Sprache, Bildung und Aufklärung des lettischen Bauernstandes und um die Einrichtung von Schulen. All diesen Aktivitäten konnte Ernst Glück dank der Duldung und Unterstützung des schwedischen Königshauses nachgehen. Er wurde im schwedisch-russischen Krieg 1702 nach Moskau deportiert, wo er wenig später starb. Leben und Werk werden im Bibelmuseum gezeigt; dort sind auch einige wertvolle Bibeln zu sehen.

Auf der westlichen Seite des Stadtzentrums stehen die Glückschen Eichen: Die ältere von beiden pflanzte der Pastor 1685 anläßlich der fertiggewordenen Übersetzung des Neuen Testaments, die jüngere wurde 1689 für die Vollendung der lettischen Fassung des Alten Testaments gesetzt. Oberhalb der Eichen, auf einem kleinen Hügel, stand früher die Kirche, in der lettische Bauernkinder auf Betreiben des Pastors hin in Lettisch unterrichtet wurden.

Ganz am nordwestlichen Stadtrand erinnert der Templakalns daran, daß früher Wertvorstellungen in einer anderen Religion als der christlichen ihren Ausdruck fanden: Dort oben befanden sich vor Ankunft der Kreuzritter bedeutende lettgalische Kultstätten, von denen heute nichts mehr erhalten ist. Stattdessen errichtete das zaristische Rußland in Gedenken an den Nordischen Krieg, insbesondere zu Ehren des russischen Marschalls Scheremtjiew und des schwedischen Kapitäns Wulff den Tempel, der dem Berg seinen Namen gab. Von dort oben eröffnen sich schöne Ausblicke auf die Stadt und den See.

Bei Zeltiņi, 15 Kilometer südwestlich von Alūksne, kann man eine verlassene sowjetische Raketenbasis besichtigen: Kontrollraum, Bunker, Hangars und eine Leninstatue. Zur Besichtigung sollte man, sofern vorhanden, seine eigene Taschenlampe mitbringen. Zwölf Kilometer südlich von Alūksne gibt es in Jaunanna einen schönen Reiterhof mit Restaurant und traditioneller lettischer Küche. Wer mit der Schmalspurbahn in Richtung Gulbene fährt, kommt bei der Station Stāmeriena zu einem herausragend schönen Gutshof; der nahegelegene See bietet einige Freizeitmöglichkeiten.

Touristeninformation, Dārza 8a, Tel. 432 28 04, 913 09 55, www.aluksne.lv. 1.5–1.10. Mo 10–17 Uhr, Di–Fr 9–18 Uhr, Sa 10–14 Uhr; 1.10.–1.5. Mo–Fr 9–17 Uhr.

 Tel. 631 31 61, 941 59 96.

 Schmalspurbahn Alūksne–Gulbene, Viestura 12, Tel. 447 30 37, Bahnhof am Ende der Jāņkalna ganz im Süden der Stadt, www.banitis.lv. Mo–Sa Alūksne–Gulbene 7.50, 15.20, 19.50 Uhr, Gulbene–Alūksne 6, 13.25, 18 Uhr. Sonn- und Feiertags: Alūksne-Gulbene 7.50, 12, 19.50 Uhr, Gulbene–Alūksne 6, 10, 18 Uhr.

 Pils 72. Bus nach Rīga etwa 5x täglich.

 ›Ierullē‹, L. Ezera 2b, Alūksne, Tel. 432 17 57, 653 53 54.

▸ Hotel ›Arāji‹, in Jaunanna, etwa 15 km südlich von Alūksne, Tel. 430 70 99, 9471280, www. hotel-araji.com. Reiterhof mit traditioneller Küche, Kinderspielplatz.

 ›Ezermalas 44‹, Alūksne, Tel. 927 41 75, 943 59 59, etwas außerhalb nordöstlich der Stadt am See gelegen.

 Stadt- und Kunstmuseum, Pils 74, Tel. 438 13 31. Di–Fr 10–17 Uhr, Sa 10–14 Uhr.

▸ Bibel- und Ernst-Glück-Museum, Pils 25, Alūksne LV-4301, Tel. 432 31 64. Sommer Mi–Sa 12–17 Uhr, So 13–15 Uhr; Winter Fr–Sa 13–17 Uhr.

▸ Naturkundliches Museum, Pils 74,

Tel. 432 44 48. Di 10–12, Mi 14–16, Fr 11–12, Sa 10–13 Uhr.

▸ Freilichtmuseum Ate, Kalncempju pag., Aluksnes raj., LV-4342, Tel. 434 54 52. Restaurierter traditioneller Bauernhof mit 13 Gebäuden. 1.5.–31.10. Di–Fr 10–17 Uhr, Sa/So 11–16 Uhr.

▸ Ehemalige sowjetische Raketenbasis, Zeltiņu pag., Tel. 434 22 20, 949 93 52.

 Mitte Juni Festival sakraler Chormusik, im Juni Veranstaltungen zum Gedenken an Ernst Glück, Mitte Juli Motorboot- und Segelwettbewerbe, Anfang August Stadtfest, Anfang September Fest der Schmalspurbahn ›Bānitis‹.

 ›Velonoma‹, Dārza 6, Tel. 936 06 95.

›Mūrnieki‹, Annas pag., Tel. 434 33 44, 643 86 47.

 Bootsverleih: Tallars, O. Vācieša 2b, Tel. 432 26 44.

▸ Segelboote: Ezermales 44, Alūksne, Tel. 927 41 75.

▸ Jet-Ski: Viļņāji, Mārkalnes pag., Tel. 683 60 88, 679 74 78.

 Alpinski: Ķauķi, Tel. 922 79 35.

▸ Biathlon-Loipe: Mežinieki, Jaunalūksne, Tel. 927 31 14.

 Krankenhaus: Pils 1a, Alūksne LV-4301, Tel. 430 71 49. Apotheke: Tirgotāju 13, Alūksne LV-4301, Tel. 438 13 37.

Das Hochland von Vidzeme

Zwischen dem Gauja-Nationalpark und Latgale liegt das Hochland Vidzemes: eine abwechslungsreiche Endmoränenlandschaft mit dichten Wäldern, kleinen Seen und einigen vor allem für Letten wichtigen Kulturstätten. Besonders schön sind die Landschaften bei Vecpiebalga und Vestiena. Aus der Gegend um Vecpiebalga kamen viele lettische Künstler und Intellektuelle, die Bedeutendes zur Selbstfindung der lettischen Kulturnation beitrugen. Daher gibt es dort zahlreiche Museen. In der Nähe von Vestiena erstreckt sich nicht nur ein schönes Wandergebiet, dort erhebt sich auch der 312 Meter hohe Gaiziņkalns, der höchste Berg Lettlands. Dort und an einigen anderen Erhebungen der Region gibt es Skilifte mit Höhenunterschieden von sage und schreibe bis zu 70 Metern. Madona liegt im Süden des Hochlands, wo bereits die wasserreichen Landschaften Latgales beginnen. Dort liegen das Naturschutzgebiet Teiči, das größte Hochmoor des Baltikums und der größte See Lettlands, der Lubāns. Gulbene und Alūksne verbindet die berühmteste Schmalspurbahn Lettlands. In der Region gibt es mehrere schöne Gutshöfe, in denen man zum Teil auch übernachten kann.

Von Rauna nach Vecpiebalga

Von Cēsis aus nach Rauna sind es 20 Kilometer in Richtung Osten. Dort stand einmal die Sommerresidenz des Rīgaer Erzbischofs, eine mächtige Burg mit fünf Türmen, und zahlreichen Schlaf- und Speisezimmern. Sie galt als die schönste Burg des Baltikums, wurde jedoch im schwedisch-polnischen Krieg 1658 soweit zerstört, daß man einen Wiederaufbau unterließ.

Aus archäologischer Sicht interessant ist der westlich der Ruine am See gelegene Burgberg Taniskalns, auf dem man ein gut erhaltenes Wohnhaus aus dem 9. Jahrhundert mit dazugehöriger Lederwerkstatt entdeckte. In tieferen Kulturschichten fand man Spuren der finno-ugrischen Kultur, die in etwa aus der Zeit um Christi Geburt stammen.

Einen guten Kilometer südlich des Burgbergs kommt man zum ›Kleinen Staburags‹, einem 35 Meter langen Kalkfelsen, aus dessen Spitze eine kleine Quelle entspringt. Der Felsen hat sich durch Ablagerungen des kalkhaltigen Wassers gebildet. Der Große Staburags im Tal der Daugava, der eine identische Entstehungsgeschichte hat, ist ein wichtiger Ort der lettischen Mythologie. Er wurde 1965 von den Sowjets durch den Bau eines gigantischen Staudamms überflutet.

Auf dem Weg nach Jaunpiebalga passiert man den kleinen Ort Drusti, in dessen Nähe es einige schöne kleine Seen gibt.

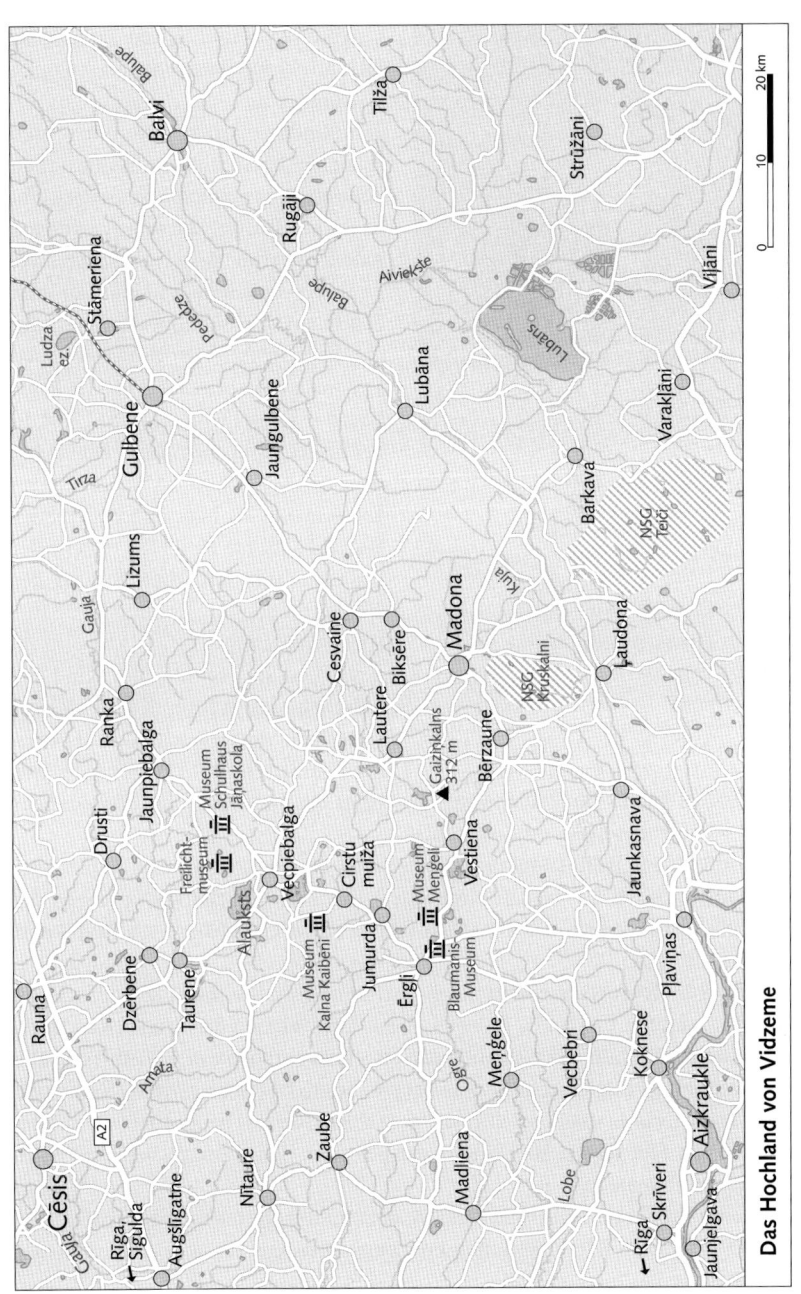

Das Hochland von Vidzeme

Für das Hochland von Vidzeme sind weiße, von Bäumen gesäumte Schotterpisten typisch

Von den beiden Orten Jaunpiebalga und Vecpiebalga gingen kulturelle Impulse aus, die ab Mitte des 19. Jahrhunderts ganz wesentlich zum Enstehen der lettischen Kulturnation beitrugen. In Jaunpiebalga selbst gibt es nicht allzuviel zu sehen, aber auf halber Strecke zwischen Jaunpiebalga und Vecpiebalga kommt man zum Schulhaus Jāņaskola, dem ersten der drei Kulturmuseen der Region. Es zeigt Exponate zu Leben und Werk des Komponisten Emīls Dārziņs (1875–1910). In der umgebauten ehemaligen Schule hat man die Möglichkeit, Musikstücke im Klassenraum zu hören und eine Jānis Sudrabkalns (1894–1975), einem der bedeutendsten lettischen Lyriker des 20. Jahrhunderts, gewidmete Ausstellung zu besichtigen.

In Lettland kennt jedes Kind die Märchen des Autors Kārlis Skalbe, sozusagen des lettischen Hans-Christian Andersen. In Erinnerung an sein Lebenswerk wurde nordöstlich von Vecpiebalga ein romantisch am Ufer des Sees Alauksts liegendes Museum eingerichtet.

Nördlich des Skalbe-Museums findet man im Freilichtmuseum von Vēveri harmonisch in die Landschaft eingebettete traditionelle Bauernhöfe. Neben der Darstellung bäuerlicher Lebenswelten gibt es vor allem traditionelle Textilkunst zu sehen.

Südwestlich von Vecpiebalga, nahe dem inselreichen See Inesis, steht das älteste Literaturmuseum Lettlands, Kalna Kaibēni. Dort wirkten die Brüder Kaudzītes, die Ende des 19. Jahrhunderts mit ihrem streckenweise sehr satirischen Werk ›Die Landvermesser‹ den lettischen Roman begründeten. Der Bauernhof mit Sauna und Glasveranda wurde von den Schriftstellern selbst in den bis heute erhalten Zustand versetzt. Im Hof stehen Holzfiguren der bei allen Generationen beliebten Titelhelden des Romans.

Wer in der Gegend übernachten will, dem sei das Herrenhaus des schön renovierten Gutshofs Cirsti in Richtung Ērgļi empfohlen, das am Oberlauf des Flusses Ogre liegt.

Touristeninformation ›Cīrulīži‹, Vecpiebalga LV-4122, Tel. 41643 17, 656 59 77, www.piebalga.cesis.lv.

 Verbindung nach Cēsis mehrmals täglich. Abends eine Direktverbindung nach Rīga.

 Gutshof ›Cirstu muiža‹, Inežu pag., Tel. 921 29 90, www.piebalga.cesis.lv, sanita@openlatvia.lv. Sehr schön am Fluß Ogre gelegener, spätgotischer Gutshof. Übernachtung 3–25 LVL.

 Zeltplatz in Raskumi, Vecpiebalgas pag., Tel. 656 59 77. Am Ostufer des Alauksta-Sees, Bootsverleih.

 ›Kalna Kalbeņi‹ (Literaturmuseum Kaudzites), Kaudzīši

LV-4121, Tel. 416 82 16, 919 69 52, skutans@inbox.lv. 15.5.–15.10. Mo–So 10–17 Uhr; 15.4.–14.5. und 16.10.–15.11. nach Vereinbarung.

▸ ›Saulrieti‹ (Kārlis-Skalbe-Museum), Vecpiebalga, Tel. 416 42 52, 6494 40 06.

▸ Freilichtmuseum Vēveri, Tel. 936 48 06.

▸ ›Jāņaskola‹ (Emīls-Dārziņš-Museum), Jaunpiebalga LV-4125, Tel. 410 03 51, 416 23 54. 15.5.– 1.11. Di–So 10–17 Uhr.

▸ Gutshof Dzerbene, Führungen und Spukgeschichten nach Anmeldung unter Tel. 416 62 41. 10 km nordwestlich von Vecpiebalga.

Ērgļi und Vestiena

Südlich von Cirstu muiža erreicht man bei Jumurda einen weiteren Gutshof mit reichhaltigem Freizeitangebot: Im Sommer Reiten und Bootfahren, im Winter Skilanglauf und Eislaufen. Südlich von Ērgļi beginnt ein nur sieben Kilometer langer, aber nur von erfahrenen und professionell ausgerüsteten Kanuten zu meisternder Streckenabschnitt auf dem Ogre. Im Flußbett liegen viele Feldsteine, auch umgestürzte Bäume stellen eine besondere Herausforderung dar. Zur Zeit der Schneeschmelze treffen sich am reißenden Fluß die ambitionierten Kanuten des Landes. Wenn es viel Wasser gibt, kann man sogar noch weiter oben beim Gutshof Cirstu muiža auf den Fluß. Ērgļi ist die Heimatstadt von Rūdolfs Blaumanis (1863–1908), dem Begründer der lettischen psychologischen Novelle und einem hervorragenden Dramatiker. Leben und Werk sind in einem kleinen Museum dokumentiert, das in einem Bauernhof untergebracht ist. Ein weiteres kleines Museum am See östlich des Ortes ist das Museum Meņģeļi: Von den neun Kindern der Familie Jurjāns leisteten im späten 19. Jahrhundert vier bedeutende Beiträge zur klassischen Musik Lettlands. Alljährlich findet am Museum ein Chorfestival statt. Nordöstlich von Ērgļi gibt es

am Pārsteigumkalns eine Skipiste; nach der Schneeschmelze kann man dort Kanus
für Fahrten auf dem Ogre leihen.

Etwa 15 Kilometer östlich von Ērgļi liegt in Richtung Madona der Ort Vestiena
mit reichhhaltigem Freizeitangebot und Wanderwegen. An den Ufern des Kāla-Sees,
westlich der Ortschaft, stehen Tannen- und Birkenwälder. Auch die kuppelartigen
Inseln im See sind mit Wäldern bewachsen. Dort findet man unter anderem Sträu-
cher mit schwarzen Johannisbeeren, sofern man es schafft, die steilen Ufer zu
erklimmen. In Vestiena selbst sind Reste des Gutshofs zu sehen, es gibt einen unter
Denkmalschutz stehenden Pferdestall aus dem 18. Jahrhundert und einen kleinen
Park. Interessant ist der nahegelegene kleine See Ilziņa mit einer Insel, die etwa alle
20 Jahre auftaucht: Sie befindet sich am nordwestlichen Ende des Sees, 60 Meter
vom Ufer entfernt und hat sich aus Moos- und Torfablagerungen gebildet, die in
etwa das Gewicht des sie umgebenden Wassers haben.

Von Vestiena aus kommt man zum Gaiziņkalns, dem mit 312 Meter höchsten
Berg Lettlands. Oben befinden sich ein Informationszentrum für die Region, ein
Hotel, und ein etwas maroder Aussichtsturm. Zu dessen Neuerrichtung wurde ein
Architekturwettbewerb ausgeschrieben, und einige Ideen zu seiner Neuerrichtung
sind ausgesprochen futuristisch (www.gaizinkalns.lv). Es gibt eine Skipiste und
Wege für Mountainbiker. Nördlich des Gaiziņkalns erstreckt sich der Naturpark
Gaiziņkalns mit dem Viešurs-See (anderer Name: Kaķīšas-See), dessen Inseln
nur bei Niedrigwasser zu sehen sind. Etwa drei Kilometer östlich des Gaiziņkalns
entspringen die Heilquellen von Boleņu. Dort nimmt der kleine Fluß Raganite

Sauna auf dem Gutshof Jumurda

seinen Anfang. Über eine seiner Brücken erzählt man sich, daß dort während der Pestepidemie von 1710 der Tod mit seinem Schreiber gestanden habe und die Listen derer zusammenstellte, die das Tor zur Ewigkeit passieren sollten. Von diesem verwunschenen Ort aus führt die Route auf dem schnellsten Weg nach Madona.

 Zuständig ist die Touristeninformation in Madona: Saieta laukums 1, Madona LV-4800, Tel. 486 05 73, www.madona.lv. Mo–Fr 8–17 Uhr. Es gibt auch ein kleines Informationszentrum auf dem Gaiziņkalns.

 Verbindung Ērgļi–Madona etwa alle 2 Stunden.

 Gutshof ›Jumurda‹, Jumurdas pag., Madonas raj., LV-4844, Tel. 487 17 91, www.jumurda.lv. Sehr schöner, kleiner Gutshof am See von Jumurda, nördlich von Ērgļi. Bootsverleih, Radverleih, Reiten und Fischen. Im Winter Langlauf, Alpinski und Schlittschuhlaufen. DZ 28 LVL.

▶ Gästehaus ›Vestiena‹, Vestiena, Vestienas pag., Madonas raj., LV-4855, Tel. 487 34 89, 924 93 18, www.vestiena.lv/viesunams.

▶ Gästehaus ›Gaiziņkalns‹, Bērzaune, Madonas raj., LV-4855, Tel. 487 34 94, 950 47 89. Skifahren, Mountainbiking, Wandern, Sauna oben auf dem Berg.

▶ Gästehaus ›Abrienas‹, Bērzaunes pag., Madonas rajons, LV-4853, Tel. 647 65 95, www.abrienas.viss.lv. Kleines, ruhiges Gästehaus im Wald, nördlich des Gaiziņkalns.

 ›Jāņlejas‹, Vestienas pag., Tel. 654 63 30. Am Kāla-See, Bootsverleih.

▶ ›Ozolkalns‹, Aronas pag., Tel. 630 79 40, 927 99 74. Am Lideres-See, 20 km nordöstlich von Vestiena, Bootsverleih.

 Braki (Blaumanis-Museum), Ērgļu pag., Madonas raj., LV-4840, Tel. 480 03 69. Zwei Kilometer östlich von Ērgļi in einem Bauernhof. Auch kleine Ausstellung zum bäuerlichen Alltag. Mi–Fr 10–17 Uhr, Sa/So 11–16 Uhr; 1.10.–10.5. nach Vereinbarung.

▶ Bauernhof Līvi, Ozolkrogs, Bērzaunes pag., Tel. 483 84 05, 918 71 64. Einer der größten Ziegenbauernhöfe Lettlands. Besichtigung von Tieren und Käserei.

▶ Museum Meņģeļi, Ērgļu pag., Madonas raj., LV-4840, Tel. 487 10 77, 943 16 59. Vom 10.5.– 1.11. Di–So 10–18 Uhr. Vom 2.11.– 9.5: Di–So nach Vereinbarung. Sauna nach Absprache.

 Im Juni Tage des traditionellen Handwerks im Museum Meņģeļi, im September Chorfestival im Museum Meņģeļi.

  Hotel ›Parsteigumkalns‹, Ērgļi, Tel. 948 60 33. Kanuverleih für den Fluß Ogre.

 Krankenhaus: Parka 7, Ērgļi, Tel. 487 16 71. Apotheke: Rīgas 1, Ērgļi LV-4840, 487 10 98.

Rund um Madona

Davon, daß Madona einmal ein Zentrum der altlettischen Kultur war, zeugen über 30 Burgberge. Die Burgen wurden von den Kreuzrittern geschliffen, viel Neues entstand in der recht abgelegenen Region jedoch nicht. Die dem Nordischen Krieg folgende Pestepidemie von 1710 entvölkerte die Region. Berichtenswert ist allenfalls noch, daß Madona in der Zwischenkriegszeit ein Zentrum der lettischen Viehzucht war. Die sowjetische Epoche hinterließ deutliche Spuren. Wirklich Sehenswertes gibt es in der knapp 10 000 Einwohner zählenden Stadt, die das Zentrum der Region ist, nicht. Was die Landschaften angeht, so kommt man von Madona aus im Norden und Westen in das wald- und seenreichen Hochland Vidzemes; im Süden und Osten beginnen Sumpf- und Moorgebiete mit einer einzigartigen Flora und Fauna.

Das Naturreservat Teiči (Teiču reservāts), südöstlich von Madona gelegen, ist das größte Hochmoor des gesamten Baltikums: eine einzigartige, von Menschen kaum berührte Naturlandschaft. Im sehr weitläufigen Moorgebiet wurde ein sechs Kilometer langer Lehrpfad angelegt. Moor und Lehrpfad sind ausschließlich im Rahmen von Führungen zugänglich, die das Informationszentrum des Naturreservats organisiert. Hochmoore wie das in Teiči entstehen, wenn Seen von ihren Rändern her mit Torfmoosen zuwachsen. Die entstehende Pflanzenschicht ist leichter als Wasser, legt sich über den ehemaligen See, und es entstehen meterdicke Torfschichten. Inseln treiben in noch offenen Wasserflächen und haben in der Regel keinen festen Standort. Auf der bis zu neun Meter dicken Torfschicht hat man 212 unterschiedliche Moosarten gefunden, und in der praktisch unberührten Natur leben noch Wölfe, Braunbären und Luchse. Erstaunlich ist auch die Vielfalt an Amphibien, die man vielleicht nochmal besichtigen sollte, bevor sie ganz aussterben: Es gibt einen Pilz, der weltweit bei Fröschen eine Hautkrankheit auslöst, und der bereits einige Arten zum Aussterben gebracht hat. Die Erderwärmung tut ein übriges. Ein Drittel der Amphibien wird Schätzungen zufolge noch in unserem Jahrhundert dem Planeten Erde unwiederbringlich verlorengehen.

Die charakteristische Landschaft des Hochmoors mit Moorbirken, Zwergkiefern, Beeren und vielen Mücken ist zu Zeiten des Vogelzugs besonders interessant. Abhängig von der Jahreszeit sind viele seltene Vogelarten wie Schwarzstorch, Schreiadler, Steinadler, Bruchwasserläufer und Birkhähne zu sehen. In der Mitte des Naturreservats liegt auf der Insel Siksala ein ehemaliges Dorf orthodoxer Altgläubiger. Die Angehörigen dieser Konfession wurden Ende des 18. Jahrhunderts im Gebiet Novgorod durch die russisch-orthodoxe Kirche verfolgt und fanden hier Asyl.

Wie Teiči kann auch das südlich von Madona liegende Naturschutzgebiet Krustkalni nur in Begleitung eines Führers besucht werden. Auf sehr kleinem Raum findet sich dort eine erstaunliche Vielfalt an Landschaftsformen: Mischwälder, Seen, Sümpfe und Wiesen. Das Informationszentrum Teiči gibt dazu Auskunft.

Nordöstlich des Naturschutzgebietes Teiči liegt, an der Grenze zur Provinz Latgale, der zeitweise größte See Lettlands, der Lubāns. In einem durchschnittlichen Frühjahr nimmt der See eine Fläche von etwa 80 Quadratkilometern ein; in trockenen Sommern schrumpft er auf 35 Quadratkilometer. Die Grenze zwischen Wasserfläche und Sumpfgebiet ist zu allen Jahreszeiten schwer auszumachen, denn die durchschnittliche Wassertiefe beträgt nur 40 Zentimeter. Rund um den See wurden etliche Aussichtstürme zur Vogelbeobachtung gebaut. In Īdeņa am Südostufer gibt es ein Informationszentrum, von dem aus auch Führungen organisiert werden.

 Touristeninformation Madona, Saieta laukums 1, Madona LV-4800, Tel. 486 05 73, www.madona.lv. Mo–Fr 8–17 Uhr.

▶ Informationszentrum Naturschutzgebiet Teiči, Aiviekstes 3, Ļaudona LV-4862, Tel. 480 72 06, www.teici.gov.lv. Mo–Fr 8.30–12.30, 13–17 Uhr. Einige einfache Übernachtungsplätze.

▶ Touristeninformation Lubāns ›Zvejnieki‹, Īdeņa, Naglu pag., Tel. 916 53 92.

 Hotel ›Madona‹, Saieta laukums 10, Madona, Tel. 486 03 99, www.hotelmadona. lv.

▶ ›Gutshof Lautere‹, Lautere, Aronas pag., Madonas raj., LV-4846, Tel. 655 26 76, www.lautere.lv. Nordwestlich von Lautere an einem See. Etwas skurile Inneneinrichtung: Wasserpfeifen am Kamin und Felle an einigen Zimmerwänden. Bootsverleih.

▶ ›Gutshof Mārciena, Mārcienas LV-4852, Tel. 480 73 00, www.marciena.com. Restaurierter, familienfreundlicher Gutshof am See. Wellnesseinrichtungen

für Erwachsene, Ferienprogramm für Kinder. Historische Möbel. Frühzeitig buchen.

▶ ›Madaras‹, Lazdona, Madonas raj., Latvia LV-4824, Tel. 927 72 44, www.madaras.era.lv. Gästehaus, Zeltplatz. Bootsverleih. Etwas südlich von Madona.

 ›Dimanti‹, Barkavas pag., Tel. 946 63 42. Am Lubāns-See. Angeln, Bootsverleih, Sauna.

 Stadt- und Kunstmuseum, Skolas 11, Madona, Tel. 482 24 80. Di–So 11–17 Uhr.

 Kalna Jurgāres, Mārcienas pag., Madonas raj., LV-4852, Tel. 913 65 04.

 Jāņlejas, Vestienas pag., Tel. 654 63 30. Am Kāla-See mit Zeltplatz.

▶ Gutshof Lautere, Lautere, Aronas pag., Madonas raj., LV-4846, Tel. 655 26 76, www.lautere.lv.

 Krankenhaus Madona: Rūpniecības 38, Tel. 480 70 66. Apotheke: Rūpniecības 38, Tel. 486 04 92.

Cesvaine und Gulbene

Vom Lubāns aus geht es nach Madona zurück und von dort in Richtung Norden
nach Cesvaine. Am dortigen Gutsschloß, das zu den schönsten des Baltikums zählt,
entstand 2002 durch ein Großfeuer beträchtlicher Schaden. Baron Wolf ließ das
eklektizistische Jagdschloß 1897 nach Entwürfen des Berliner Architekten Hans
Griesebach erbauen: eine einzigartige Fusion aus Stilelementen der Romanik,
Neugotik und Renaissance. Jeder Feldstein der Fassade war von Hand behauen
worden, man baute mit Ziegeln gedeckte Türmchen, prächtige Portale und gestaltete
einen parkähnlichen Innenhof. Treppenhäuser und Deckengemälde waren im Stil
der Neorenaissance ausgeführt, es gab auch etliche Jugendstilmöbel. Rund um das
Schloß erstreckt sich ein 33 Hektar großer Landschaftspark, durch den sich der
Fluß Sula mit seinen Steilufern windet. Zur Zeit finden umfangreiche Restaurierungsarbeiten statt.

Das imposanteste Gebäude des weiter nördlich gelegenen Gulbene ist der 1926
gebaute Bahnhof. Er ist eine Pilgerstätte für Bahnenthusiasten, denn dort fährt eine
Schmalspurbahn ins 33 Kilometer entfernte Alūksne. Die Strecke wird viermal täglich von einer kleinen Diesellok und gelegentlich auch noch mit der alten Dampflok
bewältigt. Es geht durch schöne Landschaften, und man kommt mit der Bahn auch
zum Gutshof Stāmeriena, der nicht der größte, aber sicher einer der schönsten des
Landes ist. Wie Cesvaine wurde das Gebäude von Baron von Wolff erbaut, in eklekti-
zistischem Stil mit vielen neugotischen Elementen. In den 1930er Jahren verbrachte

Stāmeriena ist neben Cesvaine einer der schönsten Gutshöfe des Landes

dort der italienische Schriftsteller Guiseppe Tomasi de Lampedusa einige Jahre. Zu seinen Werken zählt unter anderem der 1963 von Visconti verfilmte Roman ›Der Leopard‹, in dem es um Aufstieg und Verfall einer italienischen Aristokratenfamilie geht. Die Wege des 24 Hektar großen Landschaftsparks erstrecken sich fächerförmig vom Herrenhaus aus. Bei der Bepflanzung wurde darauf geachtet, daß die Herbstfarben der exotischen und einheimischen Bäume einen möglichst deutlichen Kontrast bilden. Am Ufer des Sees Stāmeriena steht seit 1904 eine sehr schöne russisch-orthodoxe Kirche. Von Stāmeriena geht es zurück nach Gulbene, und von dort in Richtung Westen zurück nach Jaunpiebalga und Cēsis, zum Ausgangspunkt der Rundreise.

 Touristeninformation, Ābeļu 2, Gulbene LV-4401, Tel. 447 12 65, 449 77 29, www. gulbene.lv, www.gulbenesdome.lv, www.banitis.lv. Hauptsaison Mo–Fr 10–18 Uhr, Sa 10–16 Uhr, Nebensaison 9–17 Uhr.

 Dzelceļa 8, Tel. 583 33 97, 582 21 34. Schmalspurbahn Gulbene–Alūksne, Viestura 12, Tel. 447 30 37, www.banitis.lv. Mo–Sa: Gulbene–Alūksne 6, 13.25, 18 Uhr; Alūksne–Gulbene 7.50, 15.20, 19.50 Uhr. Sonn- und feiertags: Gulbene–Alūksne 6, 10, 18 Uhr; Alūksne–Gulbene 7.50, 12, 19.50 Uhr.

 Dzelceļa 6a, Busverbindung nach Riga morgens, mittags und am frühen Nachmittag; Madona 5 x täglich, Alūksne 1x morgens.

 ›Gutshof Grasu‹, Cesvaine, Tel. 485 22 00 , 944 89 37, www. hotelgrasupils.lv. Zimmer mit neuen, hellen Kiefernmöbeln, Gemeinschaftsräume, Terrasse, Park. Rad- und Skiverleih.
▸ Hotel ›Gulbene‹, O. Kalpaka 27a,

Gulbene, Tel. 447 31 28.
▸ Erholungskomplex ›Sonāte‹, Stāmeriena, Tel. 443 67 55, 946 06 01.
▸ ›Lācītes‹, Ranka LV-4416, Tel. 917 47 16. Gemeinschaftshaus und mehrere einzelne Häuser zwischen Gulbene und Jaunpiebalga. Rad- und Bootsverleih, Reiten.

 Geschichts- und Kunstmuseum Gulbene, Brīvības 10, Tel. 447 30 98. Mo–Fr 9–17 Uhr.
▸ Geschichtsmuseum Lejasciems, Rīgas 18, Tel. 445 11 61, 929 31 09.
▸ Schloß Cesvaine: Stand der Renovierungsarbeiten unter www.cesvaine.lv.

 Pils sēta, Stāmerienas pag., Tel. 443 66 91. Reiten, Reitstunden, Kutschen, Pferdeschlitten.

 ›Velosipēdu noma‹, Rīgas 12, Gulbene, Tel. 447 35 58, 915 36 77.

 Krankenhaus: Upes iela1, Gulbene, Tel. 447 38 68.
Apotheke: Rīgas 55a, Gulbene, Tel. 447 18 77.

Entlang der Daugava, Lettlands mythischem Fluß, erreicht man die weiten Seenlandschaften Latgales. Dort gehen die Uhren anders – es gibt viel Ruhe, unberührte Landschaften und die Möglichkeit zu tagelangem Wasserwandern.

Der Osten

Das Tal der Daugava

Diese Route führt an Lettlands größtem Fluß entlang weit nach Osten, wo sich die seenreichen Landschaften der Provinz Latgale anschließen. Knapp hinter Rīga erreicht man Orte, die für die Ermordung der jüdischen Bevölkerung Lettlands, die Schrecken deutscher Konzentrationslager und für den Tod sehr vieler sowjetischer Kriegsgefangener stehen.

Hinter Rīga wurden in der Daugava gigantische Wasserkraftwerke errichtet; der Fluß ähnelt an vielen Stellen fast einem See. Bei Koknese setzten die Sowjets Orte unter Wasser, die im lettischen Nationalepos eine tragende Rolle spielen. Die Ruinen einer ehemals 40 Meter hohen Ordensburg erheben sich jedoch noch pittoresk über den Fluten.

Hinter Koknese kann man als Alternative zur schnellen Fahrt am Daugavaufer entlang die vom Tourismus praktisch nicht berührten Landschaften Sēlijas erkunden – was etwas Abenteuergeist erfordert, aber durchaus lohnend ist.

Die Gegenden westlich und südwestlich von Daugavpils sind recht schön, die zweitgrößte Stadt Lettlands hat dagegen nicht viel zu bieten. Zwischen Daugavpils und Krāslava windet sich die Daugava in großen Schleifen in einem dicht bewaldeten Tal, das zum Naturpark erklärt wurde.

Nördlich von Krāslava beginnt das ›Land der blauen Seen‹, der südliche Teil der latgalischen Seenplatte. Die Region gilt neben den Küsten Kurzemes und dem Gauja-Nationalpark als die dritte herausragend schöne Landschaft Lettlands.

Von Salaspils nach Lielvārde

Vom Rīgaer Zentrum aus geht es an der Moskauer Vorstadt vorbei in Richtung Osten. Auf dem Weg stadtauswärts befindet sich links der Ausfallstraße der Lido-Komplex, die führende Adresse der lettischen Erlebnisgastronomie. An der Stelle, an der sich kurz vor dem Bahnhof Rumbula zwischen Industrieanlagen eine Freifläche öffnet, fiel Ende 1940 der Großteil der Rīgaer Juden den von deutschen National-sozialisten und ihren lettischen Helfern durchgeführten Massenerschießungen zum Opfer. Zur Erinnerung an die mehr als 25 000 Toten wurde eine Gedenkstätte mit vielen unbehauenen kleinen Stelen eingerichtet.

Knapp außerhalb der Stadt liegt rechter Hand die Insel Doles Sala, auf der sich in einem sehenswerten neoromanischen Gutshof auch das Museum des Flusses Daugava befindet. Die Haltung der Letten zu ihrem größten Fluß ist ambivalent: Die Daugava ist mit zahlreichen Mythen und Legenden verbunden. Sie war schon immer ein wichtiger Handelsweg in Richtung Rußland. Auf einer Flußinsel wurde als

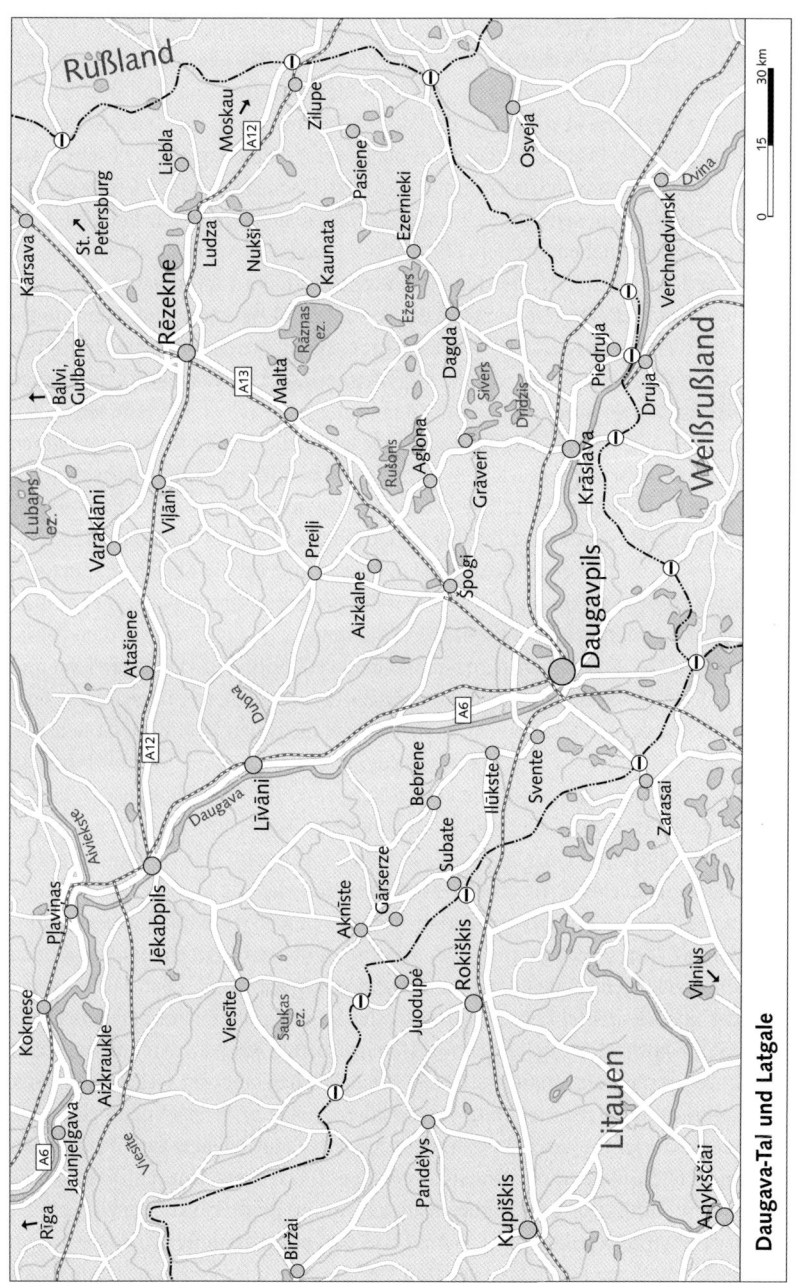

Daugava-Tal und Latgale

erstes steinernes Gebäude des Baltikums 1186 die Kirche errichtet, die den Beginn der Missionierung des Baltikums markiert. Durch den Bau gewaltiger Wasserkraftwerke verschwanden in sowjetischer Zeit Flußlandschaften und Kulturschätze in den Fluten, was einen wesentlichen Einfluß auf die Entstehung der Unabhängigkeitsbewegungen hatte. Früher war der Fluß nahe seiner Mündung bei Rīga sehr breit, und das Frühjahr war von Überflutungen geprägt. Das schlimmste Hochwasser gab es 1709, als in einem sehr kalten Winter die Ostsee zugefroren war und sich vom Meer her die Eisschollen türmten: Die Stadttore hielten dem Druck des Eises nicht mehr stand, am 13. April 1709 stand das Wasser im Dom 4,68 Meter hoch.

Am linken Flußufer kommt man kurz vor der Stadt Salaspils zum Konzentrationslager Salaspils (dt. Kurtenhof). An das Arbeitslager, in dem Schätzungen zufolge mehr als 100 000 Menschen den Tod fanden, erinnert eine langsam verfallende Gedenkstätte. In akribisch geführten Listen wurde festgehalten, wie viele Menschen das Lager durchliefen: 330 032 Kriegsgefangene und 313 789 Zivilisten, unter ihnen 39 835 Kinder. Vor allem den Kindern wurde systematisch und ohne Rücksicht auf ihr Leben Blut abgenommen. Die Blutkonserven verlängerten das Leben einiger Soldaten der Wehrmacht. Der Zugang zur Gedenkstätte erfolgt unter einer 12 Meter hohen und 105 Meter langen Betonwand hindurch. Sie trägt die Aufschrift ›Aiz Šiem Vārtiem Zeme raud‹ (Hinter diesem Tor weint die Erde). Im schmalen Innenraum sind einige Gedenktafeln und Fotos aus sowjetischer Zeit zu sehen. Auf dem dahinterliegenden Gelände stehen sieben monumentale Skulpturen, die das Leiden und den von den Sowjets angenommenen antifaschistischen Kampf der Opfer darstellen: ›Der Unbezwungene‹, ›Der Erniedrigte‹, ›Protest‹, ›Schwur‹, ›Rotfront‹, ›Solidarität‹ und ›Die Mutter‹. Vom Eingang aus gesehen links gibt es einen Marmorblock, in dem ein schlagendes Metronom den Herzschlag eines Insassen symbolisiert. Hinter den monumentalen Figuren erreicht man in einem Kiefernwald eine Betonmauer mit Einschlaglöchern. Dort fanden die Erschießungen statt. Das langsam verfallende Gelände ist eher ein Ausdruck sowjetischer Propaganda als eine Aufarbeitung dessen, was hier wirklich geschah: Man erfährt wenig über die Bedingungen, unter denen hier Zwangsarbeit verrichtet wurde, und es gibt nur spärliche Informationen über die erzwungen Blutspenden für die deutsche Wehrmacht, über das Kinderlager oder über den Befehl an die Insassen, die Massengräber auszuheben und alle Spuren zu beseitigen. Für eine historisch einigermaßen adäquate Aufarbeitung und eine angemessene Gedenkstätte fehlen der deutschen und der lettischen Politik offensichtlich Wille, Einsicht und Geld. Nahezu völlig in Vergessenheit geriet ein nahe dem Konzentrationslager gelegenes Kriegsgefangenenlager der Wehrmacht, in dem 47 000 Soldaten der Roten Armee den Tod fanden. Daß an dieser Stelle einmal eine würdige Gedenkstätte entstehen wird, ist angesichts der angespannten Lage zwischen dem politischen Lettland und dem politischen Rußland, sowie dem von deutscher Seite aus demonstrierten Desinteresse eher unwahrscheinlich. An

Skulpturen auf dem Gelände der Gedenkstätte Salaspils

der Abzweigung, die von der Autobahn zur Gedenkstätte führt, gab es im Sommer 2005 einen Straßenstrich.

Wenige Kilometer hinter Salaspils trifft man bei Saulkalne, wo sich ein schöner Blick auf die Daugava bietet, erneut auf Spuren deutscher Geschichte: Auf der Naves sala (Insel des Todes) standen sich im Ersten Weltkrieg zwei Jahre lang die Roten Lettischen Schützen und die deutsche Armee gegenüber. Mit einem Giftgasangriff beendeten die Deutschen die Kriegshandlungen. Nicht weit entfernt erreicht man den Ort Ikšķile, wo Bischof Meinhard auf einer Insel in der Daugava 1186 die älteste christliche Kirche des Baltikums erbauen ließ. Die gewaltsame Missionierung durch den Schwertbrüderorden, dem anfangs vor allem Westfalen, Bürger deutscher Ostseestädte und Dänen angehörten, begann etwa zehn Jahre später unter Meinhards Nachfolger Berthold von Loccum. Vom ältesten steinernen Bau im Baltikum sind heute nur noch Ruinen übrig. Zu ihrem Schutz und als Wetterschutz für Gottesdienste wurde ein das Gebäude verdeckendes Dach gebaut. Im sieben Kilometer hinter Ikšķile gelegen Ogre entstanden nach dem Bau der Eisenbahnlinie im Jahr 1861 Sommerhäuser reicher Rīgaer Bürger. Einige von ihnen sind noch im Stadtzentrum erhalten. Ogre hat sich zu einer Schlafstadt vor den Toren Rīgas entwickelt, über die es nicht allzuviel Berichtenswertes gibt.

Ķegums, zwölf Kilometer hinter Ogre gelegen, ist dank eines gewaltigen Wasserkraftwerks bekannt. Im dazugehörigen Museum gibt es historische Fotos, Filme und Teile des Wasserkraftwerks selbst: Den Kontrollraum, Turbinen und die für

Am Daugava-Ufer in Lielvārde erzählen Holzskulpturen vom lettischen Nationalepos

Fische angelegte Umleitung. Mit dem Bau wurde 1936 begonnen, doch erst in sowjetischer Zeit erhielt es seine jetzigen, gigantischen Ausmaße.

Wenige Kilometer hinter dem Staudamm liegt die Ortschaft Lielvārde, in der ein Museum über das Nationalepos Lāčplēsis und über dessen Autor Andrejs Pumpurs informiert. Im Park vor dem Andrejs-Pumpurs-Museum liegt ein großer Findling, der 1936 während des Baus des Staudamms bei Ķegums dorthin gebracht wurde. Er soll der Legende nach dem mythischen Helden Lāčplēsis als Bett gedient haben, und man glaubt, daß, wer ihn berührt, ein wenig von Lāčplēsis Stärke mit auf den Lebensweg bekommt. Auch die kleine Kirche gegenüber dem Museum ist sehenswert: Das dortige Altarbild ›Jesus im Garten Gethsemane‹ stellt ganz normale Dorfbewohner Lielvārdes der 1930er Jahre dar. Ein paar Meter weiter sind im Wald die Überreste einer kleinen Ordensburg zu sehen. Sehr hohe Holzfiguren mit Bezügen zur lettischen Mythologie stehen in der Nähe des Flußufers auf einer Lichtung.

 Touristeninformation, Ausekļa prospekts 7, Ogre LV-5001, Tel. 507 18 83, www.ogre.lv. 1.5.–30.9. Mo–Fr 9–18 Uhr; 1.10.–30.4. Mo–Fr 10–17 Uhr.
▸ Website von Salaspils: www.salaspils.lv.

 Ogre: Tel. 617 90 00.

 Ogre, Skolas 1. Etwa halbstündlich nach Rīga.

 Ogre, Brīvības 12a. Etwa halbstündlich nach Rīga.

 Motel ›Grīva‹, Rīgas 8, Ogre, Tel. 504 49 60, 654 75 13.
▸ ›Meidrops‹, Rīgas 18, Ikšķile LV-5052, Tel. 503 04 66. Bootsverleih, Restaurant, Spielplätze und Bar am Daugavaufer.

 Museum des Flusses Daugava, Doles sala, Salaspils LV-2121, Tel. 721 63 67. Mi–Mo 11–17 Uhr.
▸ Stadtmuseum Ogre, Kalna prospekts 3, Tel. 502 43 45. Di–Fr 10–17 Uhr, Sa/So 11–15 Uhr.

▸ Museum der Wasserkraftwerke der Daugava, Ķeguma prospekts 7/9, Ķegums, Ogres raj., LV-5020, Tel. 505 03 55, www.energo.lv. Mo–Fr 9–16 Uhr.

▸ Andrejs-Pumpurs-Museum, Kraujas, Lielvārde LV-5070, Tel. 505 37 59, muzejs@lielvarde.lv. Mi–So 10–17 Uhr. Das Museum soll im Sommer 2006 neu eröffnet werden.

▸ Am letzten Sonntag im Juli Holocaust-Gedenktag im Konzentrationslager Salaspils.

 ›Armanda‹, Tallinas šoseja, Mašēni 1, Saurieši LV-2132, Tel. 927 51 34, www.zirgi.lv. Großes Angebot von Reitstunden bis hin zu 3-Tages-Ausflügen. Nördlich von Salaspils, von Rīga aus schnell zu erreichen.

Rund um Aizkraukle

Im weitläufigen 1891 angelegten Botanischen Garten von Skrīveri wurden zahlreiche exotische Bäume nach 19 Gebieten der nördlichen Hemisphäre geordnet; die Übergänge zwischen exotischem und einheimischem Wald sind fließend. Das sieben Kilometer entfernte Aizkraukle ist eine lettische Provinzstadt mit von Sowjetarchitektur geprägtem Zentrum. Beeindruckender sind der riesige von den Sowjets angelegte Staudamm und der so entstandene See. Am Südufer gibt es verschiedene Freizeitmöglichkeiten.

Schöner und geschichtsträchtiger ist aber die Landschaft im wenige Kilometer östlich gelegenen Koknese. Am Ufer der Daugava ragen die Überreste einer einst mächtigen Ordensburg in den Himmel. 1208 hatte Bischof Albert den 40 Meter hohen, fünftürmigen Bau errichten lassen. 1226 erhielt die sich um die Burg entwickelnde Stadt Koknese (Kokenhusen), die sich zu einer wichtigen Station des über die Daugava führenden Osthandels entwickelte, das hanseatische Stadtrecht. Burg und Siedlung wurden von zaristischen Truppen im Jahr 1701, während des Nordischen Krieges, so gründlich zerstört, daß nichts wieder aufgebaut wurde.

Im Jahre 1961 wurde die Landschaft um Koknese durch den Bau des Wasserkraftwerks von den Sowjets geflutet. Während sich die Reste der Burgruine noch immer majestätisch über den Fluten erheben, verschwand der Felsen Staburags, auf dessen Spitze einmal ein kleiner Bach entsprang, auf Nimmerwiedersehen. Dieser Felsen spielte im lettischen Nationalepos eine bedeutende Rolle. Die Passage, die unmittelbar mit der Landschaft bei Koknese zu tun hat, erzählt etwa Folgendes: Lāčplēsis war der Sohn einer Bärin, und dank seiner Bärenohren hatte er übermenschliche Kräfte. Er verteidigte den Hof seines Vaters gegen wilde Tiere aller Art, und als er groß und stark war, nahm er es mit den Mächten vom anderen Ufer der Daugava auf. Dort wohnte eine Hexe, die ein dreiköpfiges Monster zum Sohn hatte.

Die Burgruine Koknese

Auf dem Felsen Staburags kam es zum Kampf, und nach vielen Runden versanken die beiden gleichstarken Gegner in den Fluten. Seitdem heißt es, daß Lettland so lange von fremden Mächten beherrscht werden wird, bis Lāčplēsis aus den Fluten wieder aufersteht. Heute liegt der Felsen in der Daugava, und es ist unklar, wo der Held des Epos auferstehen soll. Die Demonstrationen gegen das Wasserkraftwerk zählten zu den ersten Großkundgebungen der Unabhängigkeitsbewegung, und viele Demonstranten trugen damals eine historische Postkarte des untergegangenen Felsens bei sich. In den späten 1980er Jahren gab es sogar eine Rockoper, von der Lāčplēsis lautstark und vor viel Publikum in die Gegenwart geholt wurde. Die Sache mit den Bärenohren hat Auswirkungen bis heute, denn bei internationalen Sportveranstaltungen sind immer wieder lettische Fans zu sehen, die Mützen mit angenähten Bärenohren dabei haben. Am Fluß Pērse westlich von Koknese und am Daugavaufer östlich von Koknese gibt es schön gelegene Gästehäuser und Campingplätze, zum Teil mit Bootsverleih.

Hinter Koknese wird die Landschaft an der Daugava einsamer, und es gibt auch weniger zu sehen. Eine schöne Alternativstrecke nach Daugavpils führt durch die Landschaften Sēlijas: Sēlija, oft als fünfte ethnographische Region Lettlands bezeichnet, wird im Norden von der Straße Aizkraukle–Daugavpils und im Süden von der lettisch-litauischen Grenze eingefaßt. Lange Zeit zu Litauen gehörig und ohne eine größere Stadt, ist die Region selbst vielen Letten unbekannt. Es ist eine hügelige, abwechslungsreiche Landschaft, in der es viel unberührte Natur und traditionelles Landleben zu sehen gibt. Touristen sind noch immer eine Seltenheit. Für die Strecke, die teilweise durch das nördliche Litauen führt, braucht man etwas Zeit sowie Toleranz gegenüber schlechten Straßen, gewöhnungsbedürftiger Ausschilderung und der vielerorts mangelhaften Infrastruktur. Zehn Kilometer nördlich von Viesīte, das etwa 35 Kilometer südöstlich von Aizkraukle liegt, kommt man beim Ort Vārnava zu den Terrassen des mit 100 Hektar größten Weinguts Lettlands. In Viesīte selbst gibt es eine Schmalspurbahn; östlich des Ortes erstreckt sich der Viesītes-See mit einigen Freizeitmöglichkeiten und einem Campingplatz. Gut zehn Kilometer weiter östlich liegen die beiden kleinen Seen Klaucāni und Priekulāni. Von Viesīte aus in Richtung Nereta kommt man bei Lone zum recht großen Saukas-See, dessen Nordufer zum Naturpark erklärt wurde, und fast der einzige Ort in Sēlija mit einer akzeptablen touristischen Infrastruktur ist. Die Fahrt ins weiter östlich gelegene Aknīste und nach Gārsene lohnt sich der schönen Landschaften wegen: Es gibt Wanderwege durch dichte Wälder, eine Salzquelle, und, wie an vielen anderen Orten Lettlands, eine Teufelshöhle. Im benachbarten Asare steht eine beeindruckende Ruine eines neugotischen Gutshofs. In Gārsene selbst gibt es eine Touristeninformation und einen neugotischen, ein wenig einem Märchenschloß ähnelnden Gutshof – in dem sich heute die Grundschule des Ortes befindet. Weiter südöstlich liegt an einem langgestreckten See die lettisch-litauische Grenzstadt Subate. Die 1686 entstandene Kirche des Ortes mit ihrem barocken Altar ist sehenswert. Eine Fahrt über die Grenze lohnt sich, denn nach etwa 20 Kilometern erreicht man die nordlitauische Seenplatte. Diese kann man von West nach Ost durchqueren, um bei Zarasai wieder auf lettisches Gebiet zu wechseln. Auf lettischer Seite, wenige Kilometer westlich von Daugavpils, liegen die hügeligen und abwechslungsreichen Landschaften der Seen Svente und Meduma. Östlich des Meduma-Sees wurde ein Naturpark eingerichtet, in dem man gut wandern kann.

 Informationszentrum Region Aizkraukle (in Koknese), Blaumaņa 3, Koknese LV-5113, Tel. 516 12 96, www.koknese.lv. 1.5.–1.10. täglich 9–18 Uhr.; 1.10.– 1.5. Mo–Fr 9–17 Uhr.
▸ Touristeninformation Viesīte: Smilšu 2, Viesite LV-5237, Tel. 646 38 17
▸ Touristeninformation Gārsene: Gārsenes pagasta DV, Gārsene LV-5218, Tel. 526 86 56, gar.vsk@jekabpils-rp.lv.

 Gaismas 12, Aizkraukle, Tel. 512 26 35.
 Hotel ›Zaķi‹, Am westlichen Ortsrand von Jaunjelgava, Birzgales pag., LV-5134, Tel. 515 23 89. Abgelegenes, einfaches Landhaus mit Teich und Sauna.
▸ ›Liči‹, Koknese LV-5113, Tel. 516 16 83, 961 05 96. Kleines Gästehaus.
▸ Übernachtungsmöglichkeiten in der Region Sēlija: Eine akzeptable

touristische Infrastruktur hat sich vor allem rund um den südlich von Viesīte gelegenen Sauka-See und am Svente-See bei Daugavpils entwickelt.

 ›Rancho Randevu‹, Kokneses pag., Tel. 516 12 89, www.rancho.lv. Mischung aus Hotel, Campingplatz und Blockhütten nahe der Burgruine Koknese, an einem ruhigen Seitenarm der Daugava im Wald. Bootsverleih, Radverleih, weitere Sportmöglichkeiten und Sauna.

 Dendrologischer Park Skrīveri, Skrīveri, Tel. 519 72 47, tic@skriveri.lv.

► Geschichts- und Kunstmuseum Aizkraukle, Kalna Ziedi, Aizkraukle, LV-5101, Tel. 512 33 51.

► Voldemārs-Jākobsons-Museum, Galdiņi, Bebri, Aizkraukles raj., LV-5135, Tel. 516 42 75. Museum des berühmten lettischen Bildhauers in einem Haus der 1870er Jahre, in Vecebri, 10 km nördlich von Koknese gelegen. Mi, Fr 10–15 Uhr.

► Bienenmuseum, Vecbebri, Bebru pag., Aizkraukles raj., LV-5135, Tel. 51 641 44. Etwa 10 km nördlich von Koknese, Voranmeldung ist zu empfehlen.

 Krankenhaus: Bērzu 5, Aizkraukle, Tel. 513 38 73. Apotheke: Bērzu 10a, Aizkraukle, Tel. 512 25 21.

Jēkabpils

Wer sich gegen die Fahrt durch Sēlija und für die Route entlang der Daugava entschieden hat, kommt nach Plaviņas. Erst dort, gut 30 Kilometer hinter dem Staudamm, erreicht die Daugava wieder ihre normale Breite. In Plaviņas selbst gibt es nicht sehr viel zu sehen. Am östlichen Stadtrand mündet der Fluß Aviekste in die Daugava, dessen bis zu seinem Ursprung im Lubāns-See naturbelassene Ufer recht malerisch sind.

Das zehn Kilometer entfernte Jēkabpils ist mit rund 25 000 Einwohnern eine richtige Stadt, die sich zu beiden Seiten der Daugava erstreckt. Der am nördlichen Daugavaufer liegende Stadtteil Krustpils war im 16. Jahrhundert eine eigene Stadt, denn die Grenze zwischen Livland und Litauen verlief genau durch die Daugava. Die recht gut erhaltene Ordensburg Krustpils wurde 1237 erbaut, 1577 von russischen Truppen zerstört und ging 1622 ging in den Besitz des Barons von Korf über. Dessen Familie bewohnte das Anwesen bis ins 20. Jahrhundert und nahm verschiedenste Umbauten vor. Innen befindet sich heute das Stadtmuseum von Jēkabpils, nebenan eine 1816 erbaute Kirche. Die eigentliche Stadt Jēkabpils liegt auf der anderen Seite der Daugava. Sie entstand aus einer Siedlung altgläubiger orthodoxer Christen. Am westlichen Ende der Altstadt steht noch heute ein Kloster der Glaubensgemeinschaft, das nur von außen besichtigt werden kann.

Jēkabpils ist eine Stadt der Kirchen: Unmittelbar neben dem orthodoxen Kloster stehen Nikolaskirche und Heiliggeistkirche. Die Brīvibas iela stadteinwärts kommt man an der Dreieinigkeitskirche und der Touristeninformation vorbei zum Stadtpark. Dort, in der Filosofu 6, befindet sich ein ethnographisches Freilichtmuseum, in dem die Traditionen der sich südlich von Jēkabpils erstreckenden Region Sēlija am Beispiel eines Bauernhofs aus dem 19. Jahrhundert präsentiert werden. Am Rand des Parks stehen die evangelische Michaelskirche und die katholische Kirche aus dem Jahr 1885. Sie wurde im Zweiten Weltkrieg erheblich zerstört, doch das Altargemälde wurde völlig unbeschädigt vorgefunden. In der Viestura iela 155 kommt man zur reich mit Ikonen ausgestatteten Kirche der russisch-orthodoxen Altgläubigen. Südlich von Jēkabpils liegt der Radžu-See, an dem man Boote leihen kann. Außerdem werden für Gruppen Flöße angeboten, mit denen man viele Kilometer lange Fahrten auf der Daugava unternehmen kann. Von Jēkabpils kommt man auch schnell ins Naturschutzgebiet Teiči, zum größten Hochmoor des Baltikums.

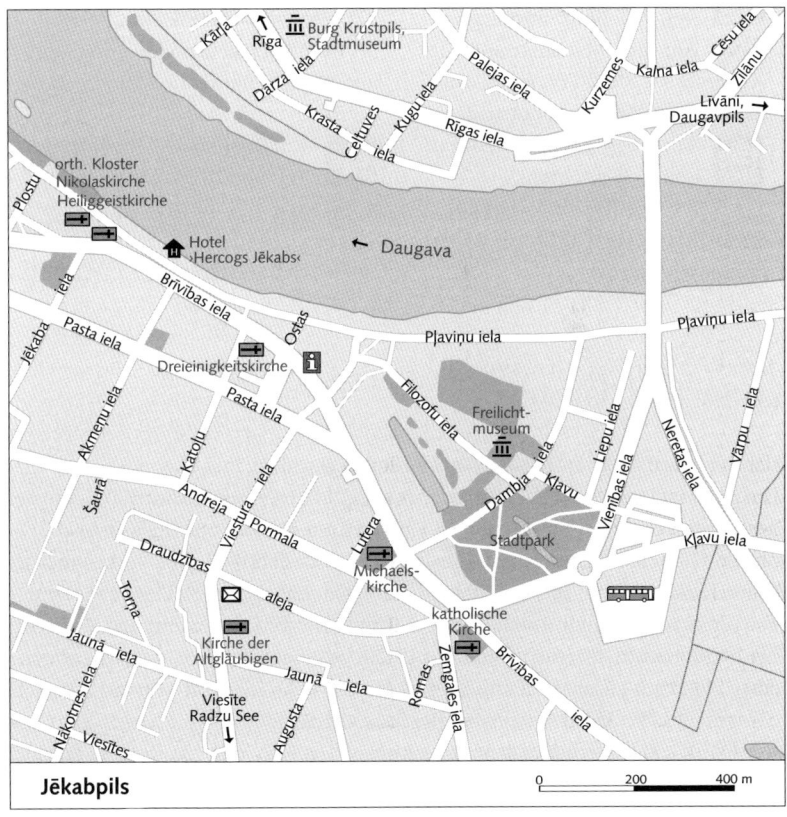

Jēkabpils

Touristeninformation,
Brīvības 140–142, Jēkabpils
LV-5201, Tel. 52338 22,
www.jekabpils.lv. Mo–Fr 10–18 Uhr;
im Sommer auch samstags
10–14 Uhr.

 Vienibas 1. Nach Daugavpils
etwa 5 x täglich, nach Rīga
frühmorgens und abends Pendlerbusse.

 Hotel ›Hercogs Jēkabs‹,
Brīvības 182, Jēkabpils,
Tel. 52334 33, 61858 08,
www.jnami.lv.

 ›Kempings Radži‹,
Tel. 947 14 47, www.radzi.
viss.lv. Am südlichen Stadtrand von
Jēkabpils mit Blockhütten am schilf-
bestandenen Seeufer, Bootsverleih.

 Burg Krustpils und Stadtmuseum, Rīgas 216b,
Tel. 522 10 42. Mo–Fr 9–17 Uhr,
Sa/So 10–16 Uhr. 1.11.–1.5. sonntags geschlossen.

▸ Ethnographisches Freilichtmuseum,
Filozofu 6, Tel. 523 25 01. Mo–Fr
9–17 Uhr, Sa/So 10–16 Uhr; 1.11.–
1.5. geschlossen.

▸ Keramikmuseum Andrejs Pormalis,
Pormaņa 119a, Tel. 523 29 33.
Teilnehmer der Weltausstellungen in
Paris und Brüssel Anfang des 20. Jahr-
hunderts.

 ›Plosts Jēkabs‹, Bebru 108,
Jēkabpils LV-5205,
Tel. 523 15 38, 955 84 38,
www.daugavasplosts.lv,
lmtur@apollo.lv. Ein 50 Meter langes
Floß, auf dem zwischen 15 und
120 Personen Platz finden. Reisen
bis nach Latgale. Individualisten können kleinere Boote mitnehmen und
bei Bedarf andocken.

 Krankenhaus: A. Pormaļa 125,
Tel. 523 78 16. Apotheke:
A. Pormaļa 125, Tel. 523 32 40.

Līvāni und Ilukste

Der schnellste Weg von Jēkabpils nach Daugavpils führt, teils über eine Autobahn, am Daugavaufer entlang. Zu sehen gibt es außer in Līvāni auf der fast 100 Kilometer langen Strecke sehr wenig. Līvāni ist ein Zentrum der lettischen Glasindustrie; es gibt ein Glasmuseum, und eine zu besichtigende Glasfabrik. Reiche Vorkommen an Lehm, Dolomit, Sand, Torf und Holz begünstigten auch die Entwicklung anderer roh-stoffverarbeitender Industrien. Man produzierte Ziegel, Düngemittel und Zellulose. Die hohe Industrialisierung wurde für Līvāni zu einem Problem, denn die sowjeti-schen Standards angepaßte Produktion erwies sich 1991 als nicht weltmarkttauglich. In der Stadt gab es die höchste Arbeitslosenquote Lettlands – bis die neugebaute Glas-faserfabrik eines internationalen westeuropäischen Konzerns die Rettung brachte. Etwas ganz besonderes ist die Werkstatt des Keramikers Leon Cīrulis einen Kilometer östlich der Stadt: Neben Porzellan und traditioneller schwarzer Keramik entstand dort der größte Kerzenständer der Welt: Bei 3,5 mal 3,5 Metern Grundfläche und einer Höhe von 1,9 Metern bietet er Platz für rund 800 Kerzen.

Eine Alternative zur langweiligen Autobahnfahrt nach Daugavpils ist es, in Līvāni mit einer kleinen Fähre ans andere Ufer überzusetzen und über Zasa 30 Kilometer weit in Richtung Süden nach Bebrene zu fahren. In Bebrene gibt es einen barocken Gutshof, der von einem unter Naturschutz stehenden Park umgeben ist.

Das 20 Kilometer weiter gelegene Ilūkste ist das kulturelle Zentrum der südöstlich von Jēkabpils gelegenen Region Augšzeme, die lange zu Polen-Litauen gehörte. Anders als in den von Deutschbalten kontrollierten Gebieten konnte dort bereits 1718 der erste freie Bauernmarkt abgehalten werden. 1770 entstand eine der größten katholischen Kirchen Lettlands, die wenige Jahre später durch ein Kloster mit angegliederter Mädchenschule ergänzt wurde. Der Oberlauf des Flusses Ilūkste, der im gleichnamigen See entspringt, fließt durch eine bis zu 30 Meter tiefe Schlucht. Westlich des Ortes beginnt am Gutshof Pilskalne ein schönes Wandergebiet, das durch abwechslungsreiche Landschaften zu Burgbergen und kleinen Seen führt.

Noch vor dem überraschend langweiligen Daugavpils kommt man zum Ort Svente, der etwas nördlich des gleichnamigen Sees liegt. Das buchtenreiche Gewässer ist ein beliebtes Ausflugsziel der Großstädter, rings um den See führt ein 15 Kilometer langer Wanderweg, es gibt Badebetrieb und Bootsverleih. Mit 38 Metern ist der See einer der tiefsten Lettlands, das Wasser ist schön klar, und vom 220 Meter hohen Eglu kalns eröffnen sich schöne Ausblicke auf die Landschaft. Der weiter südlich gelegene Meduma-See ist von einem Naturpark mit schönen Wanderwegen umgeben.

---

i Touristeninformation Līvāni, Rīgas ielā 77, Tel. 53 07 25 4, www.livani.lv, asterija@livani.lv Mo–Fr 8–12 und 13–17 Uhr.
▶ Touristeninformation Ilūkste (und Wandergebiet Pilskalne), Brīvības 13, Ilūkste, Daugavpils raj., LV-5447, Tel. 655 52 75.

 Dzelzcela 16, Līvāni. Etwa 5 x täglich Rīga–Līvāni–Daugavpils.

 Von Līvāni tagsüber etwa stündlich nach Rīga oder Daugavpils.

Von Ilūkste nach Daugavpils etwa stündlich.

 Hotel ›Dailes‹, Pilskalne, Ilukstes pag., Daugavpils raj., Tel. 9172946. Rustikales Blockhaus zwischen Bebrene und Pilskalne.
▶ Hotel ›Jaunsventes Muiža‹, Alejas 7, Svente LV-5473, Tel. 549 73 22.
▶ ›Pakrasti‹, Sventes pag., Daugavpils rajons, LV-5473, Tel. 942 71 59, 918 47 60, www.pakrasti.viss.lv. Bauernhaus und Ferienhäuser in Blockbauweise auf einer Halbinsel im Svente-See, Bootsverleih.

Museum der Glasfabrik
Līvāni, Zaļā iela,
Tel. 53071 62, Verkaufsausstellung
der Glasfabrik Līvāni, Rīgas ielā 59,
Tel. 534 42 79. Di–Fr 9–13, 14–
18 Uhr, Sa 9–15 Uhr.
▶ Ceramics Fantasy Workshop (Keramikas fantāzijas darbnica), Dreņi,

Rožupe pag., Preiļi rajons.
Tel. 538 18 55, 970 95 34, leontiins@navigator.lv. Ausstellung, Laden,
Führungen zum Handwerk. Kinder
und andere Besucher können kleine
Tonpfeifen im Lagerfeuer brennen.
Ein Kilometer östlich von Līvāni in
Richtung Preiļi.

Daugavpils

Von den rund 125 000 Einwohnern der zweitgrößten lettischen Stadt sind 59 Prozent
Russen, 14 Prozent Letten, 13 Prozent Polen, 8 Prozent Weißrussen und 6 Prozent
andere Minoritäten. Ein Ort namens ›Dinaburg‹ wurde erstmals 1275 erwähnt,
als der Deutsche Orden 19 Kilometer östlich der heutigen Stadt am Steilufer der
Daugava eine Festung errichtete. In den 1670er Jahren wurden von Polen-Litauen
an der Stelle der heutigen Stadt Befestigungsanlagen errichtet, in deren Umfeld sich
eine kleine Siedlung entwickelte. Jesuiten aus Vilnius brachten kulturelles Leben
mit, es entstand die erste Schule auf dem Gebiet des heutigen Latgale, und es gab
sogar Theateraufführungen.

Im Jahre 1772, im Rahmen der Ersten Polnischen Teilung, kam Daugavpils zu
Rußland. 1811 entstand nördlich des heutigen Stadtzentrums eine massive Festung
zur Sicherung der neuen russischen Westgrenze, die bis heute im wesentlichen
erhalten ist. Die verkehrstechnisch günstige Lage führte Ende des 19. Jahrhunderts
zur Ansiedlung von Industrien. Diese wurden zu Beginn des Ersten Weltkriegs
demontiert und ins weit von der Frontlinie entfernt liegende russische Kernland
verbracht. Befürchtete und reale Pogrome russischerseits führten zur Emigration
der jüdischen Bevölkerung. In der Zwischenkriegszeit gehörte Daugavpils zur Ersten
Lettischen Republik. Im Zweiten Weltkrieg wurde nahezu die gesamte historische
Bausubstanz zerstört. Der Aufschwung kam in Daugavpils erst in sowjetischer Zeit,
als gezielt Chemieindustrie und elektroechnische Industrien angesiedelt wurden.
Die Bevölkerungszahl stieg rasant, es entstanden viele Plattenbauten, und auf die
Gestaltung eines wirklichen Zentrums wurde verzichtet. Entsprechend wenig gibt
es in der Stadt zu sehen.

Nördlich des kleinen Zentrums steht am linken, südlichen Daugavaufer die
Festung, die ein eigener Stadtteil mit zivil und militärisch genutzten Gebäuden ist.
Wassergraben, Glacis und dicke Mauern umschlossen bis zum Zweiten Weltkrieg
das Jesuitenkloster, ein Krankenhaus, Ställe, Wirtschaftsgebäude und Kasernen.

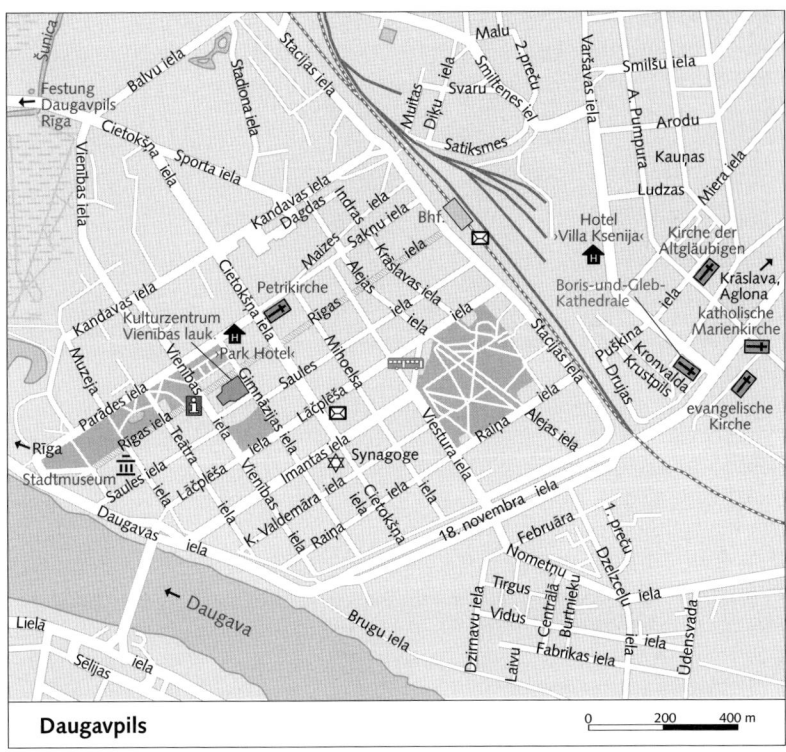

Daugavpils

0   200   400 m

An der in ihrer Grundsubstanz noch erhaltenen Anlage kann man nachvollziehen, wie Festungen des 19. Jahrhunderts aussahen.

Daugavpils ist eine der wenigen Städte Lettlands mit einer richtigen Fußgängerzone: Die Rīgas iela, eine belebte Einkaufsstraße, führt vom Bahnhof zur katholischen Petrikirche. 1848 erbaut, wurde der ehemals klassizistische Bau 1938 dem Erscheinungsbild des vatikanischen Petersdoms angeglichen. Weiter geradeaus, auf der anderen Seite der Cietokšna iela, liegt der Stadtpark, an dessen östlichem Rand das Kulturzentrum ›Vienibas nams‹ und die Touristeninformation zu finden sind. Weiter den Parkanlagen Richtung Südwesten folgend kommt man zum Stadtmuseum, dessen klassizistische Backsteinfassade daran erinnert, wie vor den Zerstörungen des Zweiten Weltkriegs das Stadtzentrum aussah.

In der parallel zu den Parkanlagen verlaufenden Saules iela haben einige wenige Jugendstilhäuser die beiden Weltkriege und die Sowjetzeit überstanden. In der Cietokšņa iela, an der Kreuzung zur Saules iela steht eine der letzten Synagogen Lettlands.

Nach Nordosten hin wird das Stadtzentrum von den Bahnanlagen durchtrennt. Auf deren anderer Seite kommt man zur russisch-orthodoxen, 1905 gebauten, recht großen Boris-und-Gleb-Kathedrale. Innen sind einige kunstgeschichtlich interessante Ikonen aus dem 19. Jahrhundert zu sehen. Von der Kathedrale aus in westliche Richtung erhebt sich der neugotische Turm der evangelischen Kirche. Direkt dahinter steht die 1852 gebaute katholische Marienkirche. Schon 1854 soll es in der Kirche eine Marienerscheinung gegeben haben. In einer künstlichen Grotte nach dem Vorbild von Lourdes wurde ein Marienbildnis aufgestellt, das seitdem Ziel von Pilgerfahrten ist.

Nördlich und etwas abseits dieser drei Kirchen steht in der Puškina iela die altrussisch-orthodoxe Kirche, in der mehr als 300 und zum Teil sehr wertvolle Ikonen zu sehen sind. Es gibt auch eine Bibliothek, in der Originale religiöser Texte aufbewahrt werden.

 Touristeninformation Daugavpils: Rīgas 22a, Daugavpils LV-5403, Tel. 542 28 18, www.daugavpils.lv, tourinfo@daugavpils.apollo.lv. Mo–Fr 9–17 Uhr.

▸ Informationszentrum Naturpark Daugavaschleifen in Naujiene, östlich von Daugavpils, Tel. 547 55 98, www.naujene.lv, www.latgale.lv. Führungen: Bruno Jansons, Tel. 544 32 78.

 Tel. 800 60 60, 545 10 10.

 Stacijas iela 44. Zug nach Rīga etwa 5 x täglich.

 Viestura iela 10. Bus nach Rīga etwa stündlich.

 ›Park Hotel Latgola‹, Ģimnāzijas 46, Tel. 540 49 00, www.hoteldaugavpils.lv.

Modernes, großes Hotel im Zentrum. DZ 28–210 LVL.

▸ ›Villa Ksenija‹, Varšavas 17, Tel. 543 43 17, www.villaks.lv. Hotel in einer Stadtvilla der Jahrhundertwende; geschmackvoll eingerichtete Zimmer und Gemeinschaftsräume mit antiken Möbeln.

 Stadt- und Kunstmuseum Daugavpils, Rīgas 8, Tel. 542 41 55, www.dnmm.lv. Di–Sa 11–18 Uhr.

 Sportklub ›Beibuks‹, Cietokšņa, Daugavpils, LV-5401, Tel. 949 31 21. Rafting auf der Daugava und andere sportliche Aktivitäten.

 Krankenhaus: Viestura 5, Tel. 542 24 19. Apotheke: Viestura 10, Tel. 542 99 90.

Die Boris-und-Gleb-Kathedrale in Daugavpils

Krāslava

Zwischen Krāslava und Daugavpils windet sich die 250 Meter breite Daugava in sieben Scheifen durch ein bis zu 30 Meter hohes, dichtbewaldetes Flußtal. Durch an einigen Stellen urwaldähnliche Wälder, in denen mehr als 700 Farnarten gedeihen, fließen kleinere Bäche in Richtung des großen Flusses. Es gibt Wanderwege, aber nicht sehr viele Stellen, an denen man der Daugava wirklich nahe kommt. Vom westlichen Ortsende Krāslavas aus beginnen Wanderwege, die zu Aussichtspunkten auf die Flußlandschaft führen. Richtung Westen führt am nördlichen Ufer, auf halber Strecke zwischen Krāslava und Naujene, ein Lehrpfad durch wildromantische Landschaften an die Daugava. In unmittelbarer Nähe liegt die unter Denkmalschutz stehende Siedlung Slutiški. Etwa drei Kilometer weiter in Richtung Naujiene gibt es einen weiteren Aussichtspunkt, einen Gutshof und etwas touristische Infrastruktur. Vor allem kann man dort aber Boote leihen, mit denen man nochmal einen ganz anderen Eindruck von der Daugava bekommt. Von Krāslava aus erreicht man

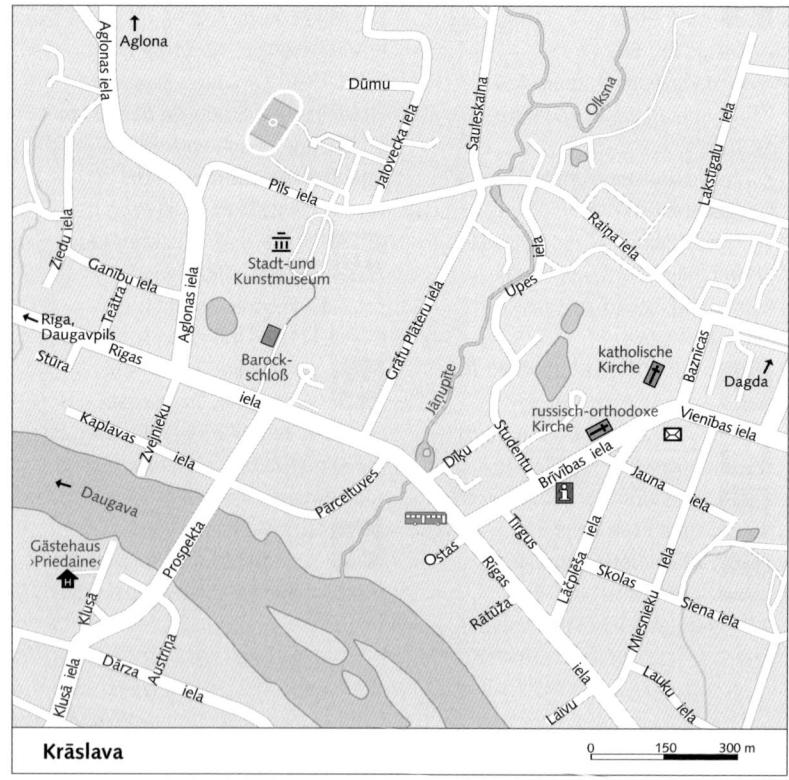

Krāslava

0   150   300 m

alternativ am südlichen Ufer den Ort Kaplava, wo nahe dem Steilufer eine russisch-orthodoxe Kirche und ein Gutshof stehen. Westlich des Ortes gibt es auch abseits des Flußufers Klippen mit Aussichtspunkten. Die Sowjets planten in den 1980er Jahren, im heutigen Naturpark ein Wasserkraftwerk zu bauen. Die begonnenen Bauarbeiten hinterließen einige wenige Spuren in der Landschaft; sie wurden wegen breiter Proteste aus der Bevölkerung eingestellt.

Im 10 000 Einwohner zählenden Krāslava steht eine prächtige spätbarocke römisch-katholische Kirche. Sie wurde bereits 1676 errichtet, doch als man beschloß, sie zum Bischofssitz für Latgale zu machen, begann man mit umfangreichen Erweiterungsarbeiten. Nach einem Entwurf des italienischen Architekten Antonio Parracco wurde 1767 eine an die Bauten Palladios erinnernde Fassade fertiggestellt. Das barocke Interieur ist wirklich sehenswert, und eine Kopie des von zwei Säulen eingefaßten Altarbilds, das den heiligen Ludwig beim Aufbruch zum Kreuzzug zeigt, befindet sich in St. Petersburg in der Eremitage.

Direkt gegenüber der katholischen steht die russisch-orthodoxe Kirche. Ursprünglich als Grabkapelle gebaut, beherbergte sie später ein Frauenkloster, das 1864 von der zaristischen Administration geschlossen wurde. In Krāslava kreuzen sich die kulturellen Einflüsse der Kreuzritter, des polnisch-litauischen Doppelreichs, Rußlands, Weißrußlands und der lettischen Provinz Latgale.

Fast 200 Jahre lang befand sich der Ort im Besitz des polnischen Adelsgeschlechts Plater, und die hohen Herren geizten nicht mit Geld, um ihre Residenz wirklich repräsentativ aussehen zu lassen. Die Renovierungsarbeiten am Barockschloß, das früher von einem Park nach Versailler Vorbild umgeben war, haben begonnen. Auf dem Parkgelände ist heute das Stadt- und Kunstmuseum untergebracht, die ehemalige Bibliothek und eine zum Anwesen gehörige Kirche stehen auch noch. Im Schloßpark sind ein Teich und eine künstliche Grotte zu besichtigen.

Daß die weißrussische Grenze nur fünf Kilometer von Krāslava entfernt ist, merkt man an der Architektur der einfachen, zweistöckigen und sehr farbigen Holzhäuser der Stadt. Die durch die Daugava verlaufende Grenze trennt das weit im Südwesten Lettlands liegende Dorf Druja in einen lettischen und einen weißrussischen Teil. Das Hotel des Ortes bietet ein Programm mit dem Titel ›Rafting at the edge of the European Union‹ an. Das ist kein Kommentar zur Rolle Lettlands in der EU, sondern ein real existierendes wassersportliches Angebot.

Die Seenplatte Latgales, das ›Land der blauen Seen‹, beginnt unmittelbar nördlich von Krāslava. Einige der schönsten Seen Lettlands sind in weniger als einer halben Stunde zu erreichen. Einen guten Überblick kann man sich vom zehn Kilometer nördlich der Stadt gelegenen, 211 Meter hohen Sauleskalns machen. Zu seinen Füßen liegt der 67 Meter tiefe Drīdzs-See, der tiefste See Lettlands, mit einer Sichttiefe von bis zu zehn Metern. Am buchtenreichen Ufer führen Wanderwege entlang. Man kann vom Drīdzs-See mit dem Kanu viele Kilometer weit durch die

Seenlandschaften des südlichen Latgale fahren. Am weiter nördlich gelegenen Sīvers-See, einem dem inselreichsten Seen Lettlands, bieten sich viele Freizeitmöglichkeiten. Wer Gefallen an den Seen, den Kirchen und den vom Tourismus noch nicht überlaufenen Landschaften gefunden hat, dem sei die im nächsten Kapitel beschriebene Route durch Latgale empfohlen, die unter anderem an der 25 Kilometer von Krāslava entfernten Basilika von Aglona vorbeiführt. Dort ist eine Schwarze Madonna jeden August das Ziel katholischer Pilger.

 Touristeninformation Krāslava, Brīvības 13, Krāslava LV-5601, Tel. 562 22 01, www.kraslava.lv. Mo–Fr 8–17 Uhr.

 Rīgas 55, Bus nach Daugavpils etwa stündlich.

 Gästehaus ›Priedaine‹, Klusa 2, Tel. 643 07 98, 977 36 28. Freundlich gestalteter Neubau mit Zeltplatz.

▸ Hotel ›Bengs‹, Aleksandrova, Piedrujas pag., LV-5662, Tel. 564 72 32. Hotel im durch die Daugava zwischen Lettland und Weißrußland geteilten Dorf Druja/Piedruja.

 ›Dridži‹, Pamales, p/n Skaista, Skaistas pag., Krāslavas raj., LV-5671, Tel. 944 12 21. Schön am Drīdzs-See westlich von Skaista gelegener Campingplatz mit wetterfesten, kleinen Wochenendhäusern in Holzbauweise. Es gibt an den Seen sehr viele ganz ähnliche Unterkünfte, und wer in der Region Krāslava Urlaub macht, wird auf dem Land wenige Alternativen finden.

 Geschichts- und Kunstmuseum, Pils 8, Tel. 562 35 86. Öffnungszeiten im Sommer Di–Fr 10–17 Uhr, Sa 10–14 Uhr; im Winter samstags geschlossen.

▸ Ethnographisches Freilichtmuseum Slutiški, am Ufer der Daugava etwa auf halbem Weg zwischen Daugavpils und Krāslava, Naujenes pag., Tel. 547 55 98, www.naujene.lv. Mo–Fr 10–17 Uhr.

 Reiterhof ›Klajumi‹, südwestlich von Krāslava, Kaplavas, LV-5601, Tel. 947 26 38, www.klajumi.lv. Mehrtägige geführte Touren zu Pferde, Unterkunft.

 Die Touristeninformation in Krāslava hat eine Wasserwanderroute für die miteinander verbundenen Seen zwischen Krāslava und Preiļi erstellt: Tel. 866 19 25, 916 62 59. An praktisch jedem Campingplatz der Region kann man Boote und andere Geräte leihen, die zu einem Urlaub am Wasser gehören.

▸ ›Arkadija‹, Kaplavas pag., Krāslavas raj., Tel. 970 90 06. Touren auf der Daugava.

▸ Hotel ›Bengs‹, Aleksandrova, Piedrujas pag., LV-5662, Tel. 564 72 32, 635 72 28. ›Rafting on The Edge of the European Union‹, entlang der weißrussischen Grenze.

 Krankenhaus: Rīgas 159, Tel. 562 32 33. Apotheke: Rīgas 159, Tel. 568 14 89.

Latgale

Preiļi ist das Zentrum der lettischen Keramik, und einige berühmte Künstlerfamilien unterhalten sogar Privatmuseen. Landschaftlich gesehen ist Preiļi das westliche Tor zu den Seen Latgales. Latgale bietet viele interessante Möglichkeiten der Freizeitgestaltung: lange Kanutouren in der Seenplatte, Reiten, Wandern und Radfahren in einer von zivilisatorischen Errungenschaften nur wenig beeinträchtigten Landschaft. Die Basilika von Aglona ist in katholischen Kreisen von internationaler Bedeutung: Es gibt ein für wundertätig gehaltenes Bildnis der Mutter Gottes. Nördlich des Dreiländerecks Lettland-Weißrußland-Rußland, in Pasiene, steht eine weitere prächtig ausgestattete Barockkirche, die viele für die schönste Kirche Lettlands halten. Bei Ludza gibt es noch einmal sehr schöne Seenlandschaften; nördlich der Linie Ludza-Rēzekne gibt es dagegen nur wenige Seen und die Landschaft wird eintöniger. Über das im Zweiten Weltkrieg weitgehend zerstörte Rēzekne geht es zurück in Richtung Westen.

Preiļi

Von Rīga aus erreicht man Latgale über die an der Daugava entlangführende Fernstraße; von Livāni geht es in Richtung Osten. Preiļi ist die unangefochtene Hauptstadt der lettischen Keramik: Im Stadtmuseum sind die farbenprächtig glänzenden Werke des Künstlers Polikarps Čerņavskis zu sehen, dessen Werkstatt auch besichtigt werden kann. Dort und anderswo gibt es die Möglichkeit, sich in die Geheimnisse des Kunsthandwerks einführen zu lassen. Weil man niemals die gleiche Qualität wie die großen Meister erzielen wird, gibt es überall Läden, in denen Geschirr, Vasen, Aschenbecher, Kerzenleuchter und vieles mehr erstanden werden können. Im Zentrum Preiļis steht die katholische Kirche mit einigen schönen Gemälden; gegenüber kommt man zur

Reiterhof nördlich von Preiļi

Touristeninformation. In der Daugavpils iela 21 wurden in einem Garten zwei Miniatur-Märchenreiche aufgebaut; Kinder können sich als Prinzessin oder Ritter verkleiden und fotografieren lassen. Weiter die Daugavpils iela hinunter kommt man zum Gutshof der Familie Borch, der von einem weitläufigen und wasserreichen Landschaftspark umgeben ist.

Im zehn Kilometer südlich von Preiļi gelegenen Aizkalne, auf dem Hof Jasmuiza, verbrachte der Schriftsteller Jānis Rainis seine Jugendjahre. Dort wirkte auch der berühmte Keramiker Andrejs Paulāns. Leben und Werk beider Künstler werden in Ausstellungen gewürdigt; es gibt auch eine große Verkaufsausstellung latgalischer Keramik. Wenig entfernt sind auf dem Hof Cerības kunsthandwerkliche Produkte der Holzschnitzkunst erhältlich. In Ribiņi, fünf Kilometer nördlich von Preiļi, kommt man zu einer Pferdezucht, wo man Reitstunden nehmen und Pferde leihen kann.

 Touristeninformation, Tirgus laukums 1, Preili LV-5301, Tel. 532 20 41, www.preilirp.lv.

 Tirgus laukums 9, Preiļi. Busse nach Rīga oder Daugavpils morgens und nachmittags, der letzte etwa um 17 Uhr.

 Gästehaus ›Zolva‹, Siveriņi, p/n Rušona, Rušonas pag., LV-5329, Tel. 530 70 46, 927 63 42. Am See, Bootsverleih, Sauna und Campingplatz.

▸ Gästehaus ›Silmalas‹, Siveriņi, Rušonas pag., Preiļu rajons, Tel. 536 52 00, 910 13 78. Am See, Bootsverleih.

 Museum für Kunst und Stadtgeschichte, Raiņa bulvaris 28, Tel. 532 27 31, muzejs@axel.lv. Di–Fr 11–18 Uhr, Sa 10–16 Uhr.

▸ Keramikwerkstatt und Museum Polikarps Čerņavskis, Talsu 21, Tel. 532 27 31.

▸ Miniatur-Märchenland, Daugavas 21, Tel. 532 17 37.

▸ Jasmuiza-Museum, Aizkalnes pag., Tel. 535 46 77, 948 75 89. Keramikausstellung und Museum des Schriftstellers Jānis Rainis. Saison: 10–17 Uhr, sonst nach Voranmeldung. Sonntags Vorführungen und Gelegenheit, eigene Stücke zu fertigen.

 Pferdezucht in Riebiņi, Skolas 18, Riebiņi, Preiļu rajons, LV-5326, Tel. 535 68 07, 633 93 88, www.103zirgi.lv

 Bootsverleih in so gut wie jedem an einem See gelegenen Gästehaus.

▸ Wasserski: Udensslēpošanas bāze ›Bašķi‹, Rušonas pag., Preiļu rajons, Tel. 532 19 28, 648 96 63.

 Krankenhaus: Raiņa bulv. 13, Tel. 530 77 40. Apotheke: Raiņa bulv. 13, Tel. 532 25 27.

Latgalische Keramik

Verbreitung und Entstehung von feuerfestem Keramikgeschirr sind unmittelbar mit Besonderheiten der lettischen Küche verbunden: In Restaurants und privat bekommt man noch heute oft ein kleines Keramiktöpfchen serviert, in dem sich ein mit Käse überbackenes Gericht aus Fleisch, Kartoffeln und Gemüse befindet, das aus einem Holzofen kommt.

In früheren Zeiten hatte Keramikgeschirr die Farbe des Tons, aus dem es gebrannt wurde. Teller, Tassen und Gefäße aller Art wurden mit der gleichen Auswahl an Ornamenten verziert, wie man sie aus der Holzschnitzkunst kannte. Weil die Formenvielfalt der Ornamente durch die Techniken des Linien- oder Kerbschnitts stark eingeschränkt wurde, waren meist nur sehr einfache Kreuze, Rauten, Sterne und stilisierte Pflanzenmuster zu sehen.

Zu Beginn des 20. Jahrhunderts wurde unter dem Einfluß billigerer Massenware die traditionelle Keramik aus dem Bereich des täglichen Gebrauchs verdrängt, was dazu führte, daß man sich im traditionellen Handwerk der Kunst näherte: Man begann damit, Vasen und Geschirr mit kräftigen, ineinander verlaufenden Farben zu versehen und überzog die Objekte mit metallisch glänzenden Glasuren. Dank verfeinerter Bearbeitungstechniken erschienen jetzt auch komplexere Ornamente, die zum größten Teil aus anderen Bereichen der Volkskunst

übertragen wurden. Die Rosetten wurden feiner, Darstellungen von Pflanzenblättern wurden detaillierter ausgeführt. Gleichzeitig wurde die Palette breiter: Neben allen Arten von Geschirr gab es nun Kerzenständer, Vasen, Aschenbecher und zahlreiche andere, vorwiegend der Dekoration dienende Gegenstände. Die ursprünglich schlichten Vasen erhielten Ränder mit aufwendigen, wellenförmigen Formen, und vor allem die Kerzenständer wirkten mitunter völlig überladen. Es gibt jedoch auch schlichtere Varianten, und mitunter sogar sehr moderne Stücke.

Vor allem in Latgale gibt es Künstlerfamilien, die ihr Wissen um Gestaltung, Ornamentik und Glasuren von Generation zu Generation weitergeben.

Keramik aus der Werkstatt von Herrn Pauliņš aus Krāslava

Aglona

Die Basilika von Aglona ist alljährlich am 15. August (Maria Himmelfahrt) das Ziel zahlreicher katholischer Pilger. Die katholische Tradition geht auf die Gründung eines Dominikanerklosters im Jahr 1699 zurück: Die katholische Gutsbesitzerin des benachbarten Rušona schenkte den Dominikanern damals 17 lettische Weiler mit Gehöften. Zentrum des Glaubens war bis Mitte des 18. Jahrhunderts eine einfache Holzkirche. Zwischen 1768 und 1800 wurde die heute noch stehende Basilika errichtet – ein prächtiger spätbarocker Bau mit markanter Fassade, zwei 60 Meter hohen Türmen und offenen Glockenstühlen. Innen gibt es zehn Altäre, davon vier in den Seitenschiffen. Prunkstück ist der mit Figuren und Schnitzwerk überreich verzierte zweistufige Hauptaltar im Stil des Rokoko, der das Bild einer von Gläubigen für wundertätig gehaltenen Muttergottes umrahmt. Das Marienbildnis wird im Rahmen der Morgenmesse um 7 Uhr und der Abendmesse um 19 Uhr sichtbar; zu allen anderen Zeiten ist es von einem anderen Altarbild verdeckt. Das von einem aufwendig gestalteten silbernen Rahmen eingefaßte Heiligenbild weist byzantinische Elemente auf, und tatsächlich läßt sich seine Geschichte bis nach Byzanz zurück verfolgen: Der byzantinische Kaiser Manuel II. Palaiologos (1391–1425) vermachte das Original dem litauischen Großfürsten Vytautatas (1401–1430), dessen Volk sich erst unter seinem Vorgänger Jogaila zum christlichen Glauben bekannt hatte. Das Bild ließ er in seiner Residenz im litauischen Trakai aufstellen. Nach dem Zusammenbruch des Deutschen Ordens fiel Latgale unter litauische Herrschaft, und damit die Menschen in den neu eroberten Gebieten zum rechten Glauben

Die Basilika in Aglona ist am 15. August das Ziel von Pilgern aus aller Welt

fänden und nicht etwa zum Protestantismus überträten, schenkte man dem 1699 neu gegründeten Dominikanerkloster eine Kopie des Bildes. Die Kopie wurde für wundertätig erklärt. Manche Gläubige behaupten, daß sich in Aglona das Original und in Trakai die Kopie befindet, was aber wohl eher ein Ausdruck innerbaltischen Provinzdenkens ist. Zu beiden Seiten des Hauptaltars führen den Dominikanermönchen vorbehaltene Wege direkt ins Kloster.

Ganz in der Nähe von Kloster und Kirche wurde 1824 eine schwefelhaltige Quelle entdeckt, die von den Dominikanermönchen auch zu therapeutischen Zwecken genutzt wurde, und die begeisterte Pilger mit der Zeit ebenfalls für wundertätig erklärten. Vor der Basilika standen große Bäume, die anläßlich des Papstbesuchs im September 1993 abgeholzt wurden. Ganz neu eingerichtet wurde 2005 das Brotmuseum in der Daugavpils iela 7: Dort gibt es nicht nur Hostien, sondern alle möglichen Arten von Brot, Historisches, Folkloristisches und viel traditionelle latgalische Küche – auch zum Probieren.

Etwa drei Kilometer nördlich von Aglona erreicht man am recht großen Rušons-See eine heidnische Kultstätte. Der riesige Findling mit einem Durchmesser von etwa drei Metern liegt im Park des Gutshofs Kameņeca. Ganz in der Nähe wurde die alte Mühle des Gutshofs renoviert und wieder in Betrieb genommen.

Fünf Kilometer in Richtung Osten steht am Seeufer die Holzkirche von Bērzgale. Die 1750 fertiggestellte Kirche hat einen prächtigen Altar und eine brauchbare Orgel; im Hof steht ein Glockenturm.

In der Seenlandschaft rund um Aglona gibt es heute viele Gästehäuser und ein wirklich reichhaltiges Freizeitangebot mit Bootsverleih, Wasserski, Reiten und Wandern.

Von Aglona in Richtung Krāslava kommt man nach etwa sechs Kilometern zum östlich der Straße liegenden Velnezers (Teufelssee). Dieser kleine, etwas versteckt im Wald gelegene See zählt zu Lettlands schönsten und wechselt je nach Wetterlage seine Farbe: Wenn die Sonne scheint, ist er meist grün, bei bedecktem Himmel fast schwarz, und manchmal ist er auch türkis oder blau. Der Velnezers und die weiteren in Richtung Krāslava gelegenen Seen liegen in der wahrscheinlich schönsten Seenlandschaft Lettlands, und wer genug vom Autofahren hat, kann dort einen ganzen Urlaub verbringen. Die Touristeninformation in Aglona hat eine Wasserwanderroute ausgearbeitet, die durch einige der vielen miteinander verbundenen Seen führt.

 Touristeninformation, Somersetas 34, Aglona LV-5304, Tel. 53221 00, 8661925, www.aglona.lv, www.visitaglona.lv.

 Bus nach Preiļi tagsüber etwa alle 2 Stunden, nach Krāslava mittags.

 Gästehaus ›Aglonas Cakuli‹, Ezera 4, Tel. 91943 62,

www.aglonascakuli.lv. Am See Ciriss; auf einer Insel auch ein kleiner Zeltplatz.

▸ Gästehaus ›Juglaiņi‹, Jaundzema 4, Tel. 913 00 48. Bauernhaus, Exkursionen, Zeltplatz.

▸ Übernachtungsmöglichkeiten gibt es auch im Kloster Aglona, Cirīšu 8, Tel. 538 11 09, 947 21 55.

 ›Dzelmes‹, Tartakas 2, Tel. 955 29 94, zirgi-aglona@inbox.lv. Zeltplatz, Reiten, Boot- und Radverleih am südwestlichen Ortsrand am See.

 Basilika und Kloster Aglona, Cirīšu 8, Tel. 538 11 09,

947 21 55. Mehrsprachige Führungen und lateinische Messen.

▸ Brotmuseum, Daugavpils iela 7, Tel. 928 70 44, Gruppen sollten sich vorher anmelden.

 Bootsverleih in praktisch allen an Seen gelegenen Gästehäusern.

▸ Wasserski: Udensslépošanas bāze ›Bašķi‹, Rušonas pag., Preiļu rajons, Tel. 532 19 28, 648 96 63. 15 Kilometer nordwestlich von Aglona im kleinen Ort Bašķi.

 Apotheke: Somersetas 35, Tel. 532 23 98.

Über Dagda nach Pasiene

Von der Straße Aglona–Krāslava aus führt im Ort Grāveri, an mehreren Seen vorbei, eine pittoreske Straße nach Osten in den kleinen Ort Auleja, ein Zentrum der Herstellung von Tüchern und Trachten. Die katholische Kirche liegt am Seeufer und wurde 1709 mit Mitteln des Jesuitenordens gebaut, der von Litauen aus agierte. Ziel war es, Bildung und den rechten Glauben in die neu an Polen-Litauen angeschlossenen Provinzen zu bringen. Wenige Kilometer hinter Auleja führt die Straße an einer Bucht des 1800 Hektar großen Sīvers-Sees vorbei. Jede der über 200 Buchten und Inseln des Sees hat von den Latgalen einen eigenen Namen bekommen. Eine nennenswerte touristische Infrastruktur hat sich am See allerdings bisher nicht entwickelt.

Über Konstantinova erreicht man nach etwa 15 Kilometern den 2500 Einwohner zählenden Ort Dagda, der sich aus einem Gutshof entwickelt hat. Die bedeutendste Sehenswürdigkeit ist die für den kleinen Ort recht groß geratene barocke Kirche aus dem Jahr 1741 mit einem aus der Epoche stammenden Altar und einer opulenten Inneneinrichtung. In der Stadt sind noch einige einfache Backsteinhäuser der Jahrhundertwende erhalten. Wie in vielen Orten Latgales gab es auch in Dagda bis zur Jahrhundertwende ein Schtetl mit jüdischen Kleinbauern und Handwerkern.

Östlich des Zentrums erstreckt sich der Dagdas-See mit zwölf kleinen Inseln und einem gern genutzten Strand. Vom nördlich gelegenen Gutshof ist nur noch der Park mit einigen Brücken und Kanälen übriggeblieben. Sehenswert sind die Weiden am Eingangstor mit einem Umfang von sechs Metern.

Nördlich von Dagda erreicht man den See Ežezers und das ihn umgebende Naturschutzgebiet. Der See zählt zu den schönsten Seen Lettlands, die Zahl seiner Inseln liegt, je nach Wasserstand, zwischen 36 und 69. Die Inseln im südwestlichen Teil sind größer. Über so manche Insel sagt bereits der Name einiges aus: Auf der Liepu sala (Lindeninsel) wachsen ausschließlich Linden, auf der Jāņogu sala (Johannisbeerinsel) ausschließlich Beeren. Die größte Insel ist die 45 Hektar große Lielā lāču sala (Große Bäreninsel), auf der das älteste Haus der Gegend steht, das wie viele Häuser der traditionellen Holzarchitektur ohne Verbindungen aus Eisen auskommt. Auf dem See gibt es noch eine weitere bewohnte Insel, die Ežusala (Igelinsel). Am nordwestlichen Ufer gibt es einen Eichenhain mit 400 Jahre alten Bäumen. Das touristische Zentrum am See ist Ezernieki. Nördlich des Sees kann man in leicht hügeliger Landschaft Wanderungen zu kleineren Seen unternehmen und hat immer wieder einen schönen Ausblick auf den Ežezers.

Von Ezernieki aus geht es nach Osten, ans Dreiländereck von Lettland, Rußland und Weißrußland. Den Grenzpunkt markiert der Draudžības kurgāns, ein künstlicher Hügel, der zu sowjetischen Zeiten aufgeschüttet wurde. Oben erinnert eine Eiche an die antifaschistische Freundschaft zwischen den drei Staaten, die sich in den gemeinsamen Kampf gegen Hitlerdeutschland stellten. Zur Eiche führen drei Alleen: Von Lettland aus eine Lindenallee, von Weißrußland aus eine Birkenallee und von Rußland aus eine Ahornallee. Daß der Kampf gegen Hitlerdeutschland nicht nur freundschaftlich war, und das Monument so gesehen auch irgendwie eine Unverschämtheit ist, beweisen unter anderem die Existenz des Hitler-Stalin Pakts, die Deportationen und fast 50 Jahre sowjetische Besatzung. Heute befindet sich dort die EU-Außengrenze, und man sollte unbedingt seinen Paß mitführen. Auf russischer Seite liegen die Landschaften des Sebežskij-Nationalparks und militärische Anlagen.

Etwa zehn Kilometer nördlich des Dreiländerecks erreicht man Pasiene. In dem kleinen Ort steht eine prächtige Barockkirche. Im späten 17. Jahrhundert errichteten Dominikaner an dieser Stelle eine Holzkirche, und als diese abbrannte, wurde sie 1761 durch einen wahren Monumentalbau ersetzt. Der hochbarocke Innenraum ist reich mit Stuck, Figuren und Gemälden ausgestattet. Pasiene ist neben Aglona das zweite wirklich bedeutende religiöse Zentrum Latgales. Im September finden dort Konzertreihen der sakralen Musik statt.

Entlang dem nahegelegenen Flußtal der Zilupe wurde ein 13 Kilometer langer Wanderweg eingerichtet. In Zaļesje, sechs Kilometer nördlich von Pasiene, gibt es einen sehenswerten Gutshof mit Nebengebäuden, Park und Reiterhof. In Zilupe erreicht man die jenseits der Grenze nach Moskau führende A12. In Richtung Westen liegt Ludza, die nächste Etappe der Latgale-Rundreise.

Touristeninformation
Krāslava, Brīvības 13,
Krāslava LV-5601, Tel. 56222 01,
www.kraslava.lv.
▸ Touristeninformation Dagda,
Daugavpils 8, Dagda, Krāslavas
rajons, Tel. 56814 21, 91933 97,
fenikss@e-apollo.lv. Die Touristeninformation in Krāslava ist eher auf
internationalen Tourismus eingestellt.
▸ Touristeninformation Pasiene, Pasiene LV-5732, Tel. 57452 96,
92642 38, ptip@ludza.lv.

 Bus von Dagda nach Daugavpils über unterschiedliche
Routen etwa 6x täglich. Nach Pasiene fährt nichts.

  ›Ezersētas‹, Kastuļinas
pag., Krāslavas rajons,
Tel. 91662 59, 91947 48, www.
ezersetas.viss.lv. Kleine, einfache,
rustikale Blockhäuser. Am Nordufer
des Sees Vžuņu, auf halber Strecke
zwischen Aglona und Dagda. Bootsverleih, Sauna.
▸ ›Zirga Smaids‹, Dzelsceļa 8–1,
Ludzas rajons, Zilupe LV-5751,
Tel. 94748 02, 94925 52,
www.zirgasmaids.com. Am Nirza-
See westlich von Zilupe gelegene
geräumige Blockhäuser mit Veranda.
Reiterhof, Bootsverleih, Sauna,
Wasserski, zusätzliche Zeltplätze.

 ›Akmeņlauki‹, Zilupes novads,
Zaļesje, Lauku 6b, Tel.
57424 42, 92268 87. Auf halbem
Weg zwischen Pasiene und Zilupe.

Ludza

Von Zilupe kommend, führt die Route nach etwa 25 Kilometern in Richtung Süden nach Nukši. Dort befindet sich das Naturschutzgebiet des inselreichen Pildas-Sees. Am sich südöstlich anschließenden Zurzu-See gibt es einen Campingplatz. In Nukši steht eine sehenswerte, in traditioneller Holzarchitektur errichtete Dorfkirche. Auch der südöstlich gelegene Nirzas-See ist touristisch gut erschlossen.

Die Stadt Ludza wurde bereits 1177 urkundlich erwähnt: An der geographisch günstigen, zwischen mehreren Seen gelegenen Stelle befand sich schon vor der Missionierung eine Burg mit dazugehörigem Handelszentrum. 1399 wurde dann die Burg des Deutschen Ordens errichtet. Ludza lag auch damals im Grenzgebiet zu Rußland, und am gegenüberliegenden Seeufer bauten 1486 Russen aus Pskov eine eigene Burg zur Sicherung ihrer Handelsinteressen. Im Nordischen Krieg wurde die russische Burg vollständig zerstört. Von der Burg des Deutschen Ordens blieb die pittoreske, das Stadtbild dominierende Ruine übrig, die auf einem 20 Meter hohen Hügel über dem Großen Ludza-See steht. Am Seeufer gegenüber der Burgruine ist noch eine Synagoge erhalten, ein letztes Überbleibsel der Kultur des jüdischen Schtetl, das Anfang des 20. Jahrhunderts weitgehend verschwand. Ein markanter

Orthodoxe Kirche im Zentrum von Ludza

Punkt im Stadtbild ist die 1843 erbaute, zweitürmige russisch-orthodoxe Kirche. Das wichtigste Museum Ludzas ist das der Familie Kulnjev. Der russische General Jakob Kulnjev erhielt Gutshof und Stadt für seine Verdienste, die er sich 1812 im Krieg gegen Napoleon erworben hatte. Neben Militär- und Familiengeschichte sind im heute auch als Heimatmuseum genutzten Gebäude Ausstellungsgegenstände des traditionellen Handwerks zu besichtigen. Auf dem Freigelände begannen die Sowjets 1958 mit dem Aufbau eines latgalischen Gehöfts samt den dazugehörigen Alltagsgegenständen – ganz der Maxime folgend, daß die Traditionen des Bauernstaats erhalten werden sollen.

Nordöstlich von Ludza gibt es in Cibla einen Gutshof mit Nebengebäuden, der auf der Liste des Europäischen Kulturerbes steht. Im Park stehen eine katholische Kirche, eine Kapelle und einige Nebengebäude. Im Herrenhaus ist noch ein Teil der barocken Inneneinrichtung erhalten, es gibt auch ein Museum. Die Umgebung von Ludza ist wirklich schön; in alle Himmelsrichtungen liegen Seen unterschiedlicher Größe. Fahrten nach Norden lohnen sich eher nicht: Die Seenplatte hört wenig nördlich von Ludza auf.

 Touristeninformation, Baznicas 42/11, Ludza LV-5701, Tel. 570 72 02, www.ludza.lv, kondrate@one.lv, tic@ludza.lv.

 Stacijas iela 90. Morgens und nachmittags um 16 Uhr nach Rīga.

K. Barona iela 47. Tagsüber etwa stündlich nach Rēzekne, von dort mehrmals täglich nach Rīga.

  Gästehaus ›Akmeni‹, Franapole, Zvirgzdenes pag., LV-5713, Tel. 576 42 34. Schönes Gästehaus wenige Kilometer nordöstlich von Ludza am Franapole-See. Kaminzimmer, Sauna, Reiten.

Die Fuchsfamilie auf der Insel des Haussees gehört gewissermaßen dazu.

 Museum der Region Ludza, Kuļņeva 2, Tel. 572 39 31, www.ludza.lv.

 Krankenhaus: K. Barona 4, Tel. 570 72 60. Apotheke: K. Barona 41/18, Tel. 570 70 45.

Rēzekne

Rēzekne, 20 Kilometer westlich von Ludza gelegen, gilt mit rund 40 000 Einwohnern als die wichtigste Stadt Latgales. Im Zweiten Weltkrieg litt die Stadt erheblich, in sowjetischer Zeit wurde viel Industrie angesiedelt. Viel Sehenswertes gibt es daher heute nicht.

Rēzekne lag schon vor Ankunft der Kreuzritter an der Handelsstraße nach Pskov. Mitte des 13. Jahrhunderts errichtete der Deutsche Orden eine Burg, deren klägliche Überreste noch im Zentrum zu sehen sind. Die weit im Osten Lettlands gelegene Kleinstadt war jahrhundertelang wenig bedeutend. In der Zwischenkriegszeit entwickelte sich Rēzekne zum wirtschaftlichen und kulturellen Zentrum Latgales. Wie multikulturell die Stadt damals war, zeigt unter anderem die Existenz jeweils eines lettischen, russischen, jüdischen und polnischen Gymnasiums.

In der Nacht des 6. April 1944 bombardierte die russische Armee die Stadt, in der sich Truppen der deutschen Wehrmacht verschanzt hatten, bei ihrem Abzug sprengten die Deutschen dann noch einige wichtige städtische Gebäude. Nach dem Krieg waren 80 Prozent der historischen Bausubstanz zerstört. Vor und nach dem Bombardement gab es eine regelrechte Massenflucht, viele kehrten nie wieder zurück.

In sowjetischer Zeit wurden am Verkehrsknotenpunkt der Eisenbahnlinien Rīga–Moskau und Warschau–Petersburg Industrieanlagen aus dem Boden gestampft, und für die aus allen Gebieten der Sowjetunion umgesiedelten Arbeiter wurden neue Plattenbausiedlungen errichtet. In der Zeit nach 1991 gelang es nicht, alle Industrien westlichen Standards anzupassen, auch die Eisenbahnlinien nach Rußland waren kein infrastruktureller Vorteil mehr. So verliert Rēzekne jedes Jahr an Einwohnern. Vor allem die Jüngeren suchen ihr Glück entweder in Rīga oder in Ländern der EU mit einer liberalisierten Arbeitsmarktpolitik.

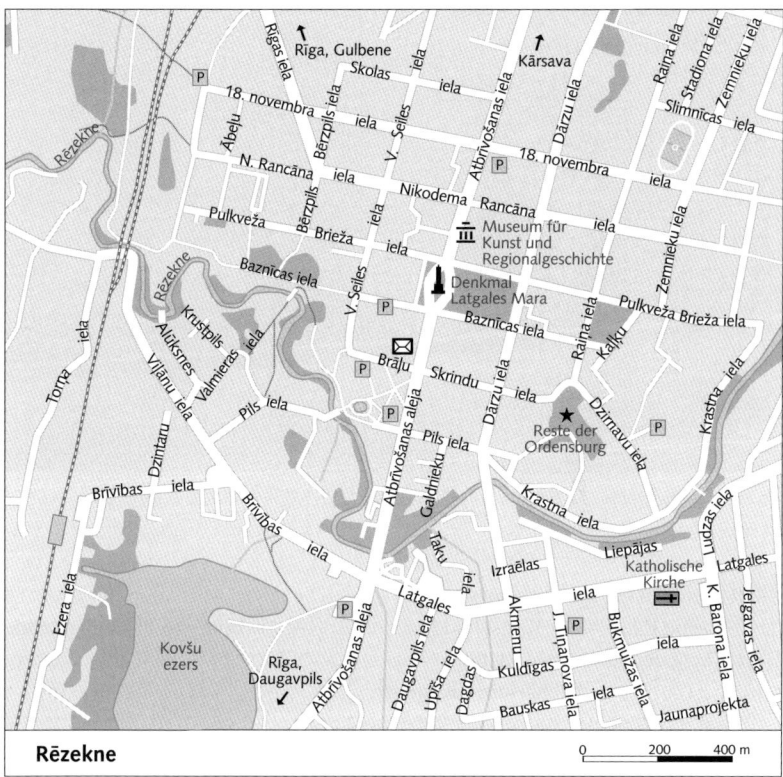

Rēzekne

Sehenswürdigkeiten gibt es in Rēzekne wenige: Im Schloßpark stehen die Reste der Burgruine. In der Latgales iela erheben sich die beiden Türme der 1893 gebauten katholischen Kirche über die Stadt. Zur Innenausstattung gehört ein wertvolles Heiligenbild aus dem 18. Jahrhundert, das im Rahmen von Prozessionen durch die Straßen getragen wird. Ein Denkmal von nationaler Bedeutung ist die Skulptur ›Latgales Mara‹: Es erinnert an die Integration Latgales in den unabhängigen lettischen Staat im Jahr 1920. Interessant ist die Ikonographie des Denkmals: Mara ist eine der wichtigsten Gottheiten der lettischen Mythologie, sie steht für Fruchtbarkeit und Wohlergehen. In der Hand der Skulptur ist ein Kreuz zu sehen, das an die katholische Tradition der Region erinnert. Das Denkmal war 1939 von Kārlis Jansons nach einem Entwurf von Leons Tomašickis geschaffen worden, zwei Jahre später wurde es von den Sowjets zerstört, 1943 in den Kriegswirren wieder aufgebaut und 1950 erneut zerstört. Die heutige Fassung nach den im Original erhaltenen Plänen stammt vom Bildhauer Andrejs Jansons, dem Sohn desjenigen

Ruine der Ordensburg und katholische Kirche in Rēzekne

Bildhauers, der die erste Statue errichtet hatte. Die vierte Attraktion der Stadt ist das Museum Latgales für Kunst und Regionalgeschichte. Eine wirklich umfassende Darstellung der geschichtsträchtigen Region gibt es dort noch nicht, jedoch einige schöne Exponate der latgalischen Keramik.

Etwa 20 Kilometer südlich von Rēzekne liegt der 40 Quadratkilometer große Rāznas-See, dessen Ufer an manchen Stellen steil abfallen. Im Osten des Sees hat sich der Ort Kaunata zu einem touristischen Zentrum entwickelt: Dort gibt es Campingplätze, Gästehäuser und viele Freizeitmöglichkeiten. Vom Ufer aus weiter in Richtung Osten liegt der Rāznas-Naturpark, in dem man gut wandern kann. Die sich in Richtung Ludza anschließende Seenlandschaft zählt zu den beeindruckendsten Landschaften Latgales. Am Südufer kann man sich vom 248 Meter hohen Mākonkalns einen guten Überblick über die Landschaft verschaffen; es gibt auch Ruinen einer Ordensburg aus dem 13. Jahrhundert. Am Westufer, im Ort Zosna, liegt direkt am See ein Gutshof mit Kirche und weiteren Nebengebäuden. Das eklektizistische Herrenhaus ist, für Latgale unüblich, teilweise in Fachwerkarchitektur ausgeführt.

Die Regionen nördlich der Linie Rēzekne–Ludza sind wirkliche Provinz. Weil die Landschaften auch nicht mehr so viel hergeben, ist es zu empfehlen, über Viļāni in Richtung Westen zu fahren. Dort liegen Lettlands größter See, der Lubāns, das Naturschutzgebiet Teiči mit dem größten Hochmoor des Baltikums sowie das Hochland Vidzemes. Der schnellste Weg zurück nach Rīga führt über Jēkabpils und das Tal der Daugava.

Touristeninformation Rēzekne, Haus Untumi, Spundžāni, Ozolmuizas pag., Rēzeknes rajons, Tel. 463 12 55, tic@untumi.lv, www.rezekne.risc.lv. Die Touristeninformation ist in einem Freizeitheim an der Ausfallstraße Richtung Viļāni untergebracht. Die Informationspolitik der Stadt ist auch sonst ausgesprochen kryptisch. An der Touristeninformation gibt es einen Reiterhof.

▸ Touristeninformation Kaunata, Rāznas 38, Kaunata LV-4622, Tel. 469 82 70. In Kaunata am Rāznas-See ist man eher auf Touristen eingestellt.

 Tel. 941 56 53.

 Es gibt in Rēzekne zwei Bahnhöfe. ›Rēzekne 2‹ in der Stācijas 7 ist der richtige. Nach Rīga verkehren drei normale Züge zuzüglich der morgens Rēzekne passierenden Fernzüge aus Petersburg und Moskau.

 Latgales 17. Busse nach Rīga mehrmals täglich, vor allem Pendlerbusse am frühen Morgen. Letzter Bus etwa um 17 Uhr.

 Gästehaus ›Azarkrosti‹, Verēmi, Verēmu pag., LV-4647, Tel. 469 74 19, 945 94 48. Nördlich von Rēzekne, am Nordufer des Adamovu-Sees. Sauna, Bootsverleih, Wasserski, Radverleih.

▸ Hotel ›Latgale‹, Atbrivošanas aleja 98, Rēzekne LV-4600, Tel. 462 21 80. Großes, grundrenoviertes Hotel aus sowjetischen Zeiten im Zentrum.

▸ ›Rāznas līcis‹, Dukstigals, Tilieši, Čornajas pag., Rēzeknes raj., Tel. 917 66 87, 641 12 07, www.raznaslicis.lv. Drei Ferienhäuser unterschiedlicher Größe am Nordufer des Rāznas-Sees.

▸ ›Ezerkrasti‹, Tiliši, Čornajas pagasts, Rēzeknes rajons, LV-4617, Tel. 641 12 07, 645 04 37, www.ezerkrasti.viss.lv. Am Nordufer des Rāznas-Sees gelegenes Erholungszentrum mit Bootverleih.

▸ Hotel ›Rēzekne‹, Brīvības iela 2, Rēzekne LV-4600, Tel. 460 78 30, www.hotel.colonna.com.

Kulturgeschichtliches Museum von Latgale, Atbrivošanas aleja 102, Rēzekne LV-4600, Tel. 462 24 64, latgmuzejs@tvnet.lv. Di–Fr 10–17 Uhr, Sa 10–16 Uhr, So 10–15 Uhr. Entgegen dem vielversprechenden Namen geht es nicht um die interessante Geschichte und Kulturgeschichte der Region, sondern vor allem um Keramik, etwas Folklore und ein paar Bilder.

▸ Keramikwerkstatt: Andris und Viktors Ušpelis, Griškanu pag., Pocelujevka, Moldedži, Tel. 462 53 70. Die Keramiker Andris und Viktors Ušpelis bieten Workshops an, Ausstellung und Laden an der Ausfallstraße in Richtung Rāznas-See, unmittelbar hinter dem Stadtrand von Rēzekne.

▸ Museum ›Kolnasata‹, Sakstagals LV-4638, Tel. 465 72 71. Idyllisch gelegenes Museum zu Keramik und Kunsthandwerk, 10 km hinter Rēzekne in Richtung Viļāani.

Kleiner Sprachführer

Ihre Sprache war für die Letten immer
ein wichtiger Ausdruck ihrer kulturellen Identität. Dem deutschbaltischen
Adel dagegen galt das Lettische bis ins
19. Jahrhundert hinein als unver-
ständliche und kulturell minderwertige
Bauernsprache. Mit der Entwicklung
einer im westeuropäischen Kontext
stehenden Kulturnation ging auch die
Etablierung des Lettischen als Litera-
tursprache einher. Fast gleichzeitig, in
den letzten Jahrzehnten des 19. Jahrhunderts und später in sowjetischer
Zeit gehörte es zur russischen Kulturpolitik, das Lettische aus der Öffentlichkeit zu verbannen, als Schul- und
Amtssprache abzuschaffen und über
die Sprache die Russifizierung voran-
zutreiben. Die Letten sprechen
bis heute sehr ungern Russisch. Die
eindeutige Orientierung nach

Westen findet vor allem bei der
jüngeren Generation in einem oft
hervorragenden Englisch seinen
Ausdruck. Deutsch als Fremdsprache
hat in den letzten 15 Jahren zunehmend an Bedeutung verloren, ist
jedoch unter Intellektuellen, Touristi-
kern und Vertretern der älteren Generation durchaus verbreitet. In den
touristischen Zentren kommt man gut
mit Englisch und Deutsch zurecht,
doch freuen sich die Letten sichtlich,
wenn man mit ein paar Brocken der
nicht gerade einfachen Sprache
glänzen kann. Manchmal ist jedoch
die Mühe vergeblich, und man wird
wirklich nicht verstanden. Denn die
Ausspracheregeln für Vokale, Konsonanten und Intonation sind recht
komplex.

Das Lettische bildet gemeinsam mit
dem Litauischen und den mittlerweile
ausgestorbenen Sprachen des Prußi-

Das Herderdenkmal in Rīga

schen einen eigenen Zweig der indogermanischen Sprachfamilie. Lettisch und Litauisch unterscheiden sich in etwa so stark wie Deutsch und Holländisch, so daß ein gegenseitiges Erahnen der Bedeutung, aber keine unmittelbare Verständigung möglich ist. Lettisch wird von 1,5 Millionen Menschen gesprochen. In Latgale, ganz im Osten Lettlands, spricht man einen starken Dialekt, der selbst vielen Letten unverständlich ist. Dort wird mitunter auch etwas anders geschrieben.

Lettisch ist eine flektierende Sprache und kennt unter anderem sieben Fälle. Es gibt eine schier unglaubliche Vielfalt an Wortendungen und Deklinationen; die Satzstellung ist relativ frei. Eine Besonderheit, die vielfach irritiert, ist, daß auch Namen von Ausländern konjugiert und der lettischen Schreibweise angepaßt werden. So wird dann zum Beispiel ›Johann Gottfried Herder‹ zu ›Johans Gotfrīds Herders‹. Ähnliches passiert auch mit Städtenamen. Was die Aussprache angeht, so liegt die Betonung üblicherweise auf der ersten Silbe. Bei langen Vokalen unterscheiden die meisten Muttersprachler zwischen zwei Intonationsvarianten, was jedoch meistens weniger einer Änderung des Sinns, als vielmehr Stimmung und Individualität Ausdruck gibt. Im Schriftbild unterscheidet das Lettische sehr konsequent zwischen kurzen und langen Vokalen sowie zwischen harten und weichen Konsonanten. Lange Vokale werden mit einem Querstrich über

dem Buchstaben gekennzeichnet, weiche Konsonanten mit einem umgekehrten Dach. Im folgenden einige Beispiele für lettische Buchstaben und ihre Aussprache:

a	Ratte	ā	rate
e	Wette	ē	Mehl
i	wild	ī	Wiese
u	spucken	ū	spuken
c	Witz	č	Kutsche
s	muß	š	schwer
z	Sonne	ž	Journalist

Während die obigen Buchstaben durchaus deutschen Zungen geläufig sind, sieht es bei den folgenden Lauten anders aus. Man erreicht in etwa den richtigen Klang, wenn man den entsprechenden deutschen Konsonanten mit einem angehängten ›j‹ spricht. An diesen Konsonanten erkennen Letten mit ziemlicher Sicherheit den Ausländer:

ķ	wie ›kj‹	annähernd richtig: das englische Wort ›cue‹
ļ	wie ›lj‹	annähernd richtig: Millionär
ņ	wie ›nj‹	annähernd richtig: Champagner
ģ	›dj‹ oder ›gj‹	annähernd richtig: das englische Wort ›duty‹

Eine Herausforderung, die die der Konsonanten noch übertrifft, ist das lettische ›o‹, das in etwa so gesprochen wird wie ein im Deutschen nicht existierendes ›uoa‹. Es gibt aber auch noch ein paar sehr einfache Ausspracheregeln:

c	immer wie ›z‹ in ›Witz‹
h	immer wie ›ch‹ in ›Bach‹
r	immer ein rollendes ›r‹ wie im Fränkischen und Spanischen
s	immer stimmlos wie in ›naß‹
v	immer als ›w‹ wie in ›wach‹
z	immer stimmhaft wie in ›Sonne‹

Ein deutsches ›h‹ wie in ›haben‹ kennt das Lettische ebensowenig wie unsere Umlaute ›ä‹, ›ö‹ und ›ü‹.
Ein kleiner Test: Vī Zī zēn, izt ez doh gār niht zo švēr!

Die Fonts auf nichtlettischen Computern unterstützen üblicherweise keine lettischen Sonderzeichen. Wer korrekt schreiben will, findet passende Fonts zum Beispiel unter www.deksoft.com. In Texten mit Eigen- und Ortsnamen, die internationale Wege nehmen sollen, hat es sich mittlerweile eingebürgert, an lettische Vokale und Konsonanten ein ›h‹ anzufügen, also ā-ah; ž-zh.

Allgemeine Wendungen

Alles Gute!
Visu labu!

Auf Wiedersehen!
Uz redzēšanos!

Bitte!
Lūdzu!

Danke!
Paldies!

Einverstanden.
O.K., Skaidrs, Labi.

Entschuldigung
Atvainojiet

Entschuldigen Sie!
Atvainojiet lūdzu!

Gerne!
Labprāt!

Guten Appetit!
Labu apetīti!

Guten Tag!
Labdien!

Guten Morgen!
Labrīt!

Guten Abend!
Labvakar!

Gute Nacht!
Ar labu nakti!

Hallo!
Sveiki!

Ja.
Jā.

Keine Ursache!
Nav par ko!

Natürlich!
Protams!

Nein.
Nē.

Tschüß, mach's gut!
Atā, visu labu!

Vielleicht.
Varbūt.

Ich heiße...
Mani sauc...

Ich spreche leider kein Lettisch.
Es diemžēl nerunāju latviski.

Sprechen Sie Deutsch oder Englisch?
Vai Jūs runājat vāciski vai angliski?

Wann ist hier geöffnet?
Kad šeti atvērs?

Wann schließen Sie?
Kad šeit taisa ciet?

Wie heißen Sie?
Kā Jūs sauc?

Einfache Fragen

Wann?
Kad?

Wann fährt ...?
Kad attiet/pienāk ...?

Wann öffnet ...?
Kad atver ...?

Wann schließt ...?
Kad aizver ...?

Was?
Kas?

Was bedeutet ...?
Ko nozīmē ...?

Was kostet ...?
Cik maksā ...?

Welcher?
Kāds?

Wer?
Kurš?

Wer weiß ...?
Kas zin ...?

Wie ...?
Kā ...?

Wie lange ...?
Cik ilgi ...?

Wie spät ist es?
Cik ir pulkstens?

Wie teuer ist das?
Cik tas maksā?

Wie weit ist es bis ...?
Cik tālu līdz ...

Wieviel?
Cik daudz?

Wo?
Kur?

Wo ist ...?
Kur ir ...?

Wo fährt ...?
No kurienes attiet ...?

Gibt es hier ...?
Vai šeti ir ...?

Können Sie wechseln?
Vai Jūs varētu samainīt?

**Selbstaussagen und andere
Feststellungen**

Ich bin ...
Es esmu ...

Ich heiße ...
Mani sauc ...

Ich suche ...
Es meklēju...

Ich wohne im Hotel ›Zemgale‹.
Es dzīvoju viecnīcā ›Zemgale‹.

Ich gehe nach Hause.
Es eju uz mājām.

Ich komme aus Berlin.
Es esmu no Berlīnes.

Ich fahre morgen nach ...
Rīt es dodos uz ...

Ich komme morgen an.
Es ieradīšos rīt.

Ich möchte bezahlen.
Es gribētu samaksāt.

Ich habe Probleme/Schmerzen.
Man nav labi/man sāp.

Ich habe ... verloren
Es esmu pazaudējis ...

Ich will ...
Es gribu ...

Ich will nicht.
Es negribu.

Ich habe Hunger.
Esmu izsalcis.

Ich habe Durst.
Man slāpst.

Ich muß dringend auf die Toilette.
Man ļoti vajaga uz tuealeti.

Notfälle

Arzt
ārsts

Krankenhaus
slimnīca

Krankenwagen
ātro palīdzību

Polizei
policija

Es brennt!
Ugunsgrēks!

Bitte kommen Sie nach ...
Lūdzu brauciet uz ...

Ich brauche Hilfe!
Man ir vajadzīga palīdzība!

Ich habe einen Autounfall.
Esmu nokļuvis auto nelaimē.

Ich bin überfallen worden.
Man uzbruka.

Man hat mir ... gestohlen.
Man nozaga ...

Ich brauche einen Arzt.
Man vajadzīgs ārsts.

Es gibt 1, 2, 3, 4 Verletzte.
Ir viens, divi, trīs, četri ievainotie.

leichtverletzt
esmu ievainots

schwerveletzt
smagi ievainots

Probleme

Außer Betrieb!
Nedarbojās!

Das haben wir nicht!
Tā mums nav!

Fährt heute nicht mehr!
Šodien vairs nebrauc!

Gefahr!
Briesmas!

Geschlossen!
Slēgts!

Gesperrt!
Nožogots!

gestohlen
nozagts

kaputt
pagalam

Kein Durchgang!
Cauri iet nedrīkst!

Privatbesitz!
Privātīpašums

Reparaturarbeiten!
Salabošana!

Unfall
negadījums

Verboten!
Aizliegts!

Vorsicht!
Uzmanību!

Eigenschaften und Zustände

alles o.k.
viss o.k.

besetzt
aizņemts

frei
brīvs

blau
zils

gelb
dzeltens

grau
pelēks

grün
zaļš

rot
sarkans

weiß
balts

schwarz
melns

gut
labi

gute Qualität
laba kvalitāte

schlecht
slikts

schlechte Qualität
slikta kavlitāte

häßlich
pretīgs, riebīgs

schön
skaists

interessant
interesants

langweilig
garlaicīgs

kurz
īss

lang
garš

nah
tuvs

weit
tāls

neu
jauns

alt
vecs

preiswert
izdevīga cena

teuer
dārgs

Unterwegs und Orientierung

Abfahrt
attiešana

Ankunft
pienākšana

Ausgang
izeja

außerhalb
ārpus

Autoverleih
autonoma

Autowerkstatt
auto remonts

Bahnhof
stacija

Bahnsteig
perons

Bank, Bankautomat
banka, bankomāts

Busbahnhof
autoosta

dort
tur

Deutschland
Vācija

Diesel für 20 LVL, bitte!
Dzeli par 20 latiem, lūdzu!

Eingang
ieeja

Ermäßigung
atlaide

Estland
Igaunija

Fähre
prāmis

Fahrschein
biļete

Fahrt
braucien

Flughafen
lidosta

gegenüber
pretim

geradeaus
taisni

Gepäck
bagāža

Gepäckaufbewahrung
bagāžas glabātuve

Gleis
vilciena ceļš

hier
šeit

Hin- und Rückfahrt
turpu un atpakaļ

Ins Hotel!
uz viesnīcu!

Karte
karte

Laden
veikals

Lettland
Latvija

links
pa kreisi

Litauen
Lietuva

Meer
jūra

Nach Hause!
Uz mājām!

Nachtzug
nakts vilciens

nah
tuvu

neben
blakus

Norden
ziemeļi

Normalbenzin für 20 LVL, bitte!
Deviņdesmit piekto (astoto) benzīnu
par 20 latiem!

Osten
Austrumi

Öffnungszeiten
darba laiks

Österreich
Austrija

Parkplatz
auto novietne

Post
pasts

rechts
pa labi

Reise
ceļojums

Reiseführer (Buch)
ceļvedis

Reiseführer (Person)
ceļojuma vadītājs

Reservierung
rezervēšana

Schalter
lodziņš

Schließfach
slēgta bagāžas novietne

Schotterpiste
lauku lielceļš

Schweiz
Šveice

Stadtplan
pilsētas plāns

Straße (innerstädtisch)
iela

Straße (außerstädtisch), Weg
ceļš

Süden
dienvidi

Tankstelle
benzīntanks

Taxi
taksītis

Umleitung
apvedceļš

Umsteigen
pārsēsties

Volltanken, bitte!
Pilnu bāku, lūdzu!

Weg (guter, schlechter)
ceļš (labs, slikts)

weit
tālu

Westen
rietumi

Bringen Sie mich bitte nach ...
Aizvediet mani lūdzu uz ...

Bitte bringen Sie mich zum Hotel!
Aizvediet mani lūdzu uz viesnīcu/Uz
viesnīcu lūdzu!

Ein einfaches Ticket nach Saulkrasti,
bitte!
Biļeti līdz Saulkarstiem, tikai turp
lūdzu!

Ich suche ein Restaurant.
Es meklēju restorānu.

Ist dies der Weg zum Bahnhof?
Vai pa šo ceļu var tikt uz vilcienu
staciju?

Ist das Museum links?
Vai muzejs ir pa kreisi?

Ist der Hafen rechts?
Vai uz ostu ir pa labi?

Ist es dort?
Vai tas ir tur?

Ist es geöffnet?	9
Vai tas ir atvērts	deviņi
Wann ist es geöffnet?	10
Kad tas ir atvērts	desmit
Wo fahren Sie hin?	18
Uz kurieni jūs braucat?	astoņpadsmit
Wo muß ich umsteigen?	20
Kur man jāizkāpj un ar ko braukt	divdesmit
tālāk?	

50
piecdesmit

Zahlen

100
simts

1
viens

176
sitms septiņdesmit seši

2
divi

500
pieci simti

3
trīs

1000
tūkstots

4
četri

2965
divi tūksotši deviņsimti sešdesmitpieci

5
pieci

6
seši

Tage und Uhrzeit

jetzt
tagad

7
septiņi

heute
šodien

8
astoņi

morgens	Öffnungszeiten
rīt	darba laiks
vormittags	später
pirmspusdienā	vēlāk
mittags	Verspätung
pusdienaslaikā	kavēšanās
nachmittags	in 20 Minuten
pēcpusdienā	pēc divdesmit minūtēm
abends	in einer Stunde
vakarā	pēc stundas
nachts	morgen
naktī	rīt
Wie spät ist es?	übermorgen
Cik pulsktens?	parīt
Wann ist geöffnet?	vorhin
Kad ir atvērts?	iepriekš
um elf	vor 20 Minuten
vienpadsmitos	pirms divdesmit minūtēm
viertel nach elf	vor einer Stunde
ceturksni pēc vienpadsmitiem	pirms vienas stundas
halb zwölf	gestern
pusdivpadsmit	vakar
viertel vor zwölf	vorgestern
ceturksni pirms divpadsmitiem	aizvakar
14 Uhr 30	Montag
četrpadsmitos trīsdesmit	pirmdiena

Dienstag
otrdiena

Mittwoch
trešdiena

Donnerstag
ceturdiena

Freitag
piektdiena

Samstag
sestdiena

Sonntag
svētdiena

Feiertag
piektdiena

Johannisfest (Sommersonnenwende)
Līgosvētki

Kommunikation

Internetcafé
interneta kafejnīca

Mobiltelefon
mobīlais telefons

Post
pasts

Prepaid-Karte
priekšapmaksa, norēķinu karte

Telefon
telefons

Wörterbuch
vārdnīca

Haban Sie ein deutsch-lettisches
Wörterbuch?
Vai Jum ir vācu latviešu vārdnīca?

Können Sie mir bitte Ihre Telefonnummer geben?
Vai Jūs man nevarētu, lūdzu, iedot
savu telefona nummuru?

Wann kann ich Sie anrufen?
Kad es drīkstu Jums piezvanīt?

Ich verstehe Sie nicht!
Es Jūs nesaprotu!

Können Sie bitte etwas langsamer
sprechen?
Vai Jus nevarētu, lūdzu, runāt nedaudz
lēnāk?

Einkaufen und Nahrungsmittel

Aal
zutis

Apfel
ābols

Batterie
batereja

Bernstein
dzintars

billig	Fisch
lēts	zivs
Brot	Fleisch
maize	gaļa
Bier	Forelle
alus	forele
Birnen	Grillkohle
bumbieri	grilla ogles
Butter	Gurke
sviests	gurķis
Campingkocher	Gramm
ugunskura katliņš	gramms
das Doppelte	Hähnchen
dubultais	cepta vista, cālis
die Hälfte	Hering
puse	siļķe
Dill	Honig
dilles	medus
Ei	Käse
ola	siers
Eis	Kaffee
ledus	kafija
Erdbeeren	Karpfen
zemenes	karpa
Film	Kartoffeln
filma	kartupeļi

kaufen
pirkt

Kaufhaus
lielveikals

Kekse
cepumi

Kilo
kilo

Kirschen
ķirši

Kuchen
kūka

Lachs
lasis

Laden
veikals

Liter
litrs

Marmelade
ievārījums

mehr
vairāk

Möhren
burkāns

mieten
izīrēt

Milch
piens

Pfeffer
pipari

Pilze
sēne

Scholle
bute

Wein (rot, weiß, trocken, lieblich)
vīns (sarkanvīns, baltvīns, sausais vīns, pussausais)

Rote Beete
biete

Sahne
krējums

Saft
sula

Salz
sāls

Schinken
šķiņķis

Schokolade
šokolāde

Schwarze Johannisbeeren
upenes

Sekt (trocken/lieblich)
dzirkstošais vīns (sauss, pusssalds)

Senf
sinepes

Tee
tēja

Wasser/Mineralwasser
ūdens/minerālūdens

weniger
mazāk

Wurst
desa

Eins davon, bitte!
Vienu no tā lūdzu!

100 Gramm davon, bitte!
Simtsgramu no tā, lūdzu!

500 Gramm davon, bitte!
Puskilo, lūdzu!

1 Kilo, bitte!
Vienu kilo, lūdzu!

Was kostet das?
Cik tas maksā?

Ich möchte ... kaufen.
Es gribētu nopirkt...

Hotel

Appartment
apartaments

Blockhütte
blokmāja

Campingplatz
kempinga laukums, kempings

Doppelzimmer
istaba ar divietīgu gultu

Einzelzimmer
vienvietīga istaba

Gästehaus
viesunams

Hotel
viesnīca, hotelis

Pension
pensija

Suite
svīta, auch kotedža

Wohnmobil
(dafür gibt es im Lettischen noch kein
Wort. Versuch: ›kruīza auto‹)

Wohnwagen
dzīvojamais vagoniņš

Zelt
telts

Wo kann ich übernachten?
Kur es šeit varētu pārnakšņot?

Ein Doppelzimmer für eine Nacht,
bitte!
Divvietīgo istabu uz vienu nakti, lūdzu!

Ist die Rezeption heute abend besetzt?
Vai šovakar viesu pieraksts strādās?

Bekomme ich einen Schlüssel?
Vai es varētu dabūt atslēgu?

Ich möchte morgen abreisen!
Rītdien es gribētu aizceļot!

Bis wann muß das Zimmer geräumt
sein?
Kad man jāatbrīvo istaba?

Können Sie mir ein Taxi bestellen?
Vai Jūs varētu izsaukt taksi priekš
manis?

Im Restaurant

Frühstück
brokastis

Mittagessen
pusdienas

Abendessen
vakariņas

Suppen
zupas

Vorspeisen
uzkožamie

Hauptgericht
pamatēdiens

Nachtisch
deserts, saldais

Fleischgerichte
Gaļās ēdieni

Schwein
cūkgaļa

Rind
lielopu gaļa

Lamm
jēra gaļa

Fischgerichte
zivs ēdieni

Vegetarisches
veģitāri ēdieni

Speisekarte
ēdienu karte

Ich hätte gerne ...
Es labrprāt gribētu ...

Bitte mit/ohne ...
Lūdz ar/bez ...

Haben Sie vegetarische Gerichte?
Vai jums ir veģitārā ēdienkarte?

Ab und bis wann gibt es warmes
Essen?
Kad un cikos būs siltas pusdienas?

Die Rechnung, bitte!
Lūdzu rēķinu!

Landschaften und Objekte

Altstadt
vecpilsēta

Bauernhof
lauku mājas

Berg
kalns

Burg
cietoksnis

Brücke
tilts

Düne
kāpa

Fluß
upe

Friedhof
kapsēta

Garten
dārzs

Gedenkstätte
piemineklis

Hafen
osta

Höhle
ala

Innenstadt/Zentrum
centrs

Klippe
klints

Markt
tirgus

Moor
purvs

Natur
daba

Privatgrundstück
privātīpašums

Quelle
avots

Schloß
pils

See
jūra, ezers

Stadt
pilsēta

Strand
pludmale

Straße
iela

Turm
tornis

Ufer
krasts

Wald
mežs

Wanderweg
pastaigu taka

Wasserfall
ūdenskritums

Touristische Angebote und Alltag

Apotheke
aptieka

Bank
banka

Bootsverleih
laivu noma

Café
kafejnīca

Campingplatz
kempings

Diskothek
diskotēka

Gästehaus
viesu nams

Fahrradverleih
riteņu noma

Führung
pavadonis

Hotel
viesnīca, hotelis

Kanu
smailes

Kirche
baznīca

Kino
kīno

Kneipe
krogs

Museum
muzejs

Post
pasts

Reisebüro
ceļojumu birojs

Naturpark
dabas liegums

Restaurant
restorāns

Stadtrundgang
pilsētas apskate

Theater
teātris

Toilette (Herren)
tualete kungiem/vīriešiem

Toilette (Damen)
tuealete dāmām/sievietēm

Touristeninformation
tūrisma informācija

Pension
pensija

Pferdehof
zirgu izjādes

Ski
slēpošana

Verleih
iznomāšana

Ich möchte ... mieten
Es gribētu īrēt...

Kleine lettisch-deutsche Speisekarte

alus
Bier

baltvīins
Weißwein

biete
Rote Beete

bifšteks
Beefsteak

brislie kāposti
Rosenkohl

burkans
Möhren

bute
Scholle

cepetis
Braten

cepta vista
Hähnchen

cepumi
Kekse

cukurs
Zucker

desas salāti
Wurstsalat

cepti kartupeļi
Pommes Frites

gaļa
Fleisch

karbonāde
Schnitzel oder Kotlett

karpa
Karpfen

kartupeļi
Kartoffeln

vārīti kartupeļi
Salzkartoffeln

ķirši	sēne
Kirschen	Pilze
kotlete	siļķe
Frikadelle	Hering
krējums	šķiņķis
Sahne	Schinken
kūka	skābēti kaposti
Kuchen	Sauerkraut
lasis	sula
Lachs	Saft
nēģis	upene
Neunaugen (fettiger, aalartiger Fisch)	Schwarze Johannisbeeren
olu kultenis	uzkožamie
Rührei	Vorspeisen
piens	vilotajs zaķis
Milch	Hackbraten
puķukaposti	zāļu tēja
Blumenkohl	Kräutertee
pupiņas	zirnis
Bohnen	Erbsen
saldējums	zupas
Eis	Suppen
šampnietis	zemene
Champagner (oder Sekt)	Erdbeeren
sarkanvīns	zutis
Rotwein	Aal

Legende zum Kartenlesen/Braune
Hinweisschilder

Die Lettische Agentur für Tourismus-
entwicklung hat an den Straßen des
Landes braune Schilder aufstellen
lassen, die den Weg zu touristischen
Sehenswürdigkeiten weisen. Leider
verbietet es ein Gesetz in Lettland,
daß Straßenschilder in anderen Sprachen als in Lettisch aufgestellt werden
dürfen – die Rache an den Tagen,
als alle Schilder zweisprachig, russisch
und lettisch, sein mußten. Über den
Sinn dieser Vorschrift hat man überall
in der Tourismusbranche eine eindeutige Meinung; es zeichnet sich jedoch
nicht ab, daß sich etwas an der
Gesetzgebung ändern wird. Meistens,
aber keineswegs immer, führen die
Schilder zu Orten, die tatsächlich
sehenswert sind. Jedoch sollte man
nicht unbedingt darauf bauen, daß die
Ausschilderung perfekt ist und sich
besser zusätzlich am Straßenatlas
orientieren. Zum besseren Verständnis
der Schilder hier ein paar Angaben,
die dabei helfen sollen, zu entziffern,
was sich hinter ihnen verbirgt.

Akmens
Stein

Ala
Höhle

Atpūtas bāze
Erholungskomplex

Apvedceļš
Umleitung

Avots
Quelle

Autoosta
Busbahnhof

Bāka
Leuchtturm

Baznīca
Kirche

Ceļš
Weg, Straße

Ceļojums-
Reise-

Daba
Natur

Dabas taka
Naturpfad, Wanderweg

Dabas parks
Naturpark

Darba laiks (no ... lidz ...)
Öffnungszeiten (von ... bis ...)

Dārzs
Garten

Dīķis
Teich

Ezers	Lauku mājas
See	Bauernhof
Ieleja	Lielā ...
Tal	Große ...
Jaun-	Liepa
Neu-	Linde
Jūra	Mazā ...
Meer	Kleine ...
Liedags	Mežs
Strand	Wald
Kalns	Muiža
Berg	Gutshof, Gutsschloß
Kāpa	Muzejs
Düne	Museum
Kapi	Ozols
Friedhof	Eiche
Kempings	Osta
Campingplatz	Hafen
Klintis	Pagasts
Klippe, Steilhang	Gemeinde
Krasts	Pasts
Küste	Post
Krogs	Piemiņas vieta
Wirtshaus	Gedenkstätte
Laivu bāze	Pils
Bootsstation	Burg, Schloß

Pilsēta
Stadt

Pilsdrupas
Burgruine

Privātīpašums
Privatgrundstück

Putnu vērošanas tornis
Vogelbeobachtungsturm

Rajons
Bezirk

Purvs
Moor

Rumba
Wasserfall

Sala
Insel

Sarkanas klintis
Rote Klippen

Skola
Schule

Stacija
Bahnhof

Stāvkrasts
Steilküste

Taka
Pfad, Wanderweg

Tornis
Turm

Ūdenskritums
Wasserfall

Upe
Fluß

Vec-
Alt-

Vecpilseta
Altstadt

Veikals
Laden

Velns
Teufel

Velnakmens
Teufelsstein

Velnezers
Teufelssee

Viesu nams
Gästehaus

Viesnīca
Hotel

Reisetips von A bis Z

Adressen

Auf Briefen und in Adreßverzeichnissen ist die Notation eine andere als bei uns. Ein Beispiel für eine städtische Adresse:

Lettischer Landtourismusverband
›Lauku ceļotajs‹
Kuģu iela 11
Rīga, LV–1050
Latvija

Auf dem Land haben viele Bauernhöfe keine Hausnummern, sondern Namen. Höfe und andere Gebäude sind Landkreisen (pagasts) oder Ortschaften zugeordnet, die wiederum den Großbezirken (rajons) zugeordnet sind. All das wird, wenn nötig, aufgelistet. Ein Beispiel:

Museum Jurjāni

›Meņģeļi‹	Name des Weilers, des Hofs, des Gebäudes
Ērgļu pag.	Landkreis oder größere Ortschaft
Madonas rajons	Großbezirk
LV-4840	Postleitzahl des Landkreises oder der Ortschaft
Latvija	Lettland

Die lettische Post ist aber normalerweise auch bereit und in der Lage, nicht ganz korrekt adressierte Briefe zuzustellen. Leider sind nicht alle Bauernhöfe und Häuser auf Karten verzeichnet. Bei der Suche nach der Lage einer ländlichen Adresse empfiehlt es sich, nach dem Landkreis (pag.) zu suchen, und die weiter vorne stehenden Titel von Häusern und kleinen Ortschaften als auf der Karte zu suchende Stichworte aufzufassen. Mit Fragen und Zeigen kommt man auch weiter; schließlich stehen auf dem Land nicht allzuviele Häuser, und man kennt sich.

Alkohol

Alkoholismus ist in Lettland ein Problem, es gibt daher ein generelles Ladenverkaufsverbot nach 22 Uhr. Vom Kauf sehr günstiger Weine und anderer Alkoholika sollte man absehen: Sie sind häufig gepanscht oder enthalten künstlichen Alkohol. Beides führt unweigerlich zu Kopfschmerzen, manchmal auch zu ernsthafteren gesundheitlichen Schäden. Für Autofahrer, die ihren Führerschein noch keine 2 Jahre haben, gilt eine Promillegrenze von 0,2 Promille. Allen anderen droht der Führerscheinentzug bei 0,5 Promille. Es wird viel kontrolliert.

Anreise mit dem Auto

Von Norddeutschland aus führt der schnellste Weg über Berlin–Posen–Warschau–Kaunas–Rīga. Die Stecke duch Polen ist nur teilweise als Autobahn ausgebaut; vor allem hinter Warschau muß man sich mit den dreispurigen Straßen und recht agressiven Verkehrssitten plagen. Zu sehen gibt es unterwegs außer in Warschau und Kaunas nicht gerade viel. Landschaftlich schöner ist die Strecke Berlin–Stettin–Bydgosz–Olsztyn–Suwalki–Kaunas–Rīga. Zwischen Olsztyn und Suwalki kommt man durch die Landschaften der Masurischen Seenplatte.

Die schönste Strecke von Berlin aus ist Berlin–Stettin–Danzig–Kaliningrad–Klaipéda–Liepāja–Rīga. Der Besuch geschichtsträchtiger Städte, Einsichten in das sich gerade als Region neu erfindende Kaliningrad und die Kurische Nehrung machen die Stecke interessant. Für Kaliningrad braucht man jedoch ein russisches Visum, und zwar für jede Einreise nach Rußland, um das man sich bei der Russischen Botschaft in Berlin rechtzeitig persönlich kümmern muß, eine Beantragung auf dem Postweg ist nicht möglich. Voraussetzung für die Visumserteilung ist ein beglaubigte Einladung sowie der Abschluß einer von den Einreise-

behörden anerkannten Auslandskrankenversicherung. Wer sich dieser Prozedur nicht aussetzen möchte, der muß eine professionelle Visumagentur bemühen, was sich aber sowieso empfiehlt, wenn man keine Erfahrung im Umgang mit rusischen Behörden hat. Zuverlässigen Service bieten zum Beispiel: Visa? Wie, Teplitzer Str. 5, 14193 Berlin, Tel. 030/78 99 03 05, www.visa-wie.de, oder Ventro Visa-Service, Krefelder Str. 8, 10555 Berlin, Tel. 030/399 69 89, www.ventro.info. Für Fahrzeuge gelten beim Transit durch das Kaliningrader Gebiet besondere Vorschriften. So muß an der Grenze eine Haftpflichtversicherung

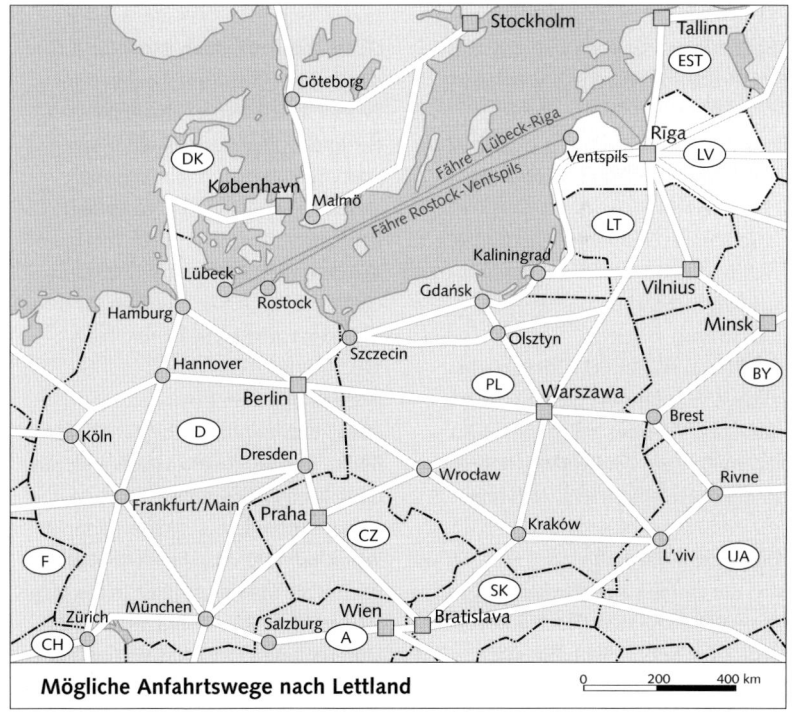

Mögliche Anfahrtswege nach Lettland

Die Produktionsstätte eines der beliebtesten Biere Lettlands

abgeschlossen werden und ein Einfuhrdokument erstellt werden. Auskunft erteilt die Russische Botschaft (www.russische-botschaft.de oder kostenpflichtiges Infotelefon 030/22 65 11 84).

Reisende aus Süddeutschland, Österreich und der Schweiz werden je nach Ausgangsort Strecken über Prag oder Krakau wählen.

In Lettland ist der EU-Führerschein gültig. Die grüne Versicherungskarte ist Pflicht. Wer ein geliehenes Auto hat, muß einen Mietvertrag oder eine Vollmacht des Besitzers mitführen.

Anreise mit der Bahn

Von der Anreise mit der Bahn ist eindeutig abzuraten. Nach wie vor fährt zwar der tägliche Zug nach St. Petersburg um 21.45 Uhr in Berlin-Lichtenberg ab, doch ist die Strecke nicht ohne Strapazen machbar. In Warschau muß man umsteigen, vor der litauischen Grenze der anderen Spurweite wegen nochmal, und zwischen Vilnius und Rīga verkehren keine täglichen Züge mehr, so daß man mit dem Bus weiter muß. Das Ganze ist mit rund 100 Euro für die einfache Fahrt nicht einmal billig.

Anreise mit dem Bus

Vom internationalen Busbahnhof in Berlin, aber auch von vielen anderen deutschen Großstädten, fährt das Busunternehmen ›eurolines‹ über Warschau und das litauische Kaunas nach Rīga. Weiter geht es in die estnischen Städte Pärnu und Tallinn. Das Unternehmen ist auch im innerbaltischen Reiseverkehr engagiert, und die

Busse zwischen den baltischen Großstädten verkehren mehrmals täglich.
Fahrtdauer Berlin–Rīga etwa 20 Stunden; Hin- und Rückfahrt von Berlin
aus etwa 128 Euro. Buchungen für
Direktverbindungen nach Rīga: Deutsche Touring GmbH, Am Römerhof 17,
60486 Frankfurt/Main, Tel. 069/
79 03 50, www.deutsche-touring.com.
Internationale Busverbindungen
des Marktführers und anderer Firmen
bestehen nach Aachen, Berlin, Bern,
Bremen, Bonn, Düsseldorf, Dresden,
Dortmund, Essen, Frankfurt, Graz,
Hannover, Hamburg, Kassel, Kiel,
Karlsruhe, Leipzig, Magdeburg, Mannheim, München, Münster, Nürnberg,
Stuttgart, Wien und Zürich.

Anreise mit dem Flugzeug

Ziel aller Direktflüge von Deutschland
aus ist der mittlerweile gut ausgebaute
Rīgaer Flughafen. Billigflieger wie
easyJet und Ryanair starten von verschiedenen deutschen Städten. Die
staatliche lettische Fluglinie airBaltic
kann mit diesen Preisen in etwa
mithalten, bietet aber besseren
Service. Die Lufthansa fliegt auch. In
der Hochsaison muß man sich rechtzeitig um Flüge kümmern. Frühes
Buchen spart viel Geld, und mit Glück
kommt man für 50 bis 100 Euro hin
und zurück. Vom Flughafen fahren die
Buslinien 22 und 22A ins Stadtzentrum.

Anreise mit dem Schiff

Wer Auto oder Wohnmobil auf die
Fähre stellt, erreicht Lettland binnen
30 Stunden. Preis für einfache Fahrt
pro Person in einer Zweibettkabine ca.
100 Euro, Auto ca. 85 Euro, Fahrräder
10 Euro. Haustiere können auf
Anfrage mitgenommen werden (Einrei-
sebestimmungen beachten, am besten
fragt man seinen Tierarzt).
Lübeck–Rīga: Lisco Baltic Service
GmbH, Tel. 04 31/20 97 64 20, in Rīga
Tel. 735 35 23, www.lisco.lv.
Lübeck–Ventspils: Lisco Baltic
Service GmbH.
Rostock–Ventspils: Scandlines
Deutschland GmbH, Tel.
018 05/11 66 88 (12 Ct./Min.),
www.scandlines.de. Ventspils:
Tel. 36 07 35 8.

Apotheken

In Rīgaer Apotheken werden viele
Arzneiprodukte aus westlicher Produktion angeboten, mitunter sind auch
homöopathische Medikamente erhältlich. Parallel zur westlichen Produktpalette gibt es auch osteuropäische
Arzneien, die vor allem auf dem Land
sehr weit verbreitet sind. In größeren
Städten gibt es rund um die Uhr geöffnete Apotheken. Telefonauskunft für
Apotheken: 728 17 05.

Auskunft

Herausragend gut ist der moderat
kostenpflichtige Service der mehrsprachigen Auskunft unter den lettischen
Telefonnummern 11 88 und 11 77. Die
Angestellten in den rund um die Uhr
besetzten Callcentern sind häufig
Sprachstudenten und -studentinnen,
die auf jeden Fall Englisch, oft auch

Passagierhafen in Rīga

Deutsch oder andere Fremdsprachen sprechen. Normalerweise helfen sie nicht nur bei der Suche nach Telefonnummern, Adressen und Fahrplanauskünften, sondern beantworten flexibel und kompetent auch alle möglichen anderen Fragen und helfen gerne weiter. Es ist eine sehr gute Idee, dort anzurufen, wenn man sonst nicht weiter weiß. Die kostenpflichtige telefonische Dienstleistung funktioniert von Deutschland aus leider nicht. Wer Zugang zum Internet hat, wird unter www.1188.lv und www.zl.lv nahezu alle Adressen des Landes, Zugverbindungen und Branchenverzeichnisse finden.

Autofahren

EU-Führerschein, grüne Versicherungskarte und gegebenenfalls einen Mietvertrag für das Fahrzeug sind schon an der Grenze Pflicht. Auf Landstraßen gilt Tempo 90, im Ort 50 km/h. Auch tagsüber ist Abblendlicht Pflicht. Zwischen dem 1.12. und 31.4. sind Winterreifen zwingend vorgeschrieben; Reifen mit Spikes sind außerhalb dieser Zeit verboten. Die Alkoholgrenze liegt bei 0,5 Promille; für Fahrer, die den Führerschein noch keine 2 Jahre haben gilt eine Grenze von 0,2 Promille. Es gibt viele Verkehrs- und Geschwindigkeitskontrollen, denn der Staat braucht Geld. Die Verkehrsregeln sind im Prinzip die gleichen wie in Deutschland, nur die Ampeln sehen etwas anders aus. Bei den Verkehrssitten gilt dagegen die Regel, daß immer alles passieren kann. Die lettische Polizei hat festgestellt, daß die meisten internationalen

Unfälle im Land mit Deutschen passieren, die denken, daß man sich eben unbedingt an Regeln zu halten hat. Meist ist die Situation so, daß alle ganz normal fahren und sehr plötzlich völlig Unerwartetes geschieht: Wie aus dem Nichts taucht ein Wahnsinniger auf, der spontan und zügig die Vorfahrt nimmt, eine ganze Wagenkolonne fährt auf der Gegenfahrbahn am Stau vorbei, manche Fahrer telefonieren angeregt. Fußgänger werden häufig als rechtlose Verkehrshindernisse angesehen. Mit dem Rad sind auf den großen Straßen Rīgas nur Fahrradkuriere und potentielle Selbstmörder unterwegs. Problematisch können nachts, aber auch zu anderen Tageszeiten, einzelne Betrunkene sein. Abgesehen davon ist der Verkehr recht zivilisiert und berechenbar.

In den Innenstädten gibt es, in etwa zu deutschen Parkhausgebühren, bewachte Parkplätze.

Benzin und Diesel sind an westeuropäischen Maßstäben gemessen mit umgerechnet 0,80 Euro (Januar 2006) sehr preiswert. Die Benzinarten werden durch Ziffern klassifiziert: 98 ist Super, 95 Normalbenzin. Wenn nichts anderes dransteht, sind die Kraftstoffe bleifrei. Vor allem an Tankstellen auf dem Land ist es nach wie vor üblich, zuerst zu bezahlen, um dann die bezahlte Menge Kraftstoff zu tanken – man muß also schätzen, wieviel noch reingeht. Fliegenschwämme und andere Utensilien zum Scheibenputzen fehlen an vielen Tankstellen.

Es ist sehr wichtig, ein funktionierendes und auch für längere Strecken brauchbares Reserverad sowie Werkzeug für den Radwechsel dabei zu haben. Schlaglöcher, gelegentlich fehlende Kanaldeckel und andere Überraschungen können auch guten Reifen zusetzen. Ungewohnt für Westeuropäer sind die noch weit verbreiteten Schotterpisten: Auf guten Strecken, wie zwischen Kolka und Ventspils, kommt man auf solchem Belag recht zügig vorwärts, auf ganz schlechten, meist wirklich abgelegenen Strecken geht es nur im Schrittempo voran.

Wer das sehr schöne Land mit dem Auto entdecken will, sollte sich den Autoatlas des Verlags Jāņa Sēta kaufen. Er enthält sehr genaue Karten im Maßstab 1:200 000, Karten von Nationalparks und viele Stadtpläne. Jeder noch so kleine Weg und alle Sehenswürdigkeiten sind verzeichnet. Dies erleichtert die Orientierung erheblich, denn die Ausschilderung ist häufig alles andere als gut. Zu den Sehenswürdigkeiten weisen heute große braune Schilder am Straßenrand – leider nur auf lettisch. Im Sprachführer (S. 417) gibt es eine lettisch-deutsche Legende, die bei der Entzifferung hilft. Ein Kompaß kann sehr hilfreich sein.

Autovermietung

Alle großen Ketten sind am Rīgaer Flughafen und in der Rīgaer Innenstadt vertreten. Auch in großen Städten wie Ventspils, Liepāja und

Daugavpils findet man die Großen der Branche. Bei günstigen lettischen Anbietern sollte man die Versicherungsbedingungen lesen, die sich erheblich von denen in Deutschland unterscheiden können. Adressen und Anmietung der weltweit operierenden Ketten über die entsprechenden Websites; lokale Autovermieter über www.1188.lv oder www.zl.lv.

Baden
Badegerechte Wasser- und Lufttemperaturen herrschen normalerweise zwischen Ende Juni und Ende August. Die meist recht flachen Seen sind häufig wärmer als die Ostsee. Nacktbaden sollte man auch dann nicht, wenn man sich allein wähnt, insbesondere nicht im katholischen Osten des Landes.

Bahn
Längst nicht alle lettischen Städte liegen an einer Bahnstrecke. Von Rīga aus breitet sich das Bahnnetz sternförmig in Richtung Tukums, Tallinn (Estland), Tartu (Estland), Alūksne, Kaunas (Litauen), Rēzekne und Daugavpils aus. Querverbindungen gibt es nur wenige. Natürlich gibt es auch Fernverbindungen nach Rußland; in Richtung Westeuropa kommt man mit der Bahn dagagegen praktisch nicht. Innerhalb Lettlands kosten 100 Kilometer Bahnfahrt etwa 1 LVL. Fahrplanauskunft unter Tel. 11 88 oder www.1188.lv. Verwirrend kann sein, daß in Lettland die beiden Richtungen eines Bahnsteigs auch noch einmal mit 1 und 2 numeriert sind: ›Perons‹ bezeichnet den Aufgang, ›Čels‹ bezeichnet das Gleis.

Letten und Deutsche vereint die Liebe zum Automobil

Bus

Fernbusse sind in Lettland sehr beliebt, und am Busbahnhof hinter dem Rīgaer Zentralmarkt ist fast soviel los wie am richtigen Bahnhof. Die Fernbusse, die auch viele kleinere Städte anfahren, gehören unterschiedlichen Firmen. Die Tarife unterscheiden sich kaum. Busfahren ist etwa ein Drittel teurer als Bahn. Dafür fahren die Busse aber auch viel öfter. Fahrplanauskunft unter Tel. 11 88 oder www.1188.lv.

Behinderte

Vor allem seit dem EU-Beitritt bemüht man sich auch in Lettland, Rollstuhlfahrern das Leben zu erleichtern. Niederflurbusse und andere behindertengerechte Verkehrsmittel sind noch eine absolute Seltenheit. Wirklich behindertengerecht sind vor allem einige große, neue oder frischrenovierte Hotels und manche öffentliche Gebäude.

Botschaften und Konsulate

▶ Deutschland
Botschaft der Republik Lettland, Reinerzstrasse 40/41, 14193 Berlin, Tel. 030/826002 22, www.mfa.gov.lv/de/berlin, embassy.germany@mfa.gov.lv.

▶ Österreich
Botschaft der Republik Lettland, Stefan-Esders-Platz 4, 1190 Wien, Tel. 1403 31 12, www. mfa.gov.lv, embassy.austria@mfa.gov.lv.

▶ Schweiz
Honorarkonsulat der Republik Lettland, Münsterhof 13, CH-8001 Zürich, Tel. 1215 16 10, lettland@granelli.ch.

Die diplomatischen Vertretungen in Lettland befinden sich alle in der Rigäer Innenstadt:
▶ Deutsche Botschaft
Raiņa bulvaris 13, Rīga LV–1050, Tel. 722 90 96.

▶ Östereichische Botschaft
Elizabetes iela 21a–11, Rīga LV–1010, Tel. 721 61 25.

▶ Schweizer Botschaft
Elizabetes iela 2a, LV–1340 Rīga, Tel. 733 83 51.

Camping

Camping ist in Lettland eine sehr beliebte Urlaubsform. Auf vielen Campingplätzen gibt es auch einfache Blockhütten. Diese sind recht günstig zu haben, normalerweise aber leider schnell ausgebucht. Der Service der Campingplätze, die Ausstattung der sanitären Einrichtungen und die Qualität des Abendprogramms variieren beträchtlich. Bei der Planung kann man sich anhand von Fotos ein recht genaues Bild vom potentiellen Urlaubsort machen sowie Adressen und Preise recherchieren: www.camping.lv, www.viss.lv, www.traveller.lv. Es ist in Lettland nach wie vor erlaubt, wild zu campen. Eine Ausnahme sind einige Naturschutzgebiete und Nationalparks. Während das wilde Campen

Campingplatz in Jūrmala

früher sehr beliebt und unproblematisch war, birgt es heute auch Gefahren: Die romantischen Plätze, die leicht über einen von der Straße abgehenden Waldweg zu erreichen sind, werden auch von potentiellen Dieben sofort gefunden. Im Zweifelsfall ist ein normaler Campingplatz dann doch die günstigere und sicherere Variante. Die Preise liegen pro Zelt und Person bei etwa 2 LVL, für Wohnwagen, Wohnmobile oder anzumietende Blockhütten bei etwa 5 bis 10 LVL.

Einkaufen

Die meisten Läden haben zwischen 9.30 und 19 Uhr geöffnet; eine klare Regelung gibt es nicht. In den letzten Jahren sind an den Rändern der großen Städte einige Einkaufszentren entstanden, die meist früher und dann auch bis 24 Uhr geöffnet haben. Die Breite der Produktpalette ist erstaunlich; neben lettischen Produkten gibt es auch viele Produkte, die wir aus Deutschland kennen. Auf dem Land sind die Geschäfte nicht so lange geöffnet, in einigen Dörfern gibt es gar keinen Laden. Bevor man in die Provinz fährt, sollte man genau überlegen, was man unterwegs braucht, denn besondere Sachen, wie zum Beispiel Diafilme, gibt es nur in Rīga.

Deutsche Adressen in Lettland

Goethe-Institut Rīga, Tornu iela 1i, Rīga LV–1050, Tel. 750 81 94, 732 01 99, www.goethe.de/Rīga. Deutsch-Baltische Handelskammer, Vīlandes 1, LV–1010 Rīga, Tel. 732 07 18, www.ahk-balt.org, info@ahk-balt.org. Auf der Website gibt es unter ›Länderinfos Lettland‹ eine sehr umfangreiche Liste zu deutschen Firmen und Institutionen in Lettland sowie zu lettischen Dienstleistern und Ämtern, mit denen beruflich in Lettland aktive Deutsche zu tun haben.

Einreisebestimmungen

EU-Bürger und Schweizer dürfen sich ohne Visum 90 Tage im Land aufhalten. Für längere Aufenthalte ist eine Aufenthaltserlaubnis erforderlich. Reisedokumente müssen drei Monate über den geplanten Aufenthalt in Lettland hinaus gültig sein. Deutsche und Österreicher können mit einem Personalausweis einreisen, Schweizer benötigen einen Reisepaß. Staatsbürger von Ländern, die nicht Mitglied der EU sind, benötigen eventuell ein Visum, das bei der Lettischen Botschaft beantragt werden muß. Zur Ausstellung eines Visums werden eine beglaubigte Einladung aus Lettland (von einem Hotel oder lettischen Freunden), ein Nachweis über eine gültige Auslandskrankenversicherung und andere Dokumente benötigt. Die Bearbeitung dauert bis zu 14 Tage. Ein normales Visum für Nicht-EU-Bürger kostet 35 Euro. Kontakt: Botschaft der Republik Lettland, Reinerzstraße 40–41, 14193 Berlin, Tel. 030/826 00 211, www.mfa.gov.lv/de/berlin.

Festivalkalender

Tagesaktueller Kalender: www.de.eventguide.lv und www.hbf.lv.

▸ November–Januar, ›Winterfest‹ (Festival klassischer Musik), Rīga.
▸ Ende Januar, Bluesfestival, Rīga.
▸ Ende Januar, Festival Alter Musik, Valmiera.
▸ Februar, Eisskulpturenfestival, Jūrmala.
▸ Anfang März, Festival der Piano-Stars, Liepāja.
▸ Anfang März, Ballettfestival, Rīga.
▸ Anfang April, Trickfilmfestival ›Bimini‹, Rīga.
▸ Mitte Mai, Tag der Museen, überall in Lettland.
▸ Ende Mai, Marathon, Rīga.
▸ Ende Mai, Stadtfestival und Bootsfest auf der Abava, Kandava.
▸ Juni–August, verschiedene Musikfestivals in der Dzintari-Konzerthalle, Jūrmala.
▸ Mitte Juni, Opernfestival, Rīga.
▸ 23.6.–24.6. Fest der Sommersonnenwende (Jāni; Ligo).
▸ Ende Juni, Kammermusikfestival ›Kremerata Baltica‹, Sigulda.
▸ Ende Juni, Fesitval der Töpfer und Keramikkünstler, Krāslava.
▸ Juli, Festival Alter Musik und Countryfestival, Bauska und Rundāle.
▸ Juli, Festival Alter Musik und Orgelmusikfestival, Rīga.
▸ Juli, Sportveranstaltungen in Jūrmala: Marathon, Rudern, Segeln, Skateboard, Kitesurfing, Beachvolleyball.
▸ Anfang Juli, Festival der Rhythmusinstrumente (moderne Musik, Jazz), Rīga.
▸ 2. Juliwochenende, Meer- und Fischerfest, in allen Küstenorten.
▸ Mitte Juli, Folklorefestival, Rīga.
▸ Mitte Juli, Stadtfeste Cēsis, Kuldīga,

Liepāja.

▶ Ende Juli, Baltic Beach Festival, Liepāja.

▶ Ende Juli, Blumenfest, Liepāja.

▶ August-September, Festival Sakraler Musik, Rīga.

▶ August, Mittelalterfestival, Burg Jaunpils.

▶ August, Ballettfestival, Opernfestival, Oldtimertreffen, Jūrmala.

▶ Anfang August, Stadtfest Ventspils.

▶ Mitte August, Rockfestival ›Liepājas Dzintars‹, Liepāja.

▶ Mitte August, Stadtfest Rīga.

▶ Anfang September, Fest der Schmalspurbahn ›Banitis‹, Gulbene und Alūksne.

▶ Anfang September, Orgelmusikfestival Liepāja.

▶ Mitte September bis Mitte Oktober, Bunte Laubwälder im Gauja-Nationalpark

▶ Mitte September, Herbstfest im Freilichtmuseum Rīga.

▶ Ende September, Filmfestival Arsenals (2006, zweijährig).

▶ Oktober, Festival Neuer Musik, Rīga.

▶ Oktober, Zugvögelbeobachtung, Nationalparks.

▶ 11.11., Martinstag, Freilichtmuseum Rīga.

▶ 11.11., Fest des lettischen Nationalhelden Lāčplēsis, Rīga.

▶ 17.–18.11., Nationalfeiertag zur Unabhängigkeitserklärung von 1918, ganz Lettland.

▶ Adventszeit: Weihnachtsmarkt in Rīga. Am ersten Advent Fest am großen Weihnachtsbaum in Rīga – an der Stelle, an der angeblich der weltweit erste seiner Art stand.

Fotografieren und Video

Außer militärischen Anlagen und Grenzanlagen darf in Lettland alles fotografiert werden. Digitalfotografie, Farbbildfotografie und Digitalvideo sind weit verbreitet, Material ist überall erhältlich. Diafilme, Schwarzweißfilme und alle anderen Materialien professionellerer Fotografie erhält man bei ›Baltijas Foto Serviss‹, Pulkveža Brieža iela 3, Rīga, Tel. 732 47 93, www.bfs.lv.

Geld und Devisen

Lettland, lettisch ›Latvija‹, war bei der Namensfindung für die eigene Währung ähnlich kreativ wie die Europäer. Das lettische Geld heißt schlicht und einfach Lat, abgekürzt LVL (1 Lat entspricht 100 Santims). Der Wechselkurs zum Euro ist stabil. Bargeld zieht man am besten an Bankautomaten, die es in Rīga an jeder Ecke und in Provinzstädten meist im Zentrum gibt. Man sollte es vermeiden, nachts und eventuell von potentiellen Dieben beobachtet Geld abzuheben. Banken haben etwa die gleichen Öffnungszeiten wie in Deutschland. Auslandsüberweisungen sind noch sehr umständlich und teuer. Geld auf der Straße zu tauschen ist völlig sinnlos; meistens ist es dann auch weg. Kreditkarten und EC-Karten werden fast überall akzeptiert. Im Frühjahr 2006 entsprach 1 LVL etwa 1,4 Euro. Für 1 Euro erhielt man umgekehrt etwa 70 Santims.

Gesundheit

Die Notrufnummer ist 112. Man sollte

eine Auslandskrankenversicherung abschließen, die auch einen eventuellen Rücktransport nach Deutschland einschließt, und sich beim Anbieter genau über die Konditionen zu informieren. Behandlungskosten müssen in jedem Fall an Ort und Stelle bar bezahlt werden. Das lettische Gesundheitssystem entspricht nicht dem EU-Standard, ist jedoch wesentlich besser als das Rußlands. Bei ernsthaften gesundheitlichen Problemen sollte man sich nicht auf dem Land, sondern in Rīga behandeln lassen oder gleich nach Hause fliegen. In Rīga gibt es zahlreiche Kliniken und eine Universitätsklinik mit normalerweise fremdsprachigem Personal. Einige Krankenhäuser und Apotheken Rīgas haben einen 24-Stunden-Service.

Für alle, die viel in Lettlands Wäldern unterwegs sind, ist eine Zeckenimpfung zu empfehlen. Im Rīgaer Zentrum für Infektionskrankheiten kann man sich impfen und im Notfall auch behandeln lassen: Lienezera 3, Impfungen Tel. 701 45 95, Behandlungen 701 45 52, www.infectology.lv.

Es ist traurig, daß der Sextourismus in Rīga Fuß gefaßt hat, und Aids ist im dazugehörigen Milieu durchaus verbreitet.

Die Meinungen über das Leitungswasser in Rīga rangieren zwischen gewöhnungsbedürftig bis gesundheitsschädlich. Die meisten Letten kaufen für Kaffee und alles andere, was man unmittelbar trinkt, gutschmeckendes Quellwasser in Plastikflaschen. Die sehr viel günstigeren Fünf-Liter-Kani-ster enthalten gerüchteweise genau das Wasser, das auch aus der Leitung kommt. Zum Kochen wird meistens Leitungswasser benutzt. Auf dem Land haben viele Häuser noch einen eigenen Brunnen; ein Satz Kohletabletten gehört auf jeden Fall mit in die Reiseapotheke.

Haustiere

Für das Reisen von Haustieren hat die EU eine neue Verordnung erlassen (998/2003), nach der ein international gültiger Musterausweis für Hunde und Katzen mitgeführt werden muß, auf dem Identität und Impfungen eindeutig nachgewiesen werden. Außerdem müssen Haustiere zur eindeutigen Identifikation nach ISO-Norm 11784 oder 11785 tätowiert oder elektronisch gekennzeichnet sein. Eine Tollwutimpfung und Zeckenimpfungen sind Pflicht.

Information

Baltische Touristeninformation Berlin, Katharinenstr. 19–20, 10711 Berlin-Wilmersdorf, Tel. 030/890 09 09-1, Fax -2, www.baltikuminfo.de, info@ gobaltic.de. Die beste Adresse für touristische Erstinformation über das Baltikum in Deutschland. Sehr gute und informative Website.

Kanuwandern

Etwa 40 Flüsse in Lettland eignen sich zum Kanuwandern; die meisten Strecken können auch von Anfängern problemlos gemeistert werden. An den Ufern wurden vielfach einfache

Campingplätze angelegt. Eine mehrtägige Kanutour zählt eindeutig zum Schönsten, was man Lettland unternehmen kann. Eine Kanuwanderkarte für ganz Lettland gibt es leider nicht, aber es gibt gute Karten für einige der beliebtesten Streckenabschnitte der Abava, der Gauja und der Salaca. Sie sind in Rīga in der Buchhandlung ›Jāņa Seta‹ erhältlich (Elizabetes 83–85, Tel. 724 08 92, www.kartes.lv). In Rīga gibt es auch einen Laden für Kanubedarf mit angeschlossenem Wassersportclub. Dort gibt es Informationen zu Leihbooten, Unterkünften, organisierten Touren und Routen. Die Website bietet bereits viele wertvolle Informationen: ›Campo‹, R. Blaumaņa 22/24, Tel. 922 23 39, www.campo.lv, www.laivas.lv. Einige Leihstationen sind in den Infokästen des Reiseteils gelistet.

Kleidung

In Lettland gibt es das Sprichwort, daß Turnschuhe was für Rapper und nichts für richtige Männer sind. An der Tür vieler Clubs und Restaurants wird man mit solch betont sportlicher Kleidung nicht hereingelassen werden, auch weil diese vielen Letten als Markenzeichen russischer Kultur gilt. Als Markenzeichen von Touristen gilt Regenkleidung mit Kapuze. Beim im Sommer eher seltenen Regen sollte man besser einen Schirm mitnehmen. Frauen wie Männer legen in Rīga viel Wert auf ihr Äußeres, und Mode wird ungeachtet eines eventuell dünnen Portemonnaies großgeschrieben. Touristinnen sollten dennoch, wann immer es geht, auf hohe Schuhe mit dünnen Absätzen verzichten, denn das Kopfsteinpflaster ist eine echte Herausforderung. Außerhalb Rīgas ist die Kleiderordnung eine ganz andere: Keine Spur mehr vom diskreten Chic der Hauptstadt, statt dessen ist angesagt, was praktisch ist, oder was man schon immer hatte. Eine besondere Ausrüstung braucht man für Wanderungen durch die leicht hügelige lettische Landschaft nicht. Wer baden gehen will, sollte beachten, daß die Letten zwar nicht gerade prüde sind, FKK jedoch außerhalb gekennzeichneter Strände nicht üblich ist.

Kuren

Wer in den lettischen Kurhäusern durchgängig westlichen Standard erwartet, wird enttäuscht: Herausragend gut ist lediglich das Hotel ›Jūrmala‹ (Tel. 778 44 00, www.hoteljurmala.lv), in dem bereits ein internationales Publikum verkehrt. Andere Kurorte wie Baldone, Tērvete, Liepāja und Rāzna haben erst damit begonnen, Servicedienstleistungen zu entwickeln, die internationalen Standards entsprechen.

Landkarten

Adresse der auf Karten und Reiseführer spezialisierten Verlagsbuchhandlung, die eine wirklich sehr große Auswahl hat: ›Jāņa Sēta‹, Elizabētes 83–85, Tel. 724 08 92, www.kartes.lv. Mo–Fr 10–19 Uhr, Sa 10–17 Uhr. Wer Zugang zum Internet hat, findet

Am Lubāns-See

auf www.viss.lv sehr detailgenaue topographische Karten mit Höhenlinien, auf denen wirklich jedes Haus und jeder noch so kleine Weg verzeichnet sind.

Medien vor Ort
▸ ›Rīga This Week‹: Sehr praktisches, kostenloses Stadtmagazin im Din-A-5-Format. Erscheint zweimonatlich. Viele aktuelle Informationen und Adressen, auch übers Internet: www.rigathisweek.lv.
▸ ›Rīga in your Pocket‹: Ähnlich wie ›Rīga this Week‹. In der ›In your pocket‹-Reihe sind für Lettland auch die Hefte Jūrmala und Liepāja erhältlich, die aber viel weniger umfangreich sind.
▸ ›The Baltic Times‹: Englischsprachige Wochenzeitung für das gesamte Baltikum mit den Schwerpunkten Politik und Wirtschaft; der eindeutige Marktführer der englischsprachigen Zeitungen im Baltikum mit Head Office in Rīga. www.baltictimes.com.
▸ ›Baltische Rundschau‹: Deutschsprachige Wochenzeitung für das gesamte Baltikum. Das 12-seitige Blatt wird in Vilnius gemacht. www.baltischerundschau.de.
▸ ›Diena‹: Die wichtigste Rīgaer Tageszeitung mit großem Anzeigenteil und Veranstaltungshinweisen.
Internationale Presse: An großen Kiosken in der Regel einen Tag nach Erscheinen.
▸ Radio: In Rīga gibt es viele Radiostationen für unterschiedlichste Geschmacksrichtungen. Internationale Nachrichten in Englisch kommen über die BBC (in Rīga auf 100,5 MHZ).

Auf dem Land gibt es manchmal gar keinen Empfang.

▸ Fernsehen: Satellitenschüsseln sind weitverbreitet; in besseren Hotels findet man auch internationale Sender.

▸ Internet: Überall in Lettland sind Internetcafés entstanden. Vor allem in Rīga gibt es in vielen Cafés und Hotels Wireless LAN.

Motorradfahren

Motorradfahren könnte in Lettland sehr schön sein, wenn es nur die vielen Schlaglöcher nicht gäbe. Die Schotterpisten, die in wirklich schöne und abgelegene Gegenden führen, sind mit geländegängigen Maschinen deutlich angenehmer zu fahren. Angesichts der Schlaglöcher, die man nachts nicht sieht, und deren Tiefe man bei Regen schlecht einschätzen kann, aber auch der unberechenbaren Verkehrssitten wegen (siehe ›Autofahren‹) sind Motorradtouren leider mit einem hohen Risiko behaftet.

Nationalparks und Naturschutzgebiete

An vielen Stellen der lettischen Nationalparks darf man zelten und sogar fischen. Fürs Angeln muß man sich jedoch eine Lizenz besorgen. Auf der anderen Seite des Spektrums stehen Totalreservate, die nicht einmal betreten werden dürfen. Über Bestimmungen und touristische Angebote informieren die Informationsstellen der Nationalparks und Naturschutzgebiete. Die Adressen finden sich in den jeweiligen Infokästen im Reiseteil.

Öffentlicher Nahverkehr

Einen nennenswerten Öffentlichen

Fischen ist in vielen Naturschutzgebieten erlaubt, man braucht aber eine Lizenz

Nahverkehr gibt es nur in Rīga, Daugavpils, Liepāja und Ventspils. Die Situation ist überall ähnlich. Einzeltikkets in den Rīgaer Bussen kosten 0,20 LVL und sind nach Besteigen des Busses beim Schaffner zu lösen. Die richtige Station zum Aussteigen zu finden, kann eine Herausforderung sein, wenn die Haltestelle nicht an einem markanten Punkt wie zum Beispiel der Oper liegt: In den Bussen gibt es kein Display, die Schilder der Haltestellen sind oft nicht zu erkennen, und mit Fremdsprachen sieht es bei vielen Schaffnern nicht gut aus. Im Zweifelsfall ist zu empfehlen, vor Besteigen des Busses die Haltestellen auf dem Fahrplan an der Bushaltestelle zu zählen. In Stadtplänen sind die Haltestellen meist nicht eingezeichnet. Neben den großen Bussen gibt es auch Kleinbusse à etwa 16 Personen. Sie fahren in die Vororte oder in die von Pendlern bevorzugten Städte der näheren Umgebung. Diese Minibusse fahren in Rīga schräg gegenüber dem Hauptbahnhof ab. Weil oft alle Insassen den gleichen Bus zur gleichen Uhrzeit nehmen, kennt man sich normalerweise. Minibussen muß man per Handzeichen zu signalisieren, daß sie anhalten sollen, denn sonst kann es passieren, daß sie einfach weiterfahren. Für die Abfahrtszeiten von Bussen gibt es das kostenlose Infotelefon 800 19 19. Garantiert fremdsprachige Alternative: Tel. 11 88 oder www.1188.lv.

Polizei

Den Kontakt mit der lettischen Polizei sollte man möglichst vermeiden. Polizisten sind schlecht bezahlt, und viele von ihnen haben sich nicht freiwillig, sondern aus einer wirtschaftlichen Notlage zum Dienst gemeldet. Es gibt auch Polizisten, die bereits in sowjetischer Zeit Dienst taten und entsprechende Umgangsformen beibehalten haben.

Post

Die lettische Post hat in jedem noch so kleinen Dorf eine Filiale. Filialfinder und Gebührenrechner gibt es unter www.pasts.lv. Der Versand einer Postkarte kostete im Frühjahr 2006 innerhalb Lettlands 0,10 LVL, nach Europa 0,20 LVL. Standardbriefe in Lettland kosteten 0,15 LVL, nach Europa 0,30 LVL. Innerhalb Lettlands dauert die Post ein bis zwei Tage, nach Deutschland etwa eine Woche. Es ist verboten, CDs und Nahrungsmittel zu versenden. Philatelisten finden unter www.pasts.lv einen Online-Shop. Standardbriefe aus Deutschland nach Lettland kosten soviel wie in Deutschland, größere Briefe und Päckchen und Pakete sind dagegen sehr teuer (Tarifrechner unter www.post.de), so daß sich eventuell sogar der Versand mit UPS oder vergleichbaren Dienstleistern lohnt.

Radfahren

In Rīga mit dem Rad zu fahren ist lebensgefährlich, die lettische Provinz eignet sich dagegen sehr gut für längere Radtouren. Das eigene Rad sollte angesichts der Schotterpisten breite Reifen und eine Federgabel haben. Eigentlich braucht man eine Art Mountainbike mit einem oder zwei stabilen Gepäckträgern. Mit Werkzeug, den wichtigsten Ersatzteilen und ausreichend Wasser ausgestattet, kann man wirklich außergewöhnlich schöne Touren unternehmen. Wer nicht (wild) campen will, muß sich allerdings vorher um Übernachtungsmöglichkeiten kümmern. Sie sind in einsamen Gegenden nicht nur dünn gesät, sondern können zur Hauptsaison auch schon ausgebucht sein. In vielen Städten Lettlands kann man auch Räder leihen. Adressen sind den Infokästen dieses Reiseführers zu entnehmen oder bei den Touristeninformationen zu erfragen. Die Mitnahme von Rädern ist bei der lettischen Bahn in aller Regel im Einstiegsbereich der Waggons möglich, Gepäckwagen gibt es nicht. Um aus Rīga mit dem Rad herauszukommen, sind die Züge deutlich besser geeignet als die häufig überfüllten Busse. Die Mitnahme von Rädern in Bussen oder Fernbussen ist nämlich nur dann möglich, wenn noch genügend Platz ist – vorbuchen kann man nicht. Bei Bahn und Bus haben jeweils die Schaffner das letzte Wort. Über Radwandern in Lettland informieren ›Lauku Ceļotajs‹ (www.traveller.lv) und einige größere Sportgeschäfte (z.B. ›Eži‹ in Valmiera, www.ezi.lv). Einige wichtige Informationen bietet auch der Allge-

meine Deutsche Fahrradclub (ADFC) auf seiner Website (www.adfc.de). In Deutschland gibt es Reiseveranstalter, die sich auf Radreisen im Baltikum spezialisiert haben:
Mare Baltikum, 040/49 41 11, www.mare-baltikum-reisen.de.
Rückenwind, Tel. 04 41/485 97-0, www.rueckenwind.de.
Ebden Reisen, Tel. 064 03/741 17, www.ebden-reisen.de.
Wikinger Reisen, Tel. 023 31/90 47 43, www.wikinger.de.
Wer sein eigenes Rad nach Lettland bringen will, nimmt es am besten auf der Fähre mit.
Gute Adressen für Individualreisende sind ›Baltic Cycle‹ in Litauen (www.bicycle.lt), sowie die lettischen Fahrradkuriere, die auch aus verkehrspolitischem Engagement heraus weiterhelfen (www.velokurjers.lv).

Rauchen

In Lettland wurde ein weitgehendes Rauchverbot für öffentliche Räume verhängt, von dem auch Straßencafés und Haltestellen betroffen sind. Raucherzonen sind besonders gekennzeichnet.

Reiseapotheke

Die Versorgung durch Apotheken ist in Lettland recht gut. Wer besondere Medikamente braucht, sollte sie besser von Deutschland aus mitnehmen. Unbedingt einpacken sollte man ein Mückenspray.

Werbung für Wracktauchen in der Ostsee

Reiseveranstalter

Eine gute Übersicht über die wichtigsten Reiseveranstalter hat die Baltische
Tourismus Zentrale in Berlin,
www.baltikuminfo.de. Eine Übersicht
über lettische Reiseveranstalter
gibt es unter www.latviatourism.lv
oder www.latviatravel.lv.
›Latvia Tours‹ ist der Marktführer und
bietet unter anderem fremdsprachige
Pauschalreisen sowie die Organisation
von Geschäftsreisen an: Latvia
Tours, Kaļķu 8, Tel. 708 50 30,
www.latviatours.lv.
Den Tourismus auf dem Land fördert
›Lauku Ceļotājs‹: Es gibt Broschüren zu
den Themen ›Aktivtourismus‹ und
›Urlaub auf dem Bauernhof‹. Die
Angestellten haben hervorragende
Fremdsprachenkenntnisse; es werden
auch Touren organisiert: Lauku

Ceļotājs, Kuģu 11, Rīga LV–1048
(Eingang vom Uzvaras bulv., 1. Stock),
Tel. 761 76 00, www.traveller.lv.
Mo–Fr 9–18 Uhr, Sa 10–14 Uhr.
Eine Pauschalreise besonderer Art ist
eine siebentägige Literaturreise
durch Lettland, die vom Übersetzer
Matthias Knoll organisiert wird
(www.literatur.lv).

Segeln

Es gibt bisher kaum Stellen, an denen
Segelboote geliehen werden können.
In einigen Fischerorten, aber auch in
touristisch erschlossenen Gebieten
gibt es Yachthäfen. Hafeninformatio-
nen für Lettland: www.latviancoast.lv.

Sicherheit

Lettland ist ein vergleichsweise sicheres osteuropäisches Reiseland, aber es

gibt einige Grundregeln: Bewegen Sie sich als Fußgänger stets defensiv, und rechnen Sie als Autofahrer einfach mit allem. Es ist empfehlenswert, nicht alle wichtigen Dokumente mit sich herumzutragen, sondern sie getrennt aufzubewahren und von zu Hause Kopien mitzubringen. In den letzten Jahren hat sich vor allem die Altstadt Rīgas in ein Gebiet verwandelt, in dem auch nachts noch wohlhabende Touristen unterwegs sind – oft allein in dunklen Gassen, auf der Suche nach weiblicher Begleitung oder angetrunken. Bei der lettischen Polizei gibt es eine Sonderabteilung für Kriminalität gegen Touristen. Dort wundert man sich immer wieder über die Spielarten westlicher Naivität (s. S. 197)

Souvenirs

Die beliebtesten Souvenirs aus Lettland sind kunsthandwerkliche Produkte: Bernsteinschmuck, handgearbeitete Textilien, Notizbücher mit aufwendigen Ledereinbänden, Keramik. Die Qualität variiert beträchtlich. Sehr schöne Souvenirs bekommt man im Kunstgewebemuseum in Rīga, im Ethnographischen Freilichtmuseum oder dort, wo die Produkte entstehen: auf dem Land. Einige Schmuckläden bieten sehr schönen, von kreativen Goldschmieden angefertigten Schmuck an. Die Qualität einiger Objekte, die fliegende Händler in der Innenstadt anbieten, ist dagegen sehr fragwürdig. Beliebte Souvenirs sind auch Antiquitäten, Stiche und moderne Grafik. Viele Antiquitäten-

läden in der Innenstadt Rīgas sind völlig überteuert; Alternativen finden sich im Infokasten zu Rīga. Für einige Kunstwerke muß bei einer staatlichen Stelle, die für das kulturelle Erbe zuständig ist, eine Lizenz besorgt werden (Tel. 722 92 72, www.mantojums.lv). Die beliebtesten Souvenirs im kulinarischen Bereich sind der Kräuterschnaps Rīgas Balzams und Schokolade. Die überall erhältlichen Raubkopien auf CD, DVD und Cassette dürfen natürlich eigentlich weder hergestellt, noch verkauft oder ausgeführt werden.

Strom

220 V, 50 Hz. Deutsche Schukostekker passen normalerweise nicht in lettische Steckdosen, flache zweipolige Eurostecker dagegen schon. Der Strom Lettlands stammt vorwiegend aus Heizkraftwerken und Wasserkraftwerken. Die lettische Politik unterstützt mittlerweile aktiv den Bau eines neuen modernen baltischen Kernkraftwerkes. Es soll 2009 nach dem Abschalten des Reaktors im litauischen Ignalina, dessen noch laufende Reaktoren aus der Tschernobyl-Baureihe stammen, ans Netz gehen. Es wurden auch Forderungen laut, das große Wasserkraftwerk in der Daugava nun doch weiter auszubauen – in den 1980er Jahren waren Proteste gegen einen solchen Ausbau noch eine wesentliche Triebkraft der Unabhängigkeitsbewegung.

Telefon

Die internationale Vorwahl für Lettland ist die 003 71, unmittelbar gefolgt von der Rufnummer. Im relativ kleinen Lettland gibt es keine Vorwahlnummern; alle Festnetznummern sind siebenstellig. Die meisten Telefonnummern in Rīga beginnen mit einer 7. Mobilfunknummern haben als erste Ziffer eine ›6‹ oder eine ›9‹. Mobiltelefone sind auf dem Land, wo sich das Verlegen einer Leitung nicht lohnt, manchmal der einzige Anschluß. Auch sonst ist das Telefonieren mit Handys sehr beliebt. Die Marktführer mit einem fast ganz Lettland abdeckenden Netz sind LMT (www.lmt.lv) und TELE2 (www.tele2.lv).

Öffentliche Telefone sind nur noch mäßig weit verbreitet; Telefonkarten sind in der Post und in vielen Läden erhältlich. Vor allem wer länger als ein paar Tage in Lettland ist, sollte sich besser eine Prepaid Card von LMT oder TELE2 für sein Handy holen. Die billigsten Angebote liegen bei 2 LVL und sind damit genauso preiswert wie die billigste Telefonkarte. Gespräche nach Deutschland kosten damit etwa 0,40 LVL pro Minute, innerhalb Lettlands unter 0,20 LVL.

Gespräche nach Deutschland: Es gilt die internationale Vorwahl 00 49. Es ist wesentlich günstiger, mit einer Billigvorwahl von Deutschland nach Lettland zu telefonieren als umgekehrt. Deshalb sollte man sich bei längeren Gesprächen zurückrufen lassen.

Kostenpflichtige Telefonnummern, wie beispielsweise die sehr praktischen mehrsprachigen Auskunftsdienste unter 11 88 oder 11 17 oder kostenlose 08 00er Nummern können von Deutschland aus leider nicht angerufen werden. Gespräche von Deutschland nach Lettland kosten mit Billigvorwahlen etwa 0,05 Euro pro Minute.

Toiletten

Lettland verfügt kaum über öffentliche Toiletten, und vom Gebrauch der wenigen Exemplare ist aus hygienischen Gründen abzuraten. In der Regel akzeptieren aber Hotels und Gastronomie den Besuch ihrer Toilette, auch wenn man kein Kunde ist. Herrentoiletten sind mit einem K (kungi) oder mit einem auf der Spitze stehenden Dreieck gekennzeichnet. Damentoiletten sind mit einem V (vīreši), einem D (lett. dāmas) oder mit einem spitz nach oben zulaufendem Dreieck gekennzeichnet.

Trinkgeld

Füher war es unüblich Trinkgeld zu geben, doch mit dem Einzug internationaler Touristen haben sich sowohl die Sitten als auch die Arten der Gehaltsabrechnung geändert. So ist es üblich geworden, aufzurunden und den meist nebenberuflich hart arbeitenden Bedienungen bis zu zehn Prozent Trinkgeld zu geben.

Unterkunft

Während essen gehen noch deutlich günstiger ist als in Deutschland, haben sich die Übernachtungspreise mittlerweile sehr stark angenähert. Vor allem in Rīga kann man viele Hotels mit tollem Service finden, der dem in Westeuropa um nichts nachsteht (siehe Kapitel Rīga, Unterkunft). In den Regionalzentren gibt es häufig wenig Auswahl: Oft wurde das Hotel sowjetischer Bauart soweit saniert, daß es für westliche Touristen akzeptabel ist. Wenn es zwei oder drei Hotels am Platz gibt, sind oft, aber nicht immer, die privaten und neueren Unterkünfte die besseren. Sehr feudal kann man in einigen zu Hotels umgebauten Gutshöfen übernachten. Sie liegen meist außerhalb der Ortschaften und sind normalerweise von einem Park umgeben. Ein phantastisch schöner Gutshof ist Biriņu, eine gute Stunde von Rīga entfernt, in der Mitte zwischen dem Gauja-Nationalpark und dem Ostseebadeort Saulkrasti gelegen. Andere Gutshöfe sind weniger luxuriös, aber natürlich auch preiswerter. Eine Alternative zu Hotels und Gutshöfen sind Gästehäuser mit häufig sehr privater Atmosphäre und einfacher, sauberer und funktionierender Ausstattung. Sie enstanden meist mit viel eigener Arbeit des Bauherrn und vergleichsweise wenig Geld in den von Touristen stark frequentierten Gebieten. Das Spektrum reicht dabei von richtigen Häusern bis hin zu funktionalen Blockhütten in Holzbauweise; Innenausstattung und Wände bestehen bei diesem Typ Unterkunft häufig aus Holz. Ein gutes Verzeichnis von Gästehäusern, Holzferienhäusern und Campingplätzen mit vielen Fotos ist www.viss.lv. Eine Alternative ist die

Initiative ›Lauku Celotajs‹, die sich die Förderung des Landtourismus auf die Fahnen geschrieben hat. Im Angebot sind dort zusätzlich Bauernhöfe sowie Workshops zum tradtionellen Kunsthandwerk (www.traveller.lv). Die unschlagbar billigste Variante sind mit Preisen zwischen 2 und 10 LVL Jugendherbergen und im Sommer nicht bewohnte Studentenwohnheime. Während die in diesem Reiseführer gelisteten Jugendherbergen Rīgas durchweg akzeptabel sind und eine lebhafte internationale Atmosphäre bieten, entsprechen viele der sehr billigen Unterkünfte auf dem Land keinem internationalen Standard.

Vereine, Initiativen, Forschungseinrichtungen

Herder-Institut Marburg e.V., Gisonenweg 5–7, 35037 Marburg, Tel. 064 21/18 4-0, www.herder-institut.de. Eine der wichtigsten deutschen Institutionen zur historischen Forschung über Ostmitteleuropa.

Haus Annaberg, Annaberger Str. 400, 53175 Bonn, Tel. 02 28/31 62 44, www.annaberg.de. Baltisches Informationszentrum mit eigener Publikationsreihe, Tagungsstätte und Studentenwohnheim.

Infobalt, Helgoländer Str. 8, 28217 Bremen, www.infobalt.de. Verein zur Förderung des Informationsaustausches zwischen Deutschen und Balten. In den 1990er Jahren mit die wichtigste Adresse zur Information über gesellschaftliche Entwicklungen, Umweltschutzbewegungen und die vielen kleinen Initiativen abseits der großen Politik, die sich damals genauso wenig für das Baltikum interessierte wie die deutsche Medienlandschaft. Nach wie vor eine sehr gute Plattform für Basisinitiativen, den informellen Austausch und die Geburt von bilateralen Projekten.

Versicherungen

Nicht mehr zwingend zur Einreise vorgeschrieben, aber sehr anzuraten ist der Abschluß einer Auslandskrankenversicherung. Autofahrer müssen die grüne Versicherungskarte dabei haben. Teilkasko- und Vollkaskoverträge deutscher Autoversicherer haben mitunter Ausschlußklauseln für osteuropäische Länder, also eventuell auch für Lettland.

Wandern

Lettland ist ein wunderbares Land zum Wandern. Die beliebtesten Wandergebiete liegen im Landesinneren Kurzemes zwischen Kuldīga und Sabile, im Gauja-Nationalpark und bei Korneti Peļļu nahe der estnischen Grenze. Die schönste Jahreszeit für Wanderungen ist eindeutig der Herbst, wenn die Mischwälder Lettlands in allen Schattierungen zwischen gelb und rot leuchten. Es gibt mittlerweile einige hervorragend ausgeschilderte Wanderwege wie zum Beispiel in Līgatne, im Tal der Gauja bei Sigulda und oder in Tērvete. An sehr vielen Orten in Lettland wurden thematische Wanderwege und Lehrpfade angelegt; die Qualität ihrer Ausschilderung variiert beträchtlich.

Eine lettische Spezialität sind die thematischen Wanderwege, die sich mit Mythen und Märchen befassen: An ihrem Wegrand stehen, wie beispielsweise in Mazsalaca, kunstvoll gefertigte Holzskulpturen und Figuren. Wer sich auf längere Wanderungen abseits touristischer Pfade begibt, kann auf einen Kompaß und eine gute Karte nicht verzichten. In Lettland gibt es noch große zusammenhängende Waldgebiete, in denen man sich leicht verlaufen kann. Wanderkarten gibt es bei ›Jāņa Seta‹, Eizābētes 83–85 in Rīga. Die meiste Literatur für Wanderer ist leider nur auf Lettisch erhältlich. ›Lauku Ceļotajs‹ ist, auch was das Wandern angeht, eine der besten Adressen für deutsche Touristen (siehe ›Reiseveranstalter‹).

Wetter

Eine brauchbare Wettervorhersage für den kommenden Tag in Rīga und in den Regionen liefert die Tageszeitung Diena (www.diena.lv/laikaprognoze), tendenziell pessimistische Langfristprognosen für Rīga liefert Yahoo, tendenziell optimistische die BBC (www.bbc.co.uk/weather). Lettisches Wettertelefon: 900 66 11.

Wintersport

In Lettland hat man das Skifahren entdeckt. Nicht etwa Langlauf oder Biathlon, was es immer schon gab, sondern tatsächlich Abfahrtski! Jeder, der die Alpen kennt und auch nur eine grobe Vorstellung von Lettland hat, wird darüber nur müde lächeln, die

Höhenunterschiede betragen selten mehr als 100 Meter. Es gibt Lifte, und für die ersten Versuche auf einem Snowboard oder auf Carvern mag ein besserer Hügel ja auch reichen. Gespurte Loipen für Langläufer, auf denen man durch die schönen und nur leicht hügeligen Landschaften käme, fehlen dagegen fast vollständig.

Eine Attraktion besonderer Art ist die Skibobbahn in Sigulda: An den Wochenenden, an denen keine nationalen oder internationalen Wettbewerbe stattfinden, kann man mit einem Piloten in die Tiefe rasen. Im Gegensatz zu den höchstens blauen Skipisten braucht man für diese Minute allerdings wirklich sehr starke Nerven. Im Sommer kommen Räder an die Bobs, und diese Gefährte sind nicht wesentlich langsamer.

Zeitzone

Die Letten sind den Deutschen immer um eine Stunde voraus, auch während der Sommerzeit.

Zollbestimmungen

Seit Lettland zur EU gehört, haben sich die Zollbestimmungen deutlich entschärft. Dennoch darf nicht alles ein- oder ausgeführt werden. Für die Ausfuhr wertvollerer Antiquitäten und Kunstwerke muß man eine staatliche Genehmigung einholen (Tel. 722 92 72, www.mantojums.lv). Das gleiche gilt für Pelze und bei der Jagd erschossene Tiere (Staatliches Forstamt: Tel. 702 72 51). Ebenfalls nicht ausgeführt werden dürfen illegal

gebrannte CDs und DVDs. Wer seinen Wohnsitz nicht in der EU hat, kann sich an der Grenze den größten Teil der lettischen Mehrwertsteuer auszahlen lassen. Dann müssen aber natürlich die Einfuhrbestimmungen im Zielland beachtet werden. Voraussetzung ist, daß beim Kauf eine besondere, auf den Namen des Käufers ausgestellte Quittung geschrieben wurde und die Ware beim Zoll in ungebrauchtem Zustand gezeigt werden kann (Informationen www. taxfree.lv). Öffnungszeiten des Schalters zur Erstattung der Mehrwertsteuer am Flughafen: Mo–Fr, So 5–20.30 Uhr, Sa 5–18 Uhr, Tel. und Fax 720 76 59.

Die schärfsten Einfuhrbestimmungen gelten für Haustiere (S. 431). Für die Einfuhr anderer Güter nach Lettland wurden folgende Grenzwerte gesetzt: 10 CDs mit Copyright, Nahrungsmittel im Wert von 15 LVL, 12 Liter nichtalkoholische Getränke, 1 Kilo Kaffee, kein Benzin außerhalb des Fahrzeugtanks. Es gibt auch einige Sachen, für die Grenzwerte festgelegt wurden, die aber in Lettland ohnehin billiger sind: Alkoholika (1 Liter Hochprozentiges, 2 Liter Wein, 5 Liter Bier, Altersbeschränkung 18 Jahre), Zigaretten (200 Zigaretten, 20 Zigarren, 200g Tabak. Altersbeschränkung 18 Jahre). Es ist also nicht sinnvoll, in Deutschland das Auto mit allem zu füllen, was man in Lettland brauchen könnte. In Lettland gibt es heute für Geld (fast) alles, und die Einfuhr von Bargeld unterliegt keinen Beschränkungen.

Literaturempfehlungen

Balzer, Norbert; Hein, Christa: Rīga - Gesichter und Geschichten. Verlag Fotografie & Buchkunst (o.J), ISBN 3-00-008688-9. Bildband mit guten Schwarzweißfotos. Ein Teil des Erlöses kommt einem Hilfsprojekt für lettische Waisenkinder zugute (www.nb-fotodesign.de)

Bielenstein, A. Die Holzbauten und Holzgeräte der Letten. Ein Beitrag zur Ethnographie, Kulturgeschichte und Archäologie der Voelker Rußlands im Westgebiet (2 Bände; 843 Seiten). St. Petersburg 1907–1918. Standardwerk zur Holzarchitektur, zu Alltagsgegenständen und zur Lebensweise des lettischen Bauernstandes vor der Industrialisierung.

Birze, Miervaldis: Grashalme aus Lettland. Edition Memoria, Hürth 2000. Lettische Erzählungen der 60er und 70er Jahre.

Caspari, Albert (Hrsg.): Mythos Baltikum. Estland, Lettland und Litauen vor dem Beitritt zur Europäischen Union. Bremen, 2003. Guter Überblick über die ersten zwölf Jahre der Unabhängigkeit. Bezug über BOD Norderstedt (www.bod.de) oder über Albert Caspari, post@infobalt.de.

Eglītis, Anšlavs: Homo Novus – Ein Künstlerroman aus dem Rīga der dreißiger Jahre. 525 Seiten. Weidle Verlag, Bonn 2006.

FAZ-Institut: Länderanalyse Baltikum (www.faz-institut.de). Halbjährliche Analyse der aktuellen wirtschaftlichen und politischen Situation in den baltischen Staaten.

Ganzelewski, Michael; Slotta, Rainer (Hrsg.): Bernstein. Tränen der Götter Deutsches Bergbaumuseum Bochum 1996. Ausstellungskatalog, 585 Seiten. Schöner Ausstellungskatalog zu Kunst und Kulturgeschichte rund um den Bernstein.

Garleff, Michael: Die baltischen Länder. Estland, Lettland, Litauen vom Mittelalter bis zur Gegenwart. 270 Seiten. Verlag Friedrich Pustet, Regensburg 2001.

Hagemann, Volker; Dābolins, Aigars: Lettland. Goldstadtverlag, Pforzheim 1993. Reiseführer.

Hagemann, Volker; Kiho, Toomas: Estland. Goldstadtverlag, Pforzheim 1993. Reiseführer.

Hagemann, Volker: Baltikum – Estland, Lettland, Litauen. Reich Verlag, Luzern 2006. Bildband in der Reihe ›terra magica‹.

Hubel, Helmut (Hrsg.): EU-Enlargement and Beyond. Berlin Verlag 2002. Politikwissenschaftliche Studie zum Beziehungsdreieck EU–Baltikum–Rußland.

Kalniete, Sandra: Mit Ballschuhen im sibirischen Schnee. Die Geschichte meiner Familie. München: Herbig, 2005. Autobiographischer Roman zu den sowjetischen Deportationen von 1941 und 1949.

Kolbergs, Andris: Rīga für wissbegierige Reisende. 643 Seiten. Jūrmala 2003. Geschichtsführer durch Rīga und die Vorstädte mit einer Fülle an historischen Informationen und Anekdoten. Sehr zu empfehlen.

Krastins, Jānis: Jugendstil in der Rīgaer Baukunst. Michelstadt 1992. 331 Seiten. Standardwerk des führenden lettischen Architekturhistorikers zum Jugendstil.

Lettische Volksmärchen (Hrsg. Ambainis, Ojārs). München 1989. Band aus der Reihe ›Die Märchen der Weltliteratur‹ aus dem Diederichs Verlag.

Mankell, Henning: Hunde von Rīga. München 1995 (dtv); Erstausgabe Stockholm 1992. Mankells dritter Roman mit Kommissar Wallander (www.wallander.de). Hervorragender Krimi, inspiriert vom soeben aus dem Westen zugänglich gewordenen Rīga des Jahres 1992.

Merkel, Garlieb Helwig (Hrsg. Taterka, Thomas): Die Letten vorzüglich in Liefland am Ende des philosophischen Jahrhunderts. (Erstausgabe von 1796). Wedemark 1998. Deutliche Stellunganhme zu Leibeigenschaft und zum deutschbaltischen Landadel.

Repše, Gundega: Unsichtbare Schatten. Dumont, Köln 1998. Gundega Repše findet in lakonischer, präziser und sehr poetischer Sprache prägnante Bilder für den Zwiespalt ihrer Figuren zwischen individueller Desorientierung Mitte der 90er Jahre und der Sehnsucht nach einer intakten, ›typisch lettischen‹ Idylle auf dem Lande.

Pistohlkors, Gert von: Deutsche Geschichte im Osten Europas. Band ›Baltische Länder‹. Berlin, Siedler Verlag 2002. Das Standardwerk zur baltischen Geschichtsschreibung.

Sapper, Manfred (Hrsg.): Litauen, Lettland und die Europäisierung Europas. Mannheim, 2000. Bestandsaufnahme der ökonomischen Aspekte des Transformationsprozesse, wie sie sich zur Jahrtausendwende darstellten.

Schmidt, Heide Lydia: Der unsichtbare Mond. Lettische Prosa der Gegenwart. dipa, Frankfurt/M. 1997. Kurzprosa Mitte der 1990er Jahre.

Schmidt, Heide Lydia: Sonnengeflecht. Literatur aus Lettland. Nordik Verlag, Rīga 1997. Lyrik Mitte der 1990er Jahre.

Sturm, Heinrich (Hrsg): Die Lettische Legion – Ein Politikum. Zum Inhalt des Diskurses über die lettischen SS- und Polizeiverbände. Berlin, 2001 (Berliner Interuniversitäre Arbeitsgruppe ›Baltische Staaten‹). Aktueller Forschungsstand zur Beteiligung lettischer Verbände am Holocaust und zu ihrer Integration in die Wehrmacht.

Theater der Zeit (September 2002): Sonderheft ›Baltikum Spezial‹. Heft über die baltische Theaterszene.

Tuchtenhagen, Ralph: Geschichte der baltischen Länder. München (Beck), 2005. Sehr gute, kurz gehaltene Darstellung in der Beck'schen Reihe ›Wissen‹.

Rīga: Lettische Avantgarde. (Hrsg. NGBK, Berlin). Ausstellungskatalog. Berlin, 1988. Katalog einer vielbeachteten Ausstellung der NGBK, die 1988, noch vor der Unabhängigkeitserklärung, Positionen der zeitgenössischen lettischen Kunst umfassend darstellte.

Unerwartete Begegnung. Lettische Avantgarde 1910–1935. (Hrsg. NGBK, Berlin). Berlin, 1990.

wespennest – zeitschrift für brauchbare bilder und texte (Hrsg. Walter Famler, Bernhard Kraller). Heft Nr. 128/4. Quartal September 2002. Schwerpunkt: Literatur aus dem Baltikum. Texte, Kunstfotografie, Analysen.

Zālīte, Māra: Das Gericht. Ein dramatisches Poem mit Zitaten aus dem Buch ›Die Letten‹ von Garlieb Merkel. Berlin und Rīga 1993. Bild- und metaphernreiches Bühnenstück der Autorin der Rockoper ›Lāčplesis‹ zum Thema der Leibeigenschaft.

Zēhausa, Gundega (Hrsg.): Rīga ūdenī – Rīga im Wasser. 376 Seiten. Rīga: Tapals, 2005. Umfangreicher, zweisprachiger Gedichtband mit Texten vom frühen 20. Jahrhundert bis heute.

Lettland im Internet

In Lettland hat die IT-Branche einen guten Stand; entsprechend umfangreich sind die digital verfügbaren weiterführenden Informationen. In vielen Touristeninformationen kommt man auch als Besucher ins Netz, es gibt Internetcafés und öffentliche Terminals in fast allen Bibliotheken. In Rīga und einigen anderen Städten gibt es auch Hotels und Cafés mit W-LAN.

(DE) Website existiert (auch) auf Deutsch. Falls vorhanden, ist die englische Fassung in fast allen Fällen besser.
(EN) Website existiert auf Englisch.
(LV) Website existiert ausschließlich auf Lettisch.

www.1188.lv (EN)
Recht vollständiges Adreßverzeichnis mit allen Telefonanschlüssen Lettlands, getrennt in Privatadressen und Branchenverzeichnis. Sehr gute Suchfunktion. Fahrplanauskunft für Bahn, Fernbusse und öffentlichen Nahverkehr. Telefonauskunft: Tel. 11 88.

www.zl.lv (DE)
Sehr ähnliche Inhalte wie www.1188.lv, jedoch weniger vollständig und nicht so schön zu bedienen. Dafür aber mit deutscher Navigation. Telefonauskunft: Tel. 11 77.

www.latnet.lv (LV)
Der führende Internetprovider des Landes hat ein sehr umfangreiches, thematisch sinnvoll gegliedertes Verzeichnis von Internetseiten zu allen Themen und Lebensaspekten. Es gibt auch eine auf lettische Internetseiten reduzierte Suchmaschine.

www.li.lv (EN)
Latvian Institute: Macht eine dem Goethe-Institut vergleichbare Arbeit. Viel Hintergrundinformationen zu Land und Kultur.

www.mfa.gov.lv/de/berlin (DE)
Lettische Botschaft in Deutschland: Nicht wirklich viele Informationen zum Land, aber eine gute Linksammlung zu deutsch-lettischen Themen.

www.goethe.de/ne/rig (DE)
Goethe-Institut Rīga: Deutsche Kulturveranstaltungen und interkultureller Dialog in Rīga.

www.ahk-balt.org (DE)
Baltische Handelskammer in Lettland: Eine der ersten Adressen für Wirtschaftsfragen; sehr gute Linksammlung zu Institutionen und offiziellen Stellen.

www.baltikuminfo.de (DE)
Baltikum Tourismus Zentrale: Das baltische Fremdenverkehrsamt in Deutschland. Gute Erstinformation, Bilder und gute Linksammlung.

www.latviatourism.lv (DE)
TAVA: Die staatliche Tourismusagentur
Lettlands. Gute Suchfunktion für
Unterkünfte.

www.vietas.lv (EN)
Suchmaschine zu vorwiegend touristischen Themen wie Unterkunft, Aktivtourismus, Entertainment, Kultur etc.
– umfangreich, funktional, aber leider
nicht vollständig.

www.riga.lv (EN)
Offizielles Portal der lettischen Hauptstadt mit viel Hintergrundinformationen. Ähnliche, etwas touristischer
ausgerichtete Seiten sind www.riga-
tourism.com (EN), www.virtualriga.
com (EN), www.rrp.lv (EN) sowie die
Onlineausgaben der zweimonatlich
erscheinenden touristischen Stadtma-
gazine www.rigathisweek.lv (EN) und
www.inyourpocket.com (EN).

www.jurmala.lv (DE)
Touristeninformation Jūrmala: Das
Seebad bei Rīga.

www.zemgale.jrp.lv (EN)
Entwicklungsagentur Zemgale: Nicht
schön, aber viele Adressen in der
Datenbank.

www.kurzeme.lv (EN)
Tourismusverband Kurzeme: Mäßig
umfangreiche Informationen, kein
Unterkunftsverzeichnis.

www.vidzeme.com (EN)
Tourismusverband Vidzeme: Übersicht-
lich nach Regionen sortiert, englische
Fassung unvollständig.

www.turisms.latgale.lv (EN)
Entwicklungsagentur Latgale: Umfangreiche und gutstrukturierte, aber über-
dimensionierte Datenbank mit guter

Internetcafé in Rīga

Suchfunktion für Unterkunft und touristische Aktivitäten. Die Struktur füllt sich langsam mit brauchbaren Inhalten.

www.kodarit.lv (DE)
Unterkünfte und andere Aspekte des touristischen Alltags. Vergleichbare Websites: www.stay.lv, www.allhotels.lv, www.hotelslatvia.com, www.rigahotels.info.

www.viss.lv (DE)
Über eine Karte steuerbare Suche nach Unterkünften, viele Fotos und eine sehr genaue topographische Karte. Die verzeichneten Unterkünfte sind größtenteils Hotels, Gästehäuser und Campingplätze auf dem Land.

www.pirtis.lv (EN)
Auf Saunas spezialisiertes Verzeichnis von Unterkünften.

www.camping.lv (LV)
Verzeichnis aller lettischer Campingplätze.

www.hostellinglatvia.com (EN)
Lettische Jugendherbergen, Special Interest Reisen.

www.pilis.lv (DE)
Vereinigung der Schlösser und Gutshöfe in Lettland. Architektur, Historisches, Nutzungsformen, Fotos. Mit Karte und Suchfunktion.

www.campo.laivas.lv (EN)
Wassersportclub ›Campo‹: Routen mit Beschreibungen, Bootsverleih, Ladengeschäft in Rīga.

www.ezi.lv (EN)
Routenvorschläge, Radverleih, Ladengeschäft in Valmiera.

www.celotajs.lv (DE)
Ferien auf dem Bauernhof, lokales Kunsthandwerk, Spezialreiseveranstalter für Wandern, Kanu, Reiten etc.

www.riga-airport.com (EN)
Flugpläne, Verspätungen, Links zu den Airlines.

www.deutsche-touring.com
Fernbusse von Deutschland nach Lettland.

www.lisco.lv (DE)
Fähren von Deutschland nach Lettland, auch www.scandlines.de.

www.eventguide.lv (DE)
Recht vollständige Liste der Veranstaltungen in Lettland (nicht nur Kulturbereich, auch alles andere). Suche nach Regionen oder nach Tagen.

www.hbf.lv (EN)
Auf Musik fokussierter Veranstaltungskalender mit Kartenvorverkauf.

www.bilesuserviss.lv (EN)
Veranstaltungen und Kartenvorverkauf. Die Konkurrenz

www.bilesuparadize.lv hat nur
eine lettische Website.

www.onlinenewspapers.com/latvia.htm
Lettische Presse online.

www.diena.lv (LV)
Die führende lettische Tageszeitung
mit aktuellem Wetterbericht.

www.culture.lv (EN)
Portal zu allen Kunstrichtungen mit
Terminen und Hintergrundinformatio-
nen.

www.muzeji.lv (EN)
Verzeichnis des Verbandes lettischer
Museen mit Adressen, Öffnungszeiten
und Kurzbeschreibungen.

www.lmic.lv (EN)
Lettisches Informationszentrum für
Musik: Veranstaltungen, Komponisten,
Projekte, Hintergrundinformationen.

www.music.lv: Ähnlich, aber weniger
an der Klassik orientiert. www.folk-
lora.lv: Folklore.

www.gallery.lv (EN)
Zusammenstellung sehr, sehr vieler
Internetseiten lettischer Künstler. Initi-
iert vom größten lettischen Internetprovider.

www.artgarden.lv (EN)
Verkaufsgalerie bekannter und unbekannter lettischer Künstler.

www.ambersea.lv (EN)
Um Kunsthandwerk ergänzte Verkaufsgalerie.

www.rixc.lv (EN)
Zeitgenössische Medienkunst,
Projekte, Webradio.

www.karosta.lv (EN)
Website des sehr interessanten Kulturzentrums k@2 in Liepāja.

www.literatur.lv (DE)
Website des Übesetzers Matthias
Knoll. Große Sammlung an Texten
deutscher Sprache, literarisches Leben
und Literaturgeschichtliches.

www.literature.lv (EN)
Website des Lettischen Literaturzen-
trums. Magazin mit längeren Texten
auf Englisch und auf Deutsch.

www.lnb.lv (EN)
Lettische Nationalbibliothek mit elek-
tronischem Katalog.

www.latfilma.lv (EN)
Übersicht über die Filmproduktion
Lettlands.

www.arsenals.lv (EN)
Größtes lettisches Filmfestival (zweijährig, gerade Zahlen).

www.theatre.lv (EN)
Portal zum lettischen Theater. Aktuelles, Aufführungen, Hintergründe.

Über den Autor

Volker Hagemann, Jahrgang 1962, kennt die baltischen Staaten seit den ersten Monaten nach ihren Unabhängigkeitserklärungen. Als Literatur- und Politikwissenschaftler lebte er von 1991 bis 1993 in Rīga und verfaßte damals die ersten umfangreichen Reiseführer über Lettland und Estland für den deutschen Buchmarkt. Verschiedene Medienproduktionen, Freundschaften und Urlaube führten ihn immer wieder in die drei kleinen Staaten an der Ostsee. Dabei waren die Entdeckungsreisen in der Provinz ähnlich spannend wie die teilnehmende Beobachtung des Transformationsprozesses der Gesellschaft, der keineswegs abgeschlossen ist, und der mitunter wilde Blüten treibt. Im Jahr 2006 erschien von ihm neben diesem Reiseführer der Bildband ›Baltikum‹ in der Reihe terra magica. Volker Hagemann ist über www.hagemann.cc erreichbar und arbeitet heute als Autor, Journalist und Unternehmensberater in Berlin. Kommentare, Ergänzungen und Wünsche zu diesem Buch bitte an post@trescherverlag.de.

Danksagung

Besonderer Dank geht an die Freunde und Informanten vor Ort, allen voran an Aigars Dāboliņš in Rīga für die Gastfreundschaft und inspirierende Einsichten in die aktuellen gesellschaftlichen Entwicklungen. Dank auch an Inga Domka vom Latvian Institute, unter anderem für vorurteilsfrei gegebene Informationen zum russischen Leben in Rīga, für Hinweise auf den ›Biberkrieg‹ und die neuen Produktionsstätten guter lettischer Schokolade. Rasa Parpuce vom Rīgaer Geschichtsmuseum lieferte wertvolle Einsichten zur Zwischenkriegszeit, Evita Rukke vom Okkupationsmuseum stellte für das Buch so noch nirgendwo gesehenes Bildmaterial aus den Jahren 1940 bis 1991 zusammen. Wieviel Spaß intelligente Kunst im kapitalistischen Realismus machen kann und was das Konzept des ›culture based tourism‹ ist, war von Carl Biorsmark, dem ›Bürgermeister‹ des Kulturzentrums k@2 aus Liepāja zu erfahren. Und ohne die freundliche und kompetente Zuarbeit der vielen Touristiker in den Regionen wäre der Reiseführer viel weniger praxisorientiert ausgefallen.

Kartenregister

Übersichtskarten

Stadtpläne

Sach- und Personenregister

Ortsregister

Bildnachweis

Titel: Schwarzhäupterhaus in Rīga
S. 14/15 Straßenfest in Rīga
S. 104/105 Schloß in Rīga
S. 204/205 Burgruine Bauska
S. 294/295 Dainas-Park in Turaida
S. 362/363 Kirchenruine Ikšķile

Albert Caspari (14, 48, 57, 63, 332, 350, 391, 433), Volker Hagemann (Titel, 11, 51, 66, 77, 81u., 82o., 83, 84, 90, 91, 92, 95, 97, 98, 116, 118, 120, 123, 125, 127, 128, 135, 144, 146, 149, 151, 156, 159, 165, 167, 168, 171, 175, 184, 188, 195, 199, 202, 204, 207, 211, 214, 216, 224, 227, 234,231, 236, 237, 238, 242, 246, 247, 252, 257, 260, 263, 265, 267, 269, 277, 278, 290, 293, 294, 299, 300, 301, 302, 312, 313, 316, 323, 329, 334, 335u., 336, 337, 340, 346, 354, 356, 360, 368, 370, 383, 421, 424, 426, 428, 447), Solvita Muižniece (327), Jānis Prangels (347), Claudia Quaukies (17, 20, 65, 72, 81o., 106, 165, 178, 233, 236, 256, 285, 286, 288, 311, 335o., 378, 434), Jānis Rutka (93, 385, 386, 394), Urs Schweitzer (9, 19, 75, 82u., 88, 104, 110, 112, 114, 124, 130, 133, 136, 140, 150, 166, 180, 181, 187, 333, 367, 396), Bernsteinmuseum Rīga (276), Gustav's Chocolate (143), Kulturzentrum K@2 (270), Lettisches Kriegsmuseum (34, 40, 41, 43, 44), Lettisches Museum für Geschichte (27, 45, 70, 78), Naturhaus Pape (274), Okkupationsmuseum Rīga (39, 47, 173), Rīgaer Geschichts- und Schiffahrtsmuseum (29, 31, 32, 36, 81, 155), Staatliches Kunstmuseum Rīga (87), TIC Cēsis (59, 100, 305, 306, 308), TIC Jūrmala (103, 212), TIC Rundāle (223), Touristeninformation Sabile (281), Gerhard Schwab, Bund Naturschutz (307)

Erlebnisreisen im Osten Europas
Unberührte Naturparadiese

Sonderzug- und Gruppenreisen vom Experten für besondere Reisen nach Russland und ins Baltikum

- Sonderzugreise Bernstein durch Polen und das Baltikum bis nach St. Petersburg – die einzige Reise im Schlafwagenzug auf dieser Strecke

- Erlebnisreisen von Vilnius über Riga und Turaida nach Tallinn sowie maßgeschneiderte Reisearrangements in Lettland

- Kombinationen von baltischen Ländern mit Russland und Skandinavien sowie vielen weiteren Destinationen

Lernidee Erlebnisreisen GmbH
Eisenacher Straße 11 · 10777 Berlin
Telefon (030) 786 00 0-0
Telefax (030) 786 55 96
www.lernidee.de · E-Mail: team@lernidee.de

Lernidee Erlebnisreisen
20 Jahre
['lernide:]
weltweit & naturnah

Trescher Verlag

Der Spezialist für den Osten

Armenien entdecken
3000 Jahre Kultur zwischen West und Ost, 19.95 €

Den Baikalsee entdecken
Die blaue Perle Sibiriens, 15.95 €

Bosnien-Herzegowina entdecken
Unterwegs zwischen Save und Adria, 16.95 €

Breslau entdecken
Niederschlesien und seine tausendjährige Hauptstadt, 14.95 €

Bulgarien entdecken
Unterwegs zwischen Schwarzmeerküste, Balkan und Donau, 16.95 €

China-Handbuch
Erkundungen im Reich der Mitte, 17.95 €

Donaukreuzfahrt
Von Passau bis zum Schwarzen Meer, 15.95 €

Estland entdecken
Skandinavische Impressionen im nördlichen Baltikum, 16.95 €

Flußkreuzfahrten auf dem Dnepr
Unterwegs zwischen Kiev und der Krim, 13.95 €

Flußkreuzfahrten in Rußland
Unterwegs auf Wolga, Don, Jenissej und Lena, 14.95 €

Georgien entdecken
Unterwegs zwischen Kaukasus und Schwarzem Meer, 18.95 €

Istrien entdecken
Unterwegs zwischen Poreč, Pula und Opatija, 13.95 €